卞觉非语言学文集

卞觉非 著

曹贤文 唐曙霞 编

南京大学出版社

图书在版编目(CIP)数据

卞觉非语言学文集 / 卞觉非著；曹贤文，唐曙霞编.
—南京：南京大学出版社，2021.12
 ISBN 978-7-305-24873-3

Ⅰ.①卞… Ⅱ.①卞…②曹…③唐… Ⅲ.①语言学
—文集 Ⅳ.①H0-53

中国版本图书馆 CIP 数据核字(2021)第 246187 号

出版发行	南京大学出版社		
社　　址	南京市汉口路22号	邮　编	210093
出 版 人	金鑫荣		

书　　名　卞觉非语言学文集
著　　者　卞觉非
编　　者　曹贤文　唐曙霞
责任编辑　荣卫红　　　　　　　编辑热线　025-83685720

照　　排　南京紫藤制版印务中心
印　　刷　徐州绪权印刷有限公司
开　　本　718×1000　1/16　印张 24.75　字数 393 千
版　　次　2021年12月第1版　2021年12月第1次印刷
ISBN 978-7-305-24873-3
定　　价　128.00元

网　　址：http://www.njupco.com
官方微博：http://weibo.com/njupco
官方微信：njupress
销售咨询热线：(025)83594756

＊ 版权所有，侵权必究
＊ 凡购买南大版图书，如有印装质量问题，请与所购
　图书销售部门联系调换

卞觉非先生

卞觉非先生与夫人蒋德容女士

卞觉非先生部分手稿

序

鲁国尧

觉非学长和我，求学都是求的语言学，治学都是治的语言学，教学都是教的语言学，觉非学长长我四岁，因此他是我的当然的学长。

觉非学长辞世已经十年了，为了纪念他在学坛上的功绩和教坛上的劳绩，觉非高足曹贤文、唐曙霞二位搜集、整理、编辑老师的遗作，计35篇论文，汇为一集，将于今年初出版。贤文、曙霞要我写篇序言，我很怀念这位学长，几十年的深厚情谊，不应推辞，不能推辞，无奈我识浅笔拙，加之如今脑力益发衰退，此文必不称意，乞贤文、曙霞与众方家指正。

我羡慕觉非学长。他进入语言学王国，就先后亲炙两位语言学大师。依我浅闻，绝大多数语言学人都没有他这样的幸运，俗语词是"福分"。他在大学时期，师从方光焘先生(1898—1964)，方先生是我国著名的理论语言学家，一级教授。觉非学长很受方先生器重，大学毕业后，恩师推荐他去中国科学院语言研究所深造，于是觉非学长接着得到吕叔湘先生(1904—1998)的教育、熏陶。吕先生是中国科学院哲学社会科学学部委员，语言研究所所长。众所周知，方、吕两位先生的学问、成就是当之无愧的中国20世纪的语言学大师。关于接受两位大师教诲的情况,觉非学长在这本文集中有详细而亲切的记述,值得认真阅读,尤其是时下的青年学子,因为当今的语言学界没有像方、吕两位先生这样的大师了。俗语说"名师出高徒"。从这本论文集中可以看出觉非学长是如何接受老师们的言传身教,可以感悟出他如何举一隅而以三隅反,这些对于我们必定都大有启发。

我敬佩觉非学长。他在大学求学期间、中国科学院语言研究所工作期间、回到母校在恩师的语法理论研究所工作期间,其志趣都在语法理论,撰写了若干论文,提出若干高见,成就斐然。后来他因为国家的需要,转而投身于语言科学的另一个分支学科,任职于母校的海外教育学院(前身为南京大学留学生部),从事外国留学生的教学工作,兼指导对外汉语教学专业的研究生。在海外教育学院,每周教学都有十几个课时,还要承担中外学生管理的一些事务,这都很影响读书和研究。众所周知,"重科研轻教学"长期以来是大学的普遍倾向,晋升职称、得奖主要靠论文和著作。在中文系(如今绝大多数学校都改称文学院了,全中国唯有北京大学、复旦大学两个老牌保持原称,没有跟风)任教,则课时不多,潜心于科研和撰作的时间富裕,得益自然多多。觉非学长毅然转向,全身心地从事对外国留学生的教学,他的敬业精神、深湛学问,赢得中外学生的爱戴,辛劳五十年,培养了许多青年才俊。他在1987年至1989年应美国俄亥俄州立大学等三个学校之聘赴美国教授中国语言文字学,有句老话叫"桃李满天下",觉非学长真是应了这句话,他的教泽不仅沾溉"四海之内",而且广济寰宇。

觉非学长对语言学的科学研究也不放松,孜孜矻矻,几十年如一日。他的研究范围跨语言学的两个分支学科,即现代汉语语法学和对外汉语教学(近年更改名称为"国际汉语教学")。这本文集所收录的论文最多的是关于现代汉语语法和语法理论,发表在20世纪后半叶的《中国语文》《语言文字应用》《南京大学学报》等刊物或论文集里,第二位是关于对外汉语教学的论文,从这两部分的文章里,都可见觉非学长理论思维能力强,文章都具有很强的理论性,因而能取得突出的成就。论文中提出的理论、思想、观点具有创新性,其位置处在当时的中国语言学前沿。例如他有四篇论文研究"语言成分分析法",将中国传统的句读法、新句读法、图解法、读书标志法、钞书加线法、加线法、直接成分分析法、树形图解法等分析方法系统胪陈,从理论层面、教学层面两个角度比较,做出论断,条分缕析,逐层递进,皆中肯綮。广州邵敬敏教授的《新时期汉语语法学史(1978—2008)》一书中对卞觉非教授语法学成就以专节介绍并评论,可阅。

觉非学长所擅长的这两个分支学科,仿照当前盛行的自然科学的分类,一为基础,一是应用。对于觉非学长来说,在两个分支学科方面都做出了令人钦佩的贡献,说明他"两手硬"。言及"两手硬",我不禁想起盛唐时代被誉为"大手笔"的诗人张说(yuè),《邺都引》是其代表作,清代乾隆时刊印的沈德潜《唐诗别裁集》和2020年出版的《钱锺书选唐诗》都是公认的唐诗著名选本,两书都选了这首《邺都引》。其中有两句,脍炙人口,就是"昼携壮士破坚阵,夜接词人赋华屋",张说仅仅用了十四个字,就形象地刻画出魏武帝雄才大略、文武双全。谈到学术界,古往今来,"两手硬"的少,多数人是"一手硬",甚至欠硬。言归正传,对于觉非学长而言,他以自己的辛苦耕耘,做到了理论与实践相结合,两者都卓有成就,这成就了他的学问的特点,亦即亮点,能不令人钦羡?读罢觉非学长的《汉字教学:教什么?怎么教》《阅读教学:教什么?怎么教——阅读教学的目标、速度及技巧》,仿佛两辆重型装甲车并排疾驰奔来,从两个标题上就令人感到,觉非学长好一股冲劲!二文既高张理论,又贴切实际,而且要言不烦。《孟子·告子上》"大匠诲人必以规矩",其斯之谓乎?

我拜读了这本集子里的若干文章,不由得不赞誉觉非学长的驾驭语言的技艺。他的文章,逻辑谨严,文风平实,不枝不蔓,明晰妥帖。我也曾读过一些理论语言学家的论著(包括外国名著的中译本),其遣词造句往往晦涩难解、缀章连篇常常复沓绞绕。可是读觉非学长的文章,令人有炎炎夏日冷饮入口的感觉。这本集子里的《吕叔湘:止于至善,一代宗师》,是觉非学长回忆20世纪60年代在中国科学院语言研究所的时候,吕叔湘先生指导众弟子读书研究以及师生讨论的情景,原发表在《南大语言学》上。某年我见到吕先生的入室高足江蓝生学部委员,交谈中涉及这篇文章,她很赞佩地说:"卞先生的文章写吕先生,真实,传神。"

关于觉非学长的学术成就,贤文和曙霞为这本论文集撰写的《编后记》讲得非常到位。他们将老师的许多论文,梳理、分类,列为两个系列,共七个部分,概括允当,充分显示觉非学长的治学之广、成就之高。念我平生,束发至今,也算是"读书过万卷"的老人,我往常读书,自然不放过"前言""后记",我的感觉,通常"前言"所述,往往内容充实,"很有看头",而"后记"则逊色多多,不乏家常琐语。在这里,我祈请读者诸君,对这本文集的《编后记》莫以"等闲"视之,依我之见,直可视作"阅读指南"。我拜读了这篇《编后记》,击节赞赏,非读遍恩师著述全部文字不能为此文,非有深刻理解不能为此文。

目 录

语言理论和汉语语法研究

中国语文现代化：目标、现状与对策 ………………………………… 3
关于语言体系的几个问题
　　——纪念方光焘师诞辰 100 周年 ………………………… 13
论所谓"言语—思想统一体" ………………………………………… 30
汉语语法分析方法初议 ………………………………………………… 39
漫谈汉语语法分析方法及其它 ………………………………………… 52
语言学的发展与汉语语法分析方法的演进 …………………………… 75
谈直接成分分析法 ……………………………………………………… 90
现代汉语的 UPM 模式及其组合和转换后类型的探讨 ……………… 98
试论现代汉语的结构及其它 ………………………………………… 111
句子的分析与理解及其相关问题 …………………………………… 130
略论语素、词、短语的分辨及其区分方法 ………………………… 141
论句子的本质与系词"是" …………………………………………… 155
略论 AABB 重迭式的语义、语法、修辞和语用功能 ……………… 166
AABB 重叠式数题 …………………………………………………… 180
"干净"和"干干净净"及其它 ………………………………………… 191
论"自己"的性质以及与之相关成分之间的语义关系 ……………… 200

对外汉语教学研究

理论性和应用性:理论语法与教学语法的分野 ⋯⋯⋯⋯⋯⋯⋯ 221

论"汉语·文化圈"跟对外汉语教学的基本策略 ⋯⋯⋯⋯⋯ 233

基础汉语教学阶段文化导入内容初探 ⋯⋯⋯⋯⋯⋯⋯⋯⋯ 246

"汉语交际语法"的构想 ⋯⋯⋯⋯⋯⋯⋯⋯⋯⋯⋯⋯⋯⋯⋯ 257

汉字教学:教什么? 怎么教? ⋯⋯⋯⋯⋯⋯⋯⋯⋯⋯⋯⋯ 265

阅读教学:教什么? 怎么教?
　　——阅读教学的目标、速度及技巧 ⋯⋯⋯⋯⋯⋯⋯⋯ 274

实词和虚词教学琐谈 ⋯⋯⋯⋯⋯⋯⋯⋯⋯⋯⋯⋯⋯⋯⋯⋯ 284

21世纪:时代对对外汉语教师的素质提出更高的要求 ⋯⋯ 287

传略、书评及其它

方光焘传略 ⋯⋯⋯⋯⋯⋯⋯⋯⋯⋯⋯⋯⋯⋯⋯⋯⋯⋯⋯⋯ 297

方光焘:理论语言学大师 ⋯⋯⋯⋯⋯⋯⋯⋯⋯⋯⋯⋯⋯⋯ 304

吕叔湘教授与汉语语法学 ⋯⋯⋯⋯⋯⋯⋯⋯⋯⋯⋯⋯⋯⋯ 311

吕叔湘:止于至善,一代宗师 ⋯⋯⋯⋯⋯⋯⋯⋯⋯⋯⋯⋯ 316

著名心理学家、语言学家陆志韦教授 ⋯⋯⋯⋯⋯⋯⋯⋯⋯ 326

换一个视角看陆志韦和他的汉语研究 ⋯⋯⋯⋯⋯⋯⋯⋯⋯ 333

廖序东:著名的语言学家和语言教育家 ⋯⋯⋯⋯⋯⋯⋯⋯ 338

《同义成语词典》(增订本)序 ⋯⋯⋯⋯⋯⋯⋯⋯⋯⋯⋯⋯ 363

解释性:当代方言学的目标 ⋯⋯⋯⋯⋯⋯⋯⋯⋯⋯⋯⋯⋯ 365

一部锐意创新的成功之作
　　——读张其昀《汉字学基础》⋯⋯⋯⋯⋯⋯⋯⋯⋯⋯ 372

江苏省语言学会筹备经过 ⋯⋯⋯⋯⋯⋯⋯⋯⋯⋯⋯⋯⋯⋯ 377

卞觉非先生年表 ⋯⋯⋯⋯⋯⋯⋯⋯⋯⋯⋯⋯⋯⋯⋯⋯⋯⋯ 379

编后记 ⋯⋯⋯⋯⋯⋯⋯⋯⋯⋯⋯⋯⋯⋯⋯⋯⋯⋯⋯⋯⋯⋯ 384

语言理论和汉语语法研究

中国语文现代化：目标、现状与对策

概要：语文现代化是个特殊的历史概念，它跟工业化和信息化密切相关。我国改革开放的形势给语文生活提供了极好的机遇：对内经济日趋市场化，促进了推广普通话工作的开展；对外经济日趋国际化，提出了汉语汉字跟国际接轨问题；国家生活日趋法制化，增加了公文文书和商业契约活动；文化需求的多样化，产生了适合不同层次的文学作品；加之充斥市场的商业广告等。这既给语文生活带来巨大的生气和活力，同时也带来一定的混乱和污染。这些现象引起了不同的看法。本文作者坚持认为，当前语文工作的任务仍是：推广普通话，实行白话文，推行简化汉字，为便于与国际接轨，在计算机上实行汉字、拼音双轨制。语文现代化的长期目标是：口语共同化，文体口语化，文字简便化，表音字母化。上述问题在文中均有详细的论证。

一

1.1　语文现代化是个特殊的历史概念，它跟工业化和信息化密切相关。农业化产生了文字，在我国夏商之际已经形成了完整的文字体系，这就使语言生活发展为语文生活，由此开展了文字教育。学校的兴起为个人知识社会化提供了场所，这是人类社会发展史上的一大飞跃。工业化要求推广民族共同语和普及全民义务教育，开创了传声和传信技术，发明了电话和电传，创制了机械打字机，由手写变为机械操作。信息化则要求语文现代化，向多媒体的综合信息网络的方向迈进。这在时空上延伸和扩大了语言的交际功能，大大促进了政治经济和文化教育的发展。西方的英、法、德、美诸国都经历过或者正在经历着这一历程。东方的日本也是如此。日本在1868年明治维新之后，大致上也实现了工业化的目标。在语文方面，普及了国语，进行假名规范化工作，实行汉字的全面注音，发动日语罗马字运动，减少汉字数量，把汉字限制在1945个之内，由原先在汉字中间夹用少数假名改为在假名中间夹用少量汉字，法律和公文都改用口语语体，目前也在研究多媒体问题。

1.2 语文现代化是个发展的概念，在不同国家的不同历史阶段，其任务也不尽相同：发达国家在积极推进信息化，发展多媒体信息高速公路，充分发挥语文的交流功能，进一步提高生产技术智能化程度；发展中国家则在努力追赶工业化和信息化，有的在制订语文政策，规定民族共同语；有的在创制新文字，制订正词法，与此同时，也在积极推进信息化工程。

1.3 我国在追求现代化的目标中，提倡白话文和推行新文字始终被看成是革命的组成部分，先后提出过"切音字运动、国语运动、白话文运动、注音字母运动、国语罗马字运动、拉丁化新文字运动、手头字运动"，连同1935年由当时南京国民政府颁布的包含321个字的《第一批简体字表》等都可以看成是语文现代化的前奏，应当属于语文现代化的范畴。但是通过立法程序并取得很大成就的则是在1949年建国之后。为使政令畅通、经济繁荣和教育普及，早在1956年我国政府就提出了简化汉字、推广普通话以及制订和推行《汉语拼音方案》三项任务，并且取得了巨大的成绩，大大促进了民族团结和政治、经济、教育与文化的发展。

1978年我国实行"改革开放"政策以来，国内形势发生了巨大变化，其特点是：对内经济日趋市场化，这就促进了推广普通话等项工作；对外经济日趋国际化，这就提出了汉语汉字跟国际接轨问题；国家生活日趋法制化，这就增加了公文文书和商务契约的活动；文化需求多样化，这就产生了适合不同文化层次需要的文学和影视作品，还有遍布市场的商业广告等等。所有这些，给语文生活带来了巨大的生气和活力，使得语言文字得到了空前的丰富和发展，但不可忽视的是，也给语文生活带来了一定的混乱和污染，使得当前的语言文字应用存在着某些滞后现象。比如，个别地区存在着"方言优越感"，某些影视作品滥用方言，繁体字回潮，乱造简体字，生造词语，热衷于洋名洋字号，译名术语混乱，计算机中文键盘输入方案不一等等。这些倾向跟语文现代化的要求是不相适应的。这就是目前的状况。

1.4　我国语文现代化的长期目标是：口语共同化，文体口语化，文字简便化，表音字母化。前两个是汉语口语和书面语的现代化；后两个是汉语书写符号的现代化。当前我国语文现代化的任务是：推广普通话，实行白话文，推行简化汉字，在计算机上实行"文字双轨制"。

二

2.1　口语共同化。所谓口语共同化就是在全国推广普通话，要使普通话成为全国通用的语言，不会因方言的隔阂而使交际受阻。普通话是"以北京语音为标准音"，其科学含义是指"北京音系"，而不是照搬北京话的所有读法。北京话也有不可奉为标准的讹变土音。要做到语音规范化就必须对这些讹变土音加以清理。由此可见，北京话并不就是普通话。普通话是源于方言又高于方言的、多少带有一定人工干预的、规定性的理想化模式系统。从这个角度说，不仅方言区的人要学习普通话，北京人也要学习普通话。当然，从学习者的角度看，北京人经过严格的训练，比较容易达到标准程度；其它方言区的人则比较困难一些，也许只能达到比较标准或不标准的程度。

必须重申普通话的法定地位，不能以经济发达或其它理由而产生方言优越感。我们不赞成在广播、新闻、影视媒体上大讲广东话、四川话、上海话和湖南话，我们也不赞成大侃北京土话和东北方言。我以为，影视媒体要以推广普通话为己任，影视质量的提高要靠生活、靠艺术，滥用方言只能获得一时的哗众取宠，却不会给艺术带来生命力。因此，在语文工作中，一方面要强调推广普通话，另一方面也要设法堵住污染语言生活的污染源。

要加大推广普通话的力度。要确定工作重点是学校，特别是小学和中学，这是学习和掌握普通话的关键时期。应该根据国家有关规定，限期要求1949年1月1日以后出生的中小学教师、师范院校的文科教师和毕业生，达到《普通话水平测试等级标准》二级或一级水平，同时也要限时要求各类高等学校把普通话作为教学语言和校园语言。重点之二是应该使用普通话的单位，如机关、部队、交通、邮电、银行、商店、医院、宾馆饭店等也要把普通话作为工作语言、宣传语言和交际语言。我认为,应该把推广普通话跟建设社会主义精神文明联系起来,应该把能否讲普通话作为考核和聘任工作人员的条件之一。在现代文明社会里,能够讲一口标准的、得体的普通话应该被看成是受过良好教育的标志,是体现一个公民、一个社会文明程度的象征。

当前存在的方言分歧相当严重,即使受过教育的人,往往也没有把说普通话变成自觉意识,推广普通话工作任重而道远。这不仅影响国内交际,而且也对外国学生学习和使用汉语极为不利。他们在课上学的是普通话,而出门听到的却是方言,即使在北京也不例外。我们要为他们营造一个学习汉语的良好的语言环境。

2.2　文体口语化。所谓文体口语化就是要求在语体上言文一致,实行白话文,说的是白话,写的也是白话。两千多年来我国有一种"说白话""写文言"的言文脱节的传统,官方文件用文言,瓦舍文学用白话。这种状况直到"五四"后才有所改变,但是依然受到文言的影响,在公文程式中仍用"等因奉此",报纸上仍是些半文不白的文章。在较长时间里,台湾地区还延续了这一作法,近些年来稍有改变,但是正式文件文言色彩还是较重。大陆承继了"五四"和解放区的传统,说白话,写白话,文风朴实、易懂,言文一致,说出来的话大家听得清,写出来的文章大家看得懂。文体的变化促使了思想的解放和教育的普及,也促进了语言文字水平的提高。我国的报纸、杂志、影视媒体、国家文书、法律法规、商业契约等都普遍使用明白易懂的口语化的文体。这种文体源于口语又高于口语。它比口语更简洁、更精练、更严密,比较容易地实现语言和文字的即时、自动、快捷的转换,也方便了外国人学习汉语。可以设想,如果我们教外国人说的是白话,写的却是文言文或者半文不白的文体,这就会使本来不那么容易学的汉语又难上加难,这样就会把他们中的许多人吓了回去。

2.3　文字简便化。所谓文字简便化则是要求文字必须规范、标准、简洁、捷便。在当前就是推行简化汉字,使之标准化,也就是对现行汉字在进行全面、系统、科学整理的基础上,针对汉字的"四难"(字数多、笔画多、读音乱、检字难)而实行"四定"(定量、定形、定音、定序),以利目前使用。

(1)所谓定量是对数目繁多的汉字,在全面精确统计的基础上,采用分层使用的方法,对现行汉字进行整理和规范,确定通用汉字、常用汉字和次常用汉字的数量。汉字是个庞杂的系统,《说文解字》收字 9353 个,加上异体字 1163 个,共 10516 个,《康熙字典》收字 47035 个,《中华大字典》收字 48000 多,《汉语大字典》收字 54678 个,《中华字海》则多达 85000 多个字。因此,对现行汉字必须进行规范和清理。研究表明,现在中国的通用汉字有 7000 个,其中,常用字只有 2500 个,可覆盖现代出版物上所用汉字的 97.97%,次常用字 1000 个,覆盖率达 1.51%,两者相加,可覆盖 99.48%,剩下不理解的也就不多了。在 2500 个常用字中,约有 900 个简化字,平均每字比繁体字要减少 6 画,14 画以上的字只有 233 个,无疑这对于缩短识字时间、提高教学质量、迅速扫除文盲、提高广大人民的文化水平都起了很大作用,同时也节省了书写时间,提高了工作效率。

针对外国人学习汉语的情况,1992 年还出版了《汉语水平词汇与汉字等级大纲》,共收汉字 2905 个,包括甲级字 800 个,乙级字 804 个,丙级字 601 个(其中附录 11 个),丁级字 700 个(其中附录 30 个)。这些可以作为我国对外汉语教学总体设计、教材编写、课堂教学、教学测试和《汉语水平考试(HSK)》命题的主要依据。

(2) 所谓定形就是规定汉字使用的统一字形,这包括整理异体字工作。原则上是以简体字为规范,使印刷体接近于手写体。1955 年出版的《第一批异体字整理表》淘汰了 1055 个异体字,现又恢复了"阪""挫"等 28 个字,实际淘汰数为 1027 个异体字。

(3) 所谓定音就是规定每个现行汉字规范化的标准读音,也就是根据"北京音系"去清理存在于北京语音中许多驳杂的、不可奉为标准的讹变土音,即对多音异读字作出取、舍、存、废的决定。1963 年出版了经"普通话审音委员会"审定的《普通话异读词三次审音总表初稿》,共收 1800 条,涉及 1077 个字。1982 年中央指示对 1963 年出版的《审音表》进行修订,重新确定审定的范围和原则。例如"减少不辨义的多音",采取合并的办法。比如北京话中,"指"zhǐ 用于"手指头"读 zhí。用于"指甲"读 zhī。多音而同义,只是北京人的习惯变调,现一律审定为 zhǐ。又如,把误读的"装帧"的"帧"定为 zhēn,不取 zhèng,以与"贞、浈、祯、桢、侦"读音一致;把"捺"定为 nài 而不取 nà,以与"奈、萘"读音一致;把"参与"的"与"定为 yǔ 而不取 yù;把"电荷"的"荷"定为 hé 而不取 hè;把"臭味相投"、"狐臭"的"臭"定为 chòu 而不取

xiù；把"冠心病"的"冠"定为 guàn 而不取 guān 等等。我们还认为，合并的范围似乎可再扩大，比如，某些地名，如，"六合县"和"六安县"的"六"建议定为 liù 而不取 lù，因为本地人已认同 liù；把"台州"的"台"tāi 定为 tái。我认为，保留这些异读不是十分必要的，只能徒然增加人们的记忆负担，别无他用。还有，应该尽量减少不区别意义的儿化和轻声，以利全国绝大多数人学习和掌握普通话。在关系到绝大多数人的定音问题上，我们应该从有利于推广普通话出发，而不能单纯为少数专家的专业癖好所左右。须知，多数的误读是由汉字误导的，适当的采用读音合并的原则有利于汉语的读音统一。我们还认为，在审音时，如果遇有北京的个别异读字的读音与北方方言不一致时，一方面要看这种读音合不合《广韵》演变规律；另一方面，随着全国各地方言志陆续问世，我们则可以利用这些材料，用计算机进行频率统计，视广大北方方言的读音频率来决定其取舍。比如，"埋"读"mái"，但在"埋怨"中，《现代汉语词典》注音为"mán"。这可能是老北京人的读法，年青人一般都读"mái"，甚至不知还有"mán"读音，更不用说广大北方方言区了。难道这类异读不该合并吗？殊不知，这同样也是为了有利于汉语的读音统一。

（4）所谓定序就是确定现行汉字的排列顺序，规定标准的检字法。汉字不是表音文字，它有结构，有笔画，有部首，就是没有音序。用"部首法"或"笔画法"去检索很难做到自动、快速。1918 年"注音字母"公布之后，才开始利用字母顺序采用"音序法"。1973 年出版的《现代汉语词典》首先使用汉语拼音方案，按字母顺序来排列正文，1988 年出版的《中国大百科全书》以及许多语言工具书也是按汉语拼音顺序排列的；不过，编者都在书后附上了"检字表"和"汉字笔画索引"，以供不识汉语拼音者检索。1993 年出版的《汉语大字典》竟然不附拼音检索，使用甚是不便。

2.4 表音字母化。所谓表音字母化是指：为了适应信息化社会的需要，一种理想的现代文字应该能够体现一个音素（音位）一个字母的原则。听到了读音就可以拼写，见到了文字就能够拼读。这就是拼音文字。现在世界上用得最多的是拉丁（罗马）字母，已经有 100 多个国家，包括世界上主要发达国家都采用了这套字母。它们根据本民族语音的特点稍作调整即形成了自己的文字，如英文、法文、德文、意大利文、西班牙文，甚至土耳其文，等等。它们一般只用 26 个字母，其发音与"国际音标"相近。这种方案有利于普及教育,能够及时、快捷地实现语言与文字转换,彼此学习起来也比较容易,大大方便了文化交流,对国际多媒体的联网也极为有利。从前打字机的键盘和现代计算机键盘都是为拉丁字母而设计的,一机在手就可通行世界。我国的《汉语拼音方案》采用的也是拉丁字母,读的却是汉语的发音,但又与《国际音标》的发音相同或相近。它采用26个字母,按音素(音位)读音,用于拼写普通话,不需编码就可进入计算机,把中文带进了信息时代,易于跟国际联网。1982年《汉语拼音方案》已经成为国际标准(ISO),成为拼写汉语的国际标准法式,它的用途已由给汉字注音扩大到拼写人名、地名、汉字编码乃至编写汉语口语教材和童话故事等。但是,汉语拼音对汉字而言,只是辅助性的,我国法定的文字是汉字。

三

3.1 汉字是世界上使用时间最长、使用人数最多的表意文字。在古代,一个汉字基本上就是一个词;在现代,一个汉字也是一个词素或者是一个词。了解一个汉字的字义,一般就可以理解这个词的词义。一个学生,当他掌握2500个常用汉字之后,就会加速理解由这些汉字组成的词语,会使汉语学习的速度出现飞跃。这跟中国人学英语的情形正好相反:学英语从字母开始,入门容易,可是越学越难;学汉语从汉字开始,开始很难,可是越学越易。

汉字作为文化信息载体,还积淀了古老的中国文化,它就像一块化石,从中可以揭示历史的线索。历史的典籍由汉字保存,历史的文化靠汉字衍生。汉字在维系民族共同语的统一方面起到了支撑作用,汉字在维护国家统一、民族团结方面也起到了不可估量的作用。汉字的历史功绩是不可埋没的。然而,汉字是世界上仅存的非音素的文字,由此而带来了汉字的"四难"。针对汉字的"四难"我国已简化了汉字2235个,并且对这些简化汉字进行了"四定"。这虽然会给学习者和使用者带来一定的方便,但是这并不能从根本上改变汉字"四难"的性质。即使经过了简化和整理,现代汉语通用汉字依然高达7000字,常用汉字仍有2500个,加上非常用汉字1000个,人们要记住那么多汉字的读音、意思和用法也实在不易。也许在适当的时候,汉字还得简化，尤其是 14 画以上的 233 个常用字。在计算机输入中，汉字的点阵本来就比西文要大，其中还有 138 个字用 16×16 点阵都难以清楚地表现，如"董""量""酬"等，这也需作简化处理；如果改用 24×24 来扩大点阵，又会多占内存，增加传递材料时间，就会影响计算机运算性能的改善。在读音上，汉字虽然经过了正音，但是许多字常常还会让人读错。同是一个声符"玄"，相关的形声字读音就有三种：xuán"玄"，xuàn"眩、炫、铉"和 xián"痃、弦、舷"。声符本应给汉字的认读带来方便，可是这里的声符"玄"却成了导致误读的来源。类似的情况很多。这就是汉字的致命缺陷，在维持现有汉字体制下的任何改革也无法从根本上得到改善。看来，未来汉字的命运只得留给后人去安排了。

3.2 然而，我们面对的却是一个信息化社会，在国际交往中，我们面临着汉语跟国际通用语以及汉字跟国际通行的拼音文字接轨问题。国际通用语不是自封的，而是由使用该种语言群体的综合国力所决定的。英语事实上已经成了国际通用的语言，因为国际信息高速公路是以英语为主要语言的。我国大陆和台湾的科技教育界的许多研究成果也是直接用英语发表的，我们计算机操作系统也是用英语作为指令语言，有的直接就用英语操作。我国以信息为中心的"金桥"工程也已启动。在这样的形势下，我国应该有一个正确的语言政策。周有光先生说，当前，"任何国家想要成为一个现代化国家，必须以英语为第一外国语。英语没有国籍，谁利用它，谁就得益"。我赞成这样的意见。我认为，我国的多数学校应把英语作为第一外语。我们要努力提高英语的教学质量，要求高中毕业生的英语能够达到基本"四会"的要求，大学毕业生的英语应该能够成为工作语言。鉴于我国是一个幅员辽阔的大国，我们应该吸取 50 年代全国中学、大学一律都学俄语的教训。在我国边缘地区，我以为可以根据实际情况把周边国家的语言作为他们第一外语，在大学外语院校也应开设多种外语专业，以保证社会需要。我主张应该把外语作为考核和聘任工作人员的条件之一。为了生存和发展，在国际交往中，我们应该考虑英语已经成为当今国际通用语这一事实。

3.3 当然，在国内语文生活中，汉语是我国的民族共同语，汉字是全国通行的文字。为了充分发挥汉语和汉字的交际功能，有人提出试行"双语双文制"的主张。所谓双语就是普通话和方言，在正式场合须用普通话，非正式场合则可自便。所谓双文是指在国家生活中，在宣传、教育和传统文化领域中使用汉字；在计算机上，对国内，可以采用"拼音转换法"，输入的是汉语拼音，输出的是汉字，以利国内使用；对国外，则可以直接用汉语拼音输入输出，把汉语拼音权且当作跟国际通行的拼音文字接轨的符号，当作接通国际信息网络、建设信息高速公路的桥梁，以使通晓汉语的人也能分享中国的信息。据我所知，我国许多驻外记者就是用汉语拼音发回消息的，东北铁路也用汉语拼音传递信息，国外也有人用汉语拼音编写汉语口语教材，并且利用它学会了汉语口语，国内也有人用汉语拼音编写通俗读物，孩子们也能看懂。至于能否用汉语拼音拼写科学论文等还有待试验。总之，汉语拼音在某些领域，已经发挥了文字的功能，但是它只是辅助性的文字。

3.4 现在，也许我们应该超前地研究汉字拼音化的可能性，总结推行《汉语拼音方案》的经验和问题，研究《汉语拼音方案》的科学性、实用性以及成为汉语拼音文字的可能性，制订正词法，以确立音节拼写和词组拼写的规范，研究原先也使用汉字的越南、朝鲜改为拼音文字的经验和问题。因为创制和试行一种新的文字是极费时日的，所以就该未雨绸缪。当今，天体物理学家可以高投入地探求虚无缥渺的宇宙的奥秘，语言学家为何不该研究事关中国现代化的拼音文字呢？

3.5 展望未来，世界格局呈多极化的态势，美洲、欧洲、亚洲的经济日趋一体化，我国经济发展也引起了世人的瞩目。我国大陆的综合实力也将日益加强，台湾、香港地区以及遍布世界各地的强大的华人经济，特别是灿烂的东方文化，越来越展现出她的魅力。可以预见，一个"汉语·文化·经济圈"终将形成，世界上许多国家将把汉语作为第一外语来学习。有朝一日，如果汉语成了区域性的通用语，或者将来世界要是选择了汉语作为一种国际通用的语言，我们也将乐观其成。

参考文献

冯志伟　1995　《语言文字规范化对语言信息处理的作用》，收入《语文现代化》，山东教育出版社。

傅永和　1995　《新中国汉字整理》，《语文建设》第 7 期。

苏培成　1995　《周有光先生对中国语文现代化的贡献》,收入《语文现代化》,山东教育出版社。

徐世荣　1995　《四十年来的普通话语音规范》,《语文建设》第 6 期。

许长安　1995　《语文现代化的宏观考察》,收入《语文现代化》,山东教育出版社。

张育泉　1994　《对语文现代化事业的看法与希望》,香港《语文建设通讯》第 46 期。

周有光　1986　《中国语文的现代化》,上海教育出版社。

周有光　1992　《新语文的建设》,语文出版社。

周有光　1994　《中国的语文现代化》,香港《语文建设通讯》第 45 期。

周有光　1995　《信息化时代的中国语文现代化》,收入《语文现代化》,山东教育出版社。

［本文原载于《扬州大学学报(人文社会科学版)》1997年第 6 期］

关于语言体系的几个问题

——纪念方光焘师诞辰 100 周年

摘要：现代语言学之父 F. de Saussure 创立了结构主义语言学说，提出了跟语言体系相关的崭新的概念：能记与所记、体系与要素、共时与历时、语言与言语等，产生了革命性的效应。方光焘先生在科学地给予索氏高度评价和充分肯定的同时，也指出他及后人对上述问题解释上的片面、极端和形而上学等偏颇之处，赋以全面和唯物辩证的内涵。

关键词：方光焘；语言学；结构主义；语言体系

一

今年是语言学大师方光焘教授诞辰 100 周年，商务印书馆出版了他的语言学方面的专著《方光焘语言学论文集》，南京大学还将举行"方光焘语言学说思想讨论会"，我们三位门人写了这篇专文，以纪念这位学术精深、广有建树、桃李成林、世所崇仰的一代名流，我们敬爱的老师方光焘先生。

方光焘(1898—1964)，字曙先，浙江衢县人，是著名的语言学家、文学家和教育家。他 1918 年留学日本，专习英语及语言学，1929 年又赴法国里昂大学研习语言学，系统而深入地研究现代语言学奠基人 F. de Saussure 的语言学说，密切结合汉语实际。他在理论语言学和语法理论方面，均有很高的造诣，很大的影响。方光焘先生又是新文学的开拓者。他于 1921 年在日本与郭沫若、郁达夫等最早参加新文学团体"创造社"，1931 年，他参加了"中国左翼作家联盟"；1938 年，又加入"中华全国文艺界抗敌协会"。他发表许多文学评论、小说、杂文和译著，并讲授文艺学、中外文学评论等课程，是我国现代最有名的文艺理论家之一。方光焘师毕生献身教育，是诲人不倦、师道表率、感人至深的教育家,为国家培养了一批优秀的语言学家和文学家。

方先生健在时,一心育才,勤于行政工作,晚年又困于多种疾病,加之治学严谨,从不轻言立说,但是留下了许多讲稿和学生们的笔记,所以自他谢世之后,认真做好他的学术著述的整理、出版工作一直是弟子们的共同心愿。这些年,他的专著已有两种成书:王希杰、卞觉非、方华收集他生前历年已发表的和未刊的文字编成《方光焘语言学论文集》(江苏教育出版社,1986年);陆学海、方华整理他的课堂讲稿,经胡裕树、鲍明炜审订,编成《语法论稿》。后一书还获得1992年第二届吴玉章奖金语言文字类一等奖。近年,又分由陆学海、卞觉非、方华整理教材讲稿三种,由胡裕树、边兴昌审订。以上几种现编成新版《方光焘语言学论文集》,由商务印书馆出版。至此,先生语言学方面著述的整理、出版工作业已基本完成。这一结集是他辛勤执教数十年留下的难得的精神遗产,可供我们后辈学习和借鉴,也使得我们在作方光焘语言学术思想研究时,无论是追寻它的源宗,还是探讨它的发展,都可提供较好的基础。

今年还是现代语言学的开创人索绪尔诞辰140周年。索绪尔的语言学说早在20世纪二三十年代就已传入我国。先师是国内最早吸收和运用索氏学说的学者之一。他在回顾那段过程时说:"1928年索绪尔《一般语言学教程》日文版刊行。读了以后,对语言体系又有很大兴趣,决定终身研究语言科学。"[①]他潜心研究索氏学说,始终坚持理论的高度,坚持与汉语的实际结合,并不断予以发扬,即使是在六十年代那样压抑的气氛之中也从不稍懈,依然全面而系统地多次讲解索氏《教程》,尤其着重理解索氏学说的真谛。因而,我们深感从事方光焘师的学术思想的释介时理应与索氏学说联系起来。

理论问题离不开学术思想的交流与批评。对此,我们将遵循先师的不轻言批判的教导。先生曾言:"在《语言研究通讯》上有人批判我,从精神上帮助我改造世界观,当然是值得感谢的。但实际上他们对索绪尔的论述并没有怎样学过,因此就很难深入理解和批判。"几乎是同样用意的话,胡塞尔

[①] 方光焘:《语法论稿》,江苏教育出版社,1990年。文中凡加引号而未注明出处者均引自该书。

(Edmund Husserl，1859—1938)也这样说过："除非你已经弄懂了批判对象的直接含义，否则不要轻言批判。"①这也是合乎情理的，学术探讨之始先宜有所理解，然后才能有所批评。

方先生的学说博大精深，涉及语言学的各个方面，本文仅就能够体现先生语言观的有关语言体系的几个问题，作一些释介工作。

二

语言的记号性问题在索绪尔的语言学说中占有重要位置。索氏《教程》全书围绕"语言是表达观念的记号体系"这一中心论题展开，他讲所有的问题时，都贯串这一语言观，他的一切理论都是为了说明这个中心。

记号，是所有论述的起始点。陈望道和光燊师很早就已使用这个术语。他们将记号之内不可或缺的两个组成部分译称"能记"(signifiant)、"所记"(signifie)。这与后来的译法"符号"、"能指"、"所指"以及许国璋又建议改用词组式的"符号施指"、"符号受指"相比，②在索氏术语的对称性上，陈、方二位的译名似更适宜。

我们在这里说语言的记号性实际上是指语言记号的一种本质性的内涵，仅指能记、所记之间除了任意地组成记号这层关系之外，不存在任何内在关系。

索绪尔这样说："第一个原则：记号的任意性质。能记和所记之间的结合是任意的。由于我们所说的记号是能记和所记相联结而产生的整体，我们可以简化些说：语言记号是任意的。"③他指出即使人们有些自觉意识，也不明白如何来讨论这种事，"理由极其简单：任何主题，为了适于讨论都必须具备合理的基础。……但是语言是一种任意的记号体系，它缺少这种基础，缺少讨论的充分理由"④。索绪尔用"牛"这个所记在国界的两边有完全不同

----

① 泰奥多·德布尔：《胡塞尔思想的发展》，三联书店，1995年，序言。
② 许国璋：《论语言》，外语教学与研究出版社，1991年，第128页。
③ F. de Saussure："Course in general linguistics", First published in the British commonwealth, 1960, p.67.
④ F. de Saussure："Course in general linguistics", First published in the British commonwealth, 1960, p.73.

的两个能记为例,证明语言记号决不是"合理的",它的存在几乎是不能加以讨论的。其实,就拿"牛"来说,世界上大约有三四千种语言,就会有那么多与"牛"相应的能记与所记的结合。考究某个能记何以表示某个所记,其中不会存在什么必然的原因,某个所记之所以和某个能记结合也难以说出有必然的理由;某个能记表示的某个所记可以有不同的形式(单个或集合的概念),并不是非要有某种概念的中心才可以与某个能记结合,同样某个所记与某个能记的结合也并不是非结合这个能记不可。总之,任意性应从能记、所记两方面的结合来看,单说其中任何一面有任意性仍属误解。

方先生赞同索绪尔的这个论断。三十年代他向国内引入索绪尔语言学说,就是从"语言是记号的体系"①开始的。此后,在高校语言学理论课程的长期执教中,他不顾多数地方还在照搬国外某一教本的教条,多次全面而深入地讲解这个问题。他说:

(1)"能记是用来记载他物的。……所记是被记载的内容。……这两者之间并无必然的关系,存在着任意性(随宜性)。"②

(2)"任意,并非指说话人可以自由地选择能记,说话人在这上面是无能为力的。任意性,即能记、所记之间的不可解释性或约定性。"

(3)"语言记号的本质是任意性。""这个原则极为重要,这在他的《教程》里是第一个原则,其它许多论点实际上都由此推导出来。"

(4)"索绪尔从第一原理——语言记号的任意性引申出来,说语言有历史演变的传承性。……一个既成的语言状态总是历史因素的产物。正是这样的历史因素,形成语言记号的不变性。"

"从不变性这一面,索绪尔又讲到语言记号的可变性的一面。……因为是任意的,也蕴涵着可变的因素。"

(5)"索绪尔也看到只讲任意性还有说不通的地方,如派生词就是可解释的。……一种语言的发展如果可以由任意而转向论证,或者由论证而转向任意,已足以说明变化是由历史产生的。既然这些现象是在发展中产生的,那么记号的特性便不能说是语言本身所特有的。索绪尔未能看清语言

---

① 《方光焘语言学论文集》,江苏教育出版社,1986年,第36页。
② 《方光焘语言学论文集》,商务印书馆,1997年,第547页。

记号具有多方面的特征,简单地把语言记号的一切归结为任意性,也就必然是错的。"

"任意性是语言记号的重要特征,但不能把语言记号的全部特征归结为任意性。"

集中以上各点,可以说索绪尔的话是对的:"本来记号常常在某种程度上避开个人或社会的意志,那是记号的本质。"但是,按先师说的来理解,停留在这一点上肯定还嫌不够。单是由任意性推导出来的不变性和可变性已足以证明语言记号有自己的变化、发展,自然会有由此而带来的记号的诸种特征。先生的意思很清楚:不宜丢开语言记号本身的内涵,但也应当注意它的其它诸种特征,否则就不能全面地看待语言记号。

任意性问题历来为许多语言学家所认定,有些语言学家还对此作了一些修正,由此也引起了不少争论。

索绪尔在对语言记号认定有任意性时,也贯穿了他的社会主张。他说:"这样的记号的两部分同样是心理的。"又说:"语言记号本质上虽然是心理的,但并不是抽象物";"语言只有凭借共同成员间所通行的一种契约的力量才得存在"。这里,他已明显地在心理与社会之间徘徊不定。

比索绪尔稍晚二十来年的萨丕尔(Edward Sapir,1884—1939)对此提出了正面的修正:既肯定语言记号体系中有任意关系,也肯定语言是约定俗成的社会现象。他说:"语言是一种特别的符号关系……这关系是一种任意关系。""我们的语言研究……是为了讨论所谓语言这个任意性符号系统的功能和形式","它纯然是一种集体的历史遗产,是长期相沿的社会习惯的产物"。[①]

方先生指出,"索绪尔学派中的人已经提出修正意见",这是指后来本维尼斯特(E. Benvenniste)的看法。[②] 先师也提到苏联时代的一些学者,"斯米尔尼茨基和布达哥夫只承认词以下的有任意性,语言记号一般是指词而言,所以也等于否定了这种任意性";"兹维金采夫对语言的记号性采取否定的态度。他提出了一般记号的特性,又认为语言记号并不具备这些特性,由此

---

① 爱德华·萨丕尔:《语言论》,陆卓元译,商务印书馆,1964年,第3—8页。
② 乔利奥·C.莱普斯基:《结构语言学通论》,朱一桂等译,中国社会科学出版社,1986年,第173页。

否定了语言的记号性,当然也不承认语言记号的任意性"。先生的解决办法是要做具体分析。他认为:"语言和一般记号比较,究竟有无共同的一方面呢?应该肯定是有的。……索绪尔只看这种共同点,是偏了。兹维金采夫只看其中的相异点,也是偏了。"①这些话极具针对性,确实是问题症结所在。语言记号的任意性既是客观的与生俱来的事实,但它又不可能涵盖语言记号的一切。

此外,也有人用"人为的"(artificial)代替"任意的"。许国璋赞成这一代替,他说:"能指和所指之间既然没有自然的联系,当然只能有人为的联系,用'人为的'和'自然的'构成一个二项式对立,倒是比较合理。"②我们并不这样看,似乎不宜笼统地说不是自然的,当然是人为的。因为人为的至少可以分出未经人的有意参与而随意地形成的,或者经由人的专门操作而形成的,这里究竟指哪一种呢?前者实在已接近任意的,后者却完全不是。索绪尔创立了一系列的语言学理论概念,二项对立,高度概括而深含哲理。许国璋也说这是"界限最清楚和最富于解释力的术语",③而现在又以人为的与自然的对称,这中间究竟有怎样的理论深度能与索绪尔式的二项对立匹配呢?

三

语言体系问题是索绪尔语言学说的核心部分。索绪尔对此有很多论述:"我的语言的定义有一个前提,即排除语言机体或语言体系之外的一切东西。"④他严格划分语言的内外界限,只问语言内部的事;强调"语言是一种有它自己安排的体系"⑤,把语言限制在自我封闭的状态。

索绪尔认定语言中的关系有决定作用,把语言体系看做是关系的网络,一切由关系而来,一切服从关系,关系成为语言体系的基石。《教程》在这方

---

① 兹维金采夫:《普通语言学纲要》,伍铁平等译,商务印书馆,1981年,第38—69页。
② 许国璋:《论语言》,外语教学与研究出版社,1991年,第37页。
③ 许国璋:《论语言》,外语教学与研究出版社,1991年,第112页。
④ F. de Saussure:"Course in general linguistics",First published in the British commonwealth,1960,p.20.
⑤ F. de Saussure:"Course in general linguistics",First published in the British commonwealth,1960,p.22.

面有多处表述:"在语言状态里,一切都建立在各种关系之上。"①"语言是由相互依赖的诸要素组成的体系,在那里每一要素的价值只有依据其它要素的同时存在才能产生。"②这种语言要素间必然存在的相互关系,使索绪尔十分重视要素所处的总的环境。他指出:"在这样的组织作用里,首先惹起注意的是组合的连带(solidarite syntagmatique):差不多所有的语言单位在说话的链条上,都或者依存于围绕在这些单位周围的东西,或者依存于构成单位本身的继起部分。"结果,"在语言学里解释某一个词,就是找出它和其它一些词的关系"③。按索绪尔的理解推断,"语言学所研究的就是这些记号和它们的关系"。

接下来的问题理应回答存在于要素间的关系及其价值,其实质究竟是什么?对此,无论是语言记号的所记部分,还是能记部分,索绪尔均从差异、对立,即消极的一面、否定的角度来立论。他说:"表示邻接观念的一切语词都是互相限定的。……仅仅是由于那些词的对立,才获得固有的价值。""所谓概念完全是示差的……是按照它们和体系中的其它辞项所构成的关系,消极地来下定义的。它们的最精确的特征就是其它的东西并不是那样的。"在语言记号的质料方面也是同样:"重要的东西并不是声音本身,而是使那语词得以和其它一切语词相区别的声音的差异,因为承担意义的就是声音的差异。"由此可以看到,"给与这些要素以特性的……仅仅是在它们之间不引起混同这一事实",即差异的事实。这里,索绪尔事实上已经提出了后来音位学的自由变体的概念。他说:"音位无论怎样,首先是对立的、相对的、消极的实体";"足以证实这件事的就是在声音的区别能分辨的范围内容许说话者在发音上的自由"。

《教程》在论述中突出了语言体系中各种关系的地位,也就突出了对立的作用,把对立看做是语言事实的本质所在。索绪尔认为,如果简单地断定

---

① F. de Saussure: "Course in general linguistics", First published in the British commonwealth, 1960, p.122.

② F. de Saussure: "Course in general linguistics", First published in the British commonwealth, 1960, p.114.

③ F. de Saussure: "Course in general linguistics", First published in the British commonwealth, 1960, p.189.

某个语词意味着什么,或者固执于声音和概念的联结,这当然还是正确的,也看到了现实的一面;但是"对于语言事实却一点也没有从它的本质上和广度上来加以说明"。他说的"广度"指语言的线条性,包括记号的连续、前后关系等在空间上的延伸,而"本质"则明显地指对立的决定作用。

方先生在语言体系问题方面,也有较多的论述:(1)完全赞同索绪尔划定的语言学的对象和范围,对于索绪尔的语言应该作为一个体系来研究的理论原则给予很高的历史评价。他说索氏《教程》"最主要的原则就是:第一,语言是一个体系,应该作为一个体系来研究;第二,语言体系的研究在语言存在的一定时期内不应以语言历史的研究替代;第三,语言研究的对象必须是语言而不是其它任何东西"[1]。在索绪尔之前,历来研究语言"都不外是史的考察","可是一到了索绪尔,我们却又进入了一个新的广大的处女地。那就是语言的静态世界,是体系构成情况的认识"[2]。他肯定"真理在于语言是一个体系……二十世纪初历史比较语言学片面强调历史演变的影响很深,索绪尔的功绩正在于扭转局面,转到新的方面"。(2)索绪尔坚持排除语言之外的一切东西。这一原则在《教程》结尾处出现,后来成为非常出名的警句:"为语言而研究语言"。据瑞士学者 Robert Godel 的调查,在索绪尔本人的札记和学生笔记中均未找见这句话,可见是编者加上的。[3] 当然这也体现了索绪尔的基本思想。先生认为:"这个命题造成很大的误解,其实索绪尔的本意在于为了研究语言,只能研究和语言有关的。他这样提出问题,有点危言耸听,目的是要引起注意,要注意语言体系,不要把非语言的东西带到语言研究中来。"(3)关于语言表达的意义和"非语言的东西"如何分界,先师赞成美国学派 C.C.弗里斯的三分法,即把一般所说的"意义"分作词汇的、结构的、社会文化的三种。弗里斯认为前两种意义是语言的意义,后一种则是非语言的意义。先生用"XX 以 49 秒完成了 400 米混合泳"这句话为例说明:"对于一般人来说,听到这句话可能无所表示。但如果一个游泳运动员听到这句话,他就会感到兴奋、激动。后者所表现出来的反应是属于社会文化意义的。"他肯定前两种意义属于语言范畴,后一种属于非语言的。社会

---

[1] 《方光焘语言学论文集》,江苏教育出版社,1986 年,第 45 页。
[2] 《方光焘语言学论文集》,江苏教育出版社,1986 年,第 44 页。
[3] 许国璋:《论语言》,外语教学与研究出版社,1991 年,第 113 页。

文化、思想内容等是语言所要表现的,因而应当把"表现者"与"被表现者"区别开来,①先师素来主张"研究语言的表现手段","以表现意识内容的手段为研究对象",②同时要求对内容和形式应当看到"它们始终结合在一起,不可缺一,但始终是两面",在分清非语言的东西之后,他自然注意到"在语言学里坚持反映论还是重要的……语义学、语言差别问题等都有语言和其它现象的关系问题存在着,不是单看语言结构问题可以解决的"。所以他要求"先微观,先在语言内部考察,再宏观,再看非语言的各种现象,全面地看"。这就在索绪尔关于划开语言内外的原则方面,作了重要的补充和修正。

"语言是封闭的"这一理论原则,是由"语言是一种有它自己安排的体系"这一论断引发出来的。但说法有些不同。萨丕尔说是"封闭的、创造性的、具有符号性的体系";③[瑞士]让·皮亚杰(Jean Piaget)说是"自我调节";④许国璋则说是"自我满足";⑤徐通锵把范围划小一点,说语音封闭而词汇、语义开放;⑥也有人似乎不赞成封闭性原则的提法,认为"动物的信号系统是封闭的,人的语言系统是开放的",理由是语言可以"实现无限的创造";⑦或者说"自然语言中句子的数目是无穷的","自然语言是个无限集"。⑧其实,后面这两种所谓的"无限",依然要受到语言体系的制约。

问题的关键是要看语言体系本身究竟是否封闭?方先生指出,语言体系不是不变化的,"同一语言在漫长的历史过程中肯定有质变","语言的质变也要从体系上来看,同一语言中出现了新的规律体系就是质变"。据此,从体系的整体来衡量,词汇本来是活跃的,对来自体系内外的各种因素的影响最为敏感,开放是肯定的。语法是最稳定,变化最慢;但是任何一种语言的语法体系在历史发展中多少总要受到社会因素的影响(其中一部分是经由语音、词汇方面的间接影响),尽管历史痕迹还难以考查清楚,也不能说是

---

① 《方光焘语言学论文集》,江苏教育出版社,1986年,第107页。
② 《方光焘语言学论文集》,商务印书馆,1997年,第131页。
③ 兹维金采夫:《普通语言学纲要》,伍铁平等译,商务印书馆,1981年,第338页。
④ 特伦斯·霍克斯:《结构主义和符号学》,瞿铁鹏译,上海译文出版社,1987年,第7页。
⑤ 许国璋:《论语言》,外语教学与研究出版社,1991年,第113页。
⑥ 徐通锵:《历史语言学》,商务印书馆,1996年,第157页。
⑦ 许国璋:《论语言》,外语教学与研究出版社,1991年,第3页。
⑧ 徐烈炯:《生成语法理论》,上海外语教育出版社,1988年,第24页。

封闭的。在语音方面，构成语音体系的成员（音位）有限，音位归出的聚合群有限，音节的结构格局也有限，加上语音体系特有的结构上的对称等，单看所有的变化均限于此，似乎是封闭的。但是由于晚近语音变异理论研究的不断深入，许多历史语音变异现象已足资说明，语音体系"充满着变异的因素，可以从中清理出条理和线索"；"音变在一定条件下进行，在某一地区、某一时段完成"；"一个研究微观的、正在进行中的音变，能看到年龄、职业等非语言的社会因素在音变中的作用"。即使是"曾经起过作用的非语言的社会因素早就退出历史舞台，只留下音变的条件"[1]供人考察，也同样说明语音变化是经常的，是持久的。面对这样的事实，怎么能说语音体系是封闭性的呢？

这样看来，是否根本就不存在封闭的问题呢？先生具体分析说："就记号本身讲，记号成为独立存在的、封闭的领域，其中所记、能记相对立，和其它记号没有什么关系。但语言不是封闭性的记号，记号和记号之间有着处在整体中的相互关系。"这种体系中的相互关系，使语言记号"把意识和客观现实联系起来，组成交际工具"。这样的语言自然不可能是封闭的。

"一切都建立在各种关系之上"[2]这一论断并非全部是真理。对此，先生也有保留。先师很注重对相互关系的抽象理解："各语言用各种不同的实质，但各语言在实质上有一点大同小异。如果把实质抽去，专讲相互关系、对立，这就是形式。……若从它们在体系中的关系、对立看，就是形式的描写。……这种抽象在语言研究中无时无刻不在进行，是极为重要的。"

在关系和实质这对矛盾的处理上，方先生指出："我们不能认为关系与实质无关，只能讲关系体现于实质。纯关系的语言是不存在的。"他的看法是以客观存在的物质体系为基础的。自然界存在的任何物质层次都是实物和场的辩证统一的共同形态。如果说"实物"是物质的间断形态，那么"场"则是它的连续形态。比如在浩荡无际的宇宙里，各个天体是分立的、间断的，把它们联结起来的是引力场以及各种辐射场。语言体系也是如此。反映客观现实事物、现象的各个记号是有实质的，反映客观现实事物、现象之

---

[1] 徐通锵：《历史语言学》，商务印书馆，1996年，第303页。

[2] F. de Saussure：“Course in general linguistics”，First published in the British commonwealth，1960，p.122.

间的关系的则是记号之间的关系,这两者也以辩证统一的共同形态存在着。所以只能说关系是重要的,却不能把它看做是唯一的。先师还说:"绝对原则是存在决定一切。实质就是存在。如果实质用来指意义,第一性是意义,第二性是意义体系。"只有这样的理解,才可以说是摆正了关系与实质的位置。

方先生在回顾自己在这个问题上研究、思考的经验时说:"卡尔纳普(Ruddlf Carnap,1891—1970)认为'科学意义上是真实的,就要成为体系的要素'……这话的意思是一切要素的意义只在体系之中。我们也讲孤立的词不在语法研究之中,这是吸收了他的学说而加以改造的。"卡尔纳普在这里讲的"科学意义"是以逻辑实证主义哲学为其理论背景的。逻辑实证主义者认为凡是以往哲学探究世界的本源、本质,以及思维与存在、精神与物质等均属毫无作用的形而上学,他们把哲学看做是一种活动体系,即仅仅是进行逻辑思维活动的体系。卡尔纳普就曾说:"哲学的唯一任务就是逻辑分析。"[①]他在早期就同许多逻辑实证主义者一样,运用逻辑来分析经验科学的命题;以后,他更转向了纯粹形式主义,把逻辑分析限于对科学语言的句法分析,而不问语言的意义。先生吸收了他说的"体系的要素"的正面含义,即要素始终处在体系之中,应当重视关系,强调不能孤立地研究词;但避开了他的负面,即体系决定一切,不问词的实质。这样的理解是注重词的实质(它承载来自客观实际的意义内容),同时又从关系中来处理词的问题。先师还以索绪尔用的象棋例子来作对照:"兵、马、炮都是要素,是由结构中的关系决定的,在一定的位置上起一定的作用。但总要有一定的质料来充当要素,这也应当肯定。"他归结说:"我们不赞成纯关系,词仍是客观存在的。"

本来索绪尔倡导的体系论是要求对待语言不能仅仅按照机械的因果关系,从历史因素去认识,而要从结构上去认识,即不仅从语言的个别成分上而应从成分之间的关系去认识。这个观点是正确的,先生也曾有过明确的评述:"索绪尔并没有走得这样远,他只讲关系重要,并不要抛开关系之外的一切。他只是反对专讲历史,不顾关系。"

---

① 卡尔纳普:《哲学和逻辑句法》,上海人民出版社,1962年,第17页。

四

和语言体系的认识直接有关的是体系的相对稳定和历史演变问题。

通常所说的语言体系均指语言的相对静止状态,此时要素和关系是静止的,不变的;语言的演变则指语言在变化、发展中的状态,是动态的。"为了更为清楚地表明同一对象(语言)的两种现象的秩序的对立和错杂"[1],索绪尔把语言学分成共时、历时两种:共时按一定的时段、相对稳定的状态看体系,历时以时间的因素看演变;方先生在三十年代的文章里已作了介绍,前者是"体系的事实",后者是"要素交替的事实"。[2] 先生后来作了解释:"共时态指在一个平面里同时存在的互相关系的状态。这是'面'的角度。历时态指在时间演变中两个要素间有一定联系的状态。这是'层'的角度。""事实上语言永远不会有静止的时候,现在为了研究共时的语言体系的面貌,才舍去动的、变化的因素,把它静止下来看。"他认为"这个区分很有必要,因为语言只有成为体系时,才能交际"。

可以说,索绪尔在这里已经走近正确的一面。他还提到共时态和历时态"同步具有的自主性及其相互依存关系"[3],"他希望构造一个概括共时与历时语言学的系统"。但是,"他只是反复重申这一工作的困难"[4],而未能实现,未能坚持把共时、历时放在这相关的位置上。结果是《教程》虽有历时语言学的专章,但留给后人的却是共时、历时始终对立、割裂,历史因素仍然被忽略,认识仍然偏于另一极端。对此,先师有恰当的评论:"语言体系是从历史中成长起来的,是在历史过程中积累起来的。语言的现状是不断的历史演进的结果。"[5]"没有历时的发展结果,也就没有共时体系。至此索绪尔和我们是一致的。再下一步,索绪尔把历时、共时对立起来,甚至说历时妨碍

---

[1] F. de Saussure:"Course in general linguistics",First published in the British commonwealth, 1960, p.81.

[2] 《方光焘语言学论文集》,江苏教育出版社,1986年,第26页。

[3] F. de Saussure:"Course in general linguistics",First published in the British commonwealth, 1960, p.87.

[4] 许国璋:《论语言》,外语教学与研究出版社,1991年,第106—107页。

[5] 《方光焘语言学论文集》,江苏教育出版社,1986年,第213页。

共时的研究,我们就不能接受了。"

索绪尔的体系观又是机械的、被动的。他认为"变化从来不会影响整个体系,而只影响体系的这个或那个要素"①。这样,体系有了变化也只是接受要素的变化而变化,整个体系并不变。

方先生对此作了修正。他提出:"要素的变是体系的要求。……体系并不是如索绪尔所说的那样被动,而是主动的。""从现象上来看固然是由要素的变化来实现的,实际上是体系的要求才有要素的变化,只是通过要素的变化来实现。"

这一修正,以先师对这个理论原则的研究实践而得到证实。1952 年他在讲授《语言学引论》课时,已提到"有些方言'二[ηi]'和'五[η]'分不清,使用'两'代替'二'以示区别"②。至 1959 年,他又以充实的材料说明:"'二'之所以变'两',是体系要求变的。体系里因为'二五不清',交际功能受阻,逐渐引起要素变化。""'两'一闯入数目字的系统中去,语言的旧体系就遭受到破坏,失去了平衡。当新平衡还没有完全建立成功的时候,'两'和'二'的用法分歧是不可避免的。"③这一实例正确地表明:出于共时体系对要素调整的要求,经过历时的演变,虽被结合进体系,但却未全部完成其过程。这个过程是新旧体系动静平衡、循环往复、不断发展的。

五

语言体系问题和语言、言语的区分问题是有联系的。

索绪尔的《教程》就从认清语言学的对象讲起,而区分语言、言语的理论原则处在确定语言学的对象的起点上,占有特别重要的位置。正是由于避免"从几个着眼点同时来研究言语活动,呈现在我们面前的语言学的对象就像是一堆混淆不清的、庞杂而毫无关联的东西"④,索绪尔才排除以往语言研

---

① F. de Saussure: "Course in general linguistics", First published in the British commonwealth, 1960, p.87.

② 《方光焘语言学论文集》,商务印书馆,1997 年,第 560 页。

③ 《方光焘语言学论文集》,江苏教育出版社,1986 年,第 215 页。

④ F. de Saussure: "Course in general linguistics", First published in the British commonwealth, 1960, p.9.

究的弊端，确定"无论怎样首先要在语言的土地上站稳脚跟，而且把语言作为言语活动的其它一切显现的规范"。（着重号是原有的）

方先生对此予以充分的肯定。他指出这一区分"目的是认清语言学的研究对象，是为了确定语言学的对象这一要求而提出的"。他说："索绪尔要从混质的言语活动中认清语言，这是正确的，必要的。"在三十年代，先师在这一理论原则的研究方面已对语言、言语的分界作了很清楚的阐述。他说："'言语'是社会的产物；'言'是个人的行为。说得简单一点，language 是言语材料，speech 是言语行动。"①以后，在五十年代的讲课中，他分析说："'语'，指语言，是一个社会集团内部用来传情达意、互通声气的音节语言的总体"；"'言'是指言谈（speech）。言谈是个人用语言作为资料、表达自己所思所感的产物。语言作为言谈的资料是社会的、共同的、传情达意的工具，是每个人出生在一定的社会之中，通过学习而获得的能力。言谈则是说话的个人行使这种能力的产物"。②这里，"言语"与"言"对称，"语言"与"言谈"对称，均指现在通行的一对术语："语言"、"言语"；前者作为材料、资料，是总体性的、工具性的一种能力；后者是材料、资料构成的，所思所感的，行使这种能力的产物。

关于语言和言语的关系，方先生赞同索绪尔的界定，即"辨清主要和从属、本质和偶然。在言语活动中，言语甚至是暂时的，不能作为研究对象，剩下来唯一的对象就是作为社会的、本质的、主要的语言"。同时，针对索绪尔论述中的矛盾，先生说："索绪尔认为语言存在于说这个语言的社会团体的头脑里，是在集团的各个成员的头脑里。所谓同质，也指这种心理的同质……记号包括听觉映象，也包括概念，都是意识的、心理的，所以叫它同质的，不混质。"很明显，索绪尔把语言和大脑联系起来，说语言和大脑有关，这一点是唯物的。但他把实际音响归于言语实现出来，而以听觉映象代替物质的实际音响作为能记置于脑中，使得声音和能记无关，这就取消了语言的物质性。他只承认语言由社会集团形成，是一种集体意识的产物，所以只能有属于心理意识的听觉映象而没有实际声音。"如果他把声音作为能记，就

---

① 《方光焘语言学论文集》，江苏教育出版社，1986 年，第 10 页。
② 《方光焘语言学论文集》，商务印书馆，1997 年，第 533—534 页。

不是心理的,而是社会的了。他就差这一步,只把声音归于言语,说言语是个人的。"这就种下了他把语言、言语割裂开来的根子。

再一个矛盾,索绪尔多次说过这样的意思:"语言永远不能离开社会事实而存在……它的社会本质是它的内在特性之一"[①];"语言是惯例(conventions)的总汇,这种惯例为社会群体所接受"[②]。如果说语言仅仅是心理的东西,又凭什么作为社会事实、作为惯例呢?他的理论的重点原本在"语言是表达观念的记号体系"这句话,却又把所有记号归于心理,这样又凭什么把心理之中的记号取来表达观念,而且成为社会惯例呢?

先师的结论是:"在人们的脑子里有没有共同的东西呢。应该肯定是有的。索绪尔的理论有他正确一面的道理。"但是,深入考察一下,说这种共同的东西仅仅存在于社会成员的头脑里,而不问共同意识的由来,不问共同意识与客观现实的关系如何,则可以肯定是有问题的。先生因而断定:"索绪尔这样说法,实质上是把客观现实的社会语言看做第二位,把脑子里的语言意识看做第一位。"这当然不符合语言的实际情形。

回顾语言学史,十九世纪后半期以后的比较语言学原来把语言看做自然物;至青年语法学派已改变观点,语言成了心理的归宿。到了索绪尔,对此再来一个反动,把语言看成心理的又看到社会的另一面。先师说:"这里要看到索绪尔的局限性,他前进了一步,但并没有达到真理。"

自五十年代起,方先生又由抽象程度的不同层次来分析语言、言语之间的关系。这在理论上使索绪尔原来的区分有了新的进展。

先生指出整个"言语活动是最具体,它包括说话者和听话者两者的关系。言谈则把说话者与听话者之间的关系去掉;或者说,除去了听话者。因此言谈已较为抽象了:言语活动－情景＝言谈;言谈＋情景＝言语活动";"语言是社会的产物;语言存在于每一个社会成员的脑子里。……在你的脑子里保存着汉语,你具备了理解用汉语说的话的能力。在上述三者之中,语言是最抽象的";"说语言是最抽象的,还因为我们日常所接触到的仅仅是个人的言谈,而不是一个社会共同的语言。……从无数不同的场合之中,从无

---

① F. de Saussure:"Course in general linguistics",First published in the British commonwealth, 1960, p.77.

② 许国璋:《论语言》,外语教学与研究出版社,1991年,第108页。

数人的言谈中,把共同的、用来传情达意的记号(signs)体系抽象出来,这便是语言"。①

先师将语言、言语两者的差别概括为:语言是社会产物,言语是个人行为的产物;语言是存在约束的,言语是自由的;语言是过去的产物,言语是当前的现实;从发生上说,言语是先于语言的,反之若没有语言也就没有言语;语言有稳定性,是同一的,变化少,言语则变化多端,缺乏同一性。他认为:"语言:潜在的……没有潜在的,便不可能有显现的。言谈:显现的。没有显现的预定,潜在的便无作用可言。"对这些差异现象,他是以辩证统一的观点来看待的。他说:"我们所接触到的都是语言与言谈的统一。对象原是相同的,但由于观点的不同,对象就有语言与言谈。若着眼于共同点,便是语言。若着眼于差异之点,特殊之点,便是言谈。"②

在上述认识的基础上,至六十年代国内理论语言学界进行语言、言语问题的讨论时,方先生就多次论述了语言、言语是一般与个别的关系问题。

先生在指出索绪尔之所以把语言看成心理的、又看成社会的主要原因时说:"他不懂一般与个别之间的统一关系,而把一般与个别对立起来。他要从言语活动里找出语言这个一般的东西来,意图无疑是正确的。但是语言一般成了社会心理的,言语个别成了个人生理、物理的,一般与个别截然割裂则是错误的。"

至此,方先生明确指出:"一般和个别是统一的,本质是通过现象来表现的,它们是相关的。……事实上,也没有纯粹个人的言语。虽然人的讲话通过个人的机能、器官,然而在交际中之所以能相互懂得,主要还是有社会共同的东西。因此,我们不承认言语活动中有纯粹个人的产物。"他尤其强调:"我们从具体的千差万别的言语中抽象和概括出语言来,也就可以把什么是一般的,什么是个别的区分开来了。"③

关于没有纯粹个人的言语这一观点,尽管至今还有不同的看法,但在当时的讨论中是获得许多人赞同的。与这一问题相比较,国外哲学界一些学者也曾有过关于"私人语言"(private language)的争论;争论当然不会由谁

---

① 《方光焘语言学论文集》,商务印书馆,1997年,第534页。
② 《方光焘语言学论文集》,商务印书馆,1997年,第539页。
③ 《方光焘语言学论文集》,江苏教育出版社,1986年,第57页。

来做结论,但很多人还是给以否定。"私人语言"这种想法所以不能成立,主要在于它是与语言共同体相隔绝的。既然"私人语言"使别人不可能知道,也不能传达,这个概念自然是一种虚构。限于篇幅,本文就不展开讨论了。

六

先师离我们而去已经三十多年了,今天我们重读先生的著作,如见其面,如闻其声,历历往事,恍若昨日。奈天堂人世,毕竟相隔,唯以此文纪念!

先生留给我们的这份丰厚的遗产已被纳入语言学宝库之中。他的一系列真知灼见将会启示后人。先师在三十年代文法革新讨论中提出的广义形态学说,实际上就是一种分布理论,这是索绪尔语言学说看重语言形式分析的必然发展。但在时间上则比 Z.S. Harris 要早十多年,而且有些问题的认识更为辩证、更为全面。方师认为,形态的出现既意味着功能的行使,也意味着分布的实现,差别只在观察的角度不同。光焘师的语言学说思想影响着汉语的研究和发展,以汉语词类划分问题为例,讨论至今,大致仍在方先生的理论框架内展开,显示了它的生命力。

我们在这里就语言体系所涉及的问题作了一些归纳和释介。归根到底,广义形态说、语言体系说等,无不都是光焘师的语言观的体现。

先师的学说体大思精,继承、发扬他的学术思想当是弟子们的责任。可以告慰先生的是,弟子们都在努力这么做,今后自将更加努力!

[本文原载于《南京大学学报(哲学·人文科学·社会科学)》1997年第4期,合著者胡裕树、陆学海]

论所谓"言语—思想统一体"

高名凯先生最近发表的《语言与言语的争论》一文，提出了自己对于语言与言语问题的基本观点。本文就所谓"言语—思想统一体"这一概念，提出一些粗浅的看法，向高名凯先生请教。

关于"言语—思想统一体"这一术语，高先生曾作过如下的叙述：

"'在语言—思维'统一体的旁边，还有'言语—思想'的统一体。在这统一体里，言语是表达形式，语言是被表达的内容。

语言成分只是言语的表达手段，而不是言语的形式。作为言语的形式部分的是音流，但这音流却不是语言成分的音流，而是语言成分和一些超越语言成分的表达手段所组成的整个言语单位的音流。

言语的意义部分是言语的内容，我叫它做'意义复合物'。它是语言成分的意义和某些超语言的表达手段的意义所组成的复合体。……意义复合物也不等于思想，它是思想之被体现和巩固在言语中的形式。"[①]

根据高先生的规定，在"言语—思想统一体"中，表达形式、表达者、言语这三者是相等的概念，它们均与被表达的内容、被表达者、思想这三者是成对的，前者属于形式范畴，后者属于内容范畴；表达形式又可以分作形式和内容两部分，它们都各有各的构成要素——语言成分和某些语言成分的表达手段。高先生还认为，表达形式的内容部分——"意义复合物"，还可以充当思想的体现形式，它是"思想内容在言语中的代表"[②]。这样一来，思想有阶级性，"体现形式"也就有阶级性，同时，在意义复合物中又包含"超语言的

---

① 高名凯《语言与言语的争论》（以下简称《争论》），1963年10月26日《光明日报》。
② 高名凯《语言论》，第103页。

表达手段的意义",加上这些"意义"有阶级性,那么,由它们构成的表达形式本身也就可能有阶级性。

其实,高名凯先生新创的"言语思想统一体"所指的,和方光焘先生一再分析过的"言语作品"没有什么差别。它们都是言语和思想的结合体。但是,高先生对这个结合体的内部关系的解释,却和方光焘先生完全不同。

下面,提出四个问题与高先生讨论。

一、"表达形式"与"表达手段"是不是对立的?

高先生在《争论》中说:"方先生显然是把言语的表达手段误作言语的表达形式。"而在《语言论》里,高先生又有类似的指责。为了弄清是非,我们曾经根据高先生的批评仔细地阅读了方光焘先生的有关文章。查对的结果,我们不仅没有发现方先生有什么"误作"的地方,也找不出方先生在什么地方谈过"表达形式"与"表达手段"的关系问题。方先生曾经论证过言语作品、表达形式和表达内容三者的关系。他认为,言语作品的表达形式是言语,思想是言语作品所表达的内容,言语作品就是这两者的结合体。① 方先生没有着重谈"表达形式"和"表达手段"两者的关系。我们体会方先生的用意是,"表达形式"与"被表达的内容"是言语作品这一整体的两个构成部分,我们在论一事物的形式与内容时,可以只谈形式与内容的关系,而暂时不谈它们各自是怎样组成的,例如组成形式的手段和形式两者的关系问题,因为这是不同角度、不同方面的问题。高名凯先生怎么能够用不同角度的问题来作为指责对方的理由呢?

当然,任何形式都是由一定的手段构成的。这本来不是什么深奥难明的哲理。我们觉得,问题不在于承不承认形式是由一定的手段构成的这个事实,而在于高名凯先生对构成表达形式的表达手段的理解,和我们存在着分歧。构成表达形式的表达手段与表达形式究竟是同质的呢,抑或是异质的呢?高先生回答过这个问题,他说方光焘和施文涛"把包含有客观意义的'语言要素'之类的东西说成言语作品的表达形式,既是他们把'言语—思

---

① 参看《语言和言语问题讨论集》,第169页。

想'统一体的表达形式(即言语作品),和言语作品的表达形式混为一谈的结果,又是他们把属于表达手段宝库或语言系统宝库内的语言成分(有时是未成熟的或不合规格的语言成分)①和对这些成分的选择、组合而构成的不同于语言的言语作品的表达形式混为一谈的结果"②。这里高先生不仅把"表达形式"与"表达手段"看成是不同的东西,而且也把"语言系统宝库内的言语成分"与"表达形式"看成是对立的。显然,这是不妥当的。

谁都知道,在"表达形式"中的言语成分与作为"表达手段"的语言成分不是没有差别的,在语言体系中的语言成分与进入到表达形式中的语言成分也有不等的地方。语言成分在体系中只是抽象的东西,可是,当语言成分作为构成表达形式的手段进入语言过程之后,便与它所表达的思想内容联系起来了。比如,"茶壶"、"帽子"这些在体系中只是与抽象的概念相对应,它不指称任何具体的东西;但是,当这些进到语言过程之中,便与具体事物相对应,它不是泛指任何"茶壶"、"帽子",而是特指某一把"茶壶"或某一顶"帽子"。这个区别在代词和数词中最为明显。谁忽视了这一点,谁就看不到语言与言语的差别。可是,人们也不应该因此就把语言与言语两者截然地对立起来。体系中的语言成分所以能够充当表达形式的构成要素,就是由于它们是同质的东西。语言体系中的"茶壶"这个词的词义是从无数的语言过程中的"茶壶"这个词的词义中抽象概括出来的。体系中的"茶壶"这个词的词义必须概括了过程中的"茶壶"这个词的词义的本质的东西,否则,就不能作为言语作品的表达形式的构成要素。谁如果看不到这种联系,谁就不能正确地认清语言与言语的关系。

"表达手段"与"表达形式"的差别,有时也是从不同角度看的问题。比如,俄语的名词有性、数、格的变化,像 Книга 这个词,就有 Книги、Книге、Книгу、Книгой、Книге、Книги、Книг、Книгам、Книги、Книгами、Книгах 十一种变体。从构成的角度来看,词干 Книг 和词尾 а 都是构成单数第一格的手段。从整体的角度来看,词干 Книг 和词尾 а 结合起来就构成了单数第一格的形式。这样看来,形式和手段之间不存在什么质的差别。再如,在文学理

---

① 顺便指出,高先生的所谓"未成熟的或不合规格的语言成分"的说法是有问题的,在它们"未成熟"或"不合规格"的时候,应该是"超语言的剩余部分",而不是"语言成分"。

② 高名凯《语言论》,第 102 页。

论中,人们常常把人物、情节和结构等等所构成的整体叫做小说的形式,但从另一角度看,人物、情节、结构等等也可以说是构成小说这一形式的手段。由此可见,"表达形式"与"表达手段"显然不是不同质的东西,把两者截然对立起来也是不符合实际的。

上面我们已经说明,方光焘先生并没有把表达手段误作表达形式,可见造成分歧的原因不在这里。在此我们还得进一步研究,造成分歧的真正原因究竟是什么呢? 在我们看来,原因也许很多,但是对于如何理解"超语言的表达手段"的性质却是一个核心问题。

二、"超语言的表达手段"是不是应该包括在
"言语的表达手段"之内?

所谓"言语的表达手段",高先生认为是:"言语(或言语作品)的表达手段不是别的,它们事实上就是语言成分或超语言的表达手段。"①这就是说,言语的表达手段有两种:或是语言成分,或是"超语言的表达手段"。

这里,值得提出来讨论的是"超语言的表达手段"的性质问题。在这以前,高先生一直使用"超语言的剩余部分"这一术语,它所指的和"超语言的表达手段"所指的是不是同一种东西呢? 高先生虽然从未作过任何说明,我们仍然可以断定,所谓"超语言的表达手段"与"超语言的剩余部分"实际上是个相等的概念。②

高先生曾经引用过苏联的已故学者斯米尔尼茨基的一段话来说明"超语言的剩余部分"(也就是现在被高先生叫作"超语言的表达手段"的东西——笔者)所包括的内容:

"剩余部分"基本上包括下面几种内容:(甲)每个人在使用语言时

---

① 高名凯:《争论》。
② 在《语言论》中,高先生写道:"……言语作品的形式则是语言成分以及'超语言的剩余部分'之间的语音形式的复合物。"(第103页)《争论》一文中又说,"音流"和"意义复合物"都是由语言成分和"超语言的表达手段"构成的。据此,所谓"超语言的表达手段"与"超语言的剩余部分"实际上是同义词。

的特点(发音上的特点,对于个别单词的意义不全面的理解或是错误的理解等等),(乙)某些不直接属于语言基本职能范围以内的语言要素,它们是经过社会加工而形成的,专用以加强言语的效果(如为了文学上的目的而使用某些音响效果:双声迭韵、拟声等等),(丙)某些言语作品,它们通过语言而形成,但已整个超出于语言范围之外,因为它们专门表达某一生活领域中的思想,而语言则为人类活动的各个领域活动服务,无分彼此。①

除了这三点而外,可能想象得到的还有人们在使用语言时所联系着的非言语的情景。因为,人们对语言的使用,都是为一定的目的而发,不论是使用"语言成分",或是使用"超语言的表达手段",都是与一定的非言语的情景联系着的。这些非言语的情景无疑是不属于语言的,因而它们必定包括在"超语言的表达手段"之中。这样看来,所谓"超语言的表达手段"至少应包括上面所说的几点。这些东西能不能算作"言语的表达手段"呢?

先说甲项。这实际上是个人在使用语言时的特点。举例说,患有口吃的人讲话时不必要的重复特别多,我们不可能从这类东西里概括和抽象出社会的语言体系,它们只是个人的生理缺陷,应该排斥在"言语的表达手段"之外,是"超语言"的东西。

其次,再看乙项。这是属于社会的,它是为了加强语言的效果而运用的一些特殊的表达手段。例如诗歌的韵律,像七律诗等,不仅要求押韵,而且还要求平仄合律。但是在日常的交际中,谁也不用这些东西。这是属于文学的范畴,它应该也是属于"超语言"的东西。

第三,丙项是比较复杂的。在人们的交际中,有多种多样的言语作品。有的只是用以表达日常生活的语句,这些不一定有阶级性。但是,有些用来表达上层建筑和意识形态的言语作品,由于它们的思想内容有阶级性,因而这些言语作品的内容也就有阶级性。这里说的阶级性是指言语作品的内容,而不是指的言语作品的表达形式——言语——有阶级性。法律条文就是有阶级性的言语作品的最典型的代表。非常明显,法律条文内容的阶级

---

① 《语言学论选译》,第 136—137 页。

性不是属于语言的,因而它不可能是"言语的表达手段"的组成部分。

最后,我们再研究一下所谓非言语的情景(the non-speech situation)。比如,门口停着一辆汽车,司机说:"我来开。"由于言语所联系着的非言语情景——汽车,因而使得对方知道司机"开"的是什么。假如换一种情况,比如,屋里人多气闷,我说:"我来开。"这个"开"显然是指"开窗子"。离开了这些非言语的情景,人们根本就不知所指。显然,"言语的表达手段"也是不能容纳这些的。

通过以上的分析,可以明显地看到,"超语言的表达手段"是不能当作"言语的表达手段"的,只有语言成分才能充当"言语的表达手段"。所谓"超语言的表达手段",正如斯米尔尼茨基所指出的,它是"整个超出于语言范围之外","是语言的某种附加物","从语言学的观点来看不具有任何特征而严格说不属于语言的东西",因而"也不是语言学的研究对象"。[①] 这就是斯米尔尼茨基对"超语言的表达手段"所作的规定。高先生已引用了这段话,按理应该认真体会作者的原意;可是,高先生对"超语言的表达手段"的理解是与作者背道而驰的。

当然,我们也不否认,言语作品中存在着一些"超语言"的东西,但是这些"超语言"的东西并不是作为表达形式的言语的构成部分。承认它们存在于言语作品之中,不一定就承认它们是"言语的表达手段"。这是两回事。"超语言"的东西之存在于言语作品中间,"正如水里面包含有某种杂质一样。尽人皆知,水是氢元素与氧元素(H_2O)的化合物,但我们在自然界中,难得找到这样纯粹的水……我们一方面不能用泥沙、盐分或灰尘来决定水的本质;另一方面,又不能否认泥沙、盐分和灰尘在水中的存在"[②]。

三、如何理解高先生的"音流"?

上面我们已经分析了"表达形式"的内容部分,现在我们再来看看高先生的所谓"音流"。他说:"作为言语的形式部分的是音流,但这音流却不是

[①] 《语言存在的客观性》,见《语言学论文选择》,第 121、136—137 页。
[②] 《语言和言语题讨论集》,第 309 页。

语言成分的音流,而是语言成分和一些超语言成分的表达手段所组成的整个言语单位的音流。"①

这里,我们要向高先生提出一个问题:所谓"表达形式"和"表达内容"既然是成对的范畴,那么,它们本身就应该是一个整体,我们怎么能够再把表达形式分作形式和内容呢？按照高先生的说法,实际上就承认在客观世界中存在着一串一串的离开意义而存在的语音,也存在着一块一块的离开声音而存在的意义。这实在是主观的臆想。

众所周知,语言是个表达观念的记号体系,音义结合是有声语言的最本质的特点。有时,人们为了研究的方便,也把一个语言记号的内部分成声音部分和意义部分。人们可以把声音叫做形式,把意义叫做内容。但是必须指出,这只是一种抽象,并不是说在实际中就有一种音义相离的语言记号。语音学所研究的并不是没有意义的声音,只不过不专门研究意义罢了；语义学所研究的也不是没有声音的意义,只不过它不专门研究语音。而且,必须进一步指出,这种人为的抽象也只限于一个语言记号的内部,当各个单个的语言记号一环一环地成了言语链条之后,它们便成了言语作品的表达形式,同时,相应地表达一定的思想内容,这时人们就不能任意再行分割了。因此,高先生的所谓"整个言语单位的音流"实在是高名凯先生的想象,在客观现实中根本是不存在的。

索绪尔在《一般语言学教程》中就说过:"语言可以和一张纸相比拟,思想②是纸的正面,声音是纸的反面。人们分割正面时就不能不同时分割反面。同样,在语言里面,人们既不能把声音从思想分离开来,也不能把思想从声音分离开来。即使可能,那也只是单凭抽象的作用才能达到；其结果就不可避免地会变成纯粹的心理学或纯粹的语音学的事。"③假如我们不拘泥于这个例子本身的话,我们得就其精神实质来说,索绪尔对于语言的声音和意义的关系的理解,至今还是可以供我们参考的。

---

① 高名凯:《争论》。
② 此处的"思想",就我们的理解,是指观念、概念或意义。
③ 德·索绪尔《一般语言学教程》,俄本,第113页。

四、怎样看待"表达形式"与所谓"体现形式"？

根据高先生的规定，"表达形式"与"被表达的内容"是一对概念。"表达形式"是"言语—思想统一体"的形式部分，"体现形式"实际上就是"意义复合物"，是"言语—思想统一体"的表达形式的内容部分，"它是思想之体现和巩固在言语作品中的形式"。"表达形式"与"体现形式"两者是什么关系呢？高先生说，它们是"各不相同"的，究竟不同在哪里呢？高先生却没有交代。

我们可以同意高先生的意见，"表达形式"与"被表达的内容"是成对的范畴，"言语—思想统一体"也就统一在这两者的结合上面。应该说，在具体的言语作品中，"表达形式"与"被表达的内容"已结合在一起了，这时，两者已相对地固定下来，而且不容许再行分割了。在这种情况下，人们有什么必要再要求一个"体现形式"来体现思想呢？思想不是已表现在表达形式中了么？十分明显，高先生的想法是不合逻辑的。并且，我们还要进一步指出，高先生想象中的抽象的"意义复合物"也是不能充当思想的"体现形式"的。正如前面所指出的，所谓"表达形式"，应该是一个由语言记号所组成的结合体，离开意义的声音，或者是离开了声音的意义，它们都不能够充当言语作品的表达形式。众所周知，所谓形式，应该是听得到、看得见、嗅得到、摸得着的具体的东西。高先生想象中的"意义复合物"却是一个离开声音而存在的抽象的概念，它本身已失去了物质的支持，这种抽象的东西又怎么能够单独用来充当思想的"体现形式"呢？十分明显，这也是高先生的臆想，事实上是不可能的。我们认为，现实中表达思想的形式只有一个，那就是由音义结合的语言符号所组成的言语作品的表达形式。

那么，人们不禁要问，高先生为什么要提出"体现形式"这个术语呢？我们认为，高先生是试图通过"体现形式"这一术语，把"表达形式"与"被形式表达的内容"两者等同起来，并且想进一步说明，言语的所谓阶级性，不只是内容有，就是形式也有，这样，高先生就可以稳稳地下一个全称判断：言语是有阶级性的。非常清楚，正如许多人所指出的那样，这是不符合事实的。可是，高先生既不愿意放弃自己的意见，又没法回避这些事实，所以，只好在术语上迂回地兜圈子了。第一，高先生新创造了所谓"超语言的表达手段"这个术语,硬要把它塞在"言语的表达手段"之内。这样,高先生就可以推论:由于"超语言的表达手段"可能有阶级性,因此,这些"超语言"的东西作为构成要素而进入表达形式之后,这个表达形式本身也就获得了阶级性。第二,高先生创造了"体现形式"这一术语。他认为,"意义复合物"是思想的"体现形式",它是代表思想的;由于思想是阶级性的,因而作为思想的代表——"体现形式"也就有阶级性了。同时,这个"体现形式"又是"表达形式"的内容部分,"表达形式"也由于它本身所含的内容部分的阶级性而得到阶级性。所有这些高先生无非是企图证明,言语作品的"表达形式"也是有阶级性的。这样,在高先生的心目中,形式和内容几乎变成是相等的概念了。也许,这就是高先生之所以重新创造"超语言的表达手段"和"体现形式"这两个术语的真正动机。

[本文原载于《南京大学学报(人文科学)》1964年第1期]

汉语语法分析方法初议

一、关于句子成分分析法

1.1 句子成分分析法也叫中心词分析法,是在传统语法理论指导下用以分析语言单位的方法,它是形象地表现传统语法理论的重要手段。这派学说的核心是以词为中心:句子由一个一个的词组成,小于词的单位叫词素,大于词的单位叫词组。在理论上他们坚持:只有词才能充当句子成分,大于词的单位是不能充当句子成分的;并且在词与句子成分之间似乎还存在着一种全面的对当关系,等等。

黎锦熙先生在《新著国语文法》(1924 年)中广泛使用的图解法就属于这种分析法,①张拱贵、廖序东先生在《文章的语法分析》(1955 年)中根据图解法原理简化而成的加线法也表现了这一构思,②"暂拟汉语教学语法系统"(下称"暂拟系统")以及根据"暂拟系统"编著的一些语法书中所用的分析方法也大致上维护了这一传统。当然,这派内部在一些问题的看法上也不尽相同。比如图解法的引进者黎先生认为词与句子成分之间存在着一种全面的对当关系,而加线法等就不是那样拘泥。但是,在基本的方面他们是一致的。

---

① 黎先生说,他的图解法"节采了 A. Reed 诸氏之说"。(《新著国语文法》1959 年版,第 5 页)。而 A. Reed 和 B. Kellog 则根据 Stephen W. Clark 的《实用语法》(1847),但有些改动。(参看吕叔湘《汉语语法分析问题》,第 105—106 页)

② 张、廖申言:"这里所用的'加线法'是经著者略加更改的,和黎先生所说的('读书标记法'——引者)大同小异。"(《文章的语法分析》,第 25 页)

1.2 句子成分分析法在理论上和实践上的问题主要有：

（一）句子成分分析法在理论上的根本缺陷在于：这一方法的引进者跟西方传统语法学家一样，用原子的观点看待语言单位，认为一个语言单位是由一个一个的孤立的语言要素简单相加而成的，并且认定只有词才能充当句子成分。

欧洲语言富有形态变化，形态变化附丽于词，词在句中的位置不那么固定，欧洲传统语法学家以词为句法的基本单位是很自然的。这也是受当时整个科学水平所限。但是，近代欧洲语言的形态变化已经由繁到简，上述理论已与欧洲语言的实际不大相符，早为欧洲许多语法学家所修正。

应该强调指出，这种理论从来就不适合汉语的实情。因为汉语并不具有如同欧洲语言那样的形态变化，"汉语里语法范畴主要依靠大小语言单位互相结合的次序和层次来表达。从语素到句子，如果说有一个中间站，那决不是一般所说的词，而是一般所说的短语"[1]。"把短语定为词（或者语素）和句子之间的中间站，对于汉语好像特别合适。"[2]而层次的观点对于汉语尤为重要，短语在汉语句法中应有特殊的地位。汉语的句子成分一般是由短语来充当，短语是汉语句法的基本单位。按照我们的理解，现代汉语句法级[3]的层次应该是：

（1）那个孩子学习英语。

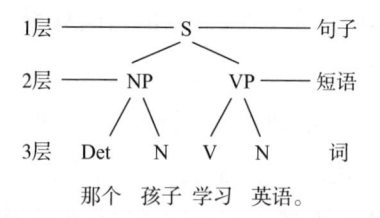

```
1层 ─────── S ─────── 句子
              ╱ ╲
2层 ────── NP   VP ────── 短语
            ╱╲   ╱╲
3层      Det N  V  N ────── 词
         那个 孩子 学习 英语。
```

当然，句法级的层次是可以升降的。如果词充当句子成分的叫升级，也可以看成是短语的变形；如果句子充当句子成分的叫降级，也可以看作是短语的变形。比如：

---

[1] 吕叔湘《汉语语法分析问题》，第65页。
[2] 吕叔湘《汉语语法分析问题》，第64页。
[3] 广义地说，汉语结构体可分三级：语音级、词法级、句法级。本节讨论句法级。

(2) 人民笑了。

(3) 朝霞,彩云,一轮红日冉冉升起。

(4) 我们看见他来了。

例(2)由词"人民""笑了"充当句子成分,这是升级;例(3)中"朝霞""彩云"与小句"一轮红日冉冉升起"价值类同,同作小句,这是升级;例(4)中"他来了"原是句子,此处价值类同句子成分,这是降级。

从词到短语,从短语到句子一般只有一个层次,但在短语内部可能有若干层次。比如:

(5) 那个孩子打破了一只碗。

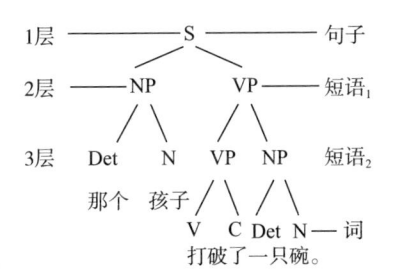

```
1层 ————————S———————— 句子
2层 ————NP       VP———— 短语₁
3层   Det  N   VP   NP   短语₂
      那个 孩子 / \  / \
              V  C Det N —— 词
              打破了 一只碗。
```

短语内部由于成分的变动层次有所增减。增的叫增层,减的叫减层。减层可能使短语层不复存在,变成"词——句"式,如例(2)。这应该看成升降增减的特殊情况。

必须指出,上述看法不能只看成术语的变动,而应该看作是新的语法理论和研究方法与传统的语法理论和研究方法之间的对立。

(二)句子成分分析法在作业中的致命弱点是不讲层次或颠倒层次。这用图解法来表示最为清楚。比如:

(6) 那时候的这些"很"'明白的'工人,"决"'不'承认那个"极"'苛酷的'条件。(引自《新著》25页)

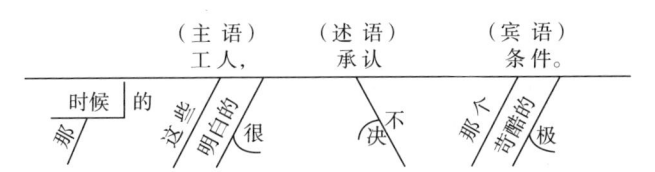

```
        (主语)    (述语)    (宾语)
         工人,     承认      条件。
      时候 的 这些 明白的 很 决 不 那个 苛酷的 极
       那                              
```

主语是"工人",述语是"承认",宾语是"条件"。这样的图解给人造成一种错觉,误以为这个句子的基本意思是:工人承认条件。这就跟原意相反了。这是由于句子成分分析法在理论上不承认短语可以充当句子成分，在作业时一味地要找出主要成分、连带成分和附加成分，结果便把主语和宾语以及述语的附加成分和连带成分割裂开来了。这不仅造成了形式和意义之间的矛盾，甚至还会破坏结构的完整性。比如：

(7) 金萍江苏人。(引自《汉语知识》147 页)

(8) 为了这件事，他几乎跑大了脚。

"暂拟系统"认为例(7)的谓语是"人"，例(8)的谓语是"跑"，宾语是"脚"。可是，在附加成分"江苏"未加上之前，"人"并不能做谓语，[①]在连带成分"大了"未加上之前，"跑"也不能做谓语。汉语中有"金萍人"、"跑脚"这类说法吗？

(三) 句子成分分析法在作业中常常自相矛盾，不能自圆其说。比如：

(9) 公社的生产队都超额完成了生产任务。(引自《汉语知识》145 页)

(10) 万里长城、大运河和黄河大堤都是我国古代的伟大工程。(同上，146 页)

(11) 人人都过幸福的生活是我们的理想。(同上，146 页)

(12) 孩子们都愿意看故事片。(同上，148 页)

"暂拟系统"为了维护只有词才能充当句子成分这一原则，只承认例(9)的中心词"生产队"是主语；可是例(10)的主语部分是联合词组，例(11)的主语部分是主谓词组，例(12)的谓语是"合成的"。由于无法从中抽取出中心词，只得承认联合词组、主谓词组也能充当主语，只得承认所谓合成谓语。这种补洞塞漏的作法，使得句子成分分析法的理论和实践陷于矛盾之中。

而且，句子成分分析法是从意义出发的，从意义上分主要和次要、中心与非中心，有时很难做到，有时很难贯彻始终。比如：

(13) 无原则的团结应该遭到反对。

从意义上看，遭到反对的并不是"团结"而是"无原则的团结"，句中"无原则的"很重要；按抽取中心词的办法，"团结"是主要的，那这句话的意思就成了"团结""应该遭到反对"了。这就说不通了。又如：

---

① 关于体词性短语充当谓语条件，请参看拙文《论句子的本质与系词"是"》，见《南京大学学报》1980 年第 3 期，第 105 页。

（14）几年没有见面，你已经长得很高了。（引自《汉语知识》162 页）

（15）当它找到骆驼的时候，他的心似乎全放在它的身上了。（同上，162 页）

"暂拟系统"认为，例（14）的补语是中心词"高"，而例（15）的补语却是介词结构"在它的身上"。按"暂拟系统"的体系，介词"在"是虚词，虚词是不能充当句子成分的，"它的身上"是偏正词组；按抽取中心词的办法，补语该是"身上"，可是该例的补语却是"在它的身上"。这岂不矛盾吗？既然可以承认主谓词组、联合词组、合成谓语（实是联合词组的一种）甚至介词结构都可以充当句子成分，为什么偏要反对可以抽取中心词的偏正、动宾和动补等词组也可以充当句子成分呢？要退能不能就退够呢？不能。如果"暂拟系统"在抽取中心词问题上作出让步，就意味着整个语法体系的全线崩溃！

（四）句子成分分析法以找出句子成分为满足，达不到语法分析的目的。正如吕叔湘先生所批评的："这里有一个句子，咱们来分析。喏！这是主语，这是谓语，等等，等等，完了。"[①]似乎句子成分找到了，句子的分析工作也就完结了，"……不怎么在方法论上寻根究底"[②]。其实，单单找出句子成分，特别是找出被句子成分分析法所肢解了的主语、谓语等对于实用意义是不大的。仅仅找出句子成分并不是语法分析的目的。语法分析是要找出一个语言的系统的、全面的句子结构的关系、模式及其变化以及彼此的联系，必须着重于语法规律的揭示，应该着眼于句型的建立及其转换生成能力的探讨。

1.3 当然，句子成分分析法的长处也是不少的，主要有：

（一）句子成分分析法是建立在以句法为中心的学说之上的，这种既重视句法而又不轻视词法的观点是对欧洲传统语法学重视词法而轻视句法的观点的批判，这在语法学史上是有一定进步意义的。

（二）句子成分分析法是我国语法学史上第一个用图解和符号标记分析汉语语法的方法，它较之于任何文字说明都要简明、清晰和简捷，这在汉语语法学史上是一大创造。

（三）句子成分分析法在作业时把一个句子的成分分成若干种，并用符号标记标明这些句子成分的功能类目：主语、谓语、宾语、补语和状语。它试

[①] 吕叔湘《汉语语法分析问题》，第 104 页。

[②] 吕叔湘《汉语语法分析问题》，第 104 页。

图把抽象的语法形象化，使之符合直观教学的原理，尤其是加线法，比图解法简化，易学，好用，可以在原读物上作业，横行竖行都可以，不必另行抄写；在语法教学中，尤其对于初学者，可能有些方便。由于某些有影响的语法学家的着力推广与传播以及教育行政方面的因素，这种分析方法几乎占据了我国中学和师范院校语法教学的讲台，使得一种语法理论和分析方法在我国得到空前的普及，其影响之大，是其它分析方法所不能比拟的。句子成分分析法在我国语法学史上的地位和作用是应该充分得到肯定的。

二、关于直接成分分析法

2.1　直接成分分析法是在结构语法理论指导下用以切分语言单位的方法，它是形象地表现结构语法理论的重要手段。结构语法学家用结构观点看待语言结构，认为语言结构不是如同传统语法学家所说的那样，是由一个一个的孤立要素简单相加而成，而是按照一定的结构层次组织起来的。直接成分分析法作业的目的，是按照语言组合的次序分析语言结构的内部层次，找出一个语言片段的直接成分。直接成分分析法或层次分析法便由此而得名。

2.2　直接成分分析法在我国最先采用的是以"中国科学院语言研究所语法小组"名义发表的《语法讲话》。这个《讲话》从1952年7月起到1953年11月止曾在《中国语文》上连载。1961年经修订并更名为《现代汉语语法讲话》，改由丁声树等人署名。不过，这个《讲话》只是用文字说明的方式，通过两个例句，对直接成分分析法的要领作了简单的介绍。六十年代初，朱德熙在他的论文中曾较系统地运用了直接成分分析法。然而，对直接成分分析法讨论得最多的是吕叔湘的《汉语语法分析问题》。现在，直接成分分析法已经成了与句子成分分析法相抗衡的主要分析方法。这派的基本看法是："任何一个语言片段都是由若干个语素组成的，但不是一次组成，而是，比如说，先有两个语素的组合，然后跟第三个语素组合，或者跟别的语素组合相结合，这样一层一层组织起来的。"[①]在作业时，"……单就句子本身而论，它

[①] 吕叔湘《汉语语法分析问题》，第55页。

的直接成分也只有主语和谓语这两样。宾、补、定、状不是句子的成分,只是句子的成分的成分:离开句子没有主语、谓语,离开句子仍然有宾、补、定、状。有名词就可以有定语,有动词就可以有宾语、补语、状语"①。

2.3 直接成分分析法的表示法,一般有推导式、表格图、框形图、括号加标号式、树形图等多种。其作业程序也有"从小到大"和"从大到小"两种。② 比如:

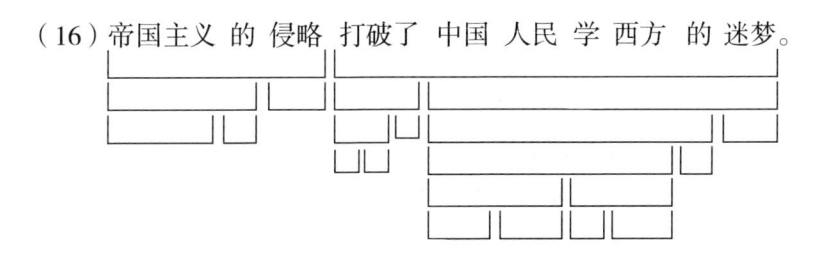

（16）帝国主义 的 侵略 打破了 中国 人民 学 西方 的 迷梦。

这是"从大到小"的作业方式。又如:

（17）中国 人民 努力 实现 四个 现代化。

这是"从小到大"的作业方式。比较起来,"从大到小"的方式能够较好地反映切分过程,比较合用方便。

2.4 直接成分分析法用来分析语言的结构层次,有助于对语言的理解,尤其是某些有歧义的语言片段,可以用层次分析来说明。比如:

（18）打败了敌人的军队。

（19）打败了敌人的军队。

例(18)是动宾短语,例(19)是偏正短语。

---

① 吕叔湘《汉语语法分析问题》,第62页。
② 吕先生把图形归纳成(a)(b)(c)(d)四种画法,可以概括为"从小到大"和"从大到小"两种方式。参见吕叔湘《汉语语法分析问题》,第55—56页。

2.5　直接成分析法在理论和实践上的问题主要有：

（一）直接成分析法赖以产生的语法理论是美国的结构主义。由于某种历史原因，美国人在最初作业时面对的是怀有敌意的印第安人，因而，未能充分利用语义条件；后来，他们把这种在当时可以理解的缺陷发展成为一种教条：研究语言和进行切分作业都绝对排斥意义。这一极端的主张实在不足为训。

（二）直接成分分析法虽能层次分明地揭示语言片段的结构层次，但对被切分出来的成分缺少标明这些成分性质的功能类目。这无助于了解句子的格局。

（三）直接成分分析法虽能分析已经实现的、依次排列的线性关系，但对涉及语义等更高层次的问题却无能为力。因此在作业时会碰到许多难题。比如：

1) 对主动式与被动式：

(20) 大家表扬了小王。

(21) 小王被大家表扬了。

在语法上，"大家"和"小王"都是主语；但在意义上，"大家"是施事者，"小王"是受事者。这种重要的差别在直接成分分析法的作业中难以表现。

2) 对兼语式：

(22) 小王请他吃饭。可以有四种图解：

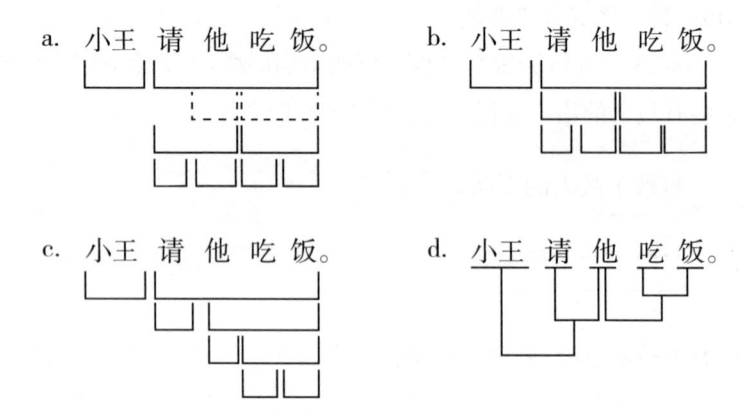

a式切分是把"请他"看成特殊的述宾结构，与"吃饭"共同充任谓语，虚线表示"他"和"吃饭"在意念上的联系——兼语。b式切分同a，只是缺

少表示"他"和"吃饭"在意念上联系的虚线。c式切分是把"他吃饭"这一主谓短语看成是"请"的宾语,实际上否定了这是兼语式。d式切分是把"他"既看成"请"的宾语,又看成"吃饭"的主语,显然,这样的切分是不合理的,因为在结构中的成分不可能同时分属于前后两个。上述四种切分反映了语法体系和看法上的分歧,并不是分析方法所能解决的。但仅就分析方法而言,这四种切分都不能标明兼语式的特点。这也许就成了取消兼语式的理由。

3) 对层次相同而结构性质不同者:

（23）一朵红花。

（24）努力学习。

（25）非常努力。

（26）幸亏你来了。

以上四例的层次是一样的,都是偏正短语,但这些短语的性质显然是不同的,然而这些差别在直接成分分析法的作业中难以得到反映。

4) 对同音结构:

（27）鸡不吃了。

这句话有两个意思:一是鸡不吃食了;一是人不吃鸡了。这种同音歧义的结构,在直接成分分析法的作业中也无法表示。

5) 对非连续的直接成分:

（28）难道 你 同意 这个 意见 吗?

（29）他 拿出一本 书 来。

上两例中的"难道……吗"和"拿出……来"可以看做非连续的直接成

分,在作业时先进行切分;但是这样处理是否简洁、是否合理,这也还是值得探讨的问题。

2.6 但是,直接成分分析法的长处是很多的,并且是主要的:

(一)直接成分分析法可以层次分明地揭示出语言结构的内部层次,它吸取了句子成分分析法的长处,避免了它的短处,是一套科学的、严密的、到目前为止仍是相当有效的方法。这个方法曾被誉为"现代语言学中最大的发明之一"。

(二)直接成分分析法可以适用于各级语言单位的切分作业,其应用范围甚广;小可以用于切分音素,大可以用于切分复句乃至更高的层次。其作业原则能够一以贯之。这是句子成分分析法所不能比拟的。

(三)直接成分分析法通用于世界各地,广为人们所熟悉、所掌握。这一方法在教学中也取得了重要的成果。

(四)直接成分分析法与目前流行于世界的树形图解法尽管在理论上彼此对立,但在作业方法上极其相似。如果使用这一方法,有助于理解和掌握树形图解法。

三、关于解决语法分析问题的探讨

吕叔湘先生说:"理想的图解法该具备三个条件,一是形象化,二是能保存原有的语序,三是有伸缩性……"多年来,为了寻找一种适合汉语语法分析的方法,我国语法工作者作了许多努力。

3.1 以直接成分析法为基础,用图形并辅以文字说明来概括直接成分的功能类目。比如:

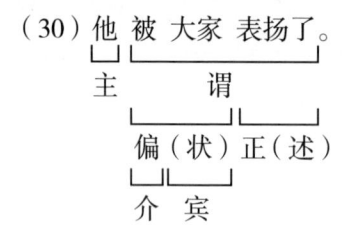

(30)他 被 大家 表扬了。
　　　主　　　谓
　　　　偏(状)正(述)
　　　　介　宾

(31)我望着望着,我走开,又走回来,我仍然望着,他始终不曾动过。

（巴金《忆鲁迅先生》）

|S₁， S₂， S₃， S₄，| |S₅|
　　　偏　　　　　正
|S₁|　|S₂|　|S₃|　|S₄|
　联　　　　合

这种方法能够把直接成分分析法讲究直接成分的层次和句子成分分析法重视成分功能类目的概括这两种分析方法的优点结合起来,克服了彼此的缺点,能够较好地解决汉语语法分析的一般问题,因此广为人们所乐于采用。

3.2 以直接成分分析法为基础,用图形并辅以符号标记来标明直接成分的功能类目。这是吕叔湘先生提出来的方法。比如:

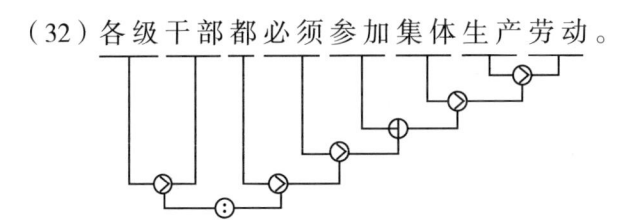

（32）各级干部都必须参加集体生产劳动。

(引自《汉语语法分析问题》59页)

这个方法与上一方法完全一样,只是用符号标记标明各直接成分的关系;用":"表示表述关系(主谓关系);用"⟩"表示修饰关系;用"┤"表示补足关系,等等。

3.3 以直接成分分析法为基础,用树形图解并辅以字母符号来标明直接成分的功能类目。比如:

(33) 我的朋友买了一本书。

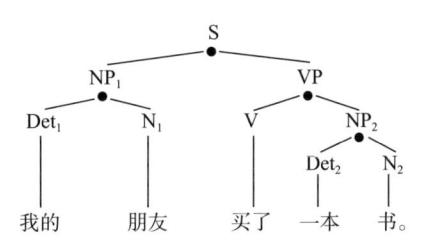

```
                    S
              ／         ＼
           NP₁             VP
          ／  ＼          ／  ＼
       Det₁    N₁        V      NP₂
                               ／  ＼
                            Det₂    N₂
        我的    朋友      买了   一本    书。
```

树根在上,树枝向下。·代表节点,·下面的两条对称线称为分支。凡是能归结为同一节点的成分称为该节点的直接成分;反之,不能归结为同一节点的就不是直接成分。S 代表句子，NP 代表名词短语，VP 代表动词短语。S 与 NP、VP 是"母女邻接"关系，NP 与 VP 是"姐妹邻接"关系。余类推。Det 代表限定成分，N 代表名词，V 代表动词。这种作业原则是直接成分分析法早就确定了的，但是直接成分分析法有缺点：它虽能层次分明地揭示一个语言片段的层次，却不能概括地反映被切分的成分的性质；它只能分析语序列的层次和结构，却不能描写句子的生成能力。树形图解法就是为了克服直接成分分析法的缺点而提出来的。它把分析出来的各个成分加上标示符号，如 NP、VP、Det、N、V 等，这些统称为类目或范畴。从树形图的底部向上看，"朋友"、"书"可归入 N 这一类目，"买"可归入 V 这一类目，"我的"、"一本"可归入 Det 这一类目。这些类目又可归入 NP、VP 这两个类目，这就是通常说的主语和谓语。NP、VP 又可归入 S 这一类目，这就是通常说的主谓句。除词而外，一个结构体就是一个类目。类目的大小、层次的高低是根据该类目在树形图中所处的地位而定。我们把归纳类目的过程叫做"归类"。从树形图的上部往下看，这又是一个"切分"和"分类"的过程。总之，树形图以其形象性著称。通过树形图可以使类目的彼此相属一目了然。

这个树形图也可以用"括号加标号法"来表示：

     Det   N   V   Det N S
{[(我的)(朋友)]^{NP}[(买了)(一本/书)^{NP}]^{VP}}

"括号加标号法"与树形图解法一样有效，只是在形象性方面稍逊；但它比树形图简化，可以在原读物上作业，不必另行抄写，使用起来方便。

树形图在当前是较为理想的分析方法。它吸收了直接成分分析法和句子成分分析法的优点，既有层次切分，又标示成分功能的类目，还可以插写句子的转换生成过程。笔者曾经做过试验，用树形图解法大致可以解决直接成分分析法在作业中所碰到的诸如主动与被动、兼语式、同音结构等难题。树形图解法是当今世界上通行的方法，所使用的一套符号也渐为人们所熟悉，使用这种方法分析汉语语法，易于为国际上学习和研究汉语的人所接受，便于国际文化交流。

总起来说，上述三种方法不论是常用的"图形并辅以文字说明法"，还是吕先生的"图形并辅以符号标示法"，或是树形图解法，都比句子成分分析法高明得多。只要不抱成见，都可以用来分析汉语语法，都能解决汉语语法分析中的一般问题。①

四、小结

4.1　句子成分分析法、直接成分分析法和树形图解法及其赖以产生的语法理论大体上都是从国外引进的,它们大致上反映了传统语法、结构语法和转换生成语法三个历史发展阶段。我以为,三者是继承和发展的关系。从语法学史上看,后者似乎是前者历史发展的新阶段,把前者推进了一步;从教学和使用角度看,三者都各有其服务对象,各有其使用范围。三者可以长期共存,并行不悖。

4.2　上述三种方法都不能认为是尽善尽美的。它们各有其长短。它们之间不存在绝对好与绝对不好的问题,但是确乎存在着比较好与比较不好的问题。我们应该根据不同的对象和不同的任务、目的作出审慎的选择。

(本文原载于《中国语文》1981 年第 3 期)

---

① 吕叔湘《汉语语法分析问题》,第 69 页。

漫谈汉语语法分析方法及其它

一

汉语语法分析方法,是汉语研究方法的一个方面。所谓语法分析方法,是指在一定的语法理论的指导下,用来切分语言单位的方法。在我国语法学史上,曾经采用过或者目前还在采用着如下几种分析方法,它们是:传统的句读法,新句读法,图解法(diagram),读书标记法,钞书加线法,加线法,直接成分分析法(Immediate Constituent Analysis,简称 IC)等。其中,有的方法,比如传统的句读法,在我国曾沿用过两千多年,今天除了用于训诂古籍外,一般不再使用;有些方法,比如读书标记法、钞书加线法,本来影响就甚微,目前已不再流传;有些方法,比如图解法以及根据图解法的原理简化而成的加线法,在我国影响最大,尤其是图解法在中国差不多风靡了半个世纪,加线法几乎占据了我国的师范院校以及中学语法教学的讲台;而直接成分分析法,只是在一些研究单位和综合性大学的语法研究或教学中使用,目前虽然引起了越来越多的语法工作者的注意,但是,在社会上,尤其是在师范院校和中学语法教学中,影响还不大;至于目前西方流行的树形图解法(Tree Diagram),在国外已经有人用来分析汉语语法结构,在国内也引起了语法工作者的注意,但是至今还没有看到用树形图解法写出来的文章。这些就是目前的状况。

方法是很重要的,它是达到某种目的的手段。正如吕叔湘先生所指出的:"语法研究的进展不仅仅是个修改体系的问题。体系是要修改的,如果有修改的必要,但是更重要的是分析方法的改进。"(《汉语语法分析问题》附注〔75〕)因此,我们在加强语法理论和语言实际研究的同时,必须注意对语法分析方法的探讨。这将会大大地促进我们的语法研究和语法教学工作。我们应该认真总结我国曾经采用过的分析方法。我们要努力寻求一种更为简便、更为有效的方法:这个方法既能有助于揭示语法结构的本质,又能易学、实用;既能运用于语法教学,又能应用于语言工程。这应该成为我们努力的目标。

研究汉语语法分析方法,它将涉及诸如汉语语法学史和西方语法学史等许多问题。在1898年以前的两千多年时间里,我国的语言研究和语法分析方法是受着我国传统的语文学(philology)支配的;1898年马建忠的《马氏文通》问世之后,我国的语法学,包括语法分析方法,又深深地受着西方语法学和语法分析方法的影响。

马建忠是一位深受资产阶级影响的改良主义者。他用了十多年时间写作《马氏文通》,其目的是想以此影响当时的教育改良。马建忠在当时西方流行的传统语法学的影响下,模仿拉丁语法体系,写成了我国第一部系统的古代汉语语法著作,开创了承前启后、继往开来的新局面。

自马建忠之后的我国语法学家以及他们的语法著作,在语法理论、研究方法和分析方法等方面,几乎无一例外地直接地或者间接地受着当时西方所崇尚的语法学的主要流派的影响。这是因为,1840年以后的中国,社会性质已经逐渐地发生了变化,当时学西方已经成了最流行的思潮。西方的传统语法学、历史比较语言学、描写语言学、结构主义语言学以及目前盛行于西方的转换—生成语法(Transformational-Generative Grammar)等都对我国产生过或者将要产生很大的影响。在语法分析方法上,西方的图解法、直接成分分析法,都曾在我国的语法研究和语法教学中得到广泛的运用,目前西方流行的树形图解法也将对我国的语法分析产生深刻的影响。

因此,我们在具体比较各种分析方法的优劣、分析某一方法的兴衰原因时,一定要注意到上述历史因素,必须坚持实事求是和一分为二的原则。我们应该认真地探讨国内外的语法理论和分析方法。我们必须及时地引进国外新的语法理论和分析方法,密切地结合汉语的实际加以改造,取其精华,去其糟粕,为我所用。

二

1. 传统的句读法

传统的句读法,是我国古人创造的用来点断和分析汉语的方法。这个方法直至"五四"以前都在使用,在我国差不多沿用了两千多年。

所谓句读,用今天的观点来看,"句"相当于今人所认为的一个句子单位;"读"相当于今人所认为的小于句子的单位:词或词组。在朗读时,句比读的停顿时间要长,读比句的停顿时间相对要短。这种停顿的长短,反映了语言的结构和意义上的差异。在书面上,所采用的符号不同时期略有差别,但是大致上采用"、""レ"或"。"等符号来标示。

古人的句读分音节句读和文法句读两种。

所谓音节句读,就是按音节的停顿来点逗诗歌或韵文。比如:《诗经·邶风·柏舟》:"微我无酒,以敖以游。"《毛传》称:"非我无酒可以敖游忘忧也。"毛亨用音节句读的方法解释词义、说明句意和点逗音节。"微我无酒"后虽有点逗,但这是音节的停顿,按意义是不能点断的。诗歌是一种吟咏的语言,作诗要求音节协调和韵律和谐,因而,音节停顿之处,不一定合乎文义,也不一定是句子。研究音节句读,对于理解诗歌、韵文是很有帮助的。我国古人早就注意到这种方法。

所谓文法句读,就是按语言的结构来点逗散文。由于古人作文不加标点,在宋以前的刻书也无句读,因此,如要读书,必先作句读,于是"离经辨志"便成了我国古代教育的一项重要内容。离经者,就是离析经书的句读,点断文句;辨志者,就是审辨经义的内容。句读之学是训诂学的一个组成部分,也是我国传统语言学的一项内容。古人对于文法句读方面的议论是很多的,对于某些文句句读方面的争论也是大量的。杨树达曾收集了句读失当的例证168条,分列15种情况,辑为《古书句读释例》一书。最近《中国语文》上刊有吕叔湘先生的《〈通鉴〉标点琐议》等等,也集中地谈到了句读方面的许多问题。我以为,对于某些文句理解上的异同,不仅反映了对语言结构理解上的差异,而且也反映了在语法结构分析方法上的不同。古人没有用来分析语法结构的专用方法,但是并不能认为古人就没有分析语法的方法。这个方法就包含在文法句读里面,我们可以称之为传统的句读法。

下面请看一些实例。

例一,《论语·述而》:"加我数年五十以学易。"

对于这段话,有两种句读:一,何晏《论语集解》说:"孔子年过五十而知天命。以知命之年,读至命之书,故可以无大过矣。"按何氏的理解,应断为:"加我数年,五十以学易。"二,俞樾认为何说大谬。他在《续论语骈枝》中说:"当以'加我数年'为一句,'五十'为一句,'以学易'为一句。'五'、'十'二字承'加我数年'而言,盖不敢必所假者几何年,故著二字言五或十也。使足成其文曰:'假我数年,五年、十年,以学易,可以无大过矣。'则文意便自了然。因上句已有年字,故五、十下不更出年字。"俞不同意把"五十"看成偏正结构,视为并列结构,当"五"或"十"讲。我们认为俞氏对这段话点逗和分析方法是正确的,应点逗为:"加我数年,五、十,以学易。"

例二,《韩非子·外储说左下》云:"哀公问于孔子曰:'吾闻夔一足,信乎?'曰:'夔,人也,何故一足?彼无其他异,而独通于声。'尧曰:'夔一而足矣。'使为乐正。'故君子曰:'夔有一,足。'非一足也。"这个故事告诉我们,由于鲁哀公误解这句话的语法结构,把"一足"看成是"有"的宾语,理解为:夔只有一只脚。其实,"夔有一"是一句话,而"足"则是另一句话。意思是:夔这样的人只要有一个,就足够了。这段话的句读应为:"夔有一,足。"

例三,《礼记·乐记》:"治世之音安以乐其政和。"

对这段话,有三种句读:一,雷次宗句读为"治世之音安,以乐,其政和";二,崔灵恩句读为"治世之音安,以乐其政和";三,陆德明在《经典释文》中认为,雷、崔的句读失当,应为:"治世之音,安以乐,其政和。"我们同意陆氏的句读。

从以上数例中可以看出,古人对于语义和语法结构理解上的差异,都是用句读法来表示的。句读法在两千多年的时间里,无疑担负了点断文句和分析语法结构这两种职能。

2. 新句读法

新句读法是马建忠在《马氏文通》一书中所使用的方法。马建忠是一位既接受西方新潮、又深受我国传统影响的人物。那时欧洲的语法学家普遍地重视词法而轻视句法，这无疑对马建忠产生了很大影响。《马氏文通》共十卷，一至九卷谈的都是词法，只有最后一卷才"论句读"，而且"论句读"的这卷还远不及论词法详尽。

马建忠作为我国语法学的创始人，他曾从欧洲语法学中引进了许多语法概念。比如，在词类方面，他引进了名、代、动、静（形容词）、状（副词）、介、连、助、叹字等术语；在句子方面，他引进了起词（主语）、语词（谓语）、止词（宾语）、表词（表语）、司词（介词的宾语）、加词（相当于现代汉语的介词结构和状语、补语以及同位语）、转词（间接宾语和副词性的宾语）。马氏还对句和读作了新的解释："凡有起词、语词而辞意已全者曰'句'。"（见《马氏文通》p.490）"凡有起、语两词而辞意未全者曰'读'。"（同上，p.17）马氏的句读是科学术语：所谓句，实与英语的 sentence（句子）相当；所谓读，实与英语的 participle phrase（分词短语）相当。它跟传统的句读实在不是一回事。马氏用传统的句读来表达 sentence 和 participle phrase 的内涵，这是一种"削足适履"的作法。由于马氏的句读和传统的句读名同实异，所以有人作过比较，对于同一篇文章试用两种句读标准来标点，其结果是不尽相同的。

马氏句读是语法学上的科学术语，它讲的是语言的语句构造法（Sentence Structure）；传统的句读法，虽也用于语法结构分析，但习惯上主要是讲文章读断法（Textual Division），这两者的着眼点是不同的。（参见何容《中国文法论》pp.177—180）所以我们用新句读来指称马氏的句读，把马建忠分析文句的方法称作新句读法，以示与传统句读法的区别。

新句读法也是马建忠用来分析语法结构的方法。在这方面，马氏只是继承了传统的句读分析，并没有提出什么新的见解，故而从略。

3. 图解法

图解法在我国首先是黎锦熙先生提出来的。他在1924年出版的《新著国语文法》一书中系统地使用了这一方法。黎先生的《新著》是我国早期研究现代汉语语法中影响最大的一部著作。在黎氏成书之前,欧洲的一些语法学者对于重词法轻句法的传统语法学已经提出了批评,并且有些语法学者对英语的句法结构作了较为详尽的描写。这种新潮无疑对黎先生产生很大的影响。黎先生曾大声疾呼:实须打破摹仿西文 grammar 的"词类本位"的文法组织,必须研习"句本位"的文法新潮。黎先生不仅接受了"句本位"的理论,以这个理论为《新著》的理论基础,而且也引进了流行于西方的图解法,这个方法成为贯穿于《新著》的分析语法结构的方法。他说:"图解法,在英文为 diagram,乃是西洋文法界近来很通行、很切实用的新法子。"(《新著》p.29)他强调地指出:"图解法应当是我们对于自己正在发展中的民族语文自己创造的一种研究和教学上的武器。"(同上,p.7)

的确,用表式或图式来分析语言的语法结构,较之于传统的句读法、新句读法或文字说明,都来得形象、简明和清晰。用表式说明语法结构的叫表解法,用图式来说明语法结构的叫图解法。比如:

主语	主语的附加语	述语		述语的附加语
		动词	宾语及修饰词	
学生	勤苦的	穿	华丽的衣服	不

(仿《纳氏英文法》的表解法)

```
学  生  ‖  穿  |  衣服
 勤苦的      不     华丽的
```

(例见《中国文法讲话》二七节,四十页)

这两种不同方法反映了不同的分析句子的观点。表解法着眼于句子成分,只分析到句子成分,如须对"华丽的衣服"再加分析,则要增加一栏,这就显得费事;而图解法不仅要表现句子成分,而且还要表现句中词与词的关系,即使句子再复杂一些,只须多画几条线就可以了。比较起来,图解法比表解法画起来要省事,看起来也可以一目了然。(参见何容《中国文法论》p.69)

图解法传入中国大约在 1920 年前后,这正是黎先生讲授和写作《新著》的年代。当时引进的在美国出版的英语课本,或是在中国编辑出版的英语课本,比如 A.Reed 和 B. Kellog 编著的 *Higher Lessons in English*(《高级英语教程》)以及他俩的其它讲语法和作文的书里都采用了图解法。黎先生曾宣称他的图解法是"采用了 A.Reed 诸氏之说"(见《新著》p. 5)"这种图解法的来源是 Stephen W.Clark 的《实用语法》(1847)。Clark 是在每个词的周围画个圈,然后把它们连起来。A. Reed 和 B.Kellog 在他们讲英语语法和作文的书(1877)里改为在每个词的下面画横线,在不同的句子成分之间画竖线或斜线。在他们之后出版的课本里采用这种图解法也往往有些小修小改。总的说来,这种图解法在美国中小学里流传很广,时间很长,直到最近有的学校里还在用。这种图解法似乎没有在欧洲形成风气。"(见吕叔湘《汉语语法分析问题》附注〔82〕)

　　黎锦熙先生在引进西方的图解法时对图解法作了较大的修改。他特创了一种既可表示句子成分又可表示词类的图解法。"因为国语本有这个'凡词,依句辨品,离句无品'的特点。"(见《新著国语文法》,p. 29〔注 10〕)黎先生详细地规定了"单句图解法的公式和程序"并且详加说明,他说:"就这图解式,可以认别一个句子里边的各个语词是属于何种词类;即:无论那一根横线上,都是些实体词或动词(但只有一定的'主要动词',即述说词,在主要的横线上);向左斜的线上都是形容词,向右斜的线上都是副词;横线下的直线(可微向左右斜)旁边的便是介词。——连词就是介词的引申用法,只须改用虚线来表示;助词跟随在语后,叹词独立于句外,都和图解没有大关系……于是九种词类,都可从图解语句的结果,自然分别得清清楚楚;要检查一个句子里某种词类有多少,也就一望而知。"(同上,p. 29)黎先生试图把句子成分的划定和词类的确定用他的图解法一次完成。其用心无疑是好的,但是这在理论上和实践上并不是没有问题的。关于这点,我们将放在后面论述。

　　图解法由于黎先生的不断修订和完善,经他数十年的着力传播,这种方法在社会上影响是很大的。1950 年黎先生根据图解法的原理简化成读书标记法和钞书加线法。1955 年张拱贵、廖序东两位先生又根据图解法的原理简化而成了加线法。在其后出版的语法书里,不少采用了加线法,或者是加线法与图解法并用。

　　我们认为,经黎锦熙先生引进、特创和推行的图解法是我国第一个系统的语法分析方法,在我国语法学史上具有划时代的意义,曾经产生过并且还要产生着很大的影响。因此,从理论上和实践上认真地总结一下图解法是很有意义的。

首先,图解法的立论基础是"句本位"的理论。所谓句本位的观点,就是从研究句子入手来分析词类。他把句子看成是"宏纲",只有"宏纲具举",才能"细目毕张"。这种注重词法而又不轻视句法的观点,是对欧洲传统语法学的注重词法而轻视句法观点的批判。这在语法学史上无疑是一大进步。

其次,图解法是一种细密的分析方法,它较之于传统的句读法、马建忠的新句读法以及任何文字说明,都显得简明、清晰和严密。这在我国语法学史上是一大创造。这种方法不仅可以用于讲授语法和进行语法作业,而且可以用来检查学生的文句是否通顺。所谓紧缩法就是根据图解法的原理而提出来的。

第三,在具体作业中,在许多情况下,图解法的原则和方法能够得到贯彻,能够解决汉语语法分析中的许多问题。

以上就是图解法的主要优点。

但是,图解法在理论上和实践上不是没有问题的。

第一,图解法理论上的根本缺陷在于把句子成分和词类看成具有全面的对当关系,并且试图用图解法把句子成分的划分和词类的确定这两个不同层次上的作业一次完成。黎先生的"具体公式是:(1)用做主语、宾语和某些类型补足语的是名词,(2)用做述语的是动词,(3)用做名词附加语的是形容词,(4)用做动词和形容词的附加语的是副词"。(见吕叔湘《关于汉语词类的一些原则性问题》)如果碰到诸如"创作难,翻译也不容易"或"坐也不是,站也不是"之类的情况,当全面对当关系的理论在实践中无法贯彻时便泛用通假说,把"创作、翻译、坐立"都看成是由动词转成的抽象名词,使得他的理论左支右绌,不能自圆其说。吕叔湘先生曾经精辟地指出:"第一,句子成分定类法考虑的是一个词已经实现的结构关系(词已经进入句子),而且只考虑其中的一种关系(词在句中'职务')……第二,句子成分定类法不得不随着词在句子里的职务的变更而变更它的类。"(同上)其结果是词无定类。

第二,由于图解法在理论上有着上述种种缺陷,因而在实践中必然会碰到许多问题。比如:

```
    事  情 ‖ 好
  你‖办 的    真
```

(例引自《新著》,p.241)

例中的"你办"是主谓短语。按黎氏的理论应是主要的成分,理应放在主要线上,可是他却放在次要线上,这岂不矛盾么?还有黎氏把"你办"这一主谓短语作为主语的附加的成分,这也是违反他自己规定的只有词才可以充当句子成分的理论的。在通常情况下,他为了维护"就图解辨别词品"的原则,一味地把语言单位分成主要的成分、连带的成分和附加的成分,可是碰到诸如"你办"这些语言单位时,因无法再把它们分成主要的成分和附加的成分,于是不得不承认大于词的单位,比如主语结构、述宾结构以及并列结构也可以充当句子成分。黎氏就以自己在实践中的矛盾,从根本上动摇了他所独创的"就图解辨别词品"的理论,从而使得人们对于"特创"的价值不能不产生怀疑。

第三,由于图解法在理论上绝对排斥词组可以充当句子成分,着力维护词和句子成分之间有着全面对当关系这个观点,所以一味地要找出主要成分和次要成分,其结果必然是把主语和述语跟从属于它们的附加的成分和连带的成分分裂开来,有时会造成形式与意义之间的矛盾,甚至会阉割句子的基本意思。比如:"那时候的这些很明白的工人,决不承认那个极苛酷的条件"这个句子,黎氏图解如:

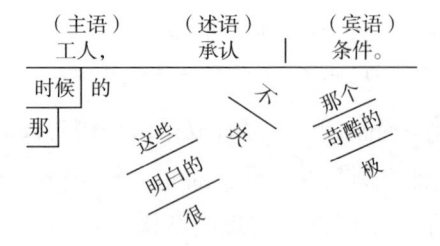

```
  (主语)    (述语)   (宾语)
   工人,    承认  │  条件。
时候 的          不          那个
 那        这些    决          苛酷的
          明白的                 极
            很
```

(例引自《新著》p.25)

这样的图解似乎会给人造成一种误解,以为这个句子的基本意思是:工人承认条件。这岂不跟原意相反么?我们认为,这是由于作者不讲层次或者颠倒层次的结果。当然,从根本上来说,应该归结于黎氏图解法理论上的缺陷。

第四，黎氏的图解法过于精细，显得繁琐，特别是严式的图解，更难掌握。比如："他就是那日在景阳冈上用拳头打死了一只很凶猛的老虎的武松"这句话，黎氏图解为：

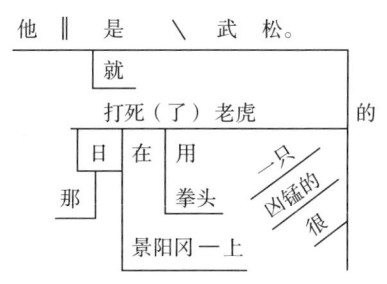

```
        他 ‖ 是   \  武 松。
           就
              打死（了）老虎         的
           ┌日─┬在──┬─一
           │  │  │ 只
           那  用  凶
              拳头 猛
                  的
                  很
              景阳冈─上
```

(例引自《新著》,p.83)

这是一个简单的句子，只是补足语的附加的成分复杂一些，但是图解已经使得人们眼花缭乱，若是更复杂的句子，岂不是令人望而生畏么！

以上就是图解法在理论上和实践上所存在的主要问题。加之这种方法纷繁难学、不易掌握，使用不当又不正确，因此，我国语法学者便寻找别的方法，引进了美国的直接成分分析法。

4. 读书标记法

1950年黎锦熙先生在《中国语法与词类》一书中又提出了读书标记法。这是专供一般人阅读书报而设计的方法。黎先生认为，图解法虽然是最科学、最切实用的方法，但是要掌握这套方法并不容易，正确使用这套方法更不简单，所以他根据图解法的原理，又提出了读书标记法。实际上，它是图解法的简化形式。

读书标记法是由一套符号组成的：

═══ 代表主语。

（粗）▬▬ 代表述语。平排、推进、承接、转折的述语都以主要动词论。

（细）── 代表主要动词所连带的成分。

∨代表主要成分省略。

～～～ 代表连接的词。

（ ）代表包含的子句或很长的短语。

〔 〕代表括弧里仍须分主语述语。

这种方法在社会上并没有得到广泛推广,也没有造成什么影响。不过,读书标记法对于加线法的产生却有着直接的影响。(详见《中国语法与词类》,北京师范大学,1951)

5. 钞书加线法

钞(抄)书加线法也是黎锦熙先生在《中国语法与词类》一书中提出来的方法。黎先生提出这个方法的意图,就跟读书标记法一样,为的是把图解法加以简化,并使这种方法能够用于抄书。

抄书加线法的要领是:

(1)句下加线(竖排版则句左加线):随写随加。

(2)字分大小:凡主语中的主要名词、述语中的主要动词必大写(在子句中的也大概如此)。每句顺词序写,但不必在一行之内:遇子句,换行加线;遇变式句,换行折线。

(3)只剖句,不析句,词儿但分写。(不是主语述语的词儿,如认为重要,也不妨大写)。

(4)句间连词,以标虚线。

(5)写完一段,句左提纲。

这种方法就象读书标记法一样,既没有被社会广为采用,也没有产生什么影响。它只是图解法的一种简捷形式。(详见《中国语法与词类》)

6. 加线法

1955年,张拱贵、廖序东两位先生在《文章的语法分析》一书中提出了加线法,并用这种方法系统地分析了《代国歌》等15篇文章的语法,进行了一次有益的试验。作者声言:"这里所用的'加线法'是经著者(指张、廖——引者注)略加更改的,和黎先生所说的(指读书标记法——引者)大同小异。"作者认为:"详细的图解太费时间,而且不容易掌握。因此,我们还得创造各种有利于教学的方法。这里介绍一种简便的'加线法',只消应用几种线条和符号,就同样可以把一个句子的结构表示得很清楚。这种加线法虽然不及图解的细致,可是简便易行,人人都可以掌握,而且可以直接就读物加线,不必另写原文,横行直行,都可以应用。"(《文章的语法分析》p.25)

加线法常用的符号是：

══ 表示主语；

── 表示谓语；

～～ 表示宾语；

（ ）〔 〕〈 〉表示定语、状语或补语。(同上，p.26)

加线法的补充符号有：

⌒ 表示兼语：曲线表示宾语；横线表示兼作主语，这里省了一道横线。如：

领导我们(向前)进。

〔 〕表示句子形式或动宾短语作主语或宾语：表示主语或宾语的线，就分别加在方括号下面。如：

〔时间长〕不要紧。

我心里真像〔开了花〕。

｜表示复合句中分句和分句之间的层次，根据层次的多少用一道、两道或三道竖线表示它们的关系。各分句并按次序编排数码，连接分句和分句关系的关联词语，另加圈点为记。如：

① 毛泽东同志不是湘乡人，｜② 也不参加这样的争闹，‖③ 所以那些同学不拿他当自己人，｜④ 跟他合不来。(同上，p.27)

加线法也叫句子成分分析法或中心词分析法，是传统语法的分析方法。其作业程序与图解法一样。先抽取句子的中心成分，把构成句子的成分分为若干种，然后按照这些成分搭配的情况说明句子的各种"格局"，或者叫做"句型"。这种分析法可以叫做句子成分分析法。"这种分析法有提纲挈领的好处，不仅对于语言教学有用，对于科学地理解一种语言也是不可少的。"(吕叔湘先生《汉语语法分析问题》p.60)加线法是图解法的简化形式，其理论基础都是句本位。它是我国最有影响的方法之一。

从总的方面说，图解法的长处就是加线法的长处，图解法的短处也就是加线法的短处；分开来说，图解法和加线法也各有其特点。加线法的主要特点是：

第一，加线法比图解法简便、易学、好用，在语法教学中，尤其是对于初学者,更具有可接受性。因此这种方法得到了空前的普及,这是其它任何方法都无法比拟的。

第二,加线法在使用时,不必另行抄写原文,可以在原读物上加线,横行竖行都行。

第三,加线法跟图解法一样,用原子主义的观点看待语言结构,认为语言结构是由一个一个的孤立的要素机械地相加而成。在作业时,从意义出发,试图把一个语言片段一次地分割完毕,忽视了语言的层次性与结构性,其结果常常是不讲层次甚至颠倒了层次。"它拿过来一个句子,先摘出那个词,说这是主语,那是谓语,然后把这个那个连带成分,这个那个附加成分一个一个加上去。在这些成分没加上去以前,往往是讲不通的。比如说,<u>我从前不喜欢喝酒</u>,<u>现在还是不喜欢喝酒</u>,<u>将来大概仍然不喜欢喝酒</u>,如果先摘出主语和谓语,就变成<u>我喜欢</u>,<u>喜欢</u>,<u>喜欢</u>,不是跟原来的意思恰好相反吗?主语、谓语以外同样有这种情形。例如<u>哭瞎了眼睛</u>,光是一个<u>哭</u>不能拿<u>眼睛</u>作宾语,必须是<u>哭瞎</u>;<u>尽最大的努力</u>,光是<u>努力</u>不能做<u>尽</u>的宾语。没有人说<u>尽努力</u>,必须是尽最大的努力。这些例子说明,句子成分分析法有必要吸收层次分析法的长处,借以丰富自己。"(吕叔湘《汉语语法分析问题》p.62)

第四,加线法与图解法一样,在理论上似乎认为只有词才能充当句子成分,在句子成分与词类之间似乎存在一种对当关系。比如:

(他的)<u>哥哥</u>‖〔刚〕<u>买</u>了(一)(本)<u>书</u>。

(中国)<u>人民</u>‖〔正在〕〔努力〕<u>实现</u>(四)(个)<u>现代化</u>。

为什么"他的哥哥"和"中国人民"不能充当主语呢?为什么"一本"和"四个现代化"就不可以充当宾语呢?无非因为它们不是词,而是大于词的单位——偏正短语。这是传统语法以词为句法单位的观点的反映。但是在碰到诸如主谓短语、述宾短语、述补短语和并列短语等,由于无法在这些短语中抽取中心词,所以不得不承认这些大于词的单位也可以充当句子成分。比如:

(你‖办的)<u>事情</u>‖〔真〕<u>好</u>。

(卖‖花的)<u>姑娘</u>‖<u>来</u>了。

(写|〔不〕〈出来〉的)<u>时候</u>‖〔不〕〔硬〕<u>写</u>。

<u>代表们</u>‖<u>反映</u>了(工农兵的)<u>意见</u>。

上例中的主谓短语"你‖办"、述宾短语"卖│花"、述补语"写〔不〕〈出来〉"和并列短语"工、农、兵"加"的"后都充当了定语。这是一种试图补洞塞漏的作法。这种与图解法极其相似的矛盾之处,深刻地反映了这两种方法在理论上和实践上的密切联系:同源同宗,同曲异工。

由于图解法及其据以简化的加线法在理论上和实践上存在着如上所说的种种问题,因此,我国语法学者便引进了与传统的句子成分分析法在理论上和实践上很不相同的直接成分分析法。

7. 直接成分分析法

直接成分分析法(Immediate Constituent Analysis,简称 IC)在我国最先采用的是以"中国科学院语言研究所语法小组"名义发表的《语法讲话》。这个《讲话》从 1952 年 7 月起到 1953 年 11 月止曾在《中国语文》上连载。1961 年经扩充并更名为《现代汉语语法讲话》,改由丁声树等人署名。

直接成分分析法是根据美国结构主义语法的理论而提出来的。

结构主义语言学家用结构主义的观点看待语言结构,认为语言结构并不是如同传统语法家所说的那样,是由一个一个的孤立的语言要素简单相加而成的,而是按照一定的结构层次组织起来的。"任何一个语言片段都是由若干个语素组成的,但不是一次组成,而是,比如说,先有两个语素的组合,然后跟第三个语素组合,或者跟别的语素组合相结合,这样一层一层组织起来的。"(吕叔湘先生《汉语语法分析问题》p.58)由这些语素组成的大单位称之为"结构体"(Construction),组成结构体的小单位叫作结构成分(Constituent)。凡是一个结构体都可以对等地切分为两个结构成分,这两个结构成分就是该结构体的直接成分。

直接成分分析法作业的目的,就是按照语言组合的次序分析语言结构的内部层次,找出一个语言片段的直接成分。直接成分分析法或层次分析法便由此而得名。由于这一方法在作业时,对于除并列结构之外的语言片段总是一分为二,依次一层一层地分下去,一直分割到单个语素为止,所以有人称之为二分法。其实,这一说法并不准确:对于三项以上的并列结构则采取多分法,有几项分析几项,一直分到单个语素为止。例如:

1. 用于单句的切分作业：

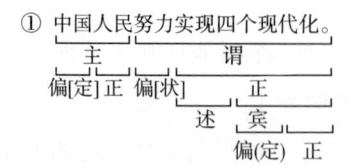

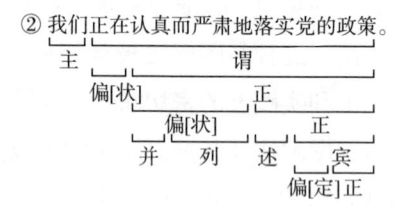

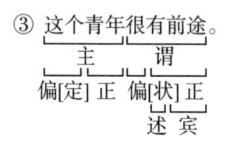

① 中国人民努力实现四个现代化。
  主｜谓
  偏[定] 正 偏[状]｜正
              述｜宾
                偏(定) 正

② 我们正在认真而严肃地落实党的政策。
  主｜谓
      偏[状]｜正
        并 列 述｜宾
                偏[定] 正

③ 这个青年很有前途。
  主｜谓
  偏[定] 正 偏[状] 正
            述 宾

④ 幸亏他来了。
  偏[状] 正
        主 谓

⑤ 仅仅坦克就有一千辆。
  偏[状]｜正
    主｜谓
      偏[状] 正
        述｜宾
          偏[定] 正

⑥ 这孩子漂亮极了。
  主｜谓
  偏[定] 正 述 补

⑦ 他干得很好。
  主｜谓
      述 补
    偏[状] 正

⑧ 我给他一本书。
  主｜谓
      述 宾[双宾]
        并 列
          偏[定] 正

⑨ 我给他一本书。
  主｜谓
      述宾 宾
      述宾 偏[定] 正

⑩ 大家表扬了他。
  主｜谓
      述 宾

⑪ 大家把他表扬了。
  主｜谓
    偏[状] 正[述]
      介 宾

⑫ 他被大家表扬了。
  主｜谓
    偏[状] 正[述]
      介 宾

⑬ 小王请大家吃糖。
  主｜谓
      (兼语)
      述 宾 述 宾
      述 宾 述 宾

⑭ 小王请大家吃糖。
  主｜谓
      兼 语
      述｜宾
        主 谓
          述宾

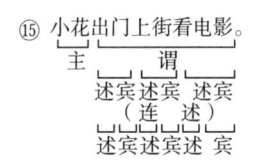

⑮ 小花出门上街看电影。
```
主      谓
     述宾 述宾 述宾
        （连  述）
     述宾述宾述 宾
```

⑯ 这是一个大问题啊！
```
主 谓 （语气）
主  谓
   述   宾
   偏[定] 正
      偏[定] 正
```

⑰ 难道你同意这个意见吗?
```
主     谓
    述     宾
    偏[定] 正
语气         语气
```

例⑧和例⑨"我给他一本书"有两种切分法：一是认为"一本书"是述宾短语"给他"的宾语；一是认为"他"和"一本书"都是"给"的宾语。我认为，如果承认"他"和"一本书"都是述语动词"给"的宾语，那就应该认为第二种切分法是合理的。因为，宾语在理论上总是与动词发生关系的。第一种切分法，实际上是否认"他""一本书"是述语动词"给"的宾语，而是认为"一本书"是"给他"的补足语之类的成分。例⑬和例⑭"小王请大家吃糖"也有两种切分法：一是认为，"请大家"这一特殊的述宾短语与"吃糖"共同充当谓语，虚线"└┈┘"表示"大家"与"吃糖"在意思上的联系——兼语；一是认为，"大家吃糖"是"请"的宾语，而主谓语短语作"请"的宾语，实际上否认这是兼语式。例⑰"难道你同意这个意见吗?"中的"难道"与"吗"是非连续的直接成分。在作业时先对"难道"与"吗"进行切分。

2. 用于复句的切分作业：

(1) 对于偏正复句用二分法：

我望着望着，我走开，又走回来，我仍然望着，他始终不曾动过。

巴金《忆鲁迅先生》

```
S₁，S₂，S₃，S₄，S₅。
      偏      正
S₁  S₂  S₃  S₄
      联  合
```

(2) 对于并列复句用多分法：

你会活下去,活在我们心里,活在中国青年的心里,活在全中国人的心里。

巴金《忆鲁迅先生》

$$\underbrace{\underbrace{S_1\ S_2}\ \underbrace{S_3\ S_4}}_{联\quad合}$$

S 代表句子(Sentence)

直接成分分析法正像其它分析方法一样,也有着自己的长处和短处,主要有：

第一,美国结构主义者,由于某种历史原因,他们在最初作业时面对的是怀有敌意的印地安人,因而未能利用语义的条件,后来他们把这种在当时可以理解的缺陷发展成为一种教条：研究语言和进行切分作业都绝对排斥意义。这一极端的主张是不足为训的。

第二,结构主义者由于在作业时绝对排斥意义和一些别的原因,因此在具体作业中碰到了许多难题。比如：

(1) 对主动式与被动式：

① 小王打了小张。

② 小张被小王打了。

例①中的"小王"和例②中的"小张"在语法上都是主语,可是"小王"是施事者,"小张"是受事者。这种重要的差别,在直接成分分析法的作业中,不能得到应有的表现。

(2) 对兼语式：

① 我请你吃糖。　　　　② 我请你吃糖。

③ 我请你吃糖。　　　　④ 我请你吃糖。

例①的切分,实际上是把"请你"看成特殊的述宾短语,与"吃糖"共同充当谓语,虚线"⌣⌣"表示"你"和"吃糖"在意念上的联系——兼语。例②的切分同例①,只是缺少表示"你"和"吃糖"意念上联系的虚线。例③的切分是把"你吃糖"这一主谓短语看成是"请"的宾语,实际上否定了这是兼语式;例④的切分是把"你"既看作是"请"的宾语,又看成是"吃糖"的主语。可是这种切分显然是不合理的,因为在结构上一个词不可能分属于前后两个。我们可以同意例①的切分法,然而这样的切分并不能标示兼语式的特点。这些也许就成了取消兼语式的理由。

(3) 对层次相同而结构关系性质不同者:

① 一朵红花　　　　　② 非常努力

③ 努力学习　　　　　④ 仅仅三个人

⑤ 才十八岁　　　　　⑥ 幸亏你来了。

以上各列的层次是一样的,都是偏正结构,但是这些结构关系的性质并不一样。例①是以名词为中心的名词性短语。例②是以形容词为中心的形容词性短语。例③是以动词为中心的动词性短语。例④和例⑤是以体词性结构为中心的体词性短语。而例⑥则是一个由副词修饰主谓短语的句子。这些差别,在直接成分分析法的作业中是难以得到反映的。

(4) 对同音歧义结构(Constructional Homonymity)

鸡不吃了。

"鸡不吃了"有两个意思:一是鸡由于某种原因不能吃食了;一是人由于某种原因不想吃鸡了。这种意念上的不同,直接成分分析法也无法表示。

(5) 对并列结构的内部层次:

① 工人、农民以及其它劳动者

② 烈士的父亲、母亲及其子女

例①的"工人"、"农民"似是一个层次,"其它劳动者"又是另一个层次;例②的"父亲""母亲"似是一个层次,"其子女"又是另一个层次。这种并列结构内部层次上的差异,直接成分分析法也难以表现。

以上就是直接成分分析法在理论上和实践上的主要问题。这些问题，有的可能是由于这一方法本身的缺陷，有的可能是由于我们研究得不够和用得不当所致。不能一概而论，要具体问题具体分析。上述问题，对于上述其它方法来说，同样不好解决，同样也是些难题。但是，直接成分分析法的长处是很多的，并且是主要的。它们是：

第一，直接成分分析法可以层次分明地揭示出语言结构的内部层次，它吸取了图解法以及加线法等的长处，克服了它们的短处，是一套科学的、严密的、到目前为止仍是非常有效的方法。这个方法曾经被誉为"现代语言学中最大的发明之一"。

第二，直接成分分析法可以适用于各级语言单位的切分作业，其应用范围甚广：大可以用于切分复句乃至更高的层次，小可以用于切分音素。其作业原则能够一以贯之。这是图解法以及加线法所不能比拟的。

第三，直接成分分析法曾经流行于美国、欧洲乃至世界各地，广为人们所熟悉，"句型教学法"就是这一方法及其理论在教学方面的实践。如果使用这种方法，可以易于被世界上学习和研究汉语的人所接受，便于国际文化交流。

第四，直接成分分析法与目前流行于西方的树形图解法尽管在理论上和实践上彼此都相当对立，但是在作业方法上却极其相似：直接成分分析法在作业时其程序是"从小到大"，其图解是树枝在上，树根朝下；而树形图解法在作业时其程序是"从大到小"，其图解是树根向上，树枝朝下。如果使用直接成分分析法，可以有助于对树形图解法的理解与掌握。

由于直接成分分析法有上述长处，因此这种方法能够在世界范围内得到广泛的采用，在我国也为越来越多的人所接受。

8. 树形图解法

树形图解法（Tree Diagram）是美国乔姆斯基（Noam Chomsky）用以描述句子的转换生成语法规则体系的方法。

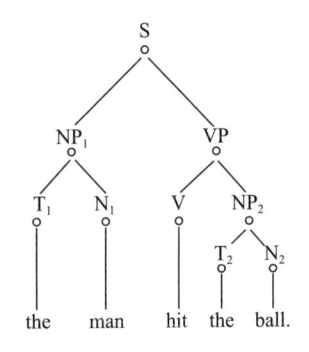

```
              S
             ∘
           ╱   ╲
         ╱       ╲
       NP₁        VP
       ∘          ∘
      ╱ ╲        ╱ ╲
     ╱   ╲      ╱   ╲
    T₁   N₁    V    NP₂
    ∘    ∘     ∘    ∘
                   ╱ ╲
                  T₂  N₂
                  ∘   ∘
    the  man   hit the ball.
```

这是一个树形图解。树根在上,树枝向下。∘代表"节点"(node),下面两条对称线称为"分支"(branch)。凡是能归结为同一节点的成分称之为该节点的直接成分,反之,不能归结为同一节点的就不是直接成分。S 代表句子(sentence),NP 代表名词短语(noun phrase),VP 代表动词短语(verb phrase),N 代表名词(noun),V 代表动词(verb),T 代表定冠词(the)。就本图而言,S 这个节点,包括 NP 和 VP 这对分支,两者是直接成分;NP₁ 这个节点,包括 T₁ 和 N₁ 这对分支,两者是直接成分;VP 这个节点,包括 V 和 NP₂ 这对分支,两者是直接成分;NP₂ 这个节点,包括 T₂ 和 N₂ 这对分支,两者是直接成分。这种作业原则是直接成分分析法早就确定了的。直接成分分析法曾经被誉为"现代语言学中最大的发明之一",但是它有缺点:它虽能层次分明地揭示一个语言片段的层次,但不能概括地反映被切分的成分的性质;它只分析语言序列的层次和结构,但不能描写句子的生成能力。树形图解法就是为了克服上述缺点而被提出来的。它把分析出来的各个成分加上标示符号,如 NP、VP、V、N、T 等,乔姆斯基统称为"类目"(category)或"范畴"。如果从树形图的底部向上看,man、ball 可归入 N 这一类目,hit 可归入 V 这一类目,the 可归入定冠词 T 这一类目。这些类目又分别属于 NP、VP 这两个类目,这就是通常所说的"主语"和"谓语",NP 和 VP 又从属于 S 这一类目,这就是通常所说的自足的主谓句。我们可以把这一过程叫做"归类"。如果从树形图的上部往下看,这又是一个"切分"、"分类"过程。总之,通过树形图解法可以使类目的彼此相属一目了然。

乔姆斯基的最大贡献就是想用树形图解法来描写句子的生成规则体系。树形图解法具体体现了短语结构规则。上述图解标示了英语的某一具体的短语结构规则。比如：

(13) （Ⅰ）Sentence(句子)→NP(名词词组)＋VP(动词词组)

　　　（Ⅱ）NP→T＋N

　　　（Ⅲ）VP→V_{erb}＋NP

　　　（Ⅳ）T→the

　　　（Ⅴ）N→man(男人),ball(球)等

　　　（Ⅵ）Verb→hit(打),took(拿)等

（见乔姆斯基《句法结构》中译本 p.20)

　　现在假设,每一种这样的语法规定为:有一套有限数的开始符号链Σ,再加上一套有限数的"指令公式"F,"指令公式"的形式是 X→Y,就是说"X 改写为 Y"。X 不一定只包含一个单一符号,但是只能把 X 中的一个简单符号改写为 Y。在语法(13)里,开始符号链Σ只包含一个成素,那就是 Sentence 这个单一符号,而 F 却包含了"(Ⅰ)——(Ⅵ)六条规则"。(同上,P24)上述图解就是标示了语法(13)这一具体的短语规则。

　　树形图解法是一种比直接成分分析法更新更有效的方法,它在形象地揭示语言的表层结构方面,似乎要比直接成分分析法更胜一筹。它吸取了直接成分分析法和句子成分分析法的优点,既有切分,又有标示句子成分的综合归类,而且还可以描写句子的转换生成过程,克服了直接成分只有切分、缺少标示句子成分的综合归类的缺点。在表示并列关系等的内部层次方面,要比直接成分分析法更加清楚。

　　树形图解法在理论上和作业中,能够注重描写深层结构向表层结构转换的种种关系,同时还引进了语法主语和逻辑主语等概念,因此比较好地解决了直接成分分析法难以解决的许多难题,比如兼语式、同音结构等问题,对于语法中的句法部分和语义部分所提供的结构描写也较好地作出了解释。

　　树形图解法是国际上通用的方法,它所使用的一套符号在国际间也日益通行。如果使用这种方法分析汉语,易于为国际上研究和学习汉语的人所接受,便于国际文化交流。

　　树形图解法是根据乔姆斯基的理论建立起来的方法。由于他的理论艰深、文字晦涩、论点多变以及这个理论本身尚有许多矛盾和不能自圆其说之

处,因此,对于转换生成语法的争论一直都没有停止过,乔姆斯基本人也说:"目前这一领域的情况仍处在未定期,要使一些重大问题得到试验性的解决,水落石出,很可能需要一些时间。"(《句法结构》,p.7)乔姆斯基本人虽作过"英语词组结构和转换规则举例"的试验,但是至今还没有一个人用转换生成的语法理论和树形图解法系统地、全面地分析过一种发达的、有文学历史的语言和语法,特别是没有系统地分析过汉语语法,因此,现在还不到对这种方法作出全面评价的时候。应该允许试验,对于这种理论和方法的是非曲直、好坏优劣,应该让实践去检验。

三

上述三种分析方法,不论是图解法、直接成分分析法还是树形图解法,其基本理论和作业方法都是从国外引进的。自1898年《马氏文通》之后的我国语法学及其分析方法,几乎没有例外地、直接地或间接地都受着西方所崇尚的传统语法(Traditional Grammar)、结构主义语法(Structural Grammar)和转换生成语法(Transformational Generative Grammar)等主要语法学流派及其分析方法的影响。因此,我们在研究我国的语法学及其分析方法的时候,必须注意对西方语法学及其分析法和有关历史背景的探讨。

图解法、直接成分分析法和树形图解法大致上反映了传统语法学、结构主义语法学和转换生成语法学的三个历史发展阶段。我以为,这三者是继承和发展的关系,不是绝对排斥的关系。从语法学史上来看,后者一般是前者历史发展的新阶段,后者似乎把前者推进了一步;从教学和使用的角度来看,三者都各有其服务对象,可以长期共存,并行不悖。也许可以设想将来会有三种语法:科学语法、教学语法、工程语法以及根据上述语法理论而产生出来的相应的分析方法。

上述三种分析方法中的任何一种都不能认为是尽善尽美的。它们各有其长处,也各有其短处。在具体作业中,特别是在结合汉语实际的作业中,都面临着许多难题。它们之间恐怕不存在绝对好与绝对不好的问题。但是确乎存在着比较好与比较不好的问题。因此,我们应根据不同的对象和教学任务、目的作出审慎的选择。我认为,要使似乎已经到了某种尽头的汉语语法研究推进一步,如果不在语法理论和研究方法上,当然还有在材料上有所突破,恐怕是很困难的。

我国的语法学,就像其它学科一样,与国外先进理论和方法相比,对于一些人而言恐怕要落后廿多年;对于多数人来说,包括本人在内时距大概还会拉长。对于本文讨论的问题,国内介绍得很少,研究得很不够,特别是在系统地探讨用直接成分分析法和树形图解法分析汉语语法结构方面,似乎至今还很少有人做过扎扎实实的工作。我以为,积极而慎重地引进国外先进理论和方法并大胆进行试验应该是当务之急。可是情况却有另外的一面:以哲学的理由粗暴对待新理论及新方法者有之;以实用的原由而无暇一顾者有之;以轻率的态度轻易否定者有之,等等。所有这些都不能认为是有助于发展和繁荣语言科学事业的。

(本文原载于《南师函授通讯》1979年第3、4期)

语言学的发展与汉语语法分析方法的演进[*]

一

所谓语法分析方法,是指在一定的语法理论指导下用以切分和描述语言单位的方法。它是形象地、直观地表现某种语法理论的重要手段。语法分析方法是语法研究方法的一个重要方面。

在我国语法学史上,在不同的语法理论指导下,曾经采用过或者目前还在采用着如下几种分析方法,它们是:

1) 传统的句读法;

2) 新句读法;

3) 图解法;

4) 读书标记法;

5) 钞书加线法;

6) 加线法;

7) 直接成分分析法;

8) 树形图解法。

这些方法,比如传统的句读法,在我国差不多沿用了两千多年,现在除用于训诂古籍外,一般不再使用;有些方法,比如读书标记法、钞书加线法等,本来影响就甚微,目前已不再流传;有些方法,比如图解法以及根据图解

---

[*] 这是一篇系统探讨汉语语法分析方法的文章,全文较长,限于篇幅,这里发表的只是其中的一部分。

法的原理简化而成的加线法等在我国影响最大,几乎占据了我国多数师范院校以及中学语法教学的讲台;有的方法,比如直接成分分析法,只是在一些研究单位、综合性大学以及一些师范院校的语法研究和语法教学中使用。目前虽然引起了越来越多语法工作者的注意,但是在社会上,尤其在中学语法教学中,影响似乎还不大;至于当前在西方运用的树形图解法,在国外已经有人用来分析汉语语法,在国内虽然也引起了许多语法工作者的注意,但是至今还没有看到有人用这种方法写出系统分析汉语语法的文章。这就是目前的状况。

方法是很重要的,它是达到某种目的的手段。语法研究的进展并不只是修改语法体系,如果在实践中确已证明有修改的必要,当然应该修改;但是,更重要的应该重视在一定语法理论指导下的语法分析方法的改进。假如我们在加强语法理论和语言实际研究的同时,能够注意探讨语法分析方法,这将会大大地促进我们的语法研究和语法教学工作。只有讲究方法,才能收到"庖丁解牛,游刃有余"的效果。我们应该认真地总结我国曾经采用过的语法分析方法。我们要努力寻求一种更为简便、更为有效的方法:这个方法既能有助于揭示语法结构的本质,又能易学、实用;既能适用于语法教学,又能应用于语言工程。这应该成为我们努力的目标。

研究汉语语法分析方法,涉及汉语语法学史和西方语法学史等许多问题。在1898年以前的两千多年时间里,我国的语言研究和语法分析方法是受着我国传统的语文学(Philology)支配的;1898年马建忠的《马氏文通》问世之后,我国的语法学,包括语法分析方法,又深深地受着西方语法学和语法分析方法的影响。

从公元前四世纪《尔雅》等所开创的实词研究,以及稍后的《诗毛传》和汉晋人经注中所注意的"辞"、"语助"的辨析,一直到清代刘淇的《助字辨略》(1711年)和王引之的《经传释词》(1819年)的问世,在这两千多年的时间里,我国的语文学,除了在音韵分析方面,由于佛教的传入和佛经的翻译,曾受梵语的影响外,其它方面则是严格地按照我国传统的方法进行的。这一时期的语文学,大致受着两方面因素的制约:一是社会因素;一是汉语言文字本身的特点。

1. 先说社会因素。中国的封建社会持续了两千多年,封建统治者为了巩固他们的统治,把"法先王之道"看成是巩固封建统治的精神支柱,于是"法先王之道"便成了封建社会所有学科的至高无上的目标,当然语文学也不能例外。清儒张之洞曾经概括地说过:"治经贵通大义,然求通义理,必自音韵始;欲通音训,必自《说文》始。"①这就是说,通经才是目的,音训、说文只是手段而已。这种思想曾经支配了我国两千多年的语文学的研究。在这种思想的指导下,我国的语言学只能作为经学的附庸而存在。

2. 再说汉语言文字本身的特点。汉语在历史上曾以单音节词汇占优势。记录这些单音节词汇的是方块字。词和字在较长的时期内几乎是一对一的关系;一个汉字代表一个词,一个词由一个汉字来标示。词和字在古人的意识里简直是一回事。在汉语的发展中,有的单音词成了根词,有的成了词根,派生着大量的复音词。古人对这种变化理解得并不真切,以为这又是汉字的妙用。汉字在维护文言文作为统一的书面语地位上曾经起过很大的作用。汉字对于汉语的发展、对于我国的文化乃至政治都发生过相当的影响。文字对语言的反作用,在我国是异常显见的。所有这些,使得古人产生了一种错觉,以为汉字就是汉语,以为汉字可以直接地表达观念和概念,因此在我国长期形成了一种重文字轻语言的传统。张之洞所说的"欲通音训,必自《说文》始"便是这种看法的代表。他们认为,文字通了,音读和训诂便可以迎刃而解。于是小学勃兴,特别是到了清代,小学成了盛极一时的学科。小学被看成是能够解决一切问题的钥匙。在这种风气的影响下,文字和语言常常混为一谈,许多语法问题常常被文字掩盖了。加之汉语缺乏如同印欧语言那样的形态变化,汉语的构词方法、词组组成方法以及造句方法三者之间有着很大的一致性,以至使得古人忽视了语法的研究。他们把虚词的研究当作词汇问题来解决,句法则通过阅读和领悟大量的古文来掌握。这种重文字轻语言的风气,严重地影响了我国严格意义上的语言科学(包括语法学)的建立。

总之,由于上述两方面的因素,我国的语文学始终未能摆脱经学附庸的地位,未能发展成为独立的、严格意义的语言科学。②

---

① 张之洞《说文解字义证序》。
② 参见王力《中国语言学史》,《中国语文》1964年第2期。

1898年马建忠《马氏文通》的问世,使我国的语言学开始了新的一页,我国的语法学进入一个新的阶段:模仿、学习西方语法学并逐步建立自己的语法学的阶段。

马建忠(1845—1900年)是一位深受资产阶级影响的改良主义者。他用了十年时间写作《马氏文通》,其目的是想以此影响当时的教育改良。马建忠在当时西方流行的传统语法学的影响下,模仿拉丁语法体系,写成了我国第一部系统的古代汉语语法,开创了承前启后、继往开来的新局面。

自马建忠之后的我国语法学家以及他们的语法著作,在语法理论、研究方法和分析方法等方面,几乎无一例外地直接地或间接地受着当时西方所崇尚的语法学的主要流派的影响。这是因为,1840年以后的中国,社会性质已经逐渐地发生了变化,当时学西方已经成了最时兴的思潮。西方的传统语法学、历史比较语言学、描写语言学、结构主义语言学以及转换—生成语法等都对我国发生过或者将要发生很大的影响。在语法分析方法上,西方的图解法、直接成分分析法,都曾在我国的语法研究和语法教学中得到广泛的运用,西方的树形图解法也将对我国的语法分析产生深刻的影响。

因此,我们在具体比较各种分析方法的优劣、分析某一方法的兴衰原因时,一定要注意到上述历史因素。只有充分地注意到某一方法赖以产生的理论和学说源流以及当时的历史背景,才能正确地理解某一方法本身的优劣及其兴衰原因,才能择善而从,有所创新。我们应该认真地探讨国内外的语法理论和分析方法,及时引进国外新的语法理论和分析方法,密切结合汉语实际加以改造,取其精华,去其糟粕,为我所用。

二

1. 传统的句读法

传统的句读法,是我国古人创造并用来点断和分析汉语的方法。这个方法直至"五四"之前都在使用,在我国差不多使用了两千多年。

所谓句读,用今人的观点来看,"句"相当于一个句子的单位;"读"相当于一个小于句子的单位:词或短语。在朗读时,句比读的停顿时间相对要长,读比句的停顿时间相对要短。这种停顿的长短,反映了语言结构上的差异。在书面上,所采用的符号不同时代略有差别,但是大致上采用"•""レ"或"、"","。"等符号来标示。

句读是一个历史概念。在历史发展的各个时期,句读的名称和内涵不尽相同。句在春秋战国时代称作言或曲。《论语》谓"诗三百,一言以蔽之,曰思无邪",这里的"言"就是"句"。《荀子·正论》称文句为曲。许慎《说文解字》说:"句,曲也。"①读也叫"投"、"度"、"逗",这四个字读音相近,意义相同。《说文》中的"、或"レ"都可以标示句读。"、,有所绝止,レ而识之也。"知庾切。② "レ",《说文》:"钩识也……居月切。"③黄侃云:"施于声音,则语有所稽,宜谓之!;施于篇籍,则文有所介,宜谓之•。一言之驻遢(读若住,中句切),可以谓之•;数言联贯,其辞已究,亦可以谓之•。假借为读,所谓句读之读也。"④ 这就是说,"•"的使用范围最初是很广泛的,假借为"读"那是后来的事。《史记·滑稽列传》中有:"东方朔至公车上书,公车令两人共持举其书,人主从上方读之。止,辄乙其处。"章太炎认为:"乙即レ字,非甲乙之乙。"《流沙坠简·屯戍丛残》有一简云:"隧长常贤レ充世レ绾レ栒等候受禀郡界中门戍卒王韦等十八人皆相从。"王静安认为:"隧长四人前三人名下皆书レ以乙之,如后世之施句读。盖以四人名相属,虑人误读故也。"杨树达称:"レ即《说文》之レ也。"⑤ 这说明,"レ"与"•"的用法相同。

最初的句读,古人并不是以语意是否完整作为绝断标准,而是根据文章的音节有所绝断。凡"声有所稽,即为一言","句、读、章、言四名,其初但以目声势,从其终竟称之则为章,从其小有停遢,言之则为句,为曲,为读,为言。降后乃以称文之词意具者为一句,结连数句为一章。或谓句读二者之分,凡语意已完为句,语意未完语气可停者为读,此说无徵于古"。⑥ 这表明,古人把音节终止之处称为章,把音节停顿之处或称言,或称句,或称曲,或称读;按意义完整不完整来分句读则是后来的标准。

---

① 许慎《说文解字》卷三上。
② 许慎《说文解字》卷五上。
③ 许慎《说文解字》卷十二下。
④ 黄侃《文心雕龙札记·释章句之名》。
⑤ 参见杨树达《古书句读释例·叙论》。
⑥ 黄侃《文心雕龙札记·释章句之名》。

"句读"两词连用始于何休《公羊传解诂序》:"援引他经,失其句读。"句读也称句投,出自马融的《长笛赋》:"观法于节奏,察变于句投。"句读别名句度,皇甫湜在《答李生论文书》中说:"书字未识偏旁,高谈稷、契;读书未知句度,下视服、郑。"东汉时,句读二字连用均为动词:按句读之,或句其所读。六朝后,句和读才转化为名词,成了并列结构。

古人的句读分音节句读和文法句读两种。

所谓音节句读,就是按音节的停顿来点逗诗歌或韵文。比如《诗经·邶风·柏舟》:"微我无酒,以敖以游。"《毛传》称:"非我无酒可以敖游忘忧也。"毛亨用音节句读的方法解释词义、说明句意和点逗音节。"微我无酒"后面虽有点逗,但这是音节的停顿,按意义是不能点断的。诗歌是一种吟咏的语言,作诗要求音节协调和韵律和谐,因而,音节停顿之处,不一定合乎文义,也不一定是句子。研究音节句读,对于理解诗歌、韵文是很有帮助的。我国古人早就注意到这种方法。[1]

所谓文法句读,就是按语言的结构来点逗散文。由于古人作文不加标点,在宋以前的刻书也无句读,因此,凡要读书,必先要句读,于是"离经辨志"便成了我国古代教育的一项重要内容。离经者,就是离析经书的句读,点断文句;辨志者,就是审辨经文的内容,解释意义。句读之学是训诂学的一个组成部分,也是我国传统语言学的一项内容。古人对于句读方面的议论是很多的,对于某些文句的争论也是大量的。杨树达先生曾收集了句读失当的例证168条,分列15种情况,辑为《古书句读释例》一书。前几年,《中国语文》上刊有吕叔湘先生《〈通鉴〉标点琐议》,也集中地谈到了句读方面的许多问题。我以为,对于某些文句理解上的异同,不仅反映了对语言结构理解上的差异,而且也反映了对语法结构分析方法上的不同。古人没有专门用来分析语法结构的方法,但是并不能认为古人就没有分析语法结构的方法,这种方法就包含在文法句读里面。我们可以称之为传统的句读法。

下面请看一些实例。

(1) 加我数年五十以学易。(《论语·述而》)

对这段话,有两种句读:一、何晏《论语集解》语:"孔子年过五十而知天

---

[1] 陆宗达《训诂浅谈》,第23—25页。

命。以知命之年,读至命之书,故可以无大过矣。"按何氏的理解,应断为:"加我数年,五十以学易。"二、俞樾认为何说大谬。他在《续论语骈枝》中说:"当以'加我数年'为一句,'五十'为一句,'以学易'为一句。'五'、'十'二字承'加我数年'而言,盖不敢必所假者几何年,故著二字言五或十也。使足成其文曰:'假我数年,五年、十年,以学易,可以无大过矣。'则文意便自了然。因上句已有年字,故五、十下不更出年字。"俞不同意把"五十"看成偏正结构,认为应是并列结构,当"五"或"十"讲。我们认为俞氏对这段话的点逗和分析方法是正确的。应点逗为:"加我数年,五、十,以学易。"

（2）哀公问于孔子曰:"吾闻夔一足,信乎?"曰:"夔,人也,何故一足？彼无其他异,而独通于声。"尧曰:"夔一而足矣。"（《韩非子·外储说左下》）

这个故事告诉我们,由于鲁哀公误解这句话的语法结构,把"一足"看成是"有"的宾语,理解为,夔只有一只脚。其实,"夔有一"是一句话,而"足"则是另一句话。意思是:夔这样的人只要有一个,就足够了。这句话的句读应为:"夔有一,足。"

（3）治世之音安以乐其政和。（《礼记·乐记》）

对这段话,有三种句读:一、雷次宗句读为"治世之音安,以乐,其政和";二、崔灵恩句读为"治世之音安,以乐其政和";三、陆德明在《经典释文》中认为,雷、崔的句读不合,应为:"治世之音,安以乐,其政和。"我们同意陆氏的句读。

从以上数例中可以看出,古人对于语义和语法结构理解上的差异,都是用句读法来表示的。句读法在两千多年的时间里,无疑担负了点断文句和分析语法结构这两种职能。句读法,用今人的观点来看,其作用大致有二:一、用来表示书面语言的停顿,从这个角度说,句读法的作用类似于今天的标点符号;二、用以分析书面语言的语法结构,从这个角度看,句读法又类似于今天的语法分析方法。当然,传统的句读法,无论是作为标点符号或是语法分析方法,都远不如今人的标点符号和语法分析方法完整、细密;可是,在相当长的时间里,它却是一种有用的方法,是古人的一种创造。

2. 新句读法

新句读法是马建忠在《马氏文通》一书中所使用的方法。马建忠是一位既接受西方新潮、又深受我国传统影响的人物。那时欧洲的传统语法学家普遍地重视词法而轻视句法，这无疑对马建忠产生了很大的影响。《马氏文通》共有十卷，一至九卷谈的都是词法，只有最后一卷才"论句读"，而且"论句读"的这一卷还远不及论词法详尽。

马建忠作为我国语法学的创始人，他曾从欧洲语法学中引进了许多语法概念。比如，在词类方面，他引进了名、动、静（形容词）、状（副词）、介、连、助、叹字（词）等术语；在句法方面，他引进了起词（主语）、语词（谓语）、止词（宾语）、表词（表语）、司词（介词的宾语）、加词（相当于现代汉语的介词结构和状语、补语以及同位语）、转词（间接宾语和副词性的宾语）等术语。马氏还对句和读作了新的解释："凡有起词、语词而辞意已全者曰'句'。"[①]"凡有起、语两词而辞意未全者曰'读'。"[②]马建忠的句读是科学术语：所谓句，实与英语的 sentence（句子）相当；所谓读，实与英语的 participle phrase（分词短语）相当。它跟传统的句读实在不是一回事。马氏用传统的句读来表达 sentence 和 participle phrase 的内涵；这恐怕是一种"削足适履"的作法。马氏的句读与传统的句读名实不尽相同，有人曾经作过比较，对于同一篇文章试用两种句读标准来标点，其结果是不尽相同的。马氏的句读是科学术语，它讲的是语言的语句构造法（sentence structure）。传统的句读法虽也用于语法结构分析，但习惯上主要是讲文章的读断法（textual division）。这两者着眼点是不同的。[③] 所以我们用新句读来称呼马建忠的句读，把马氏分析文句的方法称作新句读法，以示与传统的句读法相区别。

新句读法也是马建忠用来分析语法结构的方法。在这方面，马氏只是继承了传统的句读分析法，并没有提出什么新的见解，故而从略。

3. 图解法（diagram）

图解法在我国首先是黎锦熙先生提出来的。他在1924年出版的《新著国语文法》一书中系统地使用了这一方法。黎先生的《新著》是我国早期研究现代汉语语法中影响最大的一部著作。在黎氏成书之前，欧洲的一些语

[①] 马建忠《马氏文通》，第490页。
[②] 马建忠《马氏文通》，第17页。
[③] 参见何容《中国文法论》，第177—180页。

法学者对于重词法轻句法的传统语言学已经提出了责难,有些语法学者对英语的句法结构作了较为详尽的描写。这种新潮无疑对黎先生产生了很大的影响。黎先生曾大声疾呼:必须打破摹仿西文 grammar 的"词类本位"的文法组织,必须研习"句本位"的文法新潮。黎氏不仅接受了"句本位"的理论,这个理论成了《新著》的理论基础,而且也引进了西方当时流行的图解法,这个方法成为贯串于《新著》的语法分析方法。他说:"图解法,在英文为 diagram,乃是西洋文法界近来很通行、很切实用的新法子。"[1]黎先生强调指出:"图解法应当是我们对于自己正在发展中的民族语文自己创造的一种研究和教学上的武器。"[2]

的确,用表格方式或图式来分析语法结构,较之于文字说明、传统的句读法或新句读法,都来得形象、简明和清晰。用表式说明语法结构的叫表解法,用图式来说明语法结构的叫图解法。比如

主语	主语的附加语	述语		述语的附加语
		动词	宾语及其饰词	
学生	勤苦的	穿	华丽的衣服	不

(仿《纳氏英文法》的表解法)

```
学 生 ‖ 穿  | 衣服
勤苦的    不   华丽的
```

(例见《中国文法讲话》二七节,四十页)

这两种不同的方法反映了两种不同的分析句子的观点。表解法着眼于句子成分,只分析到句子成分,如须对"华丽的衣服"再加分析,则要增加一栏,这就显得费事;而图解法不仅要表现句子成分,而且还要表现句中词与词的关系,即使句子再复杂一些,只须多画几条线就可以了。比较起来,图解法比表解法画起来要省事,看起来也可以一目了然。[3]

图解法传入中国大约在 1920 年前后。这正是黎先生讲授和写作《新著》

---

[1] 黎锦熙《新著国语文法》,第 26 页。
[2] 黎锦熙《新著国语文法》,第 7 页。
[3] 参见何容《中国文法论》,第 69 页。

的年代。当时引进的在美国出版的英语课本,或是在中国编辑出版的英语课本,比如 A. Reed 和 B. Kellog 编著的 *Higher Lesson in English*(《高级英语教程》)以及他俩的其它讲语法和作文的书里都采用了图解法。黎先生的图解法就是"采用了 A. Reed 诸氏之说"①。A. Reed 的"图解法的来源是 Stephen W. Clark 的《实用语法》(1847)。Clark 是在每个词的周围画个圈,然后把它们连起来。A. Reed 和 B. Kellog 在他们讲英语语法和作文的书(1877)里改为在每个词的下面画横线,在不同的句子成分之间画竖线或斜线。在他们之后出版的课本里采用这种图解法也往往有些小修小改。总的说来,这种图解法在美国中小学里流传很广,时间很长,直到最近的学校里还在用。这种图解法似乎没有在欧洲形成风气"②。

黎锦熙先生在引进西方的图解法时曾作了较大的修改。他特创了一种既想表示句子成分又想表示词类的图解法。"因为国语本有这个'凡词,依靠结构,显示品类'的特质。"③黎先生详细地规定了"单句图解法的公式和程序"并且详加说明。他说:"就这图解式,可以认别一个句子里边的各个语词是属于何种词类;即:无论那一根横线上,都是些实体词或动词(但只有一定的'主要动词',即述说词,在主要的横线上);向左斜的线上都是形容词,向右斜的线上都是副词;横线下的直线(可微向左右斜)旁边的便是介词。——连词就是介词的引申用法,只须改用虚线来表示;助词跟随在语后,叹词独立于句外,都和图解没有大关系……于是九种词类,都可从图解语句的结果,自然分别得清清楚楚;要检查一个句子里某种词类有多少,也就一望而知。"④黎先生试图把句子成分的划定和词类的划分用他的图解法一次完成,其用心无疑是好的,但是这在理论上和实践上并不是没有问题的。关于这点,我们将放在后面论述。

图解法的作业程序是:先摘出中心词,把主要的成分和连带的成分都放在线的上面,然后再逐次地加上附加的成分,把附加的成分放在线的下面。比如:

---

① 黎锦熙《新著国语文法》,第 5 页。
② 吕叔湘《汉语语法分析问题》,第 106 页。
③ 黎锦熙《新著国语文法》,第 26 页。
④ 黎锦熙《新著国语文法》,第 26 页。

```
        （主语）      （述语）    （宾语）
         工  人  ‖  修   造  |  铁 桥
  京汉铁路 │ 的              黄河 — 上 │ 的
  （主语的形附）              （宾语的形附）
```

(例引自《新著》24页)

　　图解法由于黎先生的不断修订和完善，经他数十年的着力传播，这种方法在社会上的影响是很大的。1950年黎先生根据图解法的原理设计了读书标记法和钞书加线法。1955年张拱贵、廖序东两位先生又根据图解法的原理简化而成了加线法。在其后出版的语法书里，不少采用了加线法，或者是加线法与图解法并用。

　　我们认为，经黎锦熙先生引进、特创和推行的图解法是我国第一个系统的、科学的语法分析方法，在我国语法学史上占有重要的地位，曾经产生过并且还将产生很大的影响。因此，从理论上和实践上认真地总结一下图解法是很有意义的。

　　第一，图解法的立论基础是"句本位"的理论。黎先生认为，研究语言应该从研究句子入手，分析词类也应该从研究句子入手。他把句子看成是"宏纲"，只有"宏纲具举"，才能"细目毕张"。这种注重句法而又不轻视词法的观点是对欧洲传统语法学的注重词法而轻视句法的观点的批判。这在语法学史上无疑是一大进步。

　　第二，图解法是一种细密的分析方法，它较之传统的句读法、马建忠的新句读法以及文字说明都显得简明、清晰和严密。这在我国语法学史上是一大创造。

　　第三，这种方法符合直观教学的原理，能够使抽象的语法形象化，不仅可以用于讲授语法和进行语法作业，而且可以用来检查学生的文句是否通顺。所谓紧缩法就是根据图解法的原理而提出来的。

　　第四，由于黎先生的着力传播，图解法作为一种科学的方法得到了相当规模的普及。其功绩是很大的。

　　第五，在具体作业中，在许多情况下，图解法的原则和方法能够得到贯彻，能够解决汉语语法分析中的许多问题。

以上就是图解法的主要优点。这种方法具有提纲挈领的作用,对于说明和认清句子的格局是有好处的。

但是,图解法在理论上和实践上并不是没有问题的。主要有:

第一,图解法在理论上的根本缺陷就在于:这个方法的引进者黎先生,就跟其它传统语法学家一样,用原子主义的观点看待语言结构,认为语言结构是由一个一个的孤立的语言要素简单相加而成的,忽视了语言结构的层次性、结构性。在具体作业中,常常表现为不讲层次或者颠倒层次,有时还会造成形式与内容的矛盾。比如:"那时候的这些很明白的工人,决不承认那个极苛酷的条件"这个句子,黎氏图解为:

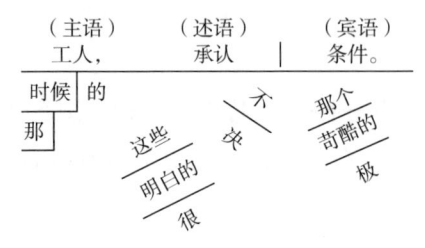

（例引自《新著》25 页）

这样的图解似乎给人造成一种误解,以为这个句子的基本意思是:工人承认条件。这岂不跟原意截然相反么?这是由于图解法在理论上缺乏层次观点,不承认大于词的单位可以充当句子成分;在作业上一味地要找出主要的成分连带的成分和附加的成分,其结果必然会把主语、宾语和述语的附加的成分和连带的成分割裂开来,必然会颠倒层次。这不仅会造成形式和意义之间的矛盾,甚至会阉割句子的基本意义。

第二,图解法理论上的根本缺陷还在于:这个方法的特创者黎先生把句子成分与词类之间看成有全面的对当关系,在理论上只承认词才能充当句子成分,并且试图把句子成分的划定和词类的划分这两个不同层次上的作业一次完成。黎先生的"具体公式是:(1)用做主语、宾语和某些类型补足语的是名词,(2)用做述语的是动词,(3)用做名词附加语的是形容词,(4)用做动词和形容词的附加语的是副词"。[①] 如果碰到诸如"创作难,翻译也不容易"或"坐也不是,站也不是"之类的情况,当全面对应关系的理论在实践中无法贯彻时就泛用通假说,把"创作、翻译、坐、站"都看成是由动词转成的抽

---

① 吕叔湘《关于汉语词类的一些原则性问题》,《汉语的词类问题》第一集第 138 页。

象名词,使得他的理论左支右绌,不能自圆其说。吕叔湘先生曾经精辟地指出:"第一,句子成分定类法考虑的是一个词已经实现的结构关系(词已经进入句子),而且只考虑其中的一种关系(词在句中的'职务')……第二,句子成分定类法不得不随着词在句子里的职务的变更而变更它的类。"[1]其结果是词无定类。

第三,在通常的情况下,黎先生为了维护"就图解辨别词品"的原则,从意义出发,总是把一个语言片段分成主要的成分、连带的成分和附加的成分,可是碰到主谓短语、并列短语等,由于无法把这些短语再分成主要的成分和附加的成分,由此不得不承认这些大于词的单位也可以充当句子成分。比如:

① 事情 ‖ 好。
　　你 ‖ 办　的　真

② 代表们 ‖ 反映人 ｜ 意见。
　　　　　　　工农兵　的

(例引自《新著》241 页)

例①中的"你办"是主谓结构,例②中的"工农兵"是并列短语,加"的"后充当了定语。这样,黎先生就以他自己在实践中的矛盾从根本上动摇了他所创立的理论和原则,从而使得人们有理由认为他的"就图解辨别词品"这一"特创"的方法不是没有弊端的。

第四,黎氏的图解法过于精细,显得繁琐,特别是严式的,更难掌握。比如:"他就是那日在景阳冈上用拳头打死了一只很凶猛的老虎的武松"这句话,黎氏图解为:

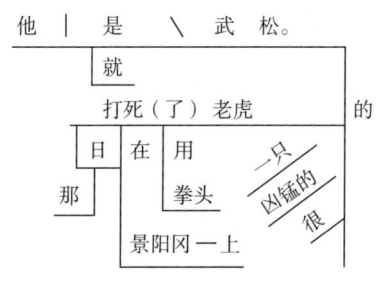

他 ｜ 是 ＼ 武 松。
　　　就
　　　打死(了) 老虎　　　的
　　日　在　用　一只
　　　　　拳头　凶猛的
　　那　　　　　很
　　　　景阳冈 一 上

(例引自《新著》83 页)

---

[1] 吕叔湘《关于汉语词类的一些原则性问题》,《汉语的词类问题》第一集第 141 页。

这是一个简单的句子，只是补足语的附加成分比较复杂一些而已。但是就是这样一个简单句的图解已经是如此地纷繁，令人眼花缭乱，若是更复杂的句子，岂不更加令人望而生畏么！

以上就是图解法在理论上和实践上存在的主要问题。加之这种方法纷繁难学，不易掌握，使用不当又不正确，因此我国语法学者便另求别的方法，引进了美国的直接成分分析法。

4. 读书标记法

1950年黎锦熙先生在《中国语法与词类》一书中又提出了读书标记法。这是专供一般人阅读书报而设计的方法。黎先生认为，图解法虽然是最科学、最切实用的方法，但是要掌握这套方法并不容易，正确使用这套方法更不简单，所以他根据图解法的原理，又提出了读书标记法。实际上，它是图解法的简化形式。

读书标记法是由一套符号组成的，其歌诀是：

"主语"'什么'，"述语"'怎样'；

"主"双"述"单，短线加上。

"述"有主眼，向称"动词"：

排、推、承、转，非止一辞；

"动"所"连带"，并表细丝。

"省"处补空，子句括之。

所用的符号有：

═══ 代表主语。

（粗）▬▬ 代表述语。平排、推进、承接、转折的述语都以主要动词论。

（细）── 代表主要动词所连带的成分。

∨ 代表主要成分的省略。

﹏﹏ 代表连接的词。

（ ）代表包含的子句或很长的短语。

〔 〕代表括弧里仍须分主语述语。

黎先生曾用这种方法对毛泽东同志的《新民主主义论》等著作作过分析，但是，这种方法在社会上并没有得到广泛推广，也没有造成什么影响。

不过,读书标记法对于加线法的产生却有着直接的影响。①

5. 钞书加线法

钞(抄)书加线法也是黎锦熙先生在《中国语法与词类》一书中提出来的方法。黎先生设计这个方法的意图,就跟读书标记法一样,为的是把图解法加以简化,并使这种方法能够用于抄书。

钞书加线法的要领是:

(1) 句下加线(直行则句左加线):随写随加。

(2) 字分大小:凡主语中的主名和述语中的主要动词必大写(在子句中的也大概如此)。

(3) 每句顺词序写,但不必在一行之内:遇子句,换行加线;遇变式句,换行折线。

(4) 只剖句,不析句,词儿但分写。(不是主语述语的词儿,如认为重要,也不妨大写)

(5) 句间连词,照标虚线。

(6) 写完一段,句左提纲。

钞书加线法的歌诀有:

钞书加线,横直随便。

"子句"换行,"变式"折线;

"主眼"大写,就算图解。

"公式"须知,但莫"析词"。

逐段提纲,系统标题;

辨体、修辞,神而明之。

黎先生也曾用这种方法对毛泽东同志的《新民主主义论》等著作作过分析,但是这种方法就像读书标记法一样,既没有被社会广为采用,也没有产生什么影响。它只是图解法的一种简捷形式。② 故略。

[本文原载于《语言研究集刊》(一),江苏教育出版社,1986年]

---

① 详见黎锦熙《中国语法与词类》。
② 详见黎锦熙《中国语法与词类》。

谈直接成分分析法

一

1.1 "中学语法教学系统"所引进的框式图解法,就是直接成分分析法,也叫层次分析法。它是在美国描写语言学的理论指导下用以切分语言单位的方法,也是直观地形象地表现结构语法理论的重要手段。其作业方法是:遇到非并列结构总是一分为二,进行二分;对于并列结构则进行多分,有几项分析几项。根据作业需求,可以分析到某一对句子成分,也可以分析到词或语素。一般地说,从言语的角度,如无特殊需要,只要分到某一对句子成分就可以了,对某一句子成分的内部,可以不再切分。

比如,可以分到主语和谓语,如有需要,可以对主语和谓语内部构成再分;如无需要,可以不分。因为在句子里,句子成分总是被当作一个整体构件或板块而使用的。这并不像某些同志所指摘的那样,非得层层迭迭地分析到词或语素不可。但是,从语言的角度,一般则需对一个组合逐层地进行切分,一直分到词或语素。

切分的目的是为了找出一个组合的直接成分,以揭示某一个组合的层次性。如:

（1）中学学生　认真地学习汉语语法。

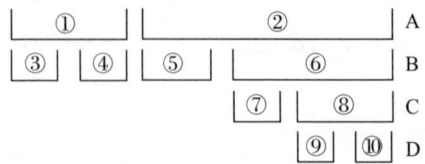

①	②	A
③	④	⑤	⑥	B
			⑦	⑧	C
				⑨	⑩	D

例(1)中的①与②是一对直接成分,③与④也是,余类推;而③和⑤则是间接成分,④与⑥也是,余类推。

1.2 我国目前通行的直接成分分析法跟美国有些不同。美国人只注意切分一个组合的内部层次,只作层次分析,不大讲某一层次的结构关系,如例(1),因为这会涉及复杂的语义问题,而这恰恰是他们要竭力回避的问题。"光是分析层次,远远不足以说明某一语言片段的特征。"如果"把层次和关系都标出来,一个语言片段的面貌就清楚多了"。[1] 在丁声树等著的《现代汉语语法讲话》中,以直接成分分析法为基础,开始注意把层次的切分与结构关系的描写结合起来;不过,那时用的只是文字说明的方式,或用框式图解并辅以符号来标明直接成分的功能,说明结构关系。[2] 这是一种发展,也是一种创造。如:

(2)雪松、梅花 是南京的市树、市花。

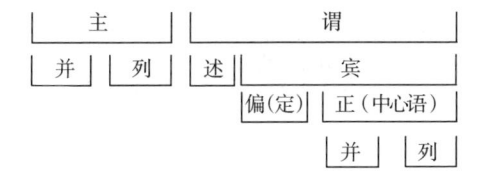

(3)那些 细小的 花瓣 飘然地 落在 我们的 身上。

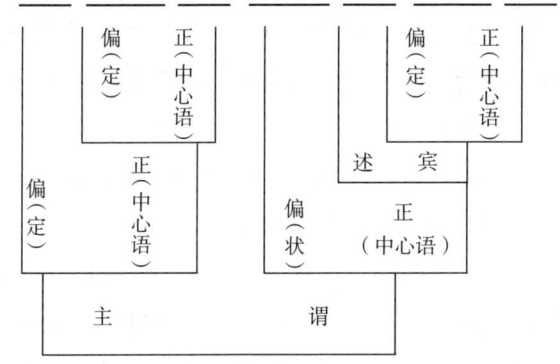

这是以直接成分分析法为基础并试图把直接成分分析法的优点跟句子成分

---

[1] 吕叔湘《汉语语法分析问题》,第58、59页。
[2] 详见丁声树等《现代汉语语法讲话》第16—17页;拙作《汉语语法分析初议》,《中国语文》1981年第3期,第184—185页。

分析法的优点结合起来的一种尝试,它是比较符合我国的学术传统和使用语言的人的心理的,因此为多数人所乐于接受。上例的两种图解法还反映了直接成分分析法的两种不同作业程序:例(2)是从大到小,这反映了一个语言单位的切分过程;例(3)是从小到大,这反映了一个被切分了的语言单位的归类过程。虽然方向相反,但是原理相同,效果也一样,很难说有什么高下,可以选用其中一种,或者两者兼用,或者交替使用,这要根据试图说明的问题而定。

1.3 直接成分分析法除用框式图解表示之外,还可以用树形图解来表示。其基本原理相似,只是运用了数学上的分枝理论而给予新的解释。如:

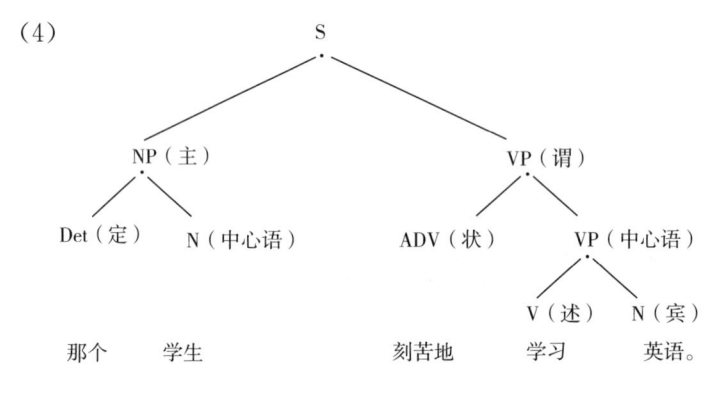

(4)

```
                    S
             /             \
         NP(主)           VP(谓)
         /    \           /      \
      Det（定） N（中心语） ADV（状） VP（中心语）
                                    /      \
                                  V（述）  N（宾）

      那个    学生         刻苦地   学习     英语。
```

S 代表句子,NP 代表名词短语,VP 代表动词短语,Det 代表定语,N 代表名词,ADV 代表状语,V 代表动词。S、NP、VP 下面圆点"·"称之为节点。按分枝理论,凡是可以归结为一个节点的,都可以对等地进行切分,被切分出的成分都是直接成分,都具有一定的结构关系。如 NP 与 VP 都属于 S 这一个节点,因此可以对等地进行切分,彼此是直接成分,具有主谓关系。NP 与 VP 对 S 而言是母女关系,NP 与 VP 是姐妹关系,左边的支配右边的。余类推。这个图形似一棵大树,树干朝上,树枝朝下。从上到下反映了切分过程,这如同直接成分分析法要作的工作;从下往上反映了归类过程,这又类同于句子成分分析所要达到的效果。所以,树形图解法就其目标而言,是想以直接成分分析法为基础,吸收句子成分分析法的优点,克服彼此的缺点;既有成分的切分,又有对被切分出来的成分的语法功能的描写。这种方法在国外已经广泛地用于分析各种语言,包括汉语。汉语纵有种种特殊,使用起来也许会遇到一些困难,但决不是格格不入的。笔者曾作过实验,它不仅可以用于汉语分析,而且能够解决许多难题。

树形图解法的原理还可以用"括号标号法"或称"结构式"来表示。如:

$$(5)\ S \left\{ \begin{matrix} 句 & 主 & 定 & 中心语 & 谓 & 状 & 述 & 宾 \\ & [\ NP(Det+N)] & +VP[\ ADV & (V & + & N)] \\ & 那个 & 学生 & & 刻苦地 & 学习 & 英语 \end{matrix} \right\}$$

这要比树形图解法来得简便,除形象性稍逊于树形图解法外,原理相同,效果一样,而且可以在原读物上进行作业,无需另行抄写,省工省时,好学易懂,似宜提倡。

二

2.1 引进直接成分分析法于"中学语法教学系统"并大力推广,我以为,这是对"暂拟汉语教学语法系统"的一项带有原则性的重要修订,是一项带有根本性的重大突破。这不只是语法分析方法的改进,更重要的是语法理论、研究方法和知识的更新。它将对我国的语法教学和语法研究带来深远的影响,在汉语语法学史上具有重要的意义。

2.2 采用直接成分分析法有助于克服句子成分分析法理论上的缺陷。众所周知,句子成分分析法或中心词分析法是在欧洲传统语法理论指导下用以分析语言单位的方法,它是直观地形象地表现传统语法理论的重要手段。

这一派认为,只有词才能充当句子成分,而且在汉语的词与句子成分之间似乎还存在全面的对当关系。因此,在分析成分的时候,一味地要找出中心词,这对偏正词组并不困难,可是对偏正短语结构就难办了。其结果,不仅对许多语言事实缺乏解释力,而且在理论上也是左支右绌的。如:

(6) <u>革新</u>技术‖才能更快地提高工作效率。(例引自《汉语知识》第119页)

(7) 小二黑的<u>漂亮</u>‖不只是在刘家峧有名。(同上)

按传统语法理论,例(6)的主语是中心词"革新",例(7)的主语是中心词"漂亮"。这在理论上是说不通。事实上,充当主语的应该是整个偏正词组,而不是其中的中心词。现代语法理论认为,充当句子成分的基本单位应该是短语,而不是词。短语的基本语法功能是充当句子成分,如果词或小句充当了句子成分,可以看成是短语的变形,其语法功能类同短语。如:

(8) 人民万岁!

(9) 朝霞,彩云,一轮红日冉冉升起。

(10) 谁看见他来了。

例(8)中的"人民"、"万岁"是词,分别充当主语和谓语,这是升级;例(9)中的"朝霞"、"彩云"也是词,在句中的价值类同小句"一轮红日冉冉升起",这也是升级;例(10)中的"他来了"是小句,此处价值类同句子成分,这是降级。①直接成分分析法的理论就是建立在这一基点之上的。现在,"中学语法教学系统"采用了直接成分分析法,接受了上述理论,应该说是带有根本性的改革。这一变革能使中学教学语法系统在理论、方法和知识方面得到更新,将使语法体系日趋完善。

2.3 采用直接成分分析法有利于解决句子成分分析法在实践中的矛盾。如:

(11) 万里长城、大运河和黄河大堤‖都是我国古代的伟大工程。(例引自《汉语知识》第146页)

(12) 人人都过幸福的生活‖是我们的理想。(同上)

(13) 英雄雷锋‖是我们学习的榜样。

(14) 倒茶拿烟招待客人‖是我的任务。

(15) 请他吃饭‖我不干!

(16) 他的事儿‖八字还没有一撇儿呢!

(17) 胸有成竹‖有什么不好呢?

例(11)的主语是联合词组,例(12)的主语是主谓词组,例(13)的主语是复指词组,例(14)的主语是连动词组,例(15)的主语是兼语词组,例(16)的谓语是惯用词组,例(17)的主语也是惯用词组。由于很难在上述组合中找出中心词,因此句子成分分析法不得不把上述词组当作句子成分来处理。这就使得理论和实践陷于矛盾之中,常常不能自圆其说。如果改用直接成分分

---

① 详见丁声树等《现代汉语语法讲话》第16—17页;拙作《汉语语法分析初议》,《中国语文》1981年第3期,第179—180页。

析法,承认词组可以充当句子成分,接受词组的基本职能是充当句子成分的理论,并把词组作为句法研究的中心,上述理论上的缺陷和实践上的矛盾是不难解决的。直接成分分析法可以使上述矛盾得到妥善解决。

2.4 采用直接成分分析法有助于纠正句子成分分析法不讲层次或颠倒层次的缺点。句子成分分析法也是从西方引进的。这一方法的引进者跟西方传统语法家一样,用原子的观点看待语言结构,认为一个语言单位是由一个一个的语言要素简单相加而成的。如:

(18)(那些)(金色)、(黄色的)(小小)花朵
　　　 a+　 b+　　　c　　+d　+e

按例(18)的分析,各成分之间只是一种简单的相加关系:"那些"+"金色"+"黄色的"+"小小"+"花朵"。这是一种混沌的看法。事实情况是:"句子的内部结构不是像一串珠子那样,由语素或词一个挨一个地串起来的,也不是由'中心成分'直接组成,然后再添上各自的附加成分,而是由其中的语素或词分别逐层组合而成。一个语素或词跟另一个语素或词先组成一个较大的成分,然后再跟其它的语素、词或成分组成更大的成分,如此层层组合成句。句子的内在结构是分层组合,但表现出来的形式由于时空的限制只能是链式排列。"①这就是说,句子成分分析法被因受时空限制的链式排列这一表面现象所荧惑了。"层次分析的目的,就是要透过链式排列的表面形式,揭示内在的层次结构。"②如:

(19) 那些金色、黄色的小小花朵布满了树梢。

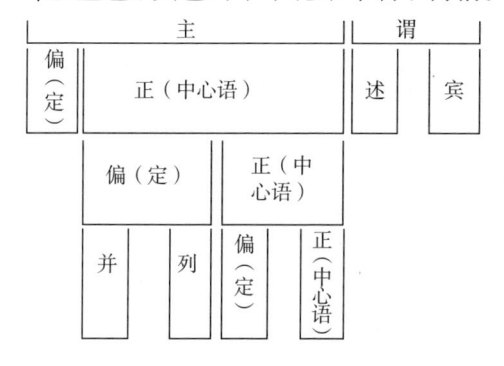

---

① 巴南《谈谈层次分析法》,《中国语文》1981年第3期,第188页。着重点是引者加的。
② 巴南《谈谈层次分析法》,《中国语文》1981年第3期,第188页。着重点是引者加的。

（20）这个 办法 很 有效。

直接成分分析法不仅能揭示因受时空限制的链式排列这一表面形式的内在结构层次,而且能把被句子成分分析法所颠倒了的层次回复过来。如:

（21）（长发妹的）妈妈‖哭瞎了眼睛。

（22）[为了（这件）事]，他‖跑破了鞋。

按句子成分分析法的观点,例(21)的主语是"妈妈",谓语是"哭",宾语是"眼睛"。例(22)的主语是"他",谓语是"跑",宾语是"鞋"。在次要成分未加上之前,就成了"妈妈哭眼睛","他跑鞋"。这就不成话了。上述句子的层次应该是:[1]

（23）长发妹的 妈妈 哭瞎了眼睛。

（24）为了这件事，他几乎跑破了鞋。

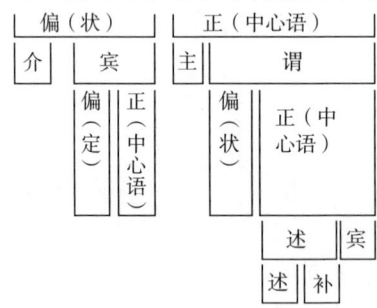

2.5 采用直接成分分析法可用于汉语各级语言单位的分析:小可以分析音素,大可以分析复句乃至更高层次。句子成分分析法虽能用作句法结

---

[1] 吕叔湘《汉语语法分析问题》,第62页。

构的分析,但充其量也只能分析一个单句内部的成分,既不适用于复句的分析,对音素的分析也无能为力。

直接成分分析法是一套严密的、科学的、到目前为止仍是相当有效的方法,曾被誉为"现在语言学中最大的发明之一"。直接成分分析法的原理普遍地存在于一切有过程的事态之中,如下棋、赛球的规则,制作蛋糕、炒菜的程序等,无不存在着层次。在数学中因组合的层次不同而答案各异。[①] 如:

(25) $(5+4)\times(6-3)=27$

$5+4\times(6-3)=17$

$5+4\times 6-3=26$

$[(5+4)\times 6]-3=51$

在语言中也因层次各异而结构不同。如:

(26) a. 打败了敌人的军队
　　　　｜述｜　｜宾｜

　　 b. 打败了敌人的　军　队
　　　　｜偏(定)｜　｜正(中心语)｜

(27) a. 一个　高等学校的学生
　　　　｜偏(定)｜　｜正(中心语)｜

　　 b. 一个高等学校的　学　生
　　　　｜偏(定)｜　｜正(中心语)｜

例(26)由于层次不同而结构各异:a 为述宾词组,b 为偏正词组。例(27)a 表示的是"高等学校中的一个学生",b 表示"一个高等学校的全部学生"。虽然同是偏正词组,但因其内部包含的成分不同,所以语义也各异。由于直接成分分析法能够层次分明地揭示一个语言单位内部层次的异同,因而能对汉语各级语言单位有效地进行分析,具有相当的解释力。限于篇幅,这里不能一一列举。

(本文原载于《中学教学语法系统阐要》,语文出版社,1986 年)

---

① 详见弗里斯《英语结构》,中译本第 259—271 页。

现代汉语的 UPM 模式及其组合和转换后类型的探讨[①]

一、底层短语标记模式

1.1 底层短语标记(Underlying Phrase Markers,简作 UPM)是指用以显示一种单纯的、无歧义的逻辑关系标记,它是组成底层结构的部件,也是生成表层结构的构件。UPM 在每种语言中的数目都极其有限,一般只有几个。这些为数不多的 UPM 构成了某一种语言的底层结构模式系统。

探讨现代汉语的 UPM 模式系统及其组合方法和转换规则,不仅有助于描写和抽象自然语言的句模、句类和句型,而且也是设计人工语言等优先要从事的工作。

1.2 UPM 模式系统不是仅凭语感建立起来的,而是从无数纷繁复杂的、在形式上是主谓结构的语言材料中经过类比、抽象而概括出来的。其目标是要建立一个现代汉语的 UPM 的模型系统,其依据是一套底层语法结构规则(Underlying Phrase Structure Rules,简作 UPSR)。现代汉语的 UPSR 共有四条:

[①] 本文曾于 1985 年 11 月在厦门由中国社会科学院语言研究所现代汉语研究室召开的"句型和动词专题学术讨论会"上宣读过。初稿曾蒙赵世开先生赐阅,并经指正多处,深表谢意。

(1) S→NP＋Pred

(2) NP→Det＋N

(3) Pred→ $\begin{bmatrix} (Aux) \begin{Bmatrix} V \\ VP \\ Adj \\ NP \end{Bmatrix} \end{bmatrix}$

(4) VP→V＋N

依据规则,可以把 S 改写成 NP＋Pred;把 NP 改写成 Det＋N;把 Pred 改写成 V,VP,Adj,NP;Aux 可以是显性的,也可以是隐性的,Det 亦然。

1.3 根据 UPSR,可能推导出来的现代汉语的 UPM 模式有四种:

UPM (1):S→NP＋V　　例:那个人突然哭了

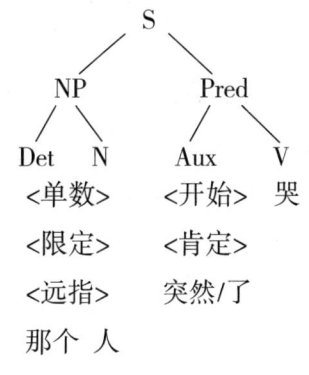

```
              S
            /   \
           NP    Pred
          /  \   /  \
        Det   N Aux  V
       <单数>    <开始> 哭
       <限定>    <肯定>
       <远指>    突然/了
       那个 人
```

这是一幅树形图,树根朝上,树干向下。由上而下反映了切分过程,从下向上表现了归类过程。它直观形象地描述了 UPSR 的推导过程。为节省篇幅,下面改用"括号—标号法"描述 UPSR 的推导过程,其原理与效果相同,只是形象性稍逊。见 UPM 2。

UPM (2):S→NP＋VP　　例:这位教授正在讲语法

S｛ NP［Det＋N］Pred［Aux＋(VP〈V ＋ NP［ Det∅＋N¹〉)］｝

〈单数〉　　〈进行〉　　　　〈单数〉
〈有定〉　　〈肯定〉　　　　〈无定〉
〈近指〉　　〈持续〉　　　　 ∅
这位教授　　正在　　　讲　　语法

UPM (3):S→NP+Adj　　　例:这些衣服都很新
　　　　S{NP〔Det+N〕Pred〔Aux+Adj〕}
　　　　　〈复数〉　　　〈比较级〉
　　　　　〈限定〉　　　〈强调〉
　　　　　〈近指〉
　　　　　这些衣服　　　都/很新

UPM (4):S→NP+NP　　　例:所有的人都是公民
　　　　S{NP〔Det+N〕Pred〔Aux+(Det+N)〕}
　　　　　〈复数〉　　　〈属性〉〈复数〉
　　　　　〈普遍〉　　　〈强调〉〈非普遍〉
　　　　　〈限定〉　　　　　　　〈无定〉
　　　　　所有的人　　　都/是 ∅公民

UPM (1)—(4)模式简明、切用,一共只用了九个符号:S,NP,Pred,VP,V,Adj,N,Det,Aux。其中 S 是起始符号,NP 和 Pred 是 S 这一节点下的两个成分,NP、Pred、VP 是非终端符号,N、V、Adj、Det、Aux 是终端符号。N、V、Adj 是词汇范畴符号,它们所代表的词项具有词汇意义,Det 和 Aux 代表指示范畴符号,可以赋予句子以限定和辅助要素。Det 表示名词的性、数、格和限定性、贴近性、普遍性等语法特征。Aux 表示时间、体貌、语态、语式、肯定等语法范畴。

二、底层短语标记的组合方法

2.0　UPM 的组合方法主要有三:替换、嵌进和联合。用这三种方法可以把单纯的 UPM 组成复合的 UPM,使之成为底层结构(Underlying Structure,简称 US)。所谓 US 是指转换规则的"输入"部分,它只是由底层结构生成表层结构的出发点,但还不是表层结构。

2.1　所谓替换法是指用一个 UPM(符号记作〔S〕)去替换另一个 UPM(S)中的非终端符号 NP、Pred,〔S〕跟被替换的成分的语法功能相当。其格式为:① NP—〔S〕;② Pred —〔S〕。如:

① 李旋帮助王丽真热心啊！
S{NP—〔S〕   〔NP+Pred(V+N)〕Pred〔Aux+Adj〕}
      李旋   帮助王丽   真/啊 热心

此例由 UPM(2)(李旋帮助王丽)和〔S〕[UPM (3)](李旋真热心啊)组成,用〔S〕(李旋帮助王丽)替换了 S 内的 NP。NP 在语法框架中所占据的是主语位置,因此,〔S〕跟它所替换的 NP 一样,其语法功能类同主语。又如：

② 李强相信李英一定会来！
S{NP+Pred〔Aux ∅+(V+NP—〔S〕〈NP+Pred⌊Aux+V¹〉))〕}
   李强   相信   李英   一定会 来

此例由 UPM(2)(李强相信+NP) +UPM(1)(李英一定会来)组成,〔S〕(李英一定会来)替换了 S 内的 NP。NP 在语法框架中所占据的是宾语位置,因此,〔S〕跟它所替换的 NP 一样,其语法功能类同宾语。再如：

③ 中国人口众多。
S{NP+Pred—〔S〕 〔S(NP+Adj)〕}
   中国   人口 众多

此例由 UPM(4)(中国)+UPM(3)(人口众多) 组成,UPM(4)的性质是由情况本身暗示出来的,〔S〕(人口众多)替换了 S 内的 Pred。Pred 在语法框架结构中所占据的是谓语位置,因此〔S〕应跟它所替换的 Pred 一样,其语法功能类同谓语。

2.2 所谓嵌进法是指把某一个 UPM[符号记作(S)]嵌在 UPM 内的左右 NP、V、ADj 的前面或后面,它是表层结构的定语、状语和补语的来源。其格式为：

1) NP〔(S)—$_{SP}^{的}$NP〕;

2) VP〔(S)—$_{SP}^{地}$VP〕;

3) VP〔V$_{SP}^{得}$—(S)〕;

4) Adj〔Adj$_{SP}^{得}$—(S)〕。

如：④开车的人
NP{(S)(NP+Pred(V+N)〕+$_{SP}^{的}$NP}

此例由(S)[UPM (2)](人开车)+UPM (2)中的 NP(人)组成,(S)嵌在 NP 之前充当定语,(S)与 NP 的关系由结构词(Structural Particle,简作 SP)

"的"来表示。(S)中左项 NP(人)在转换为表层结构时必须强制性地进行逆向删除。这样,在表层结构,"开车的"与"人"之间虽是修饰关系,但在底层结构却隐含着主语和谓语的关系:"人"是"开"的隐含主语。再如:

⑤ 张耀海勇敢地守护着王开。

$$S\{S_1〔NP+Pred(Adj)〕(S)-\underset{SP}{地}+S_2〔NP+Pred(Aux〈V+N〉)〕\}$$

　　　张耀海　　勇敢　　地　　张耀海　　着　守护　王开

此例由 UPM(3)(张耀海勇敢)+UPM(2)(张耀海守护着王开)组成,(S)嵌在 S 内的 V 前充当状语,(S)与 V 的关系由 SP"地"来表示,S_2 中左边的 NP 因与 S_1 中的 NP 同指一个对象,在转换为表层结构时必须强制性地给予顺向删除。又如:

⑥ 孩子们笑得肚子痛了。

$$S\{S_1〔NP+Pred(V)〕(S)-\underset{SP}{得}+S_2〔NP+Pred(Aux+V)〕\}$$

　　　孩子们　　笑　　得　　肚子　　了　　痛

此例由两个 UPM(1)(孩子们笑)+(孩子们肚子痛)组成,(S)嵌在(S_1)中的 V 后充当补语,(S)与 S_1 中 V 的关系由 SP"得"来表示。再如:

⑦ 小化可爱得谁都喜欢。

$$S\{S_1〔NP+Pred(Adj)〕(S)\underset{SP}{得}+S_2〔NP+Pred(Aux\ V)〕\}$$

　　　小化　　可爱　　得　　谁　　都　喜欢

此例由 UPM(3)(小化可爱)+UPM(2)[谁都喜欢+∅NP(小化)]组成,(S)嵌在 S_1 中的 Adj 后充当补语,(S)与 S_1 中 Adj 的关系由 SP"得"来表示。

2.3　所谓联合法是指两个或两个以上的 UPM 的联合,在删除情况下是 UPM 内的各个同类成分的联合。其格式为:

1) $S\{SP\overline{S1}+SP\overline{S2}+SP\overline{S3}……\}$;

2) $NP\{NP_1SP+NP_2SP……\}$;

3) $VP\{VP_1SP+VP_2SP…\}$;

4) $AP\{AP_1SP+AP_2SP……\}$。如:

⑧ 王校长听到"婚姻"二字就很敏感。

$$S\{〔SP\ ∅+\qquad S1〕〔SP\qquad +S2〕\}$$

　　　王校长听到"婚姻"二字就王校长很敏感

此例由 UPM(2)(王校长听到"婚姻"二字)+UPM(3)(王校长就很敏感)组成。S1 的 SP 为隐性,S2 的 SP"就"为显性。次如:

⑨ 丁山、王方和李浩昨天去上海了。
S{S̄1〔NP₁+Pred(Aux+〈V+N〉)〕+SP S̄2〔NP₂
　　丁山　　昨天/了 去 上海　　王方
+Pred(Aux+〈V+N〉)〕+SP S̄3〔NP₃+Pred(Aux+〈V+N〉)〕}
　　昨天/了 去 上海　和李浩　　昨天/了 去 上海
此例由三个 UPM(2)(丁山昨天去了上海)+(王方昨天去了上海)+(李浩昨天去了上海)组成,S1,S2 和 S3 中的 Pred 均指同一行为,在转换为表层结构时,同样要求强制性地把 S2 和 S3 中的 Pred 进行逆向删除,形成了在主语位置上的 NP₁、NP₂ 和 NP₃ 的联合。又如:

⑩ 小何买了字典、小说和文具。
S{SP ∅S̄1〔NP+Pred(V+N₁)〕+SP ∅+S̄2〔NP
　　小何　　买了字典　　　　小何
+Pred(V+N₂)〕+SP 和S̄3〔NP+Pred(V+N₃)〕}
　　买了小说　　　小何　买了　文具
此例由三个 UPM(2)(小何买了字典)+(小何买了小说)+(小何买了文具)组成。在转换为表层结构时,第二和第三个 UPM 中的左边的 NP 因与 S1 中的 NP 同指一个对象,同样必须强制性地给予顺向删除,形成了在宾语位置上的 N₁、N₂ 和 N₃ 的联合。再如:

⑪ 这故事很美丽,幽雅,有趣。
S{SP ∅S̄1〔NP+Pred(Aux+Adj₁)〕+SP ∅S̄2〔NP
　　这故事　　很　美丽　　这故事
+Pred(Aux+Adj₂)〕+ SP ∅〔NP+Pred(Aux+Adj₃)〕}
　　很　幽雅　　这故事　很　有趣
此例由三个 UPM(3)〔(这故事很美丽)+(这故事很幽雅)+(这故事很有趣)〕组成,S1、S2 和 S3 中的 NP(这故事)均指同一对象,三个 Aux(很)的语法功能相同。同理,在转换为表层结构时,必须把 UPM 中的第二和第三个 NP(这故事)和 Aux(很)进行顺向删除,造成 Adj₁、Adj₂ 和 Adj₃ 的联合。

三、底层结构的转换规则

3.0　UPM 按照组合方法组成了 US,这只是转换规则的"输入"部分,只有遵循转换过程或路线,才能转换为表层结构。转换规则主要有增、删、分、合、移五个方面。

3.1 所谓增是指在转换时增加结构词(SP)或其它非底层结构的成分,如上述的替换法和嵌进法均属此种。参见2.1、2.2节,例见①④⑤⑥。

3.2 所谓删是指在转换过程中删去词或成分。比如替换与嵌进中的NP如果跟被嵌进的S中的NP是指同一个对象时,第二和第三个UPM中的NP必须强制性地删除。参见2.2节,例见④⑤⑥。

3.3 所谓分是指在转换过程中把表示指示范畴符号的信息(Det、Aux)分析为多个成分。如:

⑫ 小王已经洗完了三件衣服。

US:S{NP+Pred〔Aux+VP(V+Det+N)〕}

　　　　小王　　〈完成〉　　洗 三件 衣服
　　　　　　　〈肯定〉
　　　　　　　已经/完/了

SS:S{NP+Pred〔Adv+(V ＋ Det ＋ N)〕}

　　　　小王　　　已经　　洗完了三件衣服

例⑫US中的Aux是指示范畴符号,表示谓语的情态,在转换成表层结构时则分化为时间(已经)、体貌(完了),见例⑫SS。

3.4 所谓合是指在转换过程中把范畴符号或成分加以合并。如上述的联合法就属此种。参见2.3节,例见⑧⑨⑩⑪。

3.5 所谓移是指在转换过程中调整成分或结构词的次序,可以移前,也可以调后;常常伴以增、删、分、合诸规则,以适应语用、语法或表达习惯的需要。主题化的规则就是其中一种。如:

⑬ 酒小李已经不喝了。

US:S{NP+Pred〔Aux+VP+(V+N)〕}

　　　　小李　　〈完成〉
　　　　　　〈肯定〉喝酒
　　　　　　　已经/不/了

SS:S{NP+Pred-〔S〕〔NP+VP(ADV+V+N))〕}

　　　　酒　　　　小李　已经不　喝∅了

例⑬US 中的"酒"原是"喝"的宾语,是信息焦点。出于语用需要,把"酒"提前到句首,成为话题,原来动词后的"酒"成了虚范畴(Empty Category),用∅表示。①

3.6 转换限制:

转换规则在单用或合用时还包括许多具体限制。较普遍而重要的限制如顺序假设、循环规约;也有较具体的限制,如增加原则、移位限制、同 NP 删略条件等。限于篇幅,此处从略。

四、现代汉语表层结构的句子分类

4.1 UPM 按照底层结构的组合方法和转换规则,就可以生成无数的表层结构的句子。人们可以根据某种标准对这些句子进行分类。通常采用的标准有三个:一是语法标准,即根据主语的性质或谓语的语法重心给句子进行语法上的分类;二是语义标准,即根据施受关系或语义重心给句子进行语义上的分类;三是语用标准,即根据句子的语气或信息与信息焦点给句子进行语用上的分类。② 显然,上述三个标准的角度既相关而又有不同,是对同一个语言现象从不同的方面进行分析,其目的是最大限度地揭示一个语句所蕴涵的全部信息。

我们认为,在语法上,句法结构的语法重心是谓语中的关键词(pivot word);在名词结构里关键词是名词;在动词结构里关键词是动词;在形容词结构里关键词是形容词。③ 在语义上,句法结构的语义重心是跟关键词相关

---

① 以上见卞觉非、黄自由《试论现代汉语的结构及其它》,《南京大学学报》1981 年第 3 期。

② 一般语法书常以句子的语气为标准,把句子分成陈述句、疑问句、祈使句和感叹句,并把它看作是语法上的一种分类。这实在是一种混沌的看法。事实上,比如"你坐。/你坐?/你坐!"和"他聪明。/他聪明?/他聪明!"等,分属于陈述句、疑问句、祈使句和感叹句,可是在句法结构上很难说有什么不同,只是在语调上有所区别。语调的不同是出于语用上的需要,其目的是为了改变信息和信息焦点。语气在本质上应该是属于语用的,它是表达语用的万能手段。

③ 语句是信息的负荷者。主语一般只表示旧的信息,谓语一般是表示新的信息,而新的信息主要负荷者是关键词——动词、形容词及名词,因此,从语法上说,句法结构的语法重心是关键词。至于在表层结构中以非主谓形式充当句子。如"火!/你呢?/禁止抽烟"等,其主语或谓语是由一定的语境来暗示的,它被隐含在一定的语境之中。这是可以解释的。

的成分——定语、状语、宾语和补语等。①

在语用上,句法结构的语用重点是信息和信息焦点。② 应该说,从这三方面都可以对句子进行分类,不过,分类的角度和结果很不相同。

4.2 本文拟从语法的角度对具有主语和谓语的表层结构的句子进行语法上的分类。这又可以从两个角度给句子进行分类。一是根据主语的性质及其跟谓语的关系;二是根据谓语中的关键词的性质。

根据主语的性质及其跟谓语的关系,可以把句子分为:

1) 施事主语句。这类句子的谓语所陈述的行为是由主语发出的,在意义上主语是行为的主动者。主语一般都是有生名词。含有施事主语与受事宾语的句子通常都可以改为被动式。如:

⑭ 他喝完了这杯苦酒⇌这杯苦酒被他喝完了。

2) 起因主语句。这类句子谓语所陈述的事件是由主语而引起的,在意义上是事件的起因。主语经常是无生名词。含有起因主语与受事宾语的句子常常可以改为被动式。如:

⑮ 大水冲破了堤岸⇌堤岸被大水冲破了。

3) 工具主语句。这类句子谓语所陈述的行为是以主语作为工具或材料而完结的,在意义上主语是行为的工具等。主语经常是无生名词。这类句子一般不能改为被动式。如:

⑯ 钥匙打开了大门。

4) 受事主语句。这类句子的主语受谓语所陈述的行为影响,在意义上主语是行为的被动者。主语可以是有生名词,也可以是无生名词。这类句子一般不能改为被动式。如:

---

① 从语义上说,关键词虽是一个语句的新信息的主要负荷者,可是能使信息量和信息密度增加的却是跟关键词相关的成分——定语、状语、宾语和补语,比如"黄头发/大约孔乙己的确死了/哭瞎了眼睛/跑大了脚/阿Q正羞愧自己画得不圆"等,由于定语、状语、宾语和补语的加入,不仅增加了关键词的信息密度,而且也常使关键词成为谓语或谓语核心乃至使句子获得述谓性(Предикация/predication)的决定性的因素。

② 从语用上分析,一个语句一般有两个部分:一是主题/话题(topic/theme),一般表示已知的信息;一是评论/解释(comment/rheme),一般表示未知的信息,在许多的信息中,只有一个信息焦点(information focus)。一般地说,信息焦点常常是在句末的一个成分,但是可以通过语法和音韵的手段来改变信息焦点。语用分析的目的是为了揭示一个语句所蕴涵的全部信息。

⑰ 他挨了一顿批评。

5) 感受主语句。这类句子的主语是受谓语所陈述的感官经验的影响，在意义上主语是知觉或情绪的感受者。主语一般是有生名词。这类句子通常不能改为被动式。如：

⑱ 他感到很幸福。

6) 客体主语句。这类句子无所谓施事与受事、主动与被动。主语只是谓语的陈述对象，它可能是有生名词或无生名词，也可能是具体名词或抽象名词。这类句子不能改为被动式。如：

⑲ 时间就像流水般的逝去。

7) 处所主语句。这类句子的主语是处所词，通常不能改为被动式。如：

⑳ 楼上十分安静。

8) 时间主语句。主语是时间词，一般不能改为被动式。如：

㉑ 今年是虎年。

9) 事件主语句。主语是由指称性的谓语充当的。这类句子不能改为被动式。如：

㉒ 考试已经结束了。

10) 交与主语句。这类句子中的谓语的行为涉及两个或两个以上的人或事物，不能改为被动式。如：

㉓ 信夫和幸子很合得来。[①]

以上是根据一个句子的主语的种种情况把句子分成十类。这在一定程度上也能揭示主语和谓语的关系，如例⑭至例㉓等，但是还不能充分揭示一个句子的本质。这是因为，在一个具有主语和谓语的句子中，主语一般只表达交际双方所共知的旧信息，谓语是对主语的评论或解释（comment），谓语所传达的一般是交际双方所关心的未知的新信息，而这主要是由谓语中的关键词来传递的。谓语中的关键词在句中具有主导的、核心的地位，是使句子成为句子的决定性的因素。

根据谓语中的关键词的性质，现代汉语句子的类型大致可分为如下几类。

---

① 见汤庭池《国语语法研究论集》，台湾学生书局，1979年，第 69—71 页。

〔Ⅰ〕型：NP＋Pred

Pred→〔(ADV){Vi}〕 例：小化已经睡了。

Ⅰ型中的关键词是不及物动词(Vi)，状语符号(ADV)既可以是显性的，也可以是隐性的，下同，符号{Vi}表示在不及物动词内部可以选择。

〔Ⅱ〕型：S→NP＋Pred

$$Pred \to [(ADV)\begin{cases} Vt + NP \\ Vt + NP - [S] \\ Vt + NP - [VP] \\ Vt + NP - [AP] \\ Vt + NP_D + NPd_o \\ VP_1 + VP_2 + VP_3 \\ VP_1 + NP_2 - [S] \end{cases}]$$

例：(王开)买了一本字典。
例：(我)看见张华来了。
例：(他)喜欢看电影。
例：(他)感到幸福。
例：(王老师)教我们语法。
例：(他)关门上街买东西。
例：(我)请他吃饭。

$$[ADV - [P(把) + N \begin{cases} VP+NP \\ Vsp(得)+C \end{cases}]$$

例：(我)把书还给他了。
例：(他)把钱花得差不多了。

$$[ADV - [P(被) + N \begin{cases} VP+NP \\ Vsp(得)+C \end{cases}]$$

例：(他)被石头砸破了脚。
例：(酒)被他喝得差不多了。

$$Pred \to [(ADV) \begin{cases} Vsp(得)+C - [AP] \\ Vsp(得)+C - [S] \end{cases}]$$

例：(他)干得很好。
例：(他的话)说得大家都乐了。

Ⅱ型中的关键词是及物动词(vt)，有的可带宾语，如"Vt＋NP"，有的可带多个宾语，如"Vt＋NP_D＋NPd_o"。NP可以是体词，也可以用谓语甚至小句来替换NP，其功能与NP类同，如"NP－〔VP〕/NP－〔AP〕/NP－〔S〕"。还可以几个VP连用，即所谓连述式。在所谓兼语式里，VP_2所替换的实是删去主语的小句，用"VP_1＋NP_2－〔S〕"来表示。在所谓"把"字式和"被"字式中，"P(把)＋N/P(被)＋N"所替换的是ADV。"VSP(得)"中的"C(补语)"分别由"〔AP〕/〔S〕"等替换。

〔Ⅲ〕型：S→NP＋Pred

$$Pred \to [(ADV) \begin{cases} VP - [S](NP + Vt) \\ VP - [S](NP + VP) \\ VP - [S](NP + AP) \end{cases}]$$

例：(这个问题)他已经解决了。
例：(这件事)他很有办法。
例：(这个人)心眼特好。

Ⅲ型即所谓主谓谓语句,谓语实是由一个小句充当的。如"VP－〔S〕(NP+Vt)",小句的功能类同 Pred。

〔Ⅳ〕型:S→NP+Pred

$$Pred \rightarrow \lbrack (ADV) \begin{cases} Adj \\ AP \\ Adj+SP(得)+C-\lbrack AP \rbrack \end{cases}$$

例:(这件衣服)干干净净。
例:(这件衣服)很干净。
例:(这件衣服)破得不能再破了。

Ⅳ型的关键词是形容词,谓语可以是单个形容词(Adj),也可以是形容词短语(AP)。形容词带"得"(SP)后可带补语(C－〔AP〕),补语 C 是由形容词短语(AP)充当的,也可以是副词"很/极"等。

〔Ⅴ〕型:S→NP+Pred

$$Pred \rightarrow \lbrack (ADV) \begin{cases} N \\ NP \end{cases}$$

例:(这个人)傻瓜。
例:(一班)十个人。
例:(白菜)才二斤。
例:(这孩子)黄头发。

Ⅴ型的关键词是名词,谓语可以是单个名词(N),也可以是名词短语(NP)。N 或 NP 充当谓语是有条件的。[①]

〔Ⅵ〕型:S→NP+Pred

$$Pred \rightarrow \lbrack (ADV) \begin{cases} Vcop + N \\ Vcop + Np \\ Vcop + Vp \end{cases}$$

例:(他)是学生。
例:(这位)是大学教授。
例:(这桃子)是酸的。
例:(这)是吃的。
例:(他)是接人。

Ⅵ型的关键词是联系动词(V cop),它跟后面的"N、NP、VP"组成判断性的谓语。[②]

以上只是笔者对现代汉语表层结构句子分类原则及其具体分类所提出

---

① 见拙文《论句子的本质与系词"是"》,《南京大学学报》1983 年第 3 期。
② 参见吕叔湘主编《现代汉语八百词》,商务印书馆,1980 年;Lyda E.Lapalomb "An Introduction to Grammar:Traditional,Structural,Transformational",侯方等译,黑龙江大学科研处,1982 年。

的一些粗浅看法。概括地说，在语法上一个句子的性质是由谓语中的关键词决定的。就一般情况而言，由动词充当谓语关键词的句子，其谓语的概括意义大致是表示叙述；由形容词充当谓语关键词的句子，其谓语的概括意义大致是表示描写；由名词充当谓语关键词的句子，其谓语的概括意义为类同描写；由联系动词充当谓语关键词的句子，其谓语的概括意义大致是表示判断。至于主谓谓语句，我认为，实际上是用在形式上与主谓结构充当的句子（sentence）同形的小句（clause）来替换谓语，其性质仍应根据谓语中的关键词来确定，其概括意义大致如上，分别表示叙述、描写、判断等。当然，句子与句子在性质上仍有不同：前者是个交际单位，在语法上是最高层次；后者只是句子的一个成分，在语法上是下位概念。但是，最重要的差别可能是语用上的。比如"他不喝酒了"这句话，其信息焦点一般在"酒"，而"酒他不喝了"，其信息焦点一般在"喝"。变宾语"酒"为主语，使"酒"成为话题（topic/theme），这是改变信息焦点常用的表达方法。所以，我认为一般主谓句与主谓谓语句差别，与其说是语法上的，不如说是语用上的。

五、余论

5.1 本文试图对现代汉语的 UPM 模式及其组合和转换后的类型作一些粗疏的探讨，在这篇文章中对语义的选择这一棘手的问题基本上没有触及。由于我们的基础材料工作做得不够充分，也许目前还不具备从事上述工作的条件。本文只想作一些初步的试验，可能言不及义。

5.2 关于关键词，比如动词的性质及其分类等问题，尚须作进一步探讨。

［本文原载于《语言研究论丛》(五)，南开大学出版社，1988 年］

试论现代汉语的结构及其它

0 引言

本文拟用转换生成语法(Transformational Generative Grammar)、格变语法(Case Grammar)等理论及其分析方法,探讨现代汉语的结构、结构体、结构成分、直接成分层级升降、切分、分布等问题,探讨现代汉语的底层结构、表层结构及其转换特点等问题,并对现代汉语的结构分类原则和方法以及分类提出一些看法。[1]

1 关于"结构"这一术语的理解

1.1 "结构"一词的含义

"结构"一词是英文 construction(construct)和 structure 的译名。它们的含义多而交叉,近年来英文语言学著作对这组术语的处理趋于单义化。他们多把前者当作结构的实体,把后者当作结构方式、关系。[2] 因此,我们建

---

[1] 由于涉及的问题很多,篇幅有限,本文只能简略地谈些重要结论,省去了许多公式、规则。

[2] H.A.Gleason 在 *An Introduction to Descriptive Linguistics*(1961,pp.143-144)中有这么一段区别使用 structure 和 construction 的话:"The structure(1)of a construction (2) may be stated in terms not only of the constituents which are actually there,but also of which MIGHT have been there but are not."可译为:"一个结构体(1)的结构(2)不仅可以根据出现的成分来说明,而且可以根据可能出现而未出现的成分来说明。"[引文中(1)、(2)为笔者所加]

议把前者译为"结构体",把后者译为"结构"。

1.2 结构体和结构体内的成分

1.2.1 所谓结构体是指在句法上可以切分的语法单位。它是音义结合物。这有语境自由(context-free)和语境制约(context-sensitive)两种情况。不管语境而说出的一个音义结合的语法单位,这叫语境自由,如"吃了饭"是一个音义结合的语法单位,而"·了饭"则不是一个音义结合的语法单位。如果在更大的语段中抽出了某一语段,孤立地看其本身虽是个音义结合物,但如被抽出后的所剩下的语段,或不是音义结合物,或改变了原义,这叫语境制约。如"那位老人看他儿子去了",若从中抽出"看他",因这"看他"已改变了原义(原义是"看……儿子"),故不再是一个音义结合的语法单位。结构体都可以进行切分。在句法平面上,单音词或复音词都不可以再切分,因此,本文说的结构体都是指两个或两个以上的词的语法单位。

1.2.2 所谓成分(constituent)是指结构体内从句法上被切分出来的语法单位。结构体及其成分之不同,在于前者是切分的对象,后者是切分的结果。二者是整体与部分的关系。所以,句子是最大的整体——最大的结构体,它不可能同时又是部分——成分;词是最小的成分,也不可能同时是结构体。除了这两个极端外,结构体对更上一个层次语法单位而言是成分,成分对更下一个层次语法单位来说是结构体。

1.2.3 直接成分(immediate constituent,IC)是直接组成结构体的下一个层次的成分。[①] 结构体和 IC 是紧邻上下层次的句法关系。这种关系称为"母女邻接"(mother-daughter adjunction),各 IC 间即为"姐妹邻接"(sister adjunction)。

1.2.4 IC 分析法

IC 分析法的切分原则是:将一个结构体二分为两个 IC,在少数情况下可分为多个 IC。一个结构体内 IC 通常是连续性的(continuous),但也有非连续性的(discontinuous)。IC 分析法一般有推导式、表格、框图、树形图和

---

① 直接成分之外的成分为间接成分。间接成分之间的隐含(implication)关系是值得研究的问题。

括号-标号式多种。本文采用树形图(tree diagram)和括号-标号法(labelled-bracketing)。这两种分析法不但可以显示结构体切分情况,而且能够表示功能类目(category)。

〔1〕那人看本书。(树形图为)

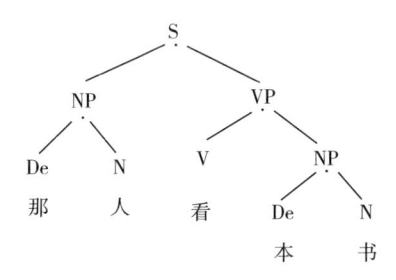

```
            S
          /   \
        NP     VP
       /  \   /  \
      De   N V    NP
      那   人 看  /  \
                De   N
                本   书
```

它像一棵倒树,又称"分枝图"(branching diagram),分枝的交点叫节点(node)。凡是可以归纳为同一个节点的分枝称为该节点结构体的 IC,反之,不是 IC。这显示了层次切分情况。S,NP,VP,N,V,De 是类目,放在树形图的特定位置即表示句中的功能,如在 S 支配下的左 NP 为主语,在 VP 支配下的右 NP 为宾语,可见,从树形图上部往下看,是分类过程;从底部往上看,是归类过程。

括号-标号式完全与树形图对应,可以相互转写。括号表示层次;最外的括号(左右成一对)表示最大的层次,依次向内,层次渐小,直到终端语符(词、语素)。各种括号的层次是:

$$\{ \quad 〔 \quad (\quad \langle \quad 「 \quad 「 \quad 」 \quad 」 \quad \rangle \quad) \quad 〕 \quad \}。$$
$$1 \quad 2 \quad 3 \quad 4 \quad 5 \quad 6 \quad 6 \quad 5 \quad 4 \quad 3 \quad 2 \quad 1$$

标号表示树形图中各节点的类目,写在一对括号前一个左下角。常见类目是:S 句子,NP 名词短语,VP 动词短语,P 谓语,De 指示,Au 辅助,N 名词,V 动词,Aj 形容词,Prn 代词,Prp 介词,L 方位词,In 叹词,Mw 量词,Pa 助词,Sw 结构词,At 定语,Ad 状语,Cp 补语,/S/ 替代句,(S) 嵌入句,$\overline{\text{S}}$ 集聚句,T 限定语。下加双线者为底层结构类目,下加单线者为底、表层结构均有的类目,无线者为表层结构类目。例〔1〕的分析式为:〔2〕$_S\{_{NP}〔_T(那)_N(人)〕_{VP}〔_V(看)_N(\text{T}\langle本\rangle_N\langle书\rangle)〕\}$。这样,括号-标号式除在直观形象性方面比树形图稍有逊色外,其作用完全相当。

1.3 结构体层次的升级和降级

就句法平面而言,如果词法平面结构体成分充当句法平面结构体成分或者短语充当句子,叫升级(upgrading);反之,叫降级(downgrading)。

〔3〕蓝天,白云,小鸟在飞翔。

"蓝天"、"白云"是短语(NP),但此例中同"小鸟在飞翔"具有同样的句子(小句 clause)价值。这是升级。

〔4〕我看见小李在吃饭。

"小李在吃饭"是句子,但在此例中相当于 NP。这是降级。

从词到短语,从短语到句子,各视为一级。但是,短语内部可以分若干层(level)。如:

〔5〕那孩子烧坏了新衣服。

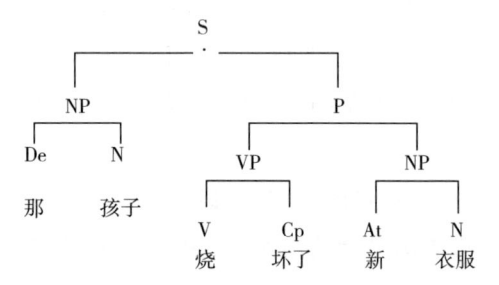

```
            S
      ┌─────┴─────┐
     NP           P
   ┌──┴──┐     ┌──┴──┐
   De    N    VP     NP
                ┌─┴─┐  ┌─┴─┐
                V   Cp At  N
   那   孩子   烧  坏了 新  衣服
```

短语级内部由于成分变动而层有所增减,增的叫增层(add level),减的叫减层(cut level)。减层也可使短语级为零,成为"句—词"式。这当然是结构体层次升降的特例:

〔6〕天晴。

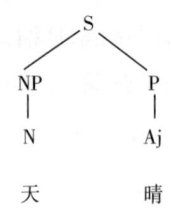

```
        S
     ┌──┴──┐
     NP    P
     │     │
     N     Aj
     天    晴
```

结构体层次升降增减是重复使用所有旧材料而更新丰富语言的主要手段之一。

1.4 表层结构和底层结构

1.4.1 结构(structure)是指结构体内各 IC 间的配列关系和方式。它必须分为底层结构(underlying structure)和表层结构(superficial structure)这两种性质不同的结构。

1.4.2 表层结构是指声音表现出来的句法结构。底层结构是指与表层结构相对应的、潜在的语义语法结构,它是从具体的表层结构抽象出来的不能发音的按逻辑关系组成的诸意义的组合。诚然,结构的意义和声音并无必然的内在联系,只是约定俗成的关系。如果一义而多音,叫同义异音结构,即同一个底层结构对应多个表层结构。如果一音而多义,叫同音异义结构,即同一个表层结构对应多个底层结构。前者表现了语言的丰富性灵活性,后者表现了语言的简洁性含蓄性。

〔7〕(1)(表层①)小王把那本书给了小张。

(表层②)小王给了小张那本书。

(2)(共底层)(小王给那本书)(小王给了小张)

〔8〕(1)(共表层)鸡不吃了。

(2)(底层①)鸡不吃∅了。

(底层②)∅不吃鸡了。

表层结构主语叫语法主语(grammatical subject),如〔7〕(1)"小王",〔8〕(1)"鸡";表层结构宾语叫语法宾语(grammatical object),如〔7〕(1)"小张"、"那本书"。底层结构主语叫逻辑主语(logical subject),如〔7〕(2)"小王",〔8〕(2)①"鸡";底层结构宾语叫逻辑宾语(logical object),如〔7〕(2)"那本书"、"小张",〔8〕(2)②"鸡"。

1.4.3 结构词(structural word, Sw)是用以标明结构关系方式的词,它是结构体内切分出的成分之间的语法形式,不当作 IC 分析。它包括连词、结构助词、关联性副词和转换过程添加的介词。下例中加点的就是 Sw:

〔9〕干净的苹果(结构助词)/又高又大(连词)/我一看书就眼花(关联性副词)/他把门锁了(介词)。

2　现代汉语句法结构概述

2.1　底层结构

2.1.1　底层短语标示

底层短语标示(underlying phrase markers,UPM)是指底层结构基本句型。它是单纯的(simple)、无歧义的(unambiguous)逻辑关系句,是一切表层结构的组成元件。现代汉语的 UPM 似乎有四个:

〔10〕UPM(1)$_S${$_{NP}$〔$_{De}$(那)$_N$(人)〕$_P$〔$_{Au}$(了)$_V$(笑)〕}(例句:那人笑了。)

〔11〕UPM(2)$_S${$_{NP}$〔$_{De}$(一位)$_N$(教授)〕$_P$〔$_{Au}$(在)$_{VP}$($_V$〈讲授〉$_{NP}$〈$_{De}$「∅」$_N$「语言学」〉)〕}(例句:一位教授在讲授语言学。)

〔12〕UPM(3)$_S${$_{NP}$〔$_{De}$(这块)$_N$(手帕)〕$_P$〔$_{Au}$(的)$_{Aj}$(香喷喷)〕}(例句:这块手帕香喷喷的。)

〔13〕UPM(4)$_S${$_{NP}$〔$_{De}$(所有的)$_N$(人)〕$_P$〔$_{Au}$(都是)$_{NP}$($_{De}$〈∅〉$_N$〈学生〉)〕}(例句:所有的人都是学生。)

UPM 简要适用,只用了九个类目符号。除 S 之外,其余符号都是成分。S 叫起始符号(initial symbol),是最大的结构体。N,V,Aj;De,Au 叫终端符号(terminal symbols)。其中 N,V,Aj 为一组,是词汇类目,把词典意义导入句子;De,Au 为一组,是指示类目,把许多限定、辅助意义导入句子。NP,VP,P 为非终端符号(unterminal symbols)。

2.1.2　底层结构(underlying structure,US)

2.1.2.1　主谓结构

四个 UPM 中 S 支配的两个 IC 就是主谓结构。此结构中主语比表层主语范围狭窄,只包括施动者[UPM(l)(2)]、具形者[UPM(3)]、等同者[UPM(4)]。如"锹挖地"的"锹"不是底层主语,因为"锹"只是挖地的工具。

2.1.2.2　动宾结构

它是指 UPM(2)中 VP 的两个 IC 的关系和构造方式。此结构要比表层述宾结构严格、狭窄。动词一定是 Vtr(及物动词)、Vpr(介词化动词)[①];宾语一定是 De—N,为动词的受动者,有被动化(加"被")、处置化(加"把")或者对象化(加"对")的可能性。如:

〔14〕吃一根冰棒$_{VP}${$_V$〔吃〕$_{NP}$〔$_{De}$(一根)$_N$(冰棒)〕}

下面两例就不是底层动宾结构:

〔15〕吃大碗("大碗"是工具)

〔16〕跑断腿("跑""断"是两个动词,"腿"不是受动)

2.1.2.3 限定结构

它是指四个 UPM 的左 NP 和 UPM(2)的右 NP 内部两个 IC(De—N)的结构关系和构造方式。De 是底层结构中特有的成分,它表明底层名词的若干种必备的语法属性[②]:数(单复数、基数、序数、概数),普遍性,限制性,贴近性。De 有显性(dominant)和隐性(recessive)两种。显性的 De 指表现在表层结构中有指示、数量作用的名词前修饰语和名词复数形尾"们",隐性是指没有在表层中表现出来,即零形式,但根据名词次类(普遍名词、物质名词、专有名词等)和语境一般可以被理解和添加。

〔17〕所有的人$_{Np}${$_{De}$〔所有的〕$_N$〔人〕}De=复数,普遍。

〔18〕这台电视机$_{Np}${$_{De}$〔这台〕$_N$〔电视机〕}De=单数,非普遍,贴近。

〔19〕中国$_{Np}${$_{De}$〔∅〕$_N$〔中国〕}De=单数,非普遍,限制。

〔20〕(有)人(找你)$_{Np}${$_{De}$〔∅〕$_N$〔人〕}De=混合数,非普遍,非限制。

2.1.2.4 辅助结构

它是指在 S 支配下的 P 之内两个 IC 间的配列关系和方式,前一个 IC 是辅助成分 Au,第二个 IC 是 V、VP、Aj 或 NP。Au 是 P 之下的 V、VP、Aj 或 NP 所必具的若干语法属性,如时间、体貌、语气、语态、肯否、句式、程度、数量等。Au 可以是隐性的,根据 V、VP、Aj、NP 或语境可以理解或补出。Au 也可以是显性的,表现为表层的状语、补语、形尾或句助词等。如:

〔21〕昨天已经走了。$_P${$_{Au}$〔昨天·已经·了〕$_V$〔走〕}Au=过去,完成,真实,主动,肯定,陈述。

---

① 介词化动词是指除"被、把、对"之外的所有介词,它们在底层是动词。

② 底层结构的语义标示可用/X/表示,有一整套标示的原理和方法,如二分标示法把单数标为非复数形式,即/-Pl/,复数为/+Pl/,单复数两可为/±Pl/。

〔22〕不在吃饭吗？$_P${$_{Au}$〔不·在·吗〕$_{VP}$〔$_V$(吃)$_{Np}$($_{De}$〈$\ominus$〉$_N$〈饭〉)〕}Au＝现在,进行,虚拟,主动,否定,疑问。

〔23〕十二分高兴。$_P${$_{Au}$〔十二分〕$_{Aj}$〔高兴〕}Au＝现在,一般,真实,肯定,陈述,极度。

2.2　UPM 的组合方法

2.2.0　许多表层结构追溯其底层结构仅有单个 UPM;然而,相当数量的表层结构却是复杂的,有多个 UPM;不过不是杂乱地堆积,而是按一定的方法组合的。究其组合的总方法,不过三个:替换法,嵌进法,联合法。

2.2.1　替换法是指用某 UPM(符号为/S/)去代换原 UPM 里各个非终端符号:NP, P。/S/仍具有被代换成分的功能(function)。其格式为:Np—/S/,P—/S/。

〔24〕王刚帮助赵强是真的吗？$_S${$_{Np}$—/S/〔$_{Np}$(王刚)$_P$(帮助赵强)$_P$〔$_{Au}$(是⋯的·吗)$_{\Delta_1}$(真)〕}

此例是由 S〔UPM(3)〕"NP＋是真的吗?"和/S/〔UPM(2)〕"王刚帮助赵强"两个 UPM 组合而成,/S/代换了 S 内的左 Np。

〔25〕王刚相信李英一定会来。$_S${$_{Np}$〔王刚〕$_P$〔$_{Au}$($\ominus$)$_{VP}$(〈相信〉$_{Np}$—/S/〔$_{Np}$(李英)$_P$「一定会来」)〕}

此例由 S〔UPM(2)〕"王刚相信＋Np"和/S/〔UPM(1)〕"李英一定会来"两个 UPM 组成,/S/代换了 S 内的右 Np。

〔26〕马铃薯营养丰富。$_S${$_{NP}$(马铃薯)$_P$—/s/($_{NP}$(营养)$_P$(丰富)〕}

此例由 S〔UPM(1)—(4)〕"马铃薯＋P"和/S/〔UPM(3)〕"营养丰富"组成。/S/代换了 S 内的 P。

2.2.2　嵌进法是指某 UPM〔符号(S)〕镶嵌在原 S(UPM)内,如左右 Np,V,Aj 前后,它是表层结构另一类(性状)定语、状语、补语的来源。其格式是乔氏邻接(Chomsky adjunction)[①]:$_{Np}${($_s$)〔 〕—$\frac{的}{SW_{Np}}$〔 〕}$_V${($_s$)〔 〕—地 SW_V〔 〕}$_V${$_V$〔 〕$\frac{得}{SW}$—($_s$)〔 〕}$_{Aj}${$_{Aj}$〔 〕得—$\frac{(s)}{SW}$〔 〕}。

---

① 乔氏邻接(Chomsky adjunction)是转换语法术语。

〔27〕奔驰着的火车。$_{NP}${(s)〔$_{Np}$(火车)$_P$(奔驰着的)〕—$\frac{的}{SW_{Np}}$〔火车〕}。

此例由某 UPM 中 NP"火车"和(S)〈UPM(1)〉"火车奔驰着"组成,(S)嵌在 NP 之前充当定语,(S)与 Np 的关系由 SW"的"来表明,(S)中左 Np 必删。

〔28〕小朱认真地上了一节课$_S${$_{Np}$〔小朱〕$_P$〔$_{Au}$(了)$_{VP}$((s)〈$_{Np}$「小朱」$_P$「认真」〉—$\frac{地}{SW}$〈$_V$「上」$_{Np}$「一节课」〉)〕}。

此例由 S(UPM(2))"小朱上了一节课"和/S/((UPM(3))"小朱认真"两个 UPM 组成。(S)嵌在 S 内 V 之前充当状语。(S)与 V 的关系可由 SW"地"来表明,(S)中左 Np 必删。

2.2.3 联合法是指两个或多个 UPM 的联合,在省略的情况下是各 UPM 内相同种类成分的联合。其格式如:$_S${$_{SW}$—$\overline{S_1}$〔 〕$_{SW}$—$\overline{S_2}$〔 〕$_{SW}$—$\overline{S_3}$〔 〕……}。

〔29〕伍华一走,陆英就来了。$_S${—$\overline{\underset{SW}{S_1}}$〔$_{NP}$(伍华)$_P$(走)〕$_{SW}$就—$\overline{S_2}$〔$_{NP}$(陆英)$_P$(来了)〕}

此例由两个 UPM——$\overline{S_1}$(UPM(1))"伍华走"和$\overline{S_2}$(UPM(1))"陆英来了"组合,其联合关系可以由 SW"一""就"的呼应所表明。

〔30〕小华吃了汽水、酸梅汤和冰激凌。$_S${$_{SW}$∅〔$_{Np}$(小华)$_P$(吃了汽水)〕$_{SW}$∅〔$_{Np}$(小华)$_P$(吃了酸梅汤)〕$_{SW}$∅〔$_{Np}$(小华)$_P$(吃了冰激凌)〕}

此例由三个 UPM 组成。转换为表层的时候,应删后两个 Np"小华"和后面两个 p 中的"吃了",保留第一个"小华""吃了",这叫"缩约";然后把"汽水""酸梅汤""冰激凌"加以连接,这叫"聚合"。

2.3 由底层向表层结构的转换总则

2.3.0 从底层结构转换为表层结构,这中间有一段转换过程或路线,即有许多有规律可循的变化。这变化共有五方面,即五个总则:增,删,分,合,调。它们时常配合使用。

2.3.1 "增",就是增加性转换总则,如转换时增加结构词。如:

〔31〕老王笑得弯了腰。$_S${$_{Np}$〔老王〕$_P$〔$_{Au}$(∅)$_V$($_V$〈笑〉得$_{(s)}$〈$_{Np}$「老王」$_P$「弯了腰」〉)〕}两个底层句 S"老王笑"和(S)"老王弯了腰"在组合后增添

了 Sw"得"。上节"替换法"和"嵌进法"是以一个 UPM 为主,也属此总则。

2.3.2 "合",就是聚合性转换总则,上节的联合法属此总则。如:

〔32〕张国树和陈翠娥是夫妻。

它由底层转换为表层是有序聚合:"张国树"和"夫"联系,"陈翠娥"和"妻"联系,次序不混:(底层)$_S${$_{SW}\emptyset \overline{S1}$〔$_{NP}$(张国树)$_P$(是夫$_{SW}\emptyset-\overline{S2}$〔$_{NP}$(陈翠娥)$_P$(是妻)〕}→(表层)$_S${$_{NP}$〔$_{NP}$(张国树)—和$_{NP}$(陈翠娥)〕$_P$〔是夫妻〕}。

2.3.3 "删",就是删略性转换总则,如同 Np 删略规则——替换和嵌进的 S 中的 Np 与主句 S 中的 Np 相同时,前者强制性(obligatory)删略。

〔33〕开车的司机$_{Np}${(s)〔$_{Np}$ 司机 〕$_P$(开车)〕—$_{sw}$ 的$_{Np}$〔司机〕}。嵌进(S)中的 Np 和主句 S 中的 Np"司机"指同一个人,(S)中 Np 删略。删略用 ⬚ 表示。

2.3.4 "分",就是分化性转换总则,如 De 中"数",Au 中"体貌"等属性转换时就分析成多个成分。

〔34〕老师已经教了三课书了。

底层/完成/这一属性转换成表层就成了副词"已经",形尾"了"和句末语气词"了"三个成分:(底层)$_S${$_{NP}$〔老师〕$_P$〔$_{Au}$(/完成/)$_{VP}$(教三课书)〕}→(表层)$_S${$_{NP}$〔老师〕$_P$〔$_{Au}$(已经)$_{VP}$〔$_V$「教了」$_{NP}$「三课书」〕〕—了}。

2.3.5 "调",就是调序性转换总则。从理论上分析,可有移上、移下、移前、移后、移首和移尾六类,如"主题化规则"即属移首一类:

〔35〕电影,小刘不看了。

"调"不是一种单纯的转换总则,它往往伴随上述"增、删、分、合"总则出现。此例"电影"移至句首,则"小刘不看电影了"一句就删略了"电影"一词。其转换为:(底层)$_S${$_{NP}$〔小刘〕$_P$〔$_{Au}$⟨不·了⟩$_{VP}$⟨$_V$看⟩$_{NP}$⟨电影⟩}→$_S${$_{NP}$〔电影〕$_S$〔$_{NP}$(小刘)$_P$($_{Au}$⟨不·了⟩$_{VP}$⟨$_V$「看」$_{NP}$ 电影 」⟩)〕}。

2.4 表层结构

2.4.0 表层结构的分类。

这是一个相当复杂的问题。我们认为,对现代汉语表层结构进行分类,首先应该认真探讨分类的原则和方法,其次才是具体分类。有了一个比较科学的、能起统括作用的原则和方法,不仅可以对已经发现的结构进行分类,而且可以对尚未发现或新产生的结构进行补充和归类。我们以为,到目前为止,功能(function)或分布(distribution)仍是相当有效的原则和方法。所谓功能,是指某一成分排它地专和其它的既定的成分结相合的能力。所谓分布,是指某一成分能在哪些语言环境出现和可能在哪些语言环境出现而未曾出现以及不能在哪些语言环境出现的差别的总和。也就是说,分布是某一成分在言语过程中与其它成分相结合的能力。分布的实现就是功能的行使。所以,功能和分布的原则和方法在理论上大致是一致的,只是观察问题的角度不同。

在现代汉语中,成分与成分的结合,大致可分实词性成分与实词性成分和实词性成分与虚词性成分两种结合。能结合的则具有相连功能,不能结合的则具有相离功能。成分与成分的结合就有结合者与被结合者,实词性成分具有结合的结合者能力,虚词性成分只有被结合的结合者能力。成分与成分的结合就会产生种种结构关系,概括地说,实词性成分与实词性成分结合能产生集聚(constellation)关系和相依(interdependence)关系,虚词性成分与实词性成分结合只能产生决定(determination)关系;在三类下面还可以各分若干小类——次关系结构。所谓集聚关系是指两个成分不以任何一方为前提但不互相排斥,如并列结构、重迭结构、复指结构和连续结构。所谓相依关系是指两个成分互以对方为前提,有甲才有乙,有乙才有甲,如主谓结构、述宾结构、述补结构、定心结构和状心结构。所谓决定关系是指一个成分以另一个成分为前提,有甲才有乙,但有甲不一定有乙,如介词结构、"的"字结构、"所"字结构、"似的"结构、"语助"结构和状心结构等。

上述三分的标准是根据依存性(dependence)。能够满足分析条件的依存关系叫功能(function),功能的两端成分叫功能体(functive)。功能体可分两类:一是常体(constant,c),一是变体(variable,v)。常体是指这样的一种功能体:它的出现是另一功能体出现的必要条件。变体是指这样的一种功能体:它的出现不是另一功能体出现的必要条件。两个常体之间的功能是相依关系。一个常体和一个变体之间的功能是决定关系。两个变体之间的功能是集聚关系。相依关系和决定关系的共同特征是依附性(cohesion),其功能体之间存在着固定的方向性(fixed orientation)。相依关系和集聚关系的共同特征是互换性(reciprocity),其功能体之间不存在固定的方向性。这就是说,相依关系兼有依附和互换的特征:可以互换,两者都是表层结构;但有依附性,所以互换后次关系结构有了改变。如"人好"可以互换为"好人",但"人好"是主谓关系而"好人"是定心关系,即次关系有了变化。由于决定关系存在着固定的单向性,因而它的两个功能体有不同的名称:常体叫受定功能体(determined functive),变体叫施定功能体(determining functive)。相依关系或集聚关系的功能体的名称相同:相依功能体(interdependent functive)或集聚功能体(constellative functive)。

集聚、相依、决定关系是以类目(或次类目、次次类目)的总的分布特性为准绳分析出来的。也就是说,它们只能概括某类目内的多数具体成分的关系,并不能保证决无例外;反过来说,个别例外不应当否定多数例证所概括的关系。

我们设集聚关系为"—",相依关系为"∽";决定关系为"→"或"←";又设互换性为"⇌"(→表示可以互换,=表示次关系结构不变),依附性为 ≠(不可互换),互换兼依附性为 ≠(→表示可以互换,≠ 表示次关系结构改变了)。

现代汉语表层结构大致可以作如下的概括。

2.4.1 集聚关系

1. 并列结构(多分)

凡同类成分、结构体都可以并列。底层是复 UPM,或全部并列,或部分并列,其余部分缩约。

〔36〕桌子、椅子和床都是新的。(底层)$_S${ $\overline{S1}$ 〔$_{Np1}$(桌子)$_P$(是新的)〕 $\overline{S2}$ 〔$_{Np2}$(椅子)$_P$(是新的)〕和·$_{SW}$都— $\overline{S3}$ 〔$_{Np3}$(床)$_P$(是新的)〕}→(表层)$_S${$_{Np}$〔$_{Np1}$(桌子)$_{Np2}$(椅子)$_{SW}$和—$_{Np3}$(床)〕$_{SW}$都—$_P$〔是新的〕}。

2. 重迭结构(多分)

包括各类成分、结构体都可以重迭,重迭后表示强调、敦促。底层为同 UPM。

〔37〕来来来来！（底层）{$\overline{S1}$〔Np(∅)P(来)〕$\overline{S2}$〔Np(∅)P(来)〕$\overline{S3}$〔Np(∅)P(来)〕$\overline{S4}$〔Np(∅)P(来)〕}→（表层）s{Np〔∅〕P〔P(来)P(来)P(来)P(来)〕}。

3. 复指结构（多分）

表层复指结构是由复 UPM 联合而成的。一般说来，复指结构的诸成分（多数为两个成分）是种属概念的关系，可以为"种＋属"式，也可以互换为"属＋种"式，如"班长（种）小李（属）"互换为"小李（属）班长（种）"；"我们的首都北京"互换为"北京我们的首都"。

4. 连续结构（多分）

表层连续结构也是复 UPM 的联合。连续结构的特征是多个述宾结构的连续，其语义特征首先是逻辑联系，如因果、条件，其次才是时间的先后。我们认为连续结构是集聚关系，两个功能体可以互换，就是着眼于其逻辑联系，而不是着眼于时间先后。如"关门上街"中，"关门"是"上街"的前提条件，互换成"上街关门"，其中"关门"仍表示前提条件，关系未变。

2.4.2 相依关系

5. 主谓结构（二分）

表层主谓结构比底层主谓结构复杂得多。按照费尔莫（Fillmore）格变语法，其"格域"（case frame）规定了各格的充当主语的优先次序：A（施事）→I（工具）→D（给与对象）→O（受事）→L（空间）。这几个格的分布在如下三种动词的底层中：

〔38〕(i) s{A〔Np〕P〔M(Au)v(Vin)〕}（不及物动词）

(ii) s{A〔Np〕P〔M(Au)vP(v「Vtr」O「Np」)〕}（一般及物动词）。

(iii) s{A〔Np〕P〔M(Au)vP(v「VP」I∖L「Np」)〕}（介词化动词）。

〔39〕（底层）s{$\overline{S1}$〔A(小王)P(vP「用」I「钥匙」)〕$\overline{S2}$〔A(小王)P(Vtr「开」O「锁」)〕}。

表层主语的底层格可以是：

〔40〕(i) A{小王}用钥匙开锁。（A≠∅，A 为主语）

(ii) I{钥匙}开锁。（A≠∅，I 为主语）

(iii) O{锁}开了。（A≠∅，I≠∅，O 为主语）

如果 O 或 D 在句首,并有 A 在动词前,那就叫主题化(topicalization),那么 O 或 D 充当表层主语,A 则充当小句(clause)主语。如:

〔41〕锁,小王已经开了。$_S\{_O〔锁〕_{(S)}〔_A(小王)_P(已经开了)〕\}$。

我们把句首 NP(A、O、D)视为全句主语,而把第二个无介词 Np 当作小句主语是根据它们的分布特征作出判断的:①句首 Np 不可加"被、把",而第二 Np 则可以,即具有介词短语性质;②但"已经"等副词仍在动词前,有"被、把"则必在"被、把"前,说明第二 Np 又不能等同于介词短语。下例分布可证:

〔42〕(1) *被小李信已经寄了。

　　　　*把信小李已经寄了。

　　(2) 小李已经把信寄了。

　　　　信已经被小李寄了。

　　(3) *小李把信已经寄了。

　　　　*信被小李已经寄了。

　　(4) 小李信已经寄了。

　　　　信小李已经寄了。

6. 述宾结构(二分)

表层述宾结构比底层动宾结构复杂得多。"述"即述语;"宾"是述语的宾语。述语不一定是动词,也可能是形容词、述补短语。宾语在述语之后,一般格的优先次序是:$\left\{\begin{array}{c}O\\D\end{array}\right\}\rightarrow I\rightarrow A\rightarrow L$。

〔43〕这间屋子住$_A$｛十个人｝。(无 O、D、I;A 为宾语)

〔44〕小孩却吃｛大碗｝。(无 O、D;I 为宾语)

〔45〕(1)老王送$_D$｛小李｝$_O$｛一包糖｝。(有 $\left\{\begin{array}{c}O\\D\end{array}\right\}$,为宾语)

　　(2) 老王送$_O$｛一包糖｝。(有 O,为宾语)

　　(3) 老王送$_D$｛小李｝。(有 D,为宾语)

〔46〕小张气白了$_A$｛脸｝。(A 为小句逻辑主语,在述补短语后为宾语)

7. 述补结构(二分)

表层述补结构包括底层辅助结构的表层表现(副词例外,但"很、极"不例外)，用嵌进法构成的后于动词(形容词)短语的述语和补足语(副词例外)结构。

〔47〕笑得合不拢嘴。(底层)$_P${$_{Au}$〔∅〕$_{VP}$〔$_V$(笑)—$\frac{得}{SW}$—$_{(S)}$($_{Np}$)〈∅〉$_P$〈$_{Au}$「不能」$_{VP}$「$_V$「合」$_{Np}$「嘴」」)〕}→(表层)$_{VP}${$_V$〔笑〕—$\frac{得}{SW_{CP}}$(合不拢)$_{Np}$(嘴)〕}此例由(S)嵌在 S 中 V 后组成。

〔48〕疼死了。此例"死"有歧义：①"死"为实义动词，②"死"为 Au 中虚化的程度。不同的底层共同达于同一表层：$_S${$_{Np}$〔∅〕$_P$〔$_{Au}$(φ)$_{VP}$($_V$「疼」—$\frac{得}{SW}$$_{(S)}$「$_{Np}$「∅」$_P$「死」」〕}(底层$_1$)$_S${$_{Np}$〔∅〕$_P$〔$_{Au}$(死/极度/)$_{VP}$(疼)〕}(底层$_2$) →$_{VP}${$_V$(疼)$_{CP}$(死)—$\frac{了}{SW}$}(同一表层)。

〔49〕(i) 孙行者战胜铁扇公主。
(ii) 孙行者战败铁扇公主。
"战胜"和"战败"意思一样而补语语义相反，原因是嵌入的补语句(S)中删略的 Np 所指相反，故底层语义不同，造成了表层的语义相同，其底层是：(1)$_S${$_{Np}$〔孙行者〕$_P$〔$_{Au}$(∅)$_{Np}$($_V$〈战〉—得$_{(S)}$〈$_{Np}$「孙行者」$_P$「胜」〉$_{Np}$〈铁扇公主〉)〕}；(2)$_S${$_{Np}$〔孙行者〕$_P$〔$_{Au}$(∅)$_{VP}$($_V$〈战〉—得$_{(S)}$〈$_{Np}$「铁扇公主」$_P$「败」〉$_{Np}$〈铁扇公主〉)〕}。

8. 定心结构(二分)

表层定心结构包括底层限定结构的表层表现，用嵌进法构成的前于名词的修饰语和中心语结构。

〔50〕大雁用来通知同伴的叫声(底层)$_{Np}${$_{(S)}$〔$\overline{S1}$$_{(Np)}$〈大雁$_1$〉$_P$〈用 叫声$_1$〉)$_{SW}$来—$\overline{S2}$$_T$($_{Np}$〈大雁$_2$〉$_P$(通知同伴)—$_{SW}$的$_{Np}$〔叫声$_2$〕〕}→(表层)$_{Np}${$_{At}$〔$_{Np}$(大雁)$_P$($_{PT}$〈用〉$_{SW}$来$_{VP}$〈$_V$〔通知〕$_{Np}$〔同伴〕〉)—$_{SW}$的$_{Np}$〔叫声〕}。

此例由两个 UPM 联合而成。转换时"叫声$_1$"因与"叫声$_2$"同而删略，"大雁$_2$"在 $\overline{S1}$ $\overline{S2}$ 联合时删略(缩约)，这样(S)就变成 At，达于表层。

〔51〕这位电影演员(很漂亮)(底层)$_{Np}${$_{(S)}$〔$_{PN}$ 这位演员 〕$_P$($_{Au}$〈∅〉$_{VP}$

⟨v〔演〕Np〔电影〕⟩)—sw的Np〔这位演员〕}→(表层)Np{At〔这位〕Np〔At(电影)N(演员)〕}。

此例由 UPM(2)(S)嵌进另一 UPM 中 Np 前组成。(S)中"这位演员"因与中心语Np同而删略;"演"是任意性删略;"这位"前移,形成表层定心结构,中心语又由定心"电影—演员"构成。

9. 状心₁结构(二分)

表层状心结构包括底层辅助结构的表层表现(副词例外),用嵌入法构成的前于动词(形容词)短语的修饰语(副词例外)与中心语结构。

〔52〕在窗前站着(底层)s{Np〔∅〕p〔(S)(Np(∅)p⟨在窗前⟩)p〔站着〕}→(表层)vp{Ad〔Pr〔在〕Np〔窗前〕v〔站着〕}

此例由(S)嵌入 S 中 VP(或 P)前组成。

〔53〕一九二五年生(底层)s{Np〔∅〕p〔Au⟨/过去/1925⟩vp〔生〕}→vp{Ad〔一九二五年〕v〔生〕}

此例状语来源于 Au。

〔54〕认真地学习(底层)s{Np〔∅〕p〔(S)(Np⟨∅⟩)p⟨认真⟩—sw地p〔学习〕}→(表层)vp{Ad〔认真〕—sw地vp〔学习〕}

此例由(S)嵌入 S 中 P 前组成。

2.4.3 决定关系

10. 介词结构(二分)

表层介词的结构底层是 UPM(2),其底层动词是 VP,经过介词化转换为介词,另外,还有转换过程中增添的介词。介词结构中介词是 V,具有依附性、决定性;介词宾语是 C,具有主体性和被决定性,即 V→C,不能互换;互换后不成为任何结构。如"把桌子"不能互换为"桌子把",从总的类目看,也不存在"介宾+介词"的结构。

〔55〕书放在桌子上。(底层)s{Np〔∅〕p〔Au⟨∅⟩vp⟨v⟨放⟩(s)〔书在桌子上〕⟩Np⟨书⟩)〕}→(表层)s{Np〔书〕vp〔v〔放〕cp〔Pr〔在〕Np〔桌子上〕〕〕}

此例介词结构"在桌子上"是 UPM(2)(S)"书在桌子上"的省说,"在"在底层是介词化动词 VP。

11. "的"字结构(及"者"字结构)(二分)

表层"的"字结构是表层定心结构的变形——省略了中心语。由于中心语省略,致使"的"字这个结构词成了依附性成分(而在定心结构里结构词不充当成分),"的"前的成分称"的"前定语。"的"前定语和"的"字不能互换。如"卖菜的"不能互换为"的卖菜";从总的类目看,也不存在"的＋X"结构。

〔56〕打球的走了。(底层)$_S${$_{Np}$〔($_V$)$_{Np}$〈人〉$_P$〈打球〉)—的$_{SW Np}$(人)$_P$〔走了〕}→(表层)$_S${$_{Np}$〔$_{At}$($_V$〈打〉$_{Np}$〈球〉)$_{Np}$(的)〕$_{VP}$〔走了〕}此例(S)中Np"人"因与S中Np"人"同而删略;S中Np"人"再删略;结构词"的"上升为Np。

12. "所"字结构(二分)

表层"所"字结构也是表层定心结构的变形,省略了中心语。由于中心语省略,致使"所"字成了依附性成分。"所"后的成分称"所"后定语。"所"后定语和"所"字不可互换。如"所说"不能互换成"说所";从总的类目看,也没有"X 所"的结构。

〔57〕这就是我所见。(底层)$_S${$_{Np}$〔这〕$_{VP}$〔$_{Au}$(就・是)$_{Np}$(($_S$)〈$_{Np}$〔我〕$_S$所—$_P$〔见〕)—的$_{Np}$〈情况〉)〕}→(表层)$_S${$_{Np}$〔这〕$_{VP}$〔$_{Ad}$(就)$_{VP}$($_{pe}$〈是〉$_{Np}$(($_S$)〔我所见〕—的$_{Np}$〔情况〕))〕}

13. "似的"结构(二分)

表层"似的"结构是底层 Au 中"联系"特征的表层表现。"联系"特征分"归类"("他是学生"的"是")、强调("他是好"中的"是")和类比("他像小老虎"中的"像"或"他像小老虎似的"中的"像""似的")。从表层分析,"像"充当系词(copula),而"似的"是类比助词。"X 似的"式不能互换为"似的 X"式。

14. 语助结构(二分)①

表层语助结构是底层 Au 中多种特征的表层表现,如体貌、语气、句式等。语助词是依附性成分;许多情况下是全句的附属语法特征。语助和它前后的实义成分是不可互换的。

〔58〕难道你不懂吗? (底层)$_S${$_{Np}$〔你〕$_P$〔$_{Au}$(不难道……吗)$_{VP}$(懂)〕}→(表层)$_S${难道—$_{Np}$〔你〕$_{VP}$〔$_{Ad}$(不)$_V$(懂)—$_{SW}$吗〕

---

① 参见 Louis Hjelmslev "Prolegomena to a Theory of Language"(1953)和吕叔湘《汉语语法分析问题》有关章节。

15. 状心$_2$结构(二分)①

表层状心$_2$结构也是底层 Au 中多种特征的表层表现,如时间、体貌、肯否、程度、范围等。副词是依附性成分。副词和它中心语之间一般不可互换(除"很""极"之外)。

〔59〕小王没有来。(底层)$_S${$_{Np}$〔小王〕$_P$〔$_{Au}$(没有)$_P$(来)〕}→(表层)$_S${$_{Np}$〔小王〕$_{VP}$〔$_{Ad}$(没有)$_V$(来)〕}

综上所述,可以列一总表如下:

现代汉语结构分布特性分类表

标准	结构	公式	次结构	例子
互换性	集聚	$v_1 - v_2 \xrightarrow{} v_2 - v_1$	① 并列(多分)	桌子、椅子和床/又高又大/衣、食、住、行
			② 重迭(多分)	来来来!/快说快说!/走了,走了……
			③ 复指(多分)	小张他/首都北京,老王同志/书记老李
			④ 连续(多分)	关门上街卖菜/进门买票
依附兼互换性	相依	$c_1 \infty c_2 \xrightleftharpoons{} c_2 \infty c_1$	⑤ 主谓(二分)	小王开锁/花红/今天星期天
			⑥ 述宾(二分)	读书/住十个人/希望他去
			⑦ 述补(二分)	吃尽/好得很/战胜/看了一天
			⑧ 定心(二分)	那张桌子/年轻人/飞奔的火车
			⑨ 状心$_1$(二分)	迅速前进/慢慢地走/努力学习文化
依附性	决定	$v_1 \to c_1 \not\xrightleftharpoons{※} c_1 \leftarrow v_1$ $c_2 \leftarrow v_2 \not\xrightleftharpoons{※} v_2 \to c_2$	⑩ 介词(二分)	从上海/在桌上/被我/把他
			⑪ 的字(二分)	打球的/卖豆腐的/演习的/
			⑫ 所字(二分)	所见/所想/所赞扬
			⑬ 似的(二分)	飞也似的/像小虎一般的/冰样的
			⑭ 语助(二分)	难道不好吗/就这样吧/看着呢
			⑮ 状心$_2$(二分)	已经看过/不好/常来/总归要走/反正不行

---

① 状心$_2$结构,一般都放在状心$_1$结构这类里面,也行。但因副词与中心语动词或形容词是单方向性的依附,一般不能互换,故分列。

3 小结

结构在汉语中有着特殊的地位。结构体在汉语运用中的最基本的功能是充当句子成分,其次才是词;词充当句子成分应该看成是结构体的变形。结构体应该是汉语句法的基本单位,它是现代汉语句法研究的中心。

主要参考文献

吕叔湘　1979　《汉语语法分析问题》,商务印书馆。

汤庭池　1979　《国语变形语法研究》,《第一集移位变形》,台湾学生书局。

Louis Hjelmslevi　1953　Prolegomena to a Theory of Language.

A.Gleason　1961　An Introduction to Descriptive Linguistics.

N.Chomsky　1965　Aspects of the Theory of Syntax.

R.Fowler　1971　An Introduction to Transformatina 1 Syntax.

R.Huddleston　1977　An Introduction to English Transformational Syntax.

L.Baker　1978　Introduction to Generative-transformational Syntax.

Ting-chi Tang　1972　A Case Grammar of Spoken Chinese.

M.Anderson　1977　On Case Grammar.

［本文原载于《南京大学学报(哲学社会科学)》1981年第3期,合著者:卞觉非、黄自由］

句子的分析与理解及其相关问题

摘要:本文认为句子的分析与理解关涉到下列问题:1. 句子分析的角度;2. 句子分析的对象;3. 句子分析的层面;4. 句子的形式、意义和内容;5. 句子理解的因素;6. 句子分析的视角;7. 句子分析的标目。这些问题错综而复杂,在讨论句子的分析与理解问题时必须予以全面而审慎的思考。

一、句子分析的角度

句子的实现既是语言要素连续性的选择过程,又是体现这一过程并使之定格化的产物。(参见赵建成,1990)

句子在言语交际中是最小的单位,它是事件的表述者。一个表述中的事件必然伴有事件的表述过程,有过程必然会有参与者。过程一般由动词或动词性短语来担任,参与者通常由名词或名词性短语来充当。一个表述中的谓语动词对参与者(名词)在语义上必然有所选择,进入表述中的名词跟动词在句法上必须具有同现关系。C. J. Fillmore 把动词对参与者的要求称之为"透视域"。参与者一旦进入某一个透视域,就会受到"透视约束"。任何一个谓词的每一个用法都有一个给定的透视域。"透视"(Perspective)就是把潜在的跟动词具有同现关系的若干参与者(名词)映现为句子的一种方法。(参见杨成凯,1986)语言中的意义只是一个潜势系统,只有把这种潜势系统按照句法规则变为显势系统时才能成为句子,正是句子才能使得谓语动词跟参与者之间的关系定格化。因此,人们分析定格化了的句子既可以从过程的角度研究说话人的编码过程,也可以从产物的角度研究听话人

的解码过程。其语境、信息,大致如图Ⅰ所示:

说话人→编码(过程)　　解码(产物)←听话人

研究编码与解码是两个相反的走向,其作业方法与目标也不尽相同:前者主要是探求生成句子的心理认知过程,分析认知因素,构建心理认知模式;后者主要是揭示体现这一过程的语言表达方法,分析语言因素,构建语言结构模式。但是,人们不论作何种研究,都必须从听话人的角度去理解和分析句子,任何研究都应该以此作为发端:只有听到说话人说了什么,才能知道说话人想说什么以及为什么这么说;只有理解了说话人的言辞,才能研究说话人的心理过程。唯有定格化了的句子才能成为研究句子的物质凭借,否则,一切便无从谈起,子非鱼安知鱼之乐?

二、句子分析的对象

在句子生成过程中,说话人的言辞,除了字面上的含义之外,常常"言有所为",比如"今天星期六",一般的含义是"星期五的第二天",可是,对于实行五天半工作制的中国人来说,如果有人在上午 12 时说这句话,可能暗示:"下午不办公,可以回家了";对于五天工作制的美国人来说,可能是指:"今天是休息的日子,应该到郊外去度周末"。同时,在交际过程中,人们的说话总是伴随着特定的声势体态,总是跟一定的语境相联。同样是"今天是星期六"这句话,如果说话时间是在下午 5 点,说话人又伴随着敲手表的手势,可能提醒对方:"别说了,快去接孩子吧"。可是,这些都不是句子本身的含义,只是一种暗示。非语言的意义在词典上是查不到的。语言的另一个特点是"声过即逝",比如"你今天要回来"这句话,如果"回来"读原字调,意思是"你今天应该回到家里来",句中"要"是"应该"、"回来",是"回到家里来"的意思;如果"回来"读轻声,那就是"你今天把东西要回来",句中的"要"是"讨"的意思,"回来"是趋向补语。所以,单就一个孤零零的句子是很难分辨清楚的。在一般的情况下,我们看到的句子通常都是些失去具体语境的句子,实际上,我们分析的对象多半是跟具体语境分离的、被净化了的抽象的句子。即使用上了现代的音像手段,恐怕也难以完全再现说话时的情境。

三、句子分析的层面

句子分析的目的是为了理解,而理解的基础则是说者、听者和解释者之间在语言和文化上的共通性。

句子的分析可以在语言内层和语言外层两个层面上展开。如图Ⅱ所示:

```
┌────┐   ┌─────┐   ┌─────┐   ┌─────┐
│语境│↔ │语义层│↔ │形式层│↔ │实体层│      B.
└────┘   └─────┘   └─────┘   └─────┘
语言外在语境  ↓语义特征   体现      体现     体现
语言内在语境  语义特征    ↓词汇层   ↓音系层  ↓字音层
             ……         ↓语法层
```

语境包括语言内在语境和语言外在语境(详见本文第五部分),均属于语言外层;语义层、形式层和实体层则属于语言内层。M. A. K. Halliday 认为:(1) 语言是有层次的,至少包括语义层、词汇语法层和音系层。(2) 各个层次之间存在着"体现"(realization)的关系,即对"意义"的选择(语义层)体现于对"形式"的选择。(3) 根据体现的观点,我们又可把语言看作一个多重代码系统,即由一个系统代入另一个系统,然后又代入另一个系统。(4) 采用层次的概念可以使我们对语言本质的了解扩展到语言的外部。因为语义层实际上是语言系统对语境即行为层或社会符号层的体现。正是在这个意义上,可以把语义层看作一个接面,连接词汇语法学和更高层面的符号学。(胡壮麟,1989) 如图Ⅱ所示,语义层这一接面,一边接连语境,一边接连词汇语法。诸层的关系是:语言外层影响或支配内层,按照图示,依次向右体现了连续性的选择过程,由一个系统代入另一个系统,用符号"↔"来标示,语境选择语义,语义选择词汇、语法,词汇、语法选择音系,音系选择口头和书面表达形式;语言的内层体现外层,按照图示,依次向左则是体现与被体现的关系:字音层体现音系层,音系层体现词汇、语法层,词汇、词法层又体现语义层,语义层则体现语境。从听话人的角度,人们可以根据听到的或者看到的符号来理解词汇和语法结构,理解语义和分析句子。不过这是两个相反的走向,其作业方法和目标也不相同。一般地说,句子的分析,按照学科的分工,着重分析语言的内层,分析语言的外层也是为了理解语言的内层;不过,实践已表明,如果对语言的外层缺乏深刻的了解,要想真切地分析与理解句子几乎是不大可能的。

四、句子的形式、意义和内容

语言的内层与外层之间的关系是体现与被体现的关系,这实际上也是一种形式与内容的关系。句子的形式,意义和内容是一个相对的概念,在不同层面上,它们的含义并不相同,常常造成理解上的差异。如图Ⅲ所示:

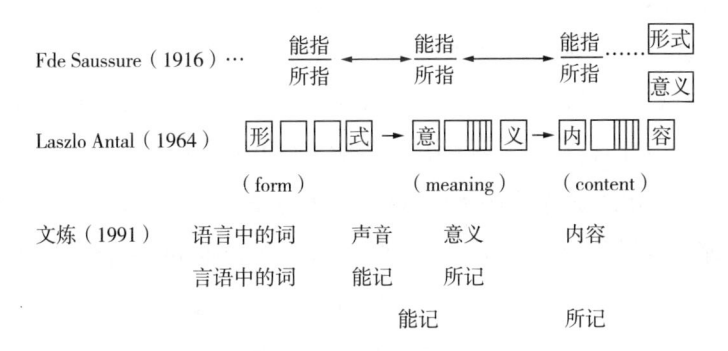

Fde Saussure（1916）…	能指/所指 ↔ 能指/所指 ↔ 能指/所指 …… 形式 / 意义
Laszlo Antal（1964）	形□□式 → 意□□□义 → 内□□□容
	（form） （meaning） （content）
文炼（1991）	语言中的词　声音　意义　内容
	言语中的词　能记　所记
	能记　所记

Saussure"把概念和音响形象的结合叫做符号"。符号这个词在语言系统中,既可以是指词,也可以指词与词组成的句子乃至篇章。这样,句子的形式便是由若干"能指"组成的"语音链",而句子的意义则是由若干个"所指"组成的"意义链"。Saussure 并没有讨论"内容"问题,因为,他认为"内容"并不属于语言学研究的范围。Antal 在"形式"和"意义"之外,又加上了"内容"一项;不过,他认为"内容"并不是句子的一部分,它跟语言无关,但是,只有通过它才能理解直接现实,或者反映对直接现实的思想。显然,他的看法跟 Saussure 是一脉相承的。文炼认为,"语言符号的能记是声音,所记是意义。它实际上是一种'集'（set）,每一个语言符号都包括许多成员（members）。例如'我'的声音是'wo',意义是自己,但并没有确指某一具体对象。在具体运用时。'我'或者指张三,或者指李四,这里体现出符号的转化。就是说,原有的语言符号（声音和意义的结合）变成了能记,而所指的具

体对象成为它的所记。这里的所记有人也称之为意义,为了与前者的意义相区别,可以称之为内容(content)。"换言之,他把句子分为两个层次:抽象句子的形式是声音(能记),"意义"是"所记";具体句子的形式则是"能记"和"所记"的结合体,其所指的具体对象则是"所记"——"内容"。不过,他并不认为"内容"是语言学研究的对象,句子分析一般也不分析句子的"内容"。我赞同文炼先生的看法。

可是,何谓内容呢?大家的看法不尽一致。邢公畹先生认为,所谓内容就是在句子中实体词的专化基础上形成的专化作用。他举的例子是:

刚才有一位你认识的姓张的来找你。

他说:"这时候所说的'张'已经有一定程度的'专化'了,因为我认识的,有可能来找我的姓张的只有那么几个。如果说话的又接着说'是个戴眼镜的'。要是戴眼镜儿的熟人中只一位姓张,那么这个'张'就达到了与客观实际相符合的专化程度了。"我以为,从听话人的角度,由于说话人在"张"姓前面加了"你认识的、是个戴眼镜的"这样的限定语,听话人有可能根据自己的经验去缩小"姓张"的范围,可是"经验"并不能直接提供语言信息,各个人的经验也不具有可操作性。虽然经验有助于理解,但是它不属于语言学研究的范畴,也不是句子分析与理解所要讨论的问题。

文炼先生认为,"句子有两种:一种是语言的句子,或者叫做抽象的句子;一种是言语的句子,或者叫做具体的句子。抽象的句子……用在不同的场合,所指的客观对象可以各不相同。具体的句子则有所指称。这种指称意义有人称之为内容,从抽象句子角度看,句子是形式和意义(狭义的)的统一体,可以认为:'全句意义之外不能再有所谓'内容'。从具体句子的角度看,可以认为句子存在着形式(form),意义(meaning)和内容(content)的'三位一体'(trinity)。"我同意这些看法。我想补充的是,我们也不能简单地把"内容"和"事物"看成是等价物。因为句子并不直接表现事物,而是通过概念作为中介来表达事物的。概念具有抽象性,它只能概括事物的本质属性。如"苹果":"果实圆形、味甜、有的略酸、是普通的水果。"这个解说就舍弃了"红富士"、"国光"、"红玉"之间的非本质的差别。

所谓指称意义(denotative meaning)(或者叫内容),就其内涵来说,我以为,既可以指现实世界中的真实现象。如:金、木、水、火、土,吴承恩、施耐庵等;又可以是完全虚构的现象,如:妖、魔、鬼、怪、猪八戒,孙悟空等;也包括暗涵意义(connotative meaning),即一个词或短语"中心"意义以外的附加意义,包括人们对该词或短语所怀有的感情或所持的态度以及由于社会文化背景、阶级、阶层、年龄、性别等的不同而产生的特定的社会文化意义。(参见 Leech,1981;Lyons,1927)比如,"龙"在封建社会是帝王的象征,皇帝把自己说成是"真龙天子",把穿的袍子叫"龙袍",睡的床叫"龙床",住的地方叫"龙殿","龙"被看成是神圣不可侵犯的偶像;不过,其象征意义又可能因文化背景、阶级、时代不同而有所变化,由于封建皇帝被推翻了,龙象征帝王在现代人的意识中也就不复存在。

所谓指称意义就其表达而言,我认为,还可以理解为语句跟现实的关联。一个抽象的句子如果跟具体的现实关联起来,这个句子就获得了表述性,即述谓性(Predication)。(参见卞觉非,1980)句子表述性的表达,一方面靠句法手段,比如,问话:"他来了吗?"答话:"他来",不行,一定得说:"他来了"。句中的"了"是使该句获得表述性的手段。另一方面,句子的表述性也靠语境来暗示。在抽象的句子中,比如"他是谁"中的"谁",可能指"张三""李四",但在具体的语境中,"谁"既是"张三"就不可能同时指"李四"。当然,表达表述性的万能手段是语调,任何一个实词或短语,比如"书"、"在家"等,只要获得了一定的语调就可以成为句子:这是什么?——"书"。在哪儿?——"在家"。

五、句子理解的因素

句子的理解既关涉到句子内层因素,也关涉到句子外层因素。关于句子内层因素,国内研究得还不够充分,句法结构模式、语义结构模式和语用结构模式的构建工作尚在尝试之中,就目前的理解,句子内层因素似应包括下列这些,如图Ⅳ所示:

句子内层因素
- 语法层
  - 词性,情貌,句法成分,结构层次,语法重心,
  - 连接手段,句子的表述性,句法,句型,句式……
- 语义层
  - 词义,价,格,语义选择规则,语义重心,
  - 语义指向,歧义,隐含,句义,句模……
- 语用层
  - 话题,解释:新/旧信息,信息焦点;移位,虚范畴,省略,暗示……
  - 语气:陈述,祈使,疑问,感叹——句类
  - 语调:平调,升调,曲调,降调;重读,轻读……
  - 口气:强调,委婉,减弱……

在句子内层诸因素中,语法是核心,它是分析和理解一个句子所蕴涵的句法、语义和语用信息的基础,也是分析与理解句子的凭借,所有研究工作都必须从这儿开始。

句子外层因素是语境。语境的外延和内涵都不易确定,常常众说纷纭。我以为,语境至少应该包括下列因素。如图 V 所示:

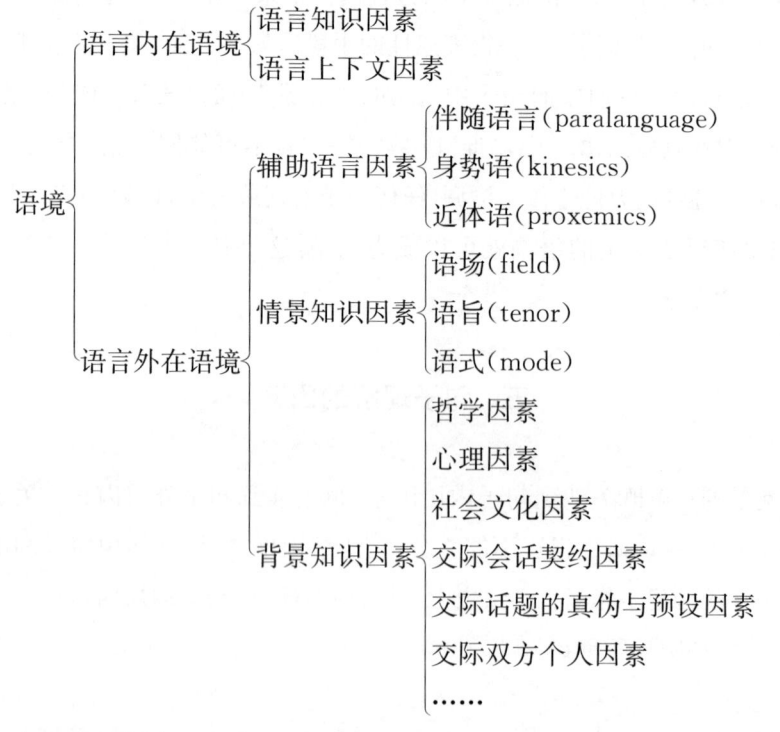

语境
- 语言内在语境
  - 语言知识因素
  - 语言上下文因素
- 语言外在语境
  - 辅助语言因素
    - 伴随语言(paralanguage)
    - 身势语(kinesics)
    - 近体语(proxemics)
  - 情景知识因素
    - 语场(field)
    - 语旨(tenor)
    - 语式(mode)
  - 背景知识因素
    - 哲学因素
    - 心理因素
    - 社会文化因素
    - 交际会话契约因素
    - 交际话题的真伪与预设因素
    - 交际双方个人因素
    - ……

在句子外层诸因素中,一般地说,背景因素影响情景因素,情景因素影

响语言和非语言因素。举例来说,如果你不了解中国人的天人合一、中庸和谐的哲学背景,你就不会深切理解墙上悬挂着的"和为贵"、"吃亏是福"、"难得糊涂"、"忍"那样的条幅;如果你不了解中国人的先整体后部分的心理定势,你就不大能理解从大到小的表达格式;如此等等,不仅影响句子的组织与表达,而且也会影响句子的理解。所以,从总体上说,句子的外层因素影响或支配句子的内层因素。必须说明的是,不论是句内因素还是句外因素,都跟句子的结构有关,因此,我们正可以利用并凭借句法结构来分析和揭示一个句子所蕴涵的句法、语义和语用信息,从事文化研究。

六、句子分析的视角

从语言方面去认识和解释现实是一个重要的视角。许多世纪以来,为了解释现实,语言学家提出了种种理论和方法,唯理、唯实,科学、经验,综合、分析,结构、功能,单维、多维,在不同时代的不同时期,交替地各领风骚若干年。事实上,中国传统语法研究,比如黎锦熙先生的《新著国语文法》,已经涉及句法、语义和语用因素,只是不够系统而已,他把许多问题都放到意义这一黑箱里加以处理,因而概念常常含混不清。在现代科学昌明发达的今天,人们的兴趣已经不满足于分类研究和演进史研究所取得的成效,并以此为出发点,试图在更高层次上,多视角、多层面地对语法问题作综合的考察,更深刻地揭示其中规律,构建结构模式,使之形式化,为现代化服务。且不说以 M. A. K. Halliday 为代表的现代功能学派正在作这方面的试验,就连现代形式主义代表人物 N. Chomsky 也把语义纳入语法研究的范围,提出"预设"、"焦点"等语用因素。我国不少语法学家卓有成效地从句法方面进行语法分析,比如,丁声树等著的《现代汉语法讲话》(1961);有人把句法分析和语义分析很好地结合起来,比如,吕叔湘先生的新作《试论含有同[—N]两次出现前后呼应的句子的语义类型》(1992),有的文章也涉足语用因素的分析。在此学术背景下,胡裕树、张斌先生(1981)高瞻远瞩地提出了语法研究三个平面的构想。在此后的一系列论文中,比较系统地讨论了句法、语义和语用的形式和意义以及相关问题,使得三个平面的理论更加丰满,更为精深。张斌教授后来则从心理认知的角度,发表了《语句的分析和理解》(1984)等论文,比较系统地探讨了句子的理解因素。他认为"理解因素的分析为探讨句子的理解过程创造了必要的条件,而各种理解因素在不同情况下所起的不同作用,正是有待于深入研究的问题"。张斌先生的最终目的似乎是想归纳理解策略的类型,试图建立起一套理解汉语心理认知模式。三个平面的讨论和句子理解因素的探讨两者虽然角度不完全相同,可是,在理论阐述方面张、胡二位先生却颇为合拍,相得益彰,实是殊途同归。几乎在同时,台湾汤庭池教授(1980)也注意到:"最广义的语法(grammar)则还可以包括有关语义(semantics)与语用(pragmatics)的一些规律。"他在《语言分析的目标与方法:兼谈语句、语义与语用的关系》(1980)等论文中曾对句中的语义和语用因素作了较为细致的分析。我认为,在分类研究的基础上提出了三个平面的理论,这有助于多视角、多层面地理解一个句子所蕴涵的信息。在目前崇尚构建结构模式、注重结构分析的时代,构拟句法结构模式、语义结构模式恐怕不会有多大困难,因为过去的研究已经比较充分;但是语用研究的时间还不算太长,以往只注意语用因素的分析,许多问题还在讨论之中,研究成果也不多,若要建立起一套语用结构模式,也许还有相当难度。即使将来三个平面的模式建立起来了,而且被实践证明确有成效,我想也应该注意分类研究,如句法分析、语义分析和语用分析。因为这有利于丰富和验证已经建立起来的模式系统,而且这种单维分类分析也能实现各自有限的目标,同时又会使已经建立起来的三个平面结构模式更加充实、丰满。我以为,综合的多维分析对于理解句子的内涵有很大的帮助,较之于单纯的句法分析、语义分析和语用分析在理论上和方法上都有重大的突破,这将对今后的语法研究产生深远的影响,这是毫无疑义的。不过,对于语法研究三个平面所能达到的目标似乎也不能奢望过高,千万别以为"三个平面"的分析就能理解一个句子所蕴涵的全信息,这是极不现实的想法;因为在一个句子中,不仅蕴涵着语言意义,而且繁富复杂的历史文化信息也蕴涵于其中,这决非"三个平面"分析就能完全奏效的。在这个意义上说,语法研究"三个平面"的分析所能达到的目标也是相对有限的,充其量也只能揭示一个语句所蕴涵的句法、语义和语用信息,对于语法研究而言,这是一项了不起的成就;可是这跟解释现实的目标仍然相距甚远。

七、分析句子的目标

分析句子的目标可以归结为二,一是理解句子;二是解释现实。所谓理解句子是指理解一个句子所蕴涵的句法、语义和语用信息,而不是具体的指称内容,更不是社会文化意义;但是理解了语言抽象的概括意义,也就找到了理解言语具体指称意义的钥匙,人们可以凭借这个来解释一句语句所负荷的社会文化意义。从这个意义上说,句子分析的目标是解释学(herneneutics)所要达到的目标的一部分,而且只是一小部分;因为,解释学是要理解和解释在哲学、宗教学、历史学、语言学、心理学、社会学、文艺学以及其它学科中的所有意义。意大利解释学理论研究者 E.贝蒂认为:"人文科学中的理解应该具有相对的客观性,这种客观性来自心灵的'客观表现'。但由于客观表现(如文字)与接受者之间存在着距离,因而理解的客观性就不能完全实现。同时也由于心灵凝结于永恒的形式中并与作为'他者'的其它主体相对而结成相互依存关系,这就使理解不只是了解文本字义,同时也要求文本的创作者与解释者彼此在理智、情感、道德诸层次互相融通。"(参见李幼蒸,1987)由于时代的变迁、人物的变动、文化的更迭,有些语言文字中所蕴涵的社会文化现象是很难解释清楚的,不仅对历史典籍,比如《周易》中的卦辞与爻辞有不同的解释,就是对当代的《毛泽东诗词》中的某些诗篇或者某个诗句也有不同的理解,这是因为,说者、听者和解释者由于教育、文化、经验的差异,即使对同一历史现象也可能会产生不同的理解。历史是难以再现的,要准确地理解他人的每个句子也实在不易,有时简直是不可相求的。我们可以知道一个句子的语言的意义,如"门口蹲着一对石狮子",却不一定都能确切了解它的文化含义:为什么在"门口"?为什么是"一对"?为什么是"狮子"而不是"老虎"?哪些人家的门口才配有"石狮子"?它的象征意义又是什么?始于何时?至于"狮子文化"更是绘画、雕刻、典章、建筑、民俗等学科探讨的热点之一。所有这些,除了个别专家之外,一般人是不加理会的,往往只满足于语言意义的了解,一般不去探根求源的。解释句子的意义跟揭示该句所蕴涵的文化内容是性质不同的两种作业,前者属于语言学的范畴,后者属于文化学的范畴,其作业目标与分析对象也不一样,就句子分析而言,在理论上则是为了构建心理认知模式和语法结构模式,包括句法结构模式、语义结构模式和语用结构模式。

参考文献

赵建成　1990　《关于语篇的思考》,《语言系统与功能》,北京大学出版社。

杨成凯　1986　《Fillmore的格语法理论》(下),《国外语言学》第9期。

胡壮麟　1989　《系统功能语法概论》第15页(本文图Ⅱ参考该书第60页图3—19改制),湖南教育出版社。

F.D.Saussure　1916　《普通语言学教程》第102页,商务印书馆。

Laszlo Antal　1964　"Content，Meaning，and Understanding", p.21.

G.Leech　1981　Semantics. Harmondsworth：Penguin. (2nd edition).

J.Lyons　1977　Semantics Ⅰ and Ⅱ. London，Cambridge University Press.

文炼　1982　《句子分析漫谈》,收《汉语语法研究》,商务印书馆。

　　　1984　《关于句子的意义和内容》,同上。

　　　1986　《句子的解释因素》同上。

　　　1991　《与语言符号有关的问题》,《中国语文》第2期。

　　　1992　《句子的理解策略》,《中国语文》第4期。

邢公畹　1983　《说句子的"专化作用"》,《语文研究》第2期。

卞觉非　1980　《论句子的本质与系词"是"》,《南京大学学报》第3期。

胡裕树等　1981　《现代汉语》,第331页,上海教育出版社。

　　　　　1985　《试论语法研究的三个平面》,《新疆师范大学学报》第2期。

范晓等　1992　《有关语法研究三个平面的几个问题》,《中国语文》第4期。

汤庭池　1974　《主语的句法与语意功能》,收《国语语法研究论集》,台湾学生书局。

　　　1979　《主语与主题的划分》,同上。

　　　1979　《宾语的句法与语意功能》,同上。

　　　1980a　《语言分析的目标与方法,兼谈语句、语意和语用的关系》,收《语言学与语文教学》,台湾学生书局。

　　　1980b　《国语分裂句、分裂变句的结构与限制之研究》,同上。

李幼蒸　1987　《解释学》,《中国大百科全书·哲学》第360页。

[本文原载于《南京大学学报(哲学社会科学版)》1995年第1期]

略论语素、词、短语的分辨及其区分方法[①]

一

1.1 探讨区分语素、词、短语的理论和方法,并进行具体的切分作业,这是一个相当复杂的课题。它将涉及语法、词汇、语音、文字、修辞、文体风格、普通话与方言、共时与历时等问题,[②]加之,汉语复合词的构成方式与短语的构成方式在很大程度上具有一致性。这些复杂的因素使得汉语的语素、词、短语之间的转化具有相当的灵活性,使得彼此的界限在某些方面呈现着一种中间的、模糊的、交互的状态。因此,要确定那些处于临近点上的两端的性质是相当困难的。

1.2 然而,讨论这个问题是很有意义的:不仅具有理论意义,而且具有实用价值。它对于汉语构词法的研究,对于词与非词的确定,对于词典编纂,对于语言工程,对于拼音汉字的设计以及正字法等,都是很重要的。

1.3 这个问题我们过去研究得很不够。本文只是就双音节的语素、词、短语的分辨及其区分方法提一些看法。

二

2.1 语素、词、短语的区分,核心问题是合成词与短语的界限问题,特别

[①] 这篇文章曾在中国语言学会首届年会上宣读过,有幸得到许多同志的指教,这次修改时曾考虑到这些意见,在内容上也有所增删。

[②] 详见吕叔湘《说"自由"和"粘着"》一文,《中国语文》,1962年第1期。

是双音节的合成词与双音节的短语划界问题。这个问题相当复杂,但解决问题必须从这儿入手。

为了解决这一问题,在汉语语法学史上,许多语法学者曾经提出过种种理论和方法。

2.2 意义观念论

黎锦熙先生是这种主张的代表。他说:"词就是说话的时候表示思想中的一个观念的'语词'。"所谓观念就是"一切外界的感觉、反映的知觉、想象乃至概念等,凡是由认识作用而来的都可以叫做观念。用声音或文字来代表这些单体的整个意象,都叫做词。"① 黎先生的"观念"在用于供人了解并区分词与非词的时候,就是意义了。根据黎先生的定义,他的词的概念,大可以大到如"集中指导下的民主"这类"词语",小可以小到如"人民"、"喜欢"、"憎恨"中的"人"、"民"、"喜"、"欢"、"憎"、"恨"这类语素,因为这些都是表示"观念"的。显然,凭借这种靠不住、难捉摸、伸缩自如的皮尺来解决词与非词的区分是难以奏效的。

王力先生也曾主张用意义作为确定词与非词的标准。他说:词是"语言中的最小意义单位"②。不过王力先生早就看到这个定义的弊病,他说:"'意义'(meaning)本身就缺乏一种公认的定义。"③在1953年他又说:"所谓'最小'、所谓'单位',它们的本身在这里就是一种相当模糊的概念,本身还需要再下定义。"④因此,王力先生已不再坚持这种观点。

2.3 同形替代法

同形替代法是陆志韦先生在三十年代写成、1951年正式出版的《北京话单音词词汇》一书中所采用的方法,作者已于1955年公开声明放弃这种方法。⑤ 所谓同形替代法,就是在相同的句型中用同类词进行替代,能替代的就是一个词,不能替代的便不是一个词。比如:

---

① 黎锦熙《新著国语文法》,1954年版,第2—3页。
② 王力《中国语法理论》,1954年版,第18页。
③ 王力《中国语法理论》,1954年版,第18页。
④ 王力《词和仂语的界限问题》,《中国语文》,1953年第9期。
⑤ 陆志韦《对于单音词的一种错误见解》,《中国语文》,1955年第4期。

略论语素、词、短语的分辨及其区分方法

我吃饭。　　　　我吃饭。
他吃面。　　　　你盛饭。
猴儿吃花生。　　他煮饭。
……………　　　…………

这是同一句型的句子。上例中的"我"、"你"、"他"、"猴儿"可以互相替代，可见在句中是独立的分子，因此是词；同理，"吃"、"盛"、"煮"，也可以互相替代，也是词；同样，"饭"、"面"、"花生"也可以互相替代，因此也是词。可是：

吃葡萄　　　　吃葡杷
吃枇杷　　×　　吃枇葡
吃咖啡　　　　吃杷啡

由于"葡萄"不能用"葡杷"替代，"枇杷"不能用"枇葡"替代，"咖啡"不能用"杷啡"替代，而"葡萄"、"枇杷"、"咖啡"可以互相替代，所以，"葡萄"、"枇杷"、"咖啡"是词，而"葡杷"、"枇葡"、"杷啡"则不是词。这种方法，正如作者自己所说："用在语法结构的分析上是适当的，也许是任何研究法所不能避免的，但是用在构词法上，就是基本错误。同形替代也是分析词素和音位的正当手续，不过用它来认识词，为词下定义，特别是对于像汉语那样的语言来说，这手续是学院式的，不切合作为社会交际手段的汉语的实在结构。"[①]比如：

困难　　　艰难　　　艰苦
拥护　→　维护　→　维持
黑板　　　铁板　　　铁钉

上例中的"困难"的"困"可以用"艰"替代，"难"又可以用"苦"替代；"拥护"的"拥"可以用"维"替代，"护"又可以用"持"替代；"黑板"的"黑"可以用"铁"替代，"板"又可以用"钉"替代。于是，这些合成词似乎都成了短语。这样，现代汉语的词大部分不都成了单音节了吗？显然，这不符合汉语发展的实际。这种错误结论表明：这种方法是经不起汉语的语言实际检验的，因此不能作为确定词与非词的方法。

[①] 陆志韦《北京话单音词词汇》，科学出版社，1956年，第2页。

2.4 隔开法

隔开法是王力先生在《中国语法理论》(1944年)一书中提出来的方法。所谓隔开法,就是在一个组合中能否用别的成分把它隔开:能隔开的是短语,不能隔开的是词。王力先生说:"一、复音词是不能被隔开的,仿语则可以被隔开:例如'老婆'是复音词,因为咱们不能说'老的婆'而意义不变;'老人'是仿语,不是复音词,因为咱们还可以说成'老的人',而意义不变。第二,仿语是可以转为连系式的,复音词则不能:例如'老人'可以转成'这人是老的','老婆'不可以转成'这婆是老的'。有时候,两个标准应该同时并用,例如'黄河'虽然可以转成'这河是黄的',但咱们不能把黄河称为'黄的河',所以'黄河'只是复音词,不是仿语。这种试验是容许加字的,如'马车'可以说成'用马拉的车',又可以转成'这车是用马拉的',所以'马车'是仿语,不是复音词。"①

我们认为,隔开法就象同形替代法一样,对于确定某一组合是不是词是有帮助的;因为,如果是词,确实不能被隔开,然而,它并不能保证能够被隔开的就一定不是词,而是短语。比如:

铁路	用铁造的路	这路是用铁造的
羊肉 →	羊的肉 →	这肉是羊的
黄狗	黄毛的狗	这狗是黄毛的

全凭推演似乎可以推导出上述格式。用"加字"的方法,似乎可以把"铁路"这一组合隔开,也可以把"铁路"这一组合转为连系式。我们对于这种"加字""试验"的方法是否科学可以存而不论。仅就交际的角度说,在实际语言中,有谁把"铁路"说成"用铁造的路"呢?有谁把"铁路"转为"这路是用铁造的"这一连系式呢?大概没有。这种方法,显然是受到叶斯柏森的影响。叶斯柏森用能不能拆开作为区分词与仿语的原则。比如"黄连"不能拆开,是词,"黄狗"可以拆开,可以说"黄毛的狗",是仿语。这种方法跟同形替代法一样,也会把大量的合成词看成是短语,也会得出汉语的词主要是单音节的这一不符合汉语发展趋势的结论,因此,这也不是一个好的方法。

---

① 王力《中国语法理论》,1954年版,第55—56页。

2.5 扩展法

扩展法是陆志韦先生在《汉语的构词法》(1964年)一书中提出来的方法。所谓扩展法,就是在一个组合的 AB 两项中间,看看能否插入 C,以此检验这一组合的内部结构紧密程度如何:不能插入 C 的,说明这一组合的内部结构紧密,是词,不是短语;能插入 C 的,说明这一组合的内部结构比较松懈,一般是短语,不是词。扩展法与隔开法有相似之处,但是两者也有重要的不同:隔开法只是在一个小的语言片段里作业,全凭形式上的推演,而不管这一小片段的隔开能否在整个句子里也能扩展,也不管实际语言里是不是这么说;而扩展法,在作业时不仅要考察某一组合的 AB 两项中能否插入 C,也考虑到在整个句子里能否扩展,而且还主张把作业的结果放到实际语言中去验证。比如,"羊肉"在小的语言片段里可以扩展为"羊的肉","但是,搁回句子里去,'买一斤羊的肉'就很别扭。语法上不能说不通,只是一般不说,就是没有这样的语言资料供给语言学来分析"①。如此等等。这些重要的不同,显示了这两种作业方法的质的差别。

由于扩展法强调以实际语言为依据,因此其作业结果远比隔开法更为可靠。比如:

他喜欢吃咖啡→他也喜欢吃咖啡

他喜欢吃咖啡→他喜欢多吃咖啡

他喜欢吃咖啡→他喜欢吃重糖咖啡

由于在"他喜欢"这一组合中可以插入"也",在"喜欢吃"这一组合中可以插入"多",在"吃咖啡"这一组合中可以插入"重糖",因此,这些组合都是短语,不是词;而"喜欢"、"咖啡"这些组合中都不能插入别的成分,因此,这些组合是词,不是短语。②

2.6 我们的看法

1. 到目前为止,我们认为,扩展法并辅以层次分析仍然是区分现代汉语表层结构词与非词的较好的方法。我们原则上表示赞同。

扩展的形式和层次可能有如下几种:

---

① 陆志韦《汉语的构词法》,科学出版社,1965年,第8页。
② 关于扩展法,参看陆志韦《汉语的构词法》第一章以及有关章节。

① AB→AC/B→A/CB　　看书→看了/书→看/一本书
② AB→CA/B→C/AB　　手酸→这只手/酸→他/手酸
③ AB→AB/C→A/BC　　手酸→手酸/吗→手/酸极了

第①种方法是插入法,它是扩展法的一种,第②③种方法是扩展法,但不是插入法。由于第②③中的 C/AB(他/手酸)和 AB/C(手酸/吗)只能使该结构的长度延伸,并不能保证要证明的 AB(手酸)做到分离,因此这两种方法不适用于区分词与非词。而第①种方法,即插入法,却能保证要证明的 AB(看书)两项永远分开,比如 AC/B(看了书)和 A/CB(看一本书),所以宜于用来区分词与非词。

2. 在扩展的具体作业中,将会碰到许多复杂的情况。比如,某些组合,如"青菜"、"牛肉"之类,可以在一个小片段里扩展,"青菜"可以扩展为"青的菜";但是把它搁回句子里就不能扩展,不说"我要买一斤青的菜"。又如,某些组合,如"煎饼"、"蒸饭"之类,因其内部结构关系不同,其扩展能力也不一样;作为动宾式短语,可以扩展,"我要煎一块鸡蛋饼";作为偏正式的合成词,则不能扩展,不说"我要买一块煎鸡蛋饼"。再如,某些组合,如"伤心"、"吃亏"之类,其内部结构关系虽然相同,但因结构功能不同,其扩展能力也不一样:作为动宾式短语,可以扩展,"这件事伤他老人家的心";作为动宾式的合成词,则不能扩展,不能把"他很伤心"中的"伤心"加以扩展。再如,某些组合,如"吃饭"、"穿衣"之类,在表示陈述性时可以扩展,"他今天吃了一餐很好的饭";在表示指称性时,则不能扩展,不能把"吃饭要吃饱,但不能吃得太好"中的"吃饭"加以扩展。如此等等,在进行扩展作业时,都必须充分考虑。

3. 在具体作业时,应该对扩展给以必要的限制:

① AB 扩展成 ACB 后,要保证 ACB 和 AB 的结构相同,比如:

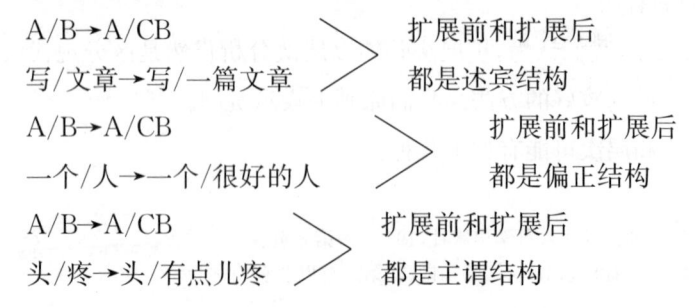

A/B→A/CB　　　　　　扩展前和扩展后
写/文章→写/一篇文章　　都是述宾结构

A/B→A/CB　　　　　　扩展前和扩展后
一个/人→一个/很好的人　都是偏正结构

A/B→A/CB　　　　　　扩展前和扩展后
头/疼→头/有点儿疼　　　都是主谓结构

我们认为,这样的扩展是有效的。可是,如下的扩展是无效的。比如:

　　＊A/B→A/CB　　　　扩展前是偏正结构,
　　＊马/车→马/拉车　　　扩展后为主谓结构。

② 插入成分 C 在 ACB 的扩展式中必须是一个语法形式。比如:

A/B→A/CB　　　　　　　A/B→A/CB
一个/人→一个/无私的人　　读/书→读/有意义的书

上例中的插入成分 C"无私的"和"有意义的"既是一个成分,也是一个组合,因而是一个语法形式。可是,下列 ACB 扩展式中的 C 就不是语法形式。比如:

　　＊老手→老手和新手　　　＊马车→马拉的车

上例中的插入成分 C"手和新"既不是一个成分,也不是一个组合,它是跨段的,在任何格式里都不可能是一个语法形式。"拉的"在别的格式里可能是一个语法形式,但在这个格式里却不是语法形式,因为"马拉的车"的层次是:马拉的/车,马拉/的,马/拉,所以"拉的"不是一个语法形式。这样的扩展是不能成立的。

③ 插入成分 C 在 ACB 的扩展式里,如果 AC 或 CB 已经形成一个组合,那么 AC 或 CB 中的 C 都应该可以继续扩展。比如:

A/B→A/CB→A/C$_1$C$_2$B
写/文章→写/一篇文章→写/一篇很有价值的文章
A/B→A/CB→A/C$_1$C$_2$B
一个/人→一个/高尚的人→一个/高尚的大公无私的人

我们把 ACB 中的 C 只能作一次扩展的记为 C$_1$,管它叫有限扩展;把 ACB 中的 C 可作两次或两次以上扩展的记为 C$_1$…C$_2$,管它叫延伸扩展。可作延伸扩展的组合一般是短语;只能作有限扩展的一般是词。能作延伸扩展的,证明原先的扩展是有效的;相反,只能作有限扩展的,可以认为这种扩展是无效的。比如:

　　＊A/B→AC/B　　　　＊A/B→AC/B
　　＊黄/鱼→黄花/鱼　　　＊机/枪→机关/枪

上例中的"黄花"、"机关"都无法作延伸扩展。根据我们的限定规则,这种扩展是不合法的。

必须说明，以上只是一种形象化的说法。事实上，在实际语言中既有原式 AB 的存在，也有 AC_1B 和 $AC_1C_2\cdots C_nB$ 这些格式并存。我们既可以说 ACB 是 AB 的扩展，也可以说 AB 是 ACB 的缩约；既可以用 ACB 这一格式证明 AB 是独立的，也可以用 AB 这一格式反证 ACB 中 A、C、B 彼此都是独立的。所谓扩展法，实质上是拿一个未确定的或疑似的组合与其内部结构相同的、已经确定的组合进行类比，其目的是验证 AB 两项结合的紧密程度，以确定 AB 这一组合的性质。

还必须说明，上文要求 ACB 中的 C 所作的延伸扩展是有限度的，如"头痛"的扩展极限可能是："我的头今天上午九时五分起已经不是那么很痛了。"我们不能因为 ACB 中的 C 不能再作扩展而否定其合法性。[1]

4. 在扩展作业中，应该充分利用语言要素中一切有区别作用的形态和功能，并参考语义，应该考虑如何使我们的作业结果能够符合现代汉语的词向双音化发展的趋势。

在语音方面，我们倾向于：一个组合，是两个音节同时又由两个不单用语素[2]组成，如"植物"、"友谊"之类，或者是由一个单用语素和一个非定位[3]的不单用语素组成，如"人民"、"伟大"、"大衣"之类，一概看成词；如果是由两个双音节的单用语素组成，如"铁路"、"白菜"之类，一般看作词。一个组合，如果是由三个或者三个以上的语素组成，如"江阴县"、"社办工厂"之类，一般看成短语。一个组合，如果第二个或第三个音节是读轻声的并且又是非定位语素，如"西瓜"、"笔底下"之类，一概看作词。

在语法方面，凡是能从语法功能上证明一个组合是词或短语，如"语缀"包括"前缀"、"类前缀"、"后缀"、"类后缀"、"中缀"[4]以及词的结合功能等等，

---

[1] 本节曾参考朱德熙《现代汉语》（二）（油印本）有关部分。

[2] 吕叔湘在《汉语语法分析问题》第 29—30 页中指出："语素有单用的，有不能单用的。能单用的又有两种：一种是能单说的，如来；一种是不能单说但是也可以不跟别的语素组成一个词的，如再。这两种都是词。不能单用的语素或者是语缀或者是词根。"本文单用语素和不单用语素的定义采用吕先生的说法。

[3] 一个语素在与别的语素结合时位置固定的语素叫定位语素，如"阿、最、太"等的位置永远前置，而"了、着、过、们、的、吧"等其位置永远在后；反之，就是非定位语素。如"人"、"民"，其位置可以在前，像"人民"、"民族"等；也可以在后，如"工人""渔民"等。

[4] 详见本文 3.6 节。

我们可以简化作业手续,把这一组合当成词或短语处理。

在语义方面,我们倾向于:一个组合,其意义不等于它所组成的几个义项的简单相加,而是专门化了的,如"野心"、"背黑锅"之类,一概看作词;一个组合,其意义等于它所组成的几个义项的简单相加,不是专门化的,如"看电影"、"努力工作"之类,一般看作短语。

三

3.1 下面,我们基本上采用扩展法,利用一切形态标志,参考语义,从语法的角度,初步考察并分析了现代汉语的词和短语的种种情况,提出了区分现代汉语表层结构双音节的词和短语的具体作业方法二十条,并对大量的语言事实进行了具体的切分尝试,希望能对深入探讨词和短语的划分问题有所裨益。

3.2 一个组合(严格地说是语音组合),不能扩展,是所谓联绵词,由于其中任何一个音节都不是语素,只有组合后才是一个语言单位,因此,这样的组合是词,不是短语。比如:"蟋蟀、秋千、叮咛、吩咐、犹豫、彷徨、踌躇、参差、仿佛、仓促、窈窕"等等。至于有些组合,如"分饭"、"卖菜"等,貌似双声迭韵,但并非联绵词。因为,"分"与"饭"、"卖"与"菜"都是语素,都是句法结构,都可以作延伸扩展,可以说"分了一碗蛋炒饭","卖了一担水芹菜",因此,这样的组合是短语,不是词。

3.3 一个组合(严格地说是语音组合),不能扩展,是外来音译词,由于其中任何一个音节都不是语素,只有组合后才是一个语言单位,因此,这样的组合是词,不是短语。比如:"刹那、菩萨、袈裟、夹克、咔叽、葡萄、玻璃、咖啡、可可、柠檬、雷达、法郎、沙龙、幽默、滴滴涕、歇斯底里、布尔什维克"等等。

3.4 一个组合,不能扩展,是音义兼译词,由于其中音译音节只是剩余语素①,只有组合后才是一个语言单位,因此,这样的组合是词,不是短语。

---

① 除了在特定的格式里出现之外,从不跟别的语素结合的语素叫剩余语素。如"啤酒"的"啤"只能跟"酒"结合,由于"酒"是语素,而"酒"与"啤酒"不同,可见"啤"是有意义的,我们管它叫剩余语素。

比如:"啤酒、卡车、卡片、酒吧、亚洲、沙皇、法国、吉普车、米突尺、爱克斯光"等等。

3.5 一个组合,不能扩展,是所谓迭音词,这样的组合是词,不是短语。其中有的组合,一般不单用,只有重迭后才能成词,比如:"爷爷、奶奶、姐姐、弟弟、蝈蝈、馍馍、饽饽"等;有的组合重迭后在语法上增添了附加意义,比如:"家家、户户、人人、村村、县县、时时、刻刻、件件、个个"等,表示"每"的意思;有的组合,比如:"看看、尝尝、试试、吃吃、坐坐、睡睡"等,重迭后在语法上增添了"稍微……一下"的附加意义。

3.6 一个组合,不能扩展,其中第二个或第三个音节是非定位语素,读轻声,这样的组合是词,不是短语。比如:"事情、朋友、西瓜、芝麻、爱人、棉花、火烧、买卖、打手、大人、福气、山药、膏药、柴火、麻烦、别扭、晚上、乡下、屋里、上面儿、半拉子、笔底下"等等。至于有的组合,第二个或第三个音节虽然读轻声,但是定位语素,这样的组合,有的是词,如"下巴、我们、看了、吃着、说过"之类;有的是短语,如"男的、他的、看吧、好啊、他呢"之类。

3.7 一个组合,不能扩展,其中有一个语素可以看作是形态标志或准形态标志,包括:前缀,如"阿姨、老虎、初一、小辫儿"等;准前缀,如"可爱、可恨、好汉、好受、难缠、类型、类别、亚军、亚雄、次品、次长、超级、超人、半岛、半子、单线、单身、多头、多边、准尉、准词、前进、前线、后进、后生、代理、代数、见怪、见笑、不便、不惜、无聊、无赖、非法、非常、反面、反对、自觉、自主、以及、以免、而且、而今、所谓、所属"等;后缀,如"桌子、乱子、看头、甜头、下巴、嘴巴、忽然、突然、几乎、断乎"等;准后缀,如"演员、店员、画家、行家、博士、护士、棋手、打手、老汉、硬汉、松劲、差劲、丈夫、妹夫、园丁、壮丁、观众、群众、货郎、新郎、亲属、烈属、小鬼、酒鬼、恶棍、赌棍、戏迷、球迷、左派、反派、医师、厨师、工人、盲人、农民、渔民、世界、境界、植物、人物、商品、人品、用具、家具、文件、信件、原子、棋子、剧种、人种、人类、词类、性别、差别、极度、强度、新式、蛙式、效率、频率、刑法、词法、佛学、电学、物体、晶体、物质、性质、能力、人力、天气、才气、党性、磁性、老化、绿化、特征、象征、兵器、仪器、事项、用项、尤其、极其、迫切、急切、因而、时而、而且、权且、霍地、忽地、真的、有的、博得、值得、忘却、了却、等于、位于、善于、予以、足以"等。一般地说,前缀和后缀在语义上已经虚化,是定位语素;准前缀和准后缀在语义上还没有完全虚化,有时还以词根的面貌出现,其中有的是非定位语素,如"器物、物品、球类、类别、工人、人员、人民、民众"等。也就是说,它们作为前缀和后缀还差点儿,但是这并不影响上述组合都可以成为词。至于"着、了、过、们"等,既可以附着在词或词根上,如"说着、说了、说过、我们"等,也可以附着在短语上,如"贯彻并执行着、贯彻并执行了、贯彻并执行过,工人农民们"等。对此,可以认为,由于语言交际的经济原则,把"贯彻着并执行着"的第一个"着"逆裁脱落;同理,"工人们、农民们"中的第一个"们"也被逆裁了。这样,仍可把"着、了、过、们"看作后缀;如认为此说不妥,则可把它们看成是语缀。还有如"第、者"之类,可以加在词或词根上,如"学者"、"第一"等;也可以加在短语上,"世界战争不可避免论者"、"第一千零一夜"等,故把它们看作语缀为宜。[①]

3.8 一个组合,不能扩展,它的组合方式是古代汉语语法所有而为现代汉语所不常用的,这样的组合是词,不是短语。比如:"瓦解、瓜分、龟裂、鸟瞰、电烫、糖沙、油煎、白煮、红烧、冰凉、雪白、笔直、风行、枪毙、面谈、醋溜、油印、口试、座谈"等。

3.9 一个组合,不能扩展,组合后的词性起了变化,这样的组合是词,不是短语。比如:"可爱、可靠、可亲、难受、难缠、无聊、无耻、无赖、自觉、自信、自悲、方便、不便、不行、不利、鱼肉(人民)、左右(他人)、权衡"等。

3.10 一个组合,不能扩展,所组成的语素是两个非定位的不单用语素,这样的组合是词,不是短语。比如:"语言、语法、友谊、身体、植物、浴室、吝惜、吝啬、首尾、眉目、眉睫、口舌、耳目、乾坤、诬蔑、简陋"等。

3.11 一个组合,不能扩展,所组成的两个语素,其中有一个是不单用的非定位语素,这样的组合是词,不是短语。比如:"刚强、延长、伟大、革新、石油、红旗、大陆、单衣、平原、广场、旧居、旧貌、新闻、湖滨、电扇、电视、人民"等。

3.12 一个组合,不能扩展,其中有一个相对的语素已经消失了原义,这样的组合是词,不是短语。比如:"国家、质量、兄弟、人物、窗户、恩怨、忘记、

---

① 本节曾参考《汉语语法分析问题》第 48 页;任学良《汉语造词法》第 30—99 页;赵元任《中国话的文法》第 4 章;构词类型。

死活、离合、悲欢、贵重、响亮、甘苦、好歹、缓急、是非"等。

3.13 一个组合，不能扩展，它的意义不等于所组成的几个义项的简单相加，而是专门化了的，这样的组合一般是词，不是短语。比如："爪牙、龙眼、龙头、佛手、鸡眼、银耳、雀斑、桃李(学生)、走狗、走卒、鹰犬、鼻祖、尖子、骨干、栋梁、饭桶、草包、大炮、后台、牛马、炮灰、虎口、冷箭、鸿沟、皮毛、香花、毒草、油水、板眼、辫子(把柄)、红娘、笔墨、干戈、千张、东西、床铺、香水、和平、(大作)文章、新房、新娘、新郎、野心、热心、眼红、心疼、头痛、肉麻、见外、摊牌、捣鬼、搞鬼、忌讳(醋)、挂彩"等。

3.14 一个组合，由两个单用语素构成，但不能扩展，这样的组合是词，不是短语。比如："马路、粉笔、白菜、淡菜、水平、大米、小米、大门、正门、考查、忙乱"等。

3.15 一个组合，其中至少有一个是不单用语素，比如："注意、中意、结婚"等，一般不能扩展，或者只能作有限扩展，如"注他的意"、"中你的意"、"结了一次婚"等，但不能作延伸扩展。这样的组合是词，不是短语。

3.16 一个组合，其中至少有一个是不单用语素，有不扩展和能作延伸扩展这两种形式并存，这样的组合，在未扩展时是词，或者叫短语化了的词(短语词)。比如："革命、站岗、洗澡"等；而扩展后的形式，如"革地主阶级和资产阶级的命"、"站完了最后一班岗"、"洗了一次非常舒服的澡"等，则是短语，其中"革、命、站、岗、洗、澡"等都是词，或者叫准词。又比如："伤心、帮忙"等，作为形容词用时不能扩展，这样的组合是词，或者叫短语化了的词(短语词)；但是作为述宾式的句法结构，则可以作延伸扩展，如"伤了他爸爸和他妈妈的心"、"帮了他一次很大的忙"等。这表明，"伤心"这类组合作为述宾式句法结构的短语和作为述宾式的复合词这两种也许是不同历史时期的事实共存于现代汉语这一共时平面上，因此，"伤心"这类组合同时具有述宾式短语的句法功能(如能作延伸扩展等)和述宾式形容词的词法功能(如能受副词"很"修饰等)。这些错综复杂的情况必须分别对待，用一刀切的简单化的方法是无济于事的。

3.17 一个组合，由两个单用语素构成，比如："黑板、青菜"等，当用于专指某一事物名称时，其意义凝固了，不能扩展，这类组合是词，不是短语；当用于给事物分类时则可以扩展，如"这是黑的板"、"那是青的菜，这是黄的菜"等,而且可作延伸扩展,如"黑的那种很薄很薄的板"等,虽然实际语言中不常说这类话,但也得承认这类组合是短语,不是词。又如:"羊肉、鸡肉"等,有人根据一个组合的两个语素能否单说这一标准,把"羊肉、鸡肉"这类组合看成是短语,把"鸭肉、蟹肉、驼肉"这类组合看成是词。我们认为,能否单说的情况是很复杂的,"羊"在普通话中可以单说,但在方言里也有管"羊"叫"羊子"的,而且"羊"还有许多分类别称:"山羊、绵羊、羔羊、胡羊、羚羊、公羊、母羊、种羊"等,这表明羊可能正在经历着由能单说向不能单说的渐变过程。"鸡"普通话能单说,但在方言里有把"鸡"说成"鸡子"的,并且以说"鸡子"为常。"鸭"普通话一般不单说,但有时也可以单说,如"我去买只鸭,你去宰只鸡"。"蟹"普通话能单说,但在方言中以说"螃蟹"为常。在普通话和方言里都不能单说的倒是"驼","驼"只有在"驼肉、驼毛、驼铃"这类组合中才能使非语素的"驼"升级为剩余语素,所以,"驼肉"之类最有资格成为词。其实,在我看来,"羊肉、鸡肉"之类与"驼肉、鸭肉"等有许多共同点:内部结构关系一样,均为偏正式;外部结构关系一样,具有名词的功能,可以受数量词的修饰;所指相似,均为一种动物的肉。我们既然可以把"鸭肉、驼肉"之类看成词,也有理由用剩余类推法把"羊肉"和"驼肉"之类看成是性质相同的类:都是词。如果说"羊肉"和"驼肉"之类有什么差别的话,或许可以说,"驼肉"之类作为词与短语的分界边缘比较清晰,而"羊肉"之类还处于渐变状态,当它们还未完成其过渡终极时,在词与短语之间则是一种模糊状态,但就其发展趋势来看,似乎正在加速由短语向词过渡的渐变进程,而且已经接近于顿变的程度。

3.18 一个组合,由两个单用语素组成,有不能扩展和能扩展两种形式,比如:"干完、打倒、看见、抓住、打开、移动"等。作为述补式组合不能扩展,如不能说"打得很倒"、"移得十分动"等,这样的组合是词,不是短语。作为可能式的组合,才能作有限扩展,如"打得倒"、"打不倒"等,但不能作延伸扩展,如不能说"打得不那么十分很倒"。"打得倒"和"打不倒"是说"能打倒"和"不能打倒",表示预测性的可能和不可能,严格地说,这不是述补式。由于其不能作延伸扩展,根据我们的规则,这样的组合仍然是词,不是短语。

3.19 一个组合,由两个单用语素组成,有能作有限扩展和延伸扩展两种形式,扩展后的形式在语法结构和意义上都不同。比如:"吃饱、站稳、抓紧、弄懂、吃透、背熟"等。如果是可能式的组合,只能作有限扩展,如"吃得饱"、"吃不饱"表示预测性的可能和不可能。可能式组合,从形式上看,似乎也可以作延伸扩展,如"吃得不十分很饱",其实,这不是可能式的扩展,而是述补式的扩展,其意义不是表示预测性的可能与不可能,而是表示程度。因此,可能式的组合,只能作有限扩展,根据我们的规则,这样的组合是词,不是短语。如果是述补式的组合,不仅可以作有限扩展,如"吃得很饱"、"吃得不饱",而且可以作延伸扩展,如"吃得不那么十分饱"、"吃得非常非常的饱"等。这是述补式的扩展,表示程度。这样的组合是短语,不是词。上述组合,是由相同的语素按照相同的层次组织起来的同形语法形式,所以,有两种不同的扩展形式,实际上是同形异构:一是词,一是短语。

3.20 一个组合,由几个单用语素组成,但不能扩展。它有原形和缩约两种形式。我们把原形的看作短语,或者叫词化了的短语,比如:"人民代表大会、马克思列宁主义、美利坚合众国、苏维埃社会主义共和国联盟、法兰西共和国"等。我们把缩约简称看作词,或者叫短语化了的词(短语词),比如:"人代会、马列主义、美国、苏联、法国"等。

3.21 一个组合,都是单用语素,比如:"买书、吃饭、喝酒"等,当它用于表示陈述性时,可作延伸扩展,其意义等于所组成的几个义项的简单相加,这样的组合是短语,不是词;但是当这类组合用于表示指称性时,如"吃饭要吃饱"、"开会要解决问题"等,其扩展能力大受影响,这样的组合,一般是词,或者叫短语词。还有一类组合,是同形异构,比如:"来信、煎饼、蒸蛋"等,可以是述宾式的句法结构,当用于表示陈述性时,可作延伸扩展,如"来信"可以扩展为:"来了一封很有趣的信",这样的组合是短语,不是词;这类组合,也可以是偏正式的复合词,可以受数量词的修饰,"一封来信"、"一块煎饼"等,其功能类同名词,这样的组合是词,不是短语。[①]

(本文原载于《语文研究》1983 年第 1 期)

[①] 本节曾参考张中行《词组与句子》第 11—13 页。

论句子的本质与系词"是"

关于系词"是"的性质和作用问题,以往讨论得很多。本文想就什么是句子本质及其与系词"是"的关系这一角度,着重从语法理论上,对这一问题谈一些看法。

一

什么是句子本质,它的本质特点的最重要的因素又是什么呢? 我们认为,所谓句子本质就是使得一个词或一组词成为完整语句的决定性的东西,决定句子本质特点的最重要的因素就是述谓性(предикация, predication)。所谓述谓性,就是"语句和现实的关联",它"在以句子的形式而形成的言语定型中是最重要的因素,也就是使句子成为句子的东西。正是述谓性使所说的话加入现实的体系,并赋予它以完整性,把语言片断变成句子"。[①] 比如:在"他来了吗?——他来"这两个语言片段中,由于"他来"的后面缺少一个表达述谓性(情态)的"了","他来"虽是主谓短语,但因未能回答一定的发问,所以不是句子。又如:词典里的"书",由于没有与一定的现实联系起来,只是词;可是在"这是什么?——书。"这样的对话中,由于"书"回答了一定的问题,获得了特定的语调,具有述谓性,因而是句子。为什么述谓性竟会如此重要呢?"因为我们生活在客观现实之中,所以每一句听到的(或读到

[①] А.И.斯米尔尼茨基《句子、句子的主要成分》,引文根据叶军译文,见《语言学译丛》1950 年第 2 期 pp.22—23。

的)话与现实的关系对我们说来是基本的东西。"①

"表达述谓性的手段是非常多样化的。"

"对一切语言来说,语调是表达述谓性的万能手段……语调使句子有别于由一些联结在一起的词所组成的简单词组,即使这些词是按照该语言中现有的语法规则互相联结起来的,因为没有语调,它们只是潜在的句子。"

"表达述谓性的另一个典型方法是借助于动词的各种述谓(人称)形式来表达它。表示人称、数、式、时的形式称为动词的述谓形式,或人称形式。情态性是述谓性的基本因素,没有情态性,任何述谓性都不可想象。"

"在某些情况下,缺少动词也是表达述谓性的一种手段。这种情况在俄语中特别常见。例如,Мой брат—Доктор(我的兄弟是医生)。英语的 Why not go there?(为什么不到那里去?)也属此列,其中缺少动词的述谓形式。"②汉语的"我江苏人"等也属这类。

述谓性通常是由谓语中某一个词来完成的,因而述谓性常常包括在谓语之中。谓语是语句内容的承担者,而述谓性是使语句内容与现实关联的最重要的东西。因此,在句法结构上,述谓性是使谓语内容完成对主语陈述的最重要的因素。

由于各种语言的语法结构不尽相同,因而表达述谓性的形式也各有其特点。在现代汉语中,"形容词和动词所表现的……在时间上,或强度上容许变化的特征……决定了它们作为没有系词的谓语的可能性"③。这就是说,形容词和动词,既可以表示述谓内容,又可以表示述谓性,因而能单独做谓语。例如,"他走了","走"是实义动词,"了"是动词的附加成分,表示动作的时间已是过去。动词及其情态性(Modality)可以完成对主语的陈述,因此能够独立做谓语。又如,"这孩子聪明",谓语是由形容词"聪明"充当的。形容词在时间上和程度上是容许变化的;现在"聪明",将来可能"更聪明"或"不聪明"。这种潜在的可变性,使得形容词能够对主语加以描述,能够独立

---

① А.И.斯米尔尼茨基《句子、句子的主要成分》,引文根据叶军译文,见《语言学译丛》1950 年第 2 期 p.22。

② А.И.斯米尔尼茨基《句子、句子的主要成分》,引文根据叶军译文,见《语言学译丛》1950 年第 2 期 p.24。

③ А.А.龙果夫《现代汉语语法研究》中译本 pp.146—147。

作谓语。

相反,名词一般地只表示事物的单纯特征,没有时间上和程度上容许变化的特征,所以,它通常不能独立地即不借助于系词而用作谓语。比如,"我国是一个多民族的国家。"如果句中没有系词"是",只是两个互不关联的语言片段;但是由于有了系词"是",系词"是"的述谓性就把两个互不关联的语言片段变成可以理解的、与现实相关联的完整的句子。因此,系词"是"是关联两个语言片段并使之成为句子的最本质的东西。

系词"是"在主语之后,可以用语序表示与主语相应的人称,如"我是"、"你是"、"他是"、"我们是"……"是"可以接受"不"的否定,如"不是"。"是"可以接受其它副词和时间词的修饰,如"一定是"、"大概是"、"过去是"、"现在是"、"将来是"等等。"是"还可以进行抽选式的提问,也可以独立地回答问题,如"是不是这个?——是。"等等。所有这些,也是动词的一般特征。这些特征使得系词"是"在本质上接近于动词。"是"在与名词结合之后,由于它的述谓性,可以使名词的述谓内容完成对主语的判断。因此,"是"应该包括在谓语之中。但是,它又与一般动词有所不同。最近,吕叔湘先生提议:"把这个是字叫做'前谓语',意思是:它是谓语的一部分,但不是谓语的主要部分,是各种谓语类型的句子里都可以出现,而名词谓语句里经常出现的。"①在名词谓语句里,名词表示主要内容,而系词"是"主要表示述谓性以及谓语内容中补充的、次要的因素。在词汇意义上,系词"是"有着某种程度的不完全性,但从表示述谓性上看,它的意义任何时候都是完全的,在谓语结构中,它是使名词成为谓语的一个基本核心。不仅汉语如此,英语也是一样。这是一个一般语法学上的理论问题,并不是某种个别语言的特有的现象。

从句法结构上看,动词、形容词与系词"是"在谓语中表达述谓性这一点是一样的,只不过动词、形容词所具有的实义比"是"更充实罢了。它们都应该包括在谓语之中。有人试图用逻辑上的三分法把系词"是"排斥在谓语之外,②这在理论上是说不通的。语言与思维是有区别的。人们在交际中,运

---

① 吕叔湘《汉语语法分析问题》p.81。
② 参见高名凯《汉语语法论》p.378;《语法理论》p.246。

用语言表达思维的形式是多种多样的；有用名词或名词短语与"是"组成的名词性的谓语句表达逻辑上的判断内容，如"我们是教师"就是表示逻辑上的肯定；也有用形容词和形容词短语或主谓短语做谓语的形容词性的谓语句、主谓谓语句来表达逻辑上的判断内容，如"这朵花真香"、"他头有点儿疼"就是表示逻辑上的肯定，还有用动词或动词短语做谓语的动词性的谓语句表达逻辑上的判断内容，如"他不去了"就是表示逻辑上的否定。就这些句子的性质而言，都是些不同的句子，但就它们表达的内容来说，都含有逻辑上的判断；不是肯定，就是否定。句子在表达逻辑判断时，有的用系词"是"，有的不用。在不用"是"的动词和形容词谓语中，"是"的功能是由谓语中的动词或形容词来兼任的；动词或形容词既表示述谓内容，又表示述谓性。表达述谓内容和述谓性的方式是不一样的；既可以由一个词或一组词去完成，如动词或形容词以及动词、形容词短语；也可以由一个词或一组词表示主要述谓内容，如名词，另一个词，如系词"是"表示述谓性以及述谓内容中补充的、次要的因素。但是，不管用哪一种方式完成对主语的陈述，其基本作用是一样的。

二

系词的出现，在汉语史上，是较晚的。根据现有的资料推断，由指代性质的"是"转变为系词性质的"是"大概最早是出现在西汉前期的文献里。[①]"是"作为系词被大量使用约在汉代以后，迄今也不过两千多年的历史。

从语法理论的角度，我们关心的是：系词"是"的产生条件是什么？在未出现系词"是"之前，表达类似于系词"是"那种述谓功能的手段又有哪些？

根据句法学的原理，一个名词谓语句之所以能够成为句子的最本质的特点是：或者没有一个系词"是"，或者有一个表达类似于系词"是"的那种述谓功能的手段。例如：

① 彼，丈夫也；我，丈夫也。(《孟子·滕文公》)
② 臣非知君，知君乃苏君。(《史记·张仪传》)

[①] 参见洪诚《论南北朝以前汉语中的系词》，《语言研究》1957年第2期。

③ 民死亡者,非其父也,即其子弟。(《左传·襄公八年》)
④ 知之为知之,不知为不知,是知也。(《论语·为政》)
⑤ 我非生而知之者,好古,敏以求之者也。(《论语·述而》)
⑥ 虽系世禄之家,却是书香之族。(《红楼梦·二回》)
⑦ 齐景公问政于孔子,孔子对曰:"君君,臣臣,父父,子子。"公曰:"善哉!信如君不君,臣不臣,父不父,子不子,虽有粟,吾得而食诸?"(《论语·先进》)

以上都是没有系词"是"的名词谓语句。然而在这些句子中,是用什么手段来表达述谓性的呢?假如我们理解不错的话,例①的述谓性是用"也"来表达的,例②是用"乃";例③是用"即";例④是用"为";例⑤是用"非";例⑥是用"系";例⑦是准形容词谓语句,它的述谓性是由谓语中既表示述谓内容又表示述谓性的具有形容词性质的名词来表达的。上述这些词是表达述谓性不可缺少的成分,在句法上都具有类似于系词"是"的那种述谓功能,是使句子成为句子的最重要的东西。

除了上述情况外,在下列情况下,通常也不用系词"是"。

第一,在一些注释性的句子中,由于注释本身往往包含着判断,因而可以不用系词"是"。如"蚌,软体动物。""四,数词。"一般的表达应该是:"蚌是软体动物。""四是数词。"在词典中,为了注释的简洁,一般不用"是"。

第二,在一些由于情况本身可以暗示出述谓性的句子中,如在地图上写着:"中华人民共和国",这含有对这张地图的判断,它的述谓性被暗示在这一判断之中,因而不再用"是"。

第三,在具体对话中,如:"他是谁?——小花。"由于语言环境使述谓性已经在上下文中被提示出来,在答话中已含有"是小花"这类判断,为了使语言经济,通常不用"是"。

然而,上述这些,只是在特殊环境(situation)下的言语活动,是表达述谓性的特殊手段,是要借助于一定的语境(context)才能采用的表达方式。

在语言的发展中,语言要素不断地发生变化,使得原先可以表达述谓性的词,如"乃"、"也"、"为"等,它们的述谓性渐渐地弱化了,有的则很少被人使用。随着社会的发展和人们交际的日益频繁,随着人们对事物认识的加深,人们为了多样化地表达对事物的描写和判断,于是便把指代性质的"是"

的词义弱化之后而逐渐转变为系词性质的"是",以此部分地或全部地替代了"也"、"乃"、"为"等的述谓功能,作为表达名词谓语句的一种基本的手段。这也许就是系词"是"产生的条件。在汉代以后,系词"是"便被大量地应用起来了。试以下列各例为证:

⑧ 委不能知有圣与无,又不能别凤皇是凤与非,则必不能定今太平与未平也。(《论衡·宣汉篇》)

⑨ 汝是大家子,仕宦于台阁。(《孔雀东南飞》)

⑩ 问今是何世,乃不知有汉,无论魏晋。(《桃花源记》)

⑪ 姊夫黄琬是刘璋祖母之姪。(《三国志·来敏传》)

⑫ 我是李府君亲。(《世说新语·言语第二》)

⑬ 杀汝父是申蓝,杀汝夫是申春。(唐传奇《谢小娥传》)

⑭ 我是你妻。(唐变文《丑女缘起》)

⑮ 这只鹧鸪天词是关西秦州雄武军刘两府所作。(宋话本《碾玉观音》)

⑯ 其是汉朝中大夫毛延寿。(元曲《汉宫秋》)

⑰ (宋)押司是个风流人物。(《水浒·廿一回》)

⑱ 那穿宝蓝直裰的是个胖子。(《儒林外史·一回》)

⑲ 街东是宁国府,街西是荣国府。(《红楼梦·二回》)

⑳ 那声音大概是横笛。[①](鲁迅《社戏》)

㉑ 我们要自由,不是明天,而是今天。(杨朔《东风第一枝》)

上述例句似乎可以表明,凡是该用系词"是"的地方,总是不可少的。从这个意义上说,系词"是"是被普遍而大量地运用起来了。而曾经作为表达述谓性的"也"、"乃"、"为"等,几乎已变成僵死的东西。纵然有时为了表达某种语言效果,偶而也使用一下,但是它们的使用范围越来越小了。而且,这些已经按照现代汉语语法规律使用着,已经成为现代汉语的组成部分。

在汉语的运用中,"是"字不仅可以用于名词谓语句,而且可以进入形容词谓语句和动词谓语句。例如:

㉒ 我觉得我们的战士是太伟大了,太可爱了……(魏巍《谁是最可爱的人》)

---

① 用例参见马忠《"是"的用法演变》,《语法论集》第3集。

㉓ 我是活一天算一天……(秦兆阳《老羊工》)
㉔ 他们是在开什么会议呢?(胡苏《新媳妇》)

上述句中的"是"的作用显然不是表达述谓性:例㉒的述谓性是由既表达述谓内容又表达述谓性的形容词短语完成的,例㉓和例㉔的述谓性也是由既表达述谓内容又表达述谓性的动词短语完成的,因此,这些句中的"是"都不是系词,而是表达语气的副词。最近,吕叔湘先生提出:"能不能把是字的用法一元化呢?"他认为:"'是'字的基本作用是表示肯定:联系,判断,强调,都无非是肯定,不过轻点儿重点儿罢了。"①的确,从语义的角度,很难分清这两个"是"。但是,从表达述谓性方面,似乎是不难看出这两个"是"的区别的。系词"是"转变为副词"是"是"是"字的词义不断弱化的结果。副词"是"当它成为句子的组成成分,它在句中就有一定的作用,有它或没有它,直接地影响着句子的语义表达。

当然,在名词谓语中,也确有不用系词"是"的例子。例如:㉕ "这个人傻瓜",㉖ "我江苏人",㉗ "那个人黄头发",㉘ "今天星期三",㉙ "小张今年廿五岁",㉚ "那张桌子三条腿"等这类例句都是没有系词"是"的名词谓语句。对它们曾经引起争论。应该如何理解这类用例呢? 是否可以这样解释,即名词或名词性短语之所以能够独立作谓语,"其原因是两重的:一方面,由于整个句子的意义(整体和部分的统一性);另一方面,也由于在这些词组里,作为加语的一些词在某种程度上具有谓词性,如数词、形容词和带有'处所'意义的词"②。为了行文方便,我们把上述例句分成两组来叙述。

第一组是用名词或名词+名词,或形容词+名词组成的名词短语来充当谓语的句子。上例中㉕㉖㉗句均属此组。

我们认为,理解上例似乎应该从了解名词的性质入手。所谓名词,是个类概念。它首先标示事物的名称,但往往又标示事物的属性。比如,"北京"是个名词,但在"北京人"中的"北京"就是一个标示地方属性的词。名词标示事物特征的一面,使它在不同程度上具有形容词的性质。当名词与名词结合之后,它的形容词一面就更加充实了。也许,这就是某些名词或名词短

---

① 吕叔湘《汉语语法分析问题》p.81。
② A.A.龙果夫《现代汉语语法研究》中译本 p.59。

语能够不借助于系词"是"而独立做谓语的条件。

名词或名词短语做谓语时，它的作用不是对主语的判断，而是说明或描写。比如，"他聋子"中的谓语"聋子"是对主语的缺陷特征的说明或描写，不是表示判断。又如，"我北京人"，由于"北京"这一标示地方属性的词在不同程度上已具有谓词的性质，当它与"人"结合之后，就可以单独做谓语。同样，"这个人黄头发"也是由于"黄"所具有的谓词性质，当它与"表示不可分离的部分"的"头发"结合之后，就可以单独做谓语。显然，谓语"黄头发"不是对主语的判断，而是说明或描写。

这类句型是古代汉语中早就存在的事实，而不是现代汉语特有的现象。比如，《论语》中就有"君君，臣臣，父父，子子"这类句子。孔子根据他的道德标准，规定"君"对"臣"要贤，"臣"对"君"要忠；"父"对"子"要慈，"子"对"父"要孝，等等。这些标准，在实践中是很难做到的：有的只做到了某一些，有的根本没有做到。在时间上也可能有变化的：有的暂时能做到，有的则今天做到而明天又做不到。这些在时间上和程度上的可变性，就是上述名词能够独立做谓语的条件。并且，还可以有"君不君，臣不臣，父不父，子不子"的否定形式。据此，似乎可以认为，用名词或名词短语做谓语，是早在先秦就有了的事实，现代汉语只不过是继承和发展这一源流罢了。

同样，对于某些名词可以与"不"结合的现象，如"不现实"、"不道德"、"不自由"似乎也可用对"君不君"等那样的解释来理解。当然，"不科学"、"不道德"中的"科学"、"道德"等在许多方面已具有形容词的性质。这说明某些名词与形容词有着共同的一面，并且从中可以看出某些名词向形容词过渡的情况。

名词与形容词的共同一面，还可以从名词能做修饰语这方面来考察。比如"金鱼"、"瓷碗"、"中国人"、"木头桌子"中的"金"、"瓷"、"中国"、"木头"与"红花"、"大碗"、"老实人"、"华丽建筑"中的"红"、"大"、"老实"、"华丽"的性质和作用，似乎有许多共同的地方，都是作为修饰或限定名词的附加语。

第二组是用数词或数词＋名词组成的名词短语来充当谓语的句子。上例中的㉘㉙㉚句均属此组。

我们认为，在理论上似乎可以这样解释："数词·名词词组，由于它们的词义内涵（行为，性质，数）都容许在时间、程度和数目的方面发生变化"。特别是"当数词·名词词组里的名词指称时间单位——年,月,时,日期的时候,数词·名词词组的谓语性就非常清楚地表现了出来。跟动词和形容词相似,这样的数词·名词词组可以独立地、不借助于系词(或动词'有')而用作谓语"①。在汉语中,序数词本身就具有谓词的性质。比如"你第一"、"我老大"、"今天星期三"、"明天初一"中的谓语是说明或描写主语所属的次序。"他第一"说明他是第一个,"今天星期三"是说今天是这个星期的第三天,并非对主语的判断。又如:"小张今年二十五岁","那张桌子三条腿"等,它们的"谓语性,不仅是以它们都含有数词为前提,而且以包含着指示所谓不可分离的部分的名词为前提,在我们的例句里就是'岁'和'腿'"②。谓语是对主语特征的描写或说明,而不是判断。

并且,有些数词·名词正在向形容词过渡。比如"一样"、"二样"等已经变成了形容词。跟其它谓词一样,能够受"不"的修饰,可以单独做谓语。看清这点是很有意义的。它不仅可以使我们看到形容词与别类词的联系,而且可以看出数词·名词向形容词过渡的情况。

必须说明,在上述例句中,不论是第一组或是第二组,它们所具有的某种谓词性,跟地道的谓词还有不同。首先应该肯定,上述名词或名词短语是体词性的,并不是所有体词都可以单独作谓语,只是在一定的条件下才能单独作谓语。而且在否定式时,还须用系词"是"。比如,不能说"他不北京人",一定要说"他不是北京人。"

尽管如此,我们认为不必把上述例句看成是省略了系词"是"。比较下列例句,或许有助于我们理解某些问题。例如:

㉛ 他是傻子吗?——他是傻子。

㉜ 他是北京人吗?——他是北京人。

㉝ 那个人是黄头发还是黑头发?——那个人是黄头发。

㉞ 今天是星期三吗?——今天是星期三。

㉟ 小张今年是不是廿五岁?——小张今年是廿五岁。

㊱ 那张桌子是三条腿吗?——那张桌子是三条腿。

---

① A.A.龙果夫《现代汉语语法研究》中译本 pp.169—170。
② A.A.龙果夫《现代汉语语法研究》中译本 p.170。

这是第一组。又如：

㊳ 他怎么样？——（他）傻子。

㊳ 你哪儿人？——（我）北京人。

㊴ 那个人特征怎样？——（那个人）黄头发。

㊵ 今天星期几？——（今天）星期三。

㊶ 小张今年多少岁？——（小张今年）廿五岁。

㊷ 那张桌子几条腿？——（那张桌子）三条腿。

这是两组并不相同的句子，它们各自回答不同的问题。在第一组里，由于提出的是"是不是"的问题，在答话时必须用系词"是"。比如，"你是北京人吗？"答话若用"我北京人"就是答非所问。相反，在第二组里，由于提出的是"多少或怎么样"的问题，在答话时无须用系词"是"，应该用说明、描写或报导性的谓语来表达。比如："你哪人？——我北京人"，问话者只是问你是什么地方人，并不一定怀疑你是不是北京人，只须用"我北京人"就可以答话。如果问话者怀疑你是不是北京人，你一定得用"我是北京人"或"我不是北京人"才能答话。句中的名词性的谓语是对主语的说明或描写，而不是判断。

根据以上所说，我们把上述各例用系词"是"的和不用系词"是"的句子看成是人们为了完成不同交际职能而同时采用的、并行的两类不同的句型。它们各有其互相区别的矛盾特殊性。名词性的短语单独作谓语的特点，使得它区别于名词谓语句而接近于形容词谓语句。为了标明它们接近于形容词性的谓语句的一面，我们管它们叫准形容词性的谓语句。

三

系词"是"的性质确实是复杂的：它既有动词的特点，又有虚词的特征，它既与真正的动词有差异，也与真正的虚词有不同。侧重与动词的相同的一面，有人干脆管它叫动词；[1]侧重与动词相异的一面，有人管它叫虚词；[2]通行的说法管它叫判断词。[3] 我们认为，"是"字所具有的述谓性的特征，使它

---

[1] 丁声树等《现代汉语语法讲话》p.83。

[2] 参见高名凯《汉语语法论》pp.380—382。

[3] 《汉语知识》p.70。

接近于动词,而区别于一般虚词。这是决定"是"字的性质的最本质的特点,也是决定"是"字述谓性的最重要的因素。为了清楚地标明"是"字的性质,我们赞成把它叫做系词,或联系动词。

系词"是"不仅在语法上与一般虚词不同,而且在词义上也有差别。虽然"是"的词义被弱化了,但是仍保留着某些实义。比如:"人毕竟是人","是就是是,非就是非","二加二是四"等,这些句中的"是"的词义是很明显的。

在现代汉语中起联系作用的动词似乎有日益增多的趋势。"任何一个实义动词,如果它的功用是把表示事物的词和表示特征的词结合起来,那么就可以是联系动词。"①在汉语中,有一些动作性很强的词,在词义渐渐弱化之后,就逐渐兼有系词的性质。比如:"我做值日生"就与"我做文章"的"做"不同;"他脸发青了"与"种子发芽了"的"发"不一样。它们的词义都被弱化了,并兼有系词的性质。这类动词有:当、作、成、兼、属于、等于、象、算、分、姓、叫、变、做、发等等。② 当然,这些词与系词"是"仍有不同,但与真正的动词也有差别。可以管它们叫动词・系词,仍属动词这类。

[本文原载于《南京大学学报(哲学人文社会科学)》1980 年第 3 期]

・本文曾得到方光焘教授的指导。今年(按:文章发表的 1980 年)7 月 27 日是方先生逝世十六周年,发表此文,以志纪念。

---

① А.И.斯米尔尼茨基《句子、句子的主要成分》,引文根据叶军译文,见《语言学译丛》1950 年第 2 期 p.31。

② 参见雅洪托夫《汉语的动词范畴》中译本 p.64。

略论 AABB 重迭式的语义、语法、修辞和语用功能

一、AABB 重迭式的语义范畴

所谓 AABB 重迭式并不是一个单一的语义范畴。赵元任先生用生动重迭、遍称重迭和拟声重迭来概括它们的语义特点。[①]

1.1 所谓生动重迭是指 AABB₁ 或 AABB₂ 方式重迭起来的一些形容词性的或副词性的组合。[②] 由于这一组合的内部构成不同,其语义也不大一样,可以概括为如下几类:

a. 表示深而且重的意思,如"病病歪歪/羞羞答答/昏昏沉沉"等。这一组合是由 ABB 重迭式类化而来。ABB 本身就是一个重迭式。"病病歪歪"则比"病歪歪"的程度要重,带有强调意味。其它亦然。

b. 表示既这样又那样的意思,如"堂堂正正/轰轰烈烈/密密麻麻"等。这类组合是由 A₁ 与 A₂、B₁ 与 B₂ 分别重迭组合而成。AA 与 BB 是相近语素,其本身就是一个重迭式,含有估量意义。但是,重迭后则增添了附加意义,具有估量、描写、强调和加强语势的意味。

c. 表示有的这样、有的那样且有参差不齐的意思。如"大大小小/高高

---

① 参见赵元任《汉语口语语法》,吕叔湘翻译,第 107—112 页。

② 所谓 AABB₁ 重迭式是指:在现代汉语中,只有 AABB 重迭而无原式 AB 的组合,如"轰轰烈烈"、"鬼鬼祟祟"等;所谓 AABB₂ 重迭式是指:既有 AABB 重迭又有原式 AB 组合,如"干干净净"、"糊糊涂涂"等。参照语音和语义,还可以在这两大类下面再分若干小类,限于篇幅,此处从略。

低低/长长短短/红红白白/瘦瘦胖胖/真真假假"等。这类组合也是由 A_1 与 A_2、B_1 与 B_2 分别重迭组合而成。AA 与 BB 是相对或相反的语素，其本身也是一个重迭式，含有估量的意义。因此，在组成 AABB 重迭后就产生更加强调的意味。

d. 表示动作反复、连续，或者相继交错进行，或者表示一会儿这样，一会儿那样，繁忙而有点乱的意思，如"进进出出、出出进进/歇歇走走、走走歇歇/滚滚爬爬、爬爬滚滚"等，这类组合同样也是先把 A_1 与 A_2、B_1 与 B_2 分别重迭后再组成 AABB 重迭式，AA 与 BB 都是些相近或相对的语素，其本身就是一个重迭式，不过，重迭后更富有描述的意味。

e. 表示估量意思。如"道道地地/零零碎碎/详详细细"等；"安安静静，稳稳当当，顺顺当当"等；"规规矩矩，客客气气，清清楚楚"等；"别别扭扭，糊糊涂涂，冒冒失失"等；"古古怪怪"等，这类组合都是由 AB 原式按 $AABB_2$ 方式重迭而成，AB 都是些相近或相对的语素。比如"安安静静"是由"安静"重迭而成，"安安静静"保留了原式"安静"的基本意义，但增添了估量意思：很安静。试比较：

（1）a. 晚上教室里安静。（表比照，不含估量，表静态、断言）

　　b. 晚上教室里安安静静（的）。（含估量，表动态、描述）

f. 表示估量的多或少。如"三三两两，三三五五，七七八八，千千万万"等。这类组合的方式虽然是 AA+BB，但其基本意义并不等于 AA 与 BB 两项义项的相加："三三两两"是说其量很少；"七七八八"是说其量较多；"千千万万"是谓其量很多。这里的"多"或"少"都是估量性的，并不含有绝对量的观念。这类组合的语义类同生动式重迭，有很强的描述性。

1.2 所谓遍称重迭是指"山山水水，日日夜夜，里里外外，前前后后，左左右右"等组合。这类组合都是由少数具有量词性质的、意义相近或相对的名词性语素组成，先是 A_1 与 A_2 重迭，B_1 与 B_2 重迭，再是 AA 与 BB 重迭，AA 与 BB 本身就是一个重迭式，含有"每一"的意思。"山山水水"不表示绝对量的观念，只是一种估量，表示遍称和统括的意思。

1.3 所谓拟声重迭是指"叮叮当当、乒乒乓乓、叽叽喳喳"之类，表示声音的重复，可以是"叮叮当当"，也可以是"叮当叮当"，还可以是按 AABB 或

ABAB 这一格式无穷地延续下去:"叮叮当当！叮叮当当……"或"叮当叮当！叮当叮当……"有人认为"叮叮当当"之类是形态上的重迭,"叮当叮当"是句法上的重复。①

二、AABB 重迭式的三种形式

AABB 重迭式的三种形式——生动重迭、遍称重迭和拟声重迭——的种种语义,在语法功能上也有所反映。AABB 重迭式似乎能够占有形容词和副词的所有位置。其主要语法功能有:

2.1 充当状语

在我们收集到的较为典型的 139 例中,AABB 重迭式充当状语的有 63 例,占 45%。其中带"地"的 34 例,占 24%,不带"地"的 29 例,占 20%。例如:

(2) 今天可以舒舒服服地睡了。

钱钟书《围城》

(3) 老栓一手提了茶壶,一手恭恭敬敬的垂着。

鲁迅《药》

以上是 $AABB_2$ 带"地"作状语的例子,这在带"地"状语 34 例中有 18 例,占 53%。下面是 $AABB_1$ 带"地"作状语的例子,共 16 例,占 47%。如:

(4) 阿刘鬼鬼祟祟地叫"方先生"。

钱钟书《围城》

(5) 一旦大权在握,他(彼得大帝)就迫使俄罗斯战战兢兢地开始了重大的改革。

《世界经济导报》84.4.9.

以上都是 $AABB_1$ 带"地"作状语的例子,这在带"地"作状语的 34 例中共有 16 例,占 47%。在不带"地"的 29 例状语中,$AABB_2$ 共有 12 例,占 41%,$AABB_1$ 共有 17 例,占 59%。如:

---

① 参见赵元任《中国话的文法》,丁邦新译,第 116 页。

(6) 偷偷摸摸像个贼,躲在半楼梯偷听人说话。

钱钟书《围城》

(7) 就在他们十八岁时,两位母亲决定把这桩"错婴记"原原本本告诉他们。

《报刊文摘》84.4.10.

AABB重迭式主要语法功能是充当状语,这有带"地"与不带"地"两种情况。带不带"地"有时是两可的,即使在同一个人的作品中,也带有某种任意性。如:

(8) 这女婿服服帖帖地养在张府上。

钱钟书《围城》

(9) 大家想不到她说这几句话,惊异得服服帖帖跟她进门……。

钱钟书《围城》

同是"服服帖帖",前带"地",后不带"地"。不过一般仍以带"地"为常,尤其在日常会话中。关于带不带"地"是否可以这样理解:一、在语义上,AABB重迭式本身就含有估价和种种感情色彩,只要语义可以搭配,就能够自足地描述动词的情态,可以不借助于"地"。二、跟音节多少有关。可能是受古体诗词的影响,在收集到的例子中,发现凡七个音节的一般都不带"地",当然也可以加上"地",但念起来似乎不够协调。试比较:

(10) a. 干干净净洗个澡。
　　　b. 干干净净地洗个澡。
　　　c. 干干净净地洗了一个澡。

例(10a)(10b)都可以,但从音节协调来看,例(10a)比例(10b)好。为使音节和谐,在加"地"同时最好加上"了一",如例(10c)。这就更符合汉民族人民的音乐感。三、还跟语体风格有关。在日常会话以及记录会话语体的书面语中,一般都有"地";在较正式的语体以及记录较正式语体的书面语里,常常不带"地",当然也可以有"地"。"地"似有和谐音节的作用,有"地"一般都在带"地"的地方停顿,无"地"通常在AABB的地方停顿。如:

(11) a. 一家人欢欢喜喜地∨吃了一顿团圆饭。
　　　b. 一家人欢欢喜喜∨吃了一顿团圆饭。

一般地说,其停顿时间在无"地"的地方要比有"地"相对要长,以这种延长停顿时间的方式似可补偿无"地"的某些功能。

AABB重迭式充当状语含有加强、强调谓语的意味,试比较:

(12) a. 我们渐渐和那些晕黄的灯光走远了,只有些月色冷清清的随着我们的归船。

朱自清《桨声灯影里的秦淮河》

b. 我们渐渐和那些晕黄的灯光走远了,只有月色冷清地随着我们的归船。

c. 我们渐渐和那些晕黄的灯光走远了,只有月色冷冷清清地随着我们的归船。

比较起来,例(12b)只是一般的描述,用原式"冷清";例(12a)含有加强语气,用"冷清清";例(12c)比例(12a)的强调意味更重,用"冷冷清清"。

2.2 充当谓语

在139例中,AABB重迭式充当谓语的有25例,占18%。其中$AABB_2$有12例,带"的"的仅有两例,如例(15);有的可带宾语,如例(16);$AABB_1$有13例,都不带"的"。

(13) 你看,旧社会的三毛形象是瘦骨嶙峋,三根头发贴在额上,弯弯曲曲。

(14) 至于我嘛,还是过去的我,永远普普通通,平平凡凡。

(15) 无论是从我们眼前过去的,总是模模糊糊的,甚至渺渺茫茫的……

朱自清《桨声灯影里的秦淮河》

(16) 我用心练字,为的是帮助校长抄抄写写一些不要紧的东西。

老舍《月牙儿》

上例从(13)到(16)都是$AABB_2$充当谓语的句子。以下是由$AABB_1$充当谓语的句子。在25例中,$AABB_2$带"的"只有2例,如例(15)。从语法角度,AABB重迭式充当谓语时,后面的"的"并不是必不可少的,无它,句子也是自足的;从表意角度,"的"字并非累赘,有它,可以使句子的语气得到加强。"的"似乎不是AABB的后缀,在现代汉语中是不是还存在一个表示加重或强调语气的"的"呢?无"的"与有"的"也许跟语体有关:日常说话以带"的"为常,较正式语体以不带"的"为多。其主要区别是在语气上,比较:

(17) a. 西泠桥依然冷冷清清。（含估量，表描写）

　　　b. 西泠桥依然冷冷清清的。（含估量，表描写并带肯定语气）

俞平伯《西湖的六月十八夜》

　　在谓语位置上的AABB重迭式，不论是带"的"不带"的"都含有估量、可变的意味。在作谓语时，一般表示已然的事实，通常描写多于强调，这是就一般情况而说的。事实上，说话者可利用语言的和非语言的手段改变语句的语意重点，比如可以用语音的手段，在可以变调的地方不变调或者重读，这样就会使谓语的语意得到加强，或是描写与强调并重，或是强调多于描写。试比较：

(18) a. 至于我嘛，还是过去的我，永远普·普通·通，平·平凡·凡。

　　　b. 至于我嘛，还是过去的我，永远普普通通，平平凡凡。

　　　c. 至于我嘛，还是过去的我，永远，普·普通·通'，平·平，凡'凡。

例(18a)语意重点是描写多于强调，例(18b)(18c)则是强调多于描写，至少是描写与强调并重，根据上下文的意思，例(18b)、(18c)的读法更符合原意，意在强调。

2.3　充当定语

　　在139例中，作定语的有20例，占14%，其中带"的"18例，占90%，不带"的"的2例，占10%，比如：

(19) 我是一个普普通通的日本运动员。

《中国青年》84年第4期

(20) 二哥已经把他的理想付诸实践，投入了轰轰烈烈的两个阶段的生死大搏斗中去了。

《光明日报》83.9.17.

(21) 鸿渐惊异得要叫起来，才知道高高荡荡这片青禾，不是上帝和天堂所在了……

钱钟书《围城》

(22) 当你醉心于欣赏这现实世界旖旎风光时，许许多多景物却变得朦胧飘渺起来……

上例(19)是 AABB$_2$ 带"的"作定语的例子,在 18 例中有 5 例,占 28%。例(20)是 AABB$_1$ 带"的"例子,共有 13 例,占 72%。例(21)(22)是不带"的"作定语的例子,很有些特别。例(21)通常是要带"的"的,此处大概是因为后面紧挨着一个量词结构"这片",故可以省去,其它如"轰轰烈烈一场革命"也是如此。例(22)中的"许许多多"是量词重迭,本来就可以直接修饰名词。从总的情况看,AABB 重迭式充当定语必须借助于"的","的"是连接 AABB 与名词性的成分并使之组成偏正结构必不可少的手段。

由 AABB"的"充当的定语,一般地说,是描写性的,不仅没有加重程度的意味,反而会使程度变得轻微甚至近于"小称"。试比较:

(23) 胖墩墩的汤团长,靠了两位副官的帮忙,好不容易从小轿里挤出来,他浑身是肉,胖到像个陀螺……肥胖的肚皮紧绷绷鼓出来,像是用汽筒打起来的——圆凸到了这种程度,似乎如果再多打一下,立刻就会爆炸。

陈立德《前驱》

例中的"胖墩墩"是描写性的,是对汤团长胖的程度的估价:其胖无比,胖得不能再胖。试把"胖墩墩"改成"胖胖墩墩",用 AABB 重迭替换 ABB 重迭,如果再按"胖胖·墩墩"读音,就会使胖的程度显得轻微,含有小称意义,显然这是与作者意图不合的。从表意角度,上例似不宜用 AABB 重迭去替换 ABB 重迭,除非运用改变读音的手段,即不按一般变调规则去读"胖胖墩墩",而把它读成原字调"胖胖墩墩"或重音"胖,胖·墩,·墩",才能使"胖胖墩墩"的程度比"胖墩墩"更深、更强,才能变轻微、小称为加重、强调。

2.4 充当补语

在 139 例中,作补语的有 8 例,占 6%,其中 AABB$_2$ 6 例,占 75%,AABB$_1$ 2 例,占 25%。比如:

(24) 高压电线,大大小小的渠道,就把一丘丘的稻田"焊"得结结实实。

高盐《丁兴国当家》

(25) 我想象秦淮河的极盛时,在这样宏阔的桥上,特地盖了房子,必然是髹漆得富富丽丽的……

朱自清《桨声灯影里的秦淮河》

例(24)(25)是 AABB$_2$ 重迭作补语的例子,有带"的"与不带"的"两种:前者如例(25),后者如例(24)。有"的"无"的"在语法上,一般都是自足的,从这个意义上说,"的"不是必不可少的,不一定非得看成是 AABB 的后缀;在语义上,"的"不是累赘,有它可使语气加强,从这个意义上说,"的"又是必不可少的。

加强语气的效果还可以通过读音上的变调不变调、重读不重读等手段来获得。试比较:

(26) a. 西泠桥依然显得冷·冷清清。(按一般变调)

b. 西泠桥依然显得冷冷清清。(读原字调)

c. 西泠桥依然显得,冷·冷,清'清。(读重音)

例(26a)是日常说话,无强调语气,例(26b)(26c)是较正式风格,带有强调语气。

AABB 重迭式在充当补语时通常表示已然的事实,因此,只要语义相配,上述各例都可以受"早就"、"已经"、"连忙"之类时间副词的修饰。AABB 重迭式还可以跟"把"、"被"、"给"等介词连用,这大概是因为 AABB 重迭式能够满足紧接在介词后面的动词在估重和状态方面的要求。比如:

(27) 他已经把地扫得干干净净。

(28) 地已经被他扫得干干净净。

(29) 地早就给他扫得干干净净。

2.5 充当主语

在 139 例中,作主语的有 13 例,占 9%,全是 AABB$_1$ 重迭。其中名词性语素重迭的有 10 例,占 77%,只有 3 例是形容词性语素重迭,占 23%,而且很有些特别。比如:

(30) 家家户户杀鸡宰鸭,连空气里也弥漫着诱人的香味。

余士君《来自田野的影星——杨在葆》

(31) 那个黑黑瘦瘦的我今天又碰见了。

例(30)的主语是名词性语素重迭,仍保留名词的某些特征,因此,在 AABB 重迭式中充当主语的通常是它们。不过也有些限制,"因为它们指一类事物的全体。因而是有定的性质,它们就必须占据句子里较前而不是较后的位置"①。它们一般不能充当宾语。试比较:

---

① 参见赵元任《汉语口语语法》,吕叔湘翻译,参见第 107—112 页。

(32) a. 男男女女都围起来了。
　　　b. ＊都围起来了男男女女。

2.6　充当宾语

在 139 例中,作宾语的有 10 例,占 7％,全是 AABB₁ 重迭式。比如:

(33) 我今天又碰上了那个黑黑瘦瘦的。

(34) 大家正大光明打牌,免得鬼鬼祟祟,桌子上盖毯子,毯子上盖漆布。

钱钟书《围城》

(35) 你们只晓得嘻嘻哈哈,这问题不解决,生产队要倒灶呀!

高盐《丁兴国当家》

(36) 街上异常的清静,只有铜铁铺里发出使人焦躁的一些单调的叮叮当当。

老舍《骆驼祥子》

在作宾语的 10 例中,名词性语素重迭有 7 例,占 70％,如(34),动词性语素重迭 1 例,如例(35),拟声词重迭 1 例,如例(36),真正的形容词语素重迭只有 1 例,如例(33)。不论其内部结构如何,这些 AABB 重迭都是表示指称性的,其中 5 例有较长的修饰成分,占据名词宾语的位置,可以用体词的或体词性短语替代,其整体功能也类同体词。

2.7　以上就是 AABB 重迭式的主要语法功能。仅就我们收集到较典型的 139 例分析,AABB 重迭式的主要语法功能是充当状语、谓语,其次是定语和主语,再次是宾语和补语。这一点我们可以从陈文芷的《重迭》一文中得到佐证。陈在 965 分钟的录音材料中,统计出多种形式的重迭计 449 次,其中 AABB 重迭共 62 次,句法作用依次是:状语 28 次,谓语 28 次,定语 1 次,补语 1 次,这与我们的统计相似。① 此外,我们还对钱钟书的《围城》(共 233000 字)进行统计,在这一部以生动著称的脍炙人口的作品中,共用了 AABB 重迭式 47 例,其语法功能与 139 例颇为相似,为清楚地描述,特列表总结于后。

---

① 见陈文芷《重迭》,日本《中国语学》,1982 年,第 129 页。

表一　139 例 AABB 重迭式在句中分布表

功能 频率		主语		谓语		宾语		定语		状语		补语		总计
		有修饰	无修饰	有的	无的	有修饰	无修饰	有的	无的	有地	无地	有的	无的	
频率	分项	4	9	2	23	5	5	18	2	34	29	2	6	139
	合计	13		25		10		20		63		8		139
百分比	分项	3%	7%	1.5%	17%	4%	4%	13%	1.5%	24%	20%	1%	5%	100%
	合计	10%		18.5%		8%		14.5%		44%		6%		100%

表二　《围城》中 AABB 重迭式在句中分布表

		主语		谓语		宾语		定语		状语		补语		总计	
		频率	百分比	频率	百分比	频率	百分比	频率	百分比	频率	百分比	频率	百分比	频率	百分比
AABB$_1$	形素	1	2%	4	9%			3	6%	2	4%	2	4%	12	25%
	动素			1	2%					5	11%			6	13%
	名素			1	2%			1	2%	5	11%			7	15%
	拟声									1	2%			1	2%
AABB$_2$	形素			2	4%					16	34%	3	6%	21	45%
	动素														
	名素														
	拟声														
合计		1	2%	8	17%			4	8%	29	62%	5	10%	47	100%

三、AABB 重迭式的修辞和语用功能

　　AABB 重迭式除了表示描写、强调和小称等语法意义外,还可以表达说话人对事物的褒贬估价、摹状、绘景、拟声、好恶、爱憎等感情色彩,恰当地利用这一格式本身所含有的语义和语法方面的特征于言语活动之中,就可以

收到令人满意的修辞和语用效果。

3.1 利用 AABB 重迭式表达厌恶、爱憎等感情。试比较：

(37) a. 一年后，他们有了个白白胖胖的小子。

余士君《来自田野里的新星——杨在葆》

b. 一年后，他们有了一个白胖的小子。

c. 一年后，他们有了一个又白又胖的小子。

例中的"白白胖胖"充满了说话人的爱抚，虽然"白白胖胖"是"又白又胖"的意思，其基本意义与"白胖"相同，可是感情色彩不同；"又白又胖"，描写多于爱抚，"白胖"限定重于爱抚，都不及"白白胖胖"更能表达他们对"小子"的爱抚之情。

3.2 利用 AABB 重迭来摹状、拟声、绘色、拟人。比如：

(38) 他(张老师)的衣裤明显地旧了，但非常整洁，每一个纽扣都扣得规规矩矩，连制服外套的风纪扣也一丝不苟地扣着。

刘心武《班主任》

作者选择了"规规矩矩"一词，描写了一位衣着朴素、容貌整洁、一丝不苟、认真负责的班主任，寄寓了作者的深情。又如：

(39) 那些像初放的花朵一样的青年学生叽叽喳喳地议论起来了。

徐迟《哥德巴赫猜想》

(40) 小园草地里的小虫琐琐屑屑地在夜读。

钱钟书《围城》

(41) 生产队的这片毛豆嘟嘟噜噜结满了豆角。

高盐《丁兴国当家》

(42) 高压电线，大大小小的渠道，就把一丘丘的稻田"焊"得结结实实。

高盐《丁兴国当家》

3.3 利用重迭表示动作的延续、轻松等，比如：

(43) 右脚更难了，不断地装装脱脱，增增减减，尝试又尝试。

郑丰喜《汪洋中的一条船》

(44) 我企图向前走时，就像初学溜冰的人，更像踩高跷的人，摇摇摆摆，跌跌撞撞。

郑丰喜《汪洋中的一条船》

上例中的"装装脱脱、增增减减","摇摇摆摆、跌跌撞撞"等,在一个句子中,通常是两个 AABB 连用,表示动作的延续反复,或者一会儿这样、一会儿那样,含有轻松或轻微的意味。

3.4 利用 AABB 重迭式进行连用排比,加强或加重语气或气势:

(45) 但我却见过未倒的雷峰塔,破破烂烂的映掩于湖光山色之间……后来我长大了,到杭州,看见这破破烂烂的塔,心里就不舒服。

鲁迅《论雷峰塔的倒掉》

(46) 老栓一手提了茶壶,一手恭恭敬敬的垂着,笑嘻嘻的听。满座的人,也都恭恭敬敬的听。

鲁迅《药》

上例中运用了同语"破破烂烂"和"恭恭敬敬"排比、反复的表现形式,收到了加强语势的效果。

3.5 利用 AABB 重迭式可以表达比喻等生动意义:

(47) 死死生生血未冷,
　　　风风雨雨志弥坚。

(48) 他的脾气坏,我的脾气也不见得好,他和我也常常叮叮当当吵吵闹闹,有炮声隆隆,有雷暴雨。

惠浴宇《记铭璜同志》

上例中的"死死生生"是指累遭厄运,"风风雨雨"比喻历尽艰辛,"叮叮当当、吵吵闹闹"是指意见分歧、经常争论,恰当地运用 AABB 重迭格式,远比一般表述要生动活泼,更富有表现力。

3.6 利用语法手段可以更好地表现 AABB 重迭式的语用功能。

先看下列例句:

(49) a. 小化歪歪斜斜地写了一行字。

　　　b. 小化写了一行歪歪斜斜的字。

　　　c. 那行字小化写得歪歪斜斜的。

　　　d. 小化把那行字写得歪歪斜斜的。

　　　e. 那行字被小化写得歪歪斜斜的。

　　　f. 那行字给小化写得歪歪斜斜的。

从语义上看,以上各例都是同义句,其基本意义如同例(49a)。从语法上说,这是几个不同的句子,是同义异构句。从语用上说,上述各例所传达的信息功能有着微妙的差别。例(49a)的"小化"和例(49c)等的"那行字"称之为话题或主题(topic),例(49a)的"歪歪斜斜地写了一行字"等是评论或解释(comment),其中"一行字"是信息焦点(information focus)。从信息的角度,话题一般代表旧的已知的信息,评论一般传达新的未知的信息,而信息焦点又是诸信息的核心。信息焦点一般都在句子的末尾,为了传达不同的信息焦点,人们常常把一个核心句转换成一系列的变式句,比如例(49a)中的末尾"一行字"是该句的信息焦点,例(49b)把动词前面的"歪歪斜斜的"挪后是为了增加信息的密集度,"一行歪歪斜斜的字"显然比"一行字"的密集度要强;(49c)让"那行字"提前成为话题也是为了使"歪歪斜斜"成为信息焦点。在转换过程中把"一行"改成"那行"是为了变"无定"为"有定"(下同);例(49d)用"把"字把"那行字"提到动词之前,而使"歪歪斜斜的"在后,同样也是为了改变信息焦点,同时也是让宾语"那行字"跟主语"小化"关系更加密切。我以为,这两点是"把"字句主要的语义和语法功能;例(49e)(49f)都是用"被、给"字使宾语"那行字"(信息焦点)提前为主语(话题),这一方面也是为了改变信息焦点——使"歪歪斜斜的"成为信息焦点,另一方面也是为改变说话者关心的对象——使句首名词或名词性短语成为说话人最为关心的对象。比较下列句子也许更为明显:

(50) a. 老师批评了学生。

b. 学生被老师批评了。

例(50a)是一般语序,信息焦点是"学生",例(50b)用"被"使宾语提到主语位置上,变信息焦点为话题,使述语"批评了"成为信息焦点;但同时也是为了突出说话人最关心的对象——"谁"被批评了?学生。我以为,这两点正是"被"字句主要的语义和语用功能。[①] 以上只是列举了用语法手段使 AABB 重迭式成为信息焦点的几种方法,还有些别的,此处从略。

3.7 利用音韵手段也能表现一些成分,包括 AABB 重迭式在内的语用功能。比如:

(51) 大家干干净净地洗了一个澡。

[①] 参见汤庭池《语言学与语文教学》第 90—108 页,台湾学生书局,1981 年。

用重读可以使"大家"成为信息焦点,其目的是为了突出"施事"是谁;如果其中的"干干净净地"仍按一般变调读音,采用的日常说话方式,那么并无改变信息焦点的语用功能,该句的信息焦点仍在句末——"一个澡"。如果其中的"干干净净地"读的是原字调,或者读成重音,"干·干,净·净'地",就是较正式的语体,带有强调意味,因此都成了信息焦点。由此可见,音韵的读法正像有些人说的那样,竟成了改变语句信息焦点的万能手段。

总之,人们选用某种语法手段和音韵手段是为了表现某种语义和语用功能,而某种语义语法和语用功能的表现也必须求助于某种语法手段和音韵手段。因此,分析一个语句或研究某个语法格式,包括 AABB 重迭式在内,很有必要把语法、语义和语用分析结合起来,而且还要充分注意语音的表达形式,只有这样,才能最大限度地揭示一个语句所蕴涵的全部信息。而我们在上面作的只是举例性质,而且过于简单粗略,限于篇幅,需要另作讨论。

主要参考文献

[1] 赵元任　1980　《中国话的文法》,丁邦新译,台湾学生书局。

[2] 龙果夫　1958　《现代汉语研究》,科学出版社。

[3] 朱德熙　1980　《现代汉语形容词研究》,见《现代汉语研究》,商务印书馆。

[4] 朱德熙　1982　《语法讲义》,商务印书馆。

[5] 汤庭池　1979/1981　《国语文法研究论集》,《语言学与语言教学》,台湾学生书局。

[6] 陈文芷　1982　《重迭》,日本《中国语学》第 11 期。

[7] 吕叔湘主编　1980　《现代汉语八百词》,商务印书馆。

［本文原载《南京大学学报(哲学社会科学)》1985 年第 2 期］

AABB 重叠式数题

引言

一般所说的 AABB 重叠式,既不为某一类词所专有,也不是一个单一的语法形式:其语法、语义和语用功能也不大相同:对这一重叠式的性质和范围理解也不太一致:因此很值得进一步探讨。

本文着重讨论 AABB 重叠式的内部构成、结构类型、语法性质、语音特征以及不能进行 AABB 重叠的双音节形容词等问题,至于这一组合的语义、语法、修辞以及语用功能,将在另一篇文章中论述[①]。

一、AABB 重叠式的内部构成

所谓 AABB 重叠式并不为某一类词所专有,可包括如下几类:

A 类:形容词性语素重叠,如,干干净净/漂漂亮亮/堂堂正正/轰轰烈烈等;

B 类:动词性语素重叠,如,嘀嘀咕咕/唠唠叨叨/偷偷摸摸/吵吵嚷嚷等;

C 类:名词性语素重叠,如,山山水水/坛坛罐罐/口口声声/形形色色/婆婆妈妈/朝朝暮暮/日日夜夜/时时刻刻/前前后后/左左右右等;

D 类:数词性语素重叠,如,三三两两/三三五五/七七八八/千千万万/许

[①] 本文曾在 1984 年 7 月延吉"现代汉语(语法)学术讨论会"上宣读过,由于原文较长,经修改后,分为两篇文章:《关于 AABB 重叠式的几个问题》发表于此;另文《略论 AABB 重叠式的语义、语法、修辞和语用功能》已被收入《语法研究和探索》(3),请参看。

许多多等；

　　E类：量词性语素重叠，如，桩桩件件/条条块块/双双对对/点点滴滴/斤斤两两等；

　　F类：副词性语素重叠，如，的的确确/陆陆续续/刚刚巧巧等；

　　G类：拟声词性语素重叠，如，叮叮当当/叽叽喳喳/呼呼啦啦/悉悉沙沙等。

　　以上表明，所谓AABB重叠式，是一种几乎对所有实词词类中的大部分或一部分词都开放的形式，实际上包括两种性质：一是重叠，如A类、B类及F类中的全部或大部；二是连用，如C类、D类、E类及G类中的全部或大部。严格说来，重叠属于词法，重叠后的组合是词；连用属句法，连用后的组合是短语。

　　以上还表明，能够进行AABB重叠或连用的组合两个成分之间，在意义上最初只是相近或相对语素。前者如"干干"与"净净"、"堂堂"与"正正"等；后者如"红红"与"绿绿"等。后来发展为相反语素组合，如"大大"与"小小"、"好好"与"歹歹"等。"这种演进扩展了它表意的外延，加深了它表意的内涵。"[1]

　　以上也表明，仅凭能否进行AABB重叠是不足以区分词类的，也不能以此作为划分词类的标准[2]；不过它仍可以用作参考，而且还应该看到，由于内部结构的不同，常常会影响到外部结构的功能的行使。

二、AABB重叠式的结构类型

　　所谓AABB重叠式并不是一个单一的语法形式，大致可以概括为如下两大类型，在两大类型下面还可以再分若干次类[3]：

　　A型：

　　包括AABB重叠和AABB连用两类。这样的组合只有重叠式AABB，没有AB原式，它的组合方式是：先是A+A，后是B+B，再是AA+BB，联

---

[1] 杨建国《元曲中的状态形容词》，北大《语言学论丛》（九）第165页。
[2] 参见龚继华《谈谈动词和形容词的重叠》，《天津师院学报》1981年1月。
[3] 本节用例曾参照吕叔湘主编《现代汉语八百词》表三，请参看该书第653—658页。

成 AABB,其结构式为:(A+A)+(B+B),简称 AABB₁,(下同),在这一类目下面可再分若干次类。主要有:

A₁型:轰轰烈烈/病病歪歪/松松垮垮/大大小小/哭哭啼啼/鬼鬼祟祟/叮叮当当等。

A₁型组合的特点是：a. 无原式 AB；b. 一般读原字调；c. 重叠的两项意义相近、相对或相反；d. 重叠后的词义表示"既……又……"或"有的……有的……"等意义,如"堂堂正正",是说"既堂堂又正正","大大小小"是说"有的大,有的小",但重叠后又增添了整体意义——描述性,e. 其整体语法功能相当于谓词性的形容词①。

A₂型:进进出出、出出进进/滚滚爬爬、爬爬滚滚/读读写写、写写读读等。

A₂型组合的特点是：a. 无原式 AB；b. A₁和 B₁读原字调,A₂和 B₂读轻声,但较正式语体或强调时可读原字调或重音；c. 重叠的两项都是意义相近的动词；d. 组合的语义表动作的反复和延续而且多少有点儿杂乱,如"进进出出"、"出出进进"是说"一会儿进,一会儿出"或"有的进,有的出",动作反复且有点乱劲儿。虽然也具有描述性,但其整体语法功能仍旧保有动作性,有的还可以带宾语。如:

① 我用心地练字,为的是帮助校长抄抄写写些不要紧的东西。（老舍《月牙儿》）

A₃型:山山水水/子子孙孙/家家户户/朝朝暮暮/里里外外/时时刻刻/条条块块/斤斤两两/点点滴滴等。

A₃型组合的特点是：a. 一般认为是 AABB 连用；b. 一般读原字调；c. 这类名词多少保留一些量词的性质,其数量很少；d. 在语义上表示遍称统括的意思,如"山山水水"是说"每一座山、每一条水",统括而周遍,无一例外；e. 其组合后语法性质仍是名词性的,但多少也带有一些描写性。

A₄型:三三两两/七七八八/千千万万等。

A₄型组合的特点是：a. 一般认为是 AABB 连用；b. A₁和 B₁一般读原字

---

① 关于谓词性的形容词概念请看拙文《"干净"和"干干净净"及其它》,《汉语学习》1982年第 4 期。

调，A_2 和 B_2 读轻声，但在较正式语体或强调时可读原字调或重音；c. 是由两个邻近的数词组合而成；d. 组合后的意义有的喻其多，如"七七八八"等；有的喻其少，如"三三两两"等。多少带有零星不齐的意味，具有描述性。

B 型：

这类组合不仅有 AABB 重叠式，而且都有 AB 原式，它的重叠方式是：先是 A＋A′后是 B＋B′，再是 AA′＋BB′，联成 AA′BB′，其结构式为：（A＋A′)(B＋B′)，简称 $AABB_2$（下同），在这一类目下面可分若干小类，主要有：

B_1 型：道道地地/恩恩爱爱/矮矮小小/安安稳稳/蹒蹒跚跚/曲曲折折等。

B_1 型组合的特点是：a. 都有原式 AB，原式一般能受"很"类副词的修饰；b. 重叠后一般读原字调；c. 在语义上带有估量等色彩，无特殊厌恶或憎恨之义，不能进行 A 里 AB 重叠。

B_2 型：干干净净/颤颤悠悠/地地道道/伏伏贴贴/欢欢喜喜/蹓蹓哒哒/商商量量等。

B_2 型组合特点是：a. 都有原式 AB，原式一般能受"很"类副词修饰；b. 重叠后 BB 读阴平，B_2 可以儿化，带亲昵意味，但在较正式语体或强调时可读原字调或重音；c. 在语义上带有估量等色彩，无特殊厌恶或憎恨之义，不能进行 A 里 AB 重叠。

B_3 型：规规矩矩/和和气气/勾勾搭搭/遮遮掩掩/支支吾吾/踏踏实实/犹犹豫豫/自自然然等。

B_3 型组合特点是：a. 都有原式 AB，原式一般能受"很"类副词修饰；b. 重叠 BB′读阴平，一般不儿化，但在较正式语体或强调时可读原字调或重音；c. 在语义上带有估量等色彩，有的含厌恶或憎恨之义，如"勾勾搭搭"、"支支吾吾"等，不能进行 A 里 AB 重叠。

B_4 型：别别扭扭/糊糊涂涂/结结巴巴/马马虎虎/慌慌张张/冒冒失失/邋邋遢遢等。

B_4 型组合特点是：a. 都有原式 AB，原式可受"很"类副词修饰；b. 重叠后 BB′读阴平，但在较正式语体或强调时可读原字调或重音；c. 在语义上带有估量色彩，有明显的厌恶或憎恨之义，可以进行 A 里 AB 重叠。

B_5 型：古古怪怪/娇娇气气等。

B_5 型的特点是：a. 都有原式 AB，原式可受"很"类副词的修饰；b. 重叠后一般仍读原字调；c. 在语义上带有估量色彩，有明显的厌恶或憎恨之义，可以进行 A 里 AB 重叠。

三、AABB 重叠式的语法性质

所谓 AABB 重叠式并不是一个单一的语法性质，大致有下列四种情况。

1) 规律性组合。这又分两类：第一类是 A 型中的 A_1 型属于此类，如"堂堂正正/鬼鬼祟祟/哭哭啼啼"等。

这类组合只有 AABB 重叠式，在现代汉语中并无原式 AB。从词源上说，先是 A_1 与 A_2、B_1 与 B_2 分别重叠，原先 AA 和 BB 都可以单用，如在《孙子·军争》中就有"无邀正正之旗，勿击堂堂之陈（阵），此治变者也"。《诗·商颂·长发》："如火烈烈"。韩愈《贞女峡》："悬流轰轰射水府。"其中的"堂堂"、"正正"、"轰轰"、"烈烈"都是单用的。在意义上，AA 与 BB 都有些相近、相对或相反的语素；在使用时，只要意义上可以相联就能够连用，久而久之，就形成了一个固定的组合。对于这些定型化了的组合，词典上一般见例就收，不过总量不多。以江苏人民出版社出版的《成语词典》为例，在 7800 余词条里，只收了 17 条，即："沸沸扬扬、唯唯诺诺、熙熙攘攘、兢兢业业、洋洋洒洒、浑浑噩噩、战战兢兢、落落穆穆、匪匪翼翼、轰轰烈烈、堂堂正正、形形色色、口口声声、鱼鱼雅雅、鬼鬼祟祟、三三两两、期期艾艾"，只占该书词条千分之二强，比例甚小。这些组合的历史一般都比较长。有人认为，这类 AABB 不是词法上的重叠，而是句法上的连用（重复），应该是短语，而不是词①。这是有道理的。不过，这是从词源角度考虑的。就现代汉语而言，其结构已比较凝固，不能作延伸式的扩展，其语法功能也相当于一个词。其意义也不等于 AA 与 BB 两个义项的简单相加，已有某种程度的改变。也许其间或有程度上的差别，但从总体上看似乎应该看作词，或者称作词化了的短语（短语词）。

第二类是 B 型中的 B_1 至 B_5 均属此类。这类组合既有 $AABB_2$ 重叠式，又有 AB 原式。我们曾对 216 个可以进行 $AABB_2$ 重叠的 AB 之间的语义关系

---

① 参见董树人《关于 AABB 式重叠的问题》，《语言教学与研究》1982 年第 3 期。

作了分析:意义相近的有 156 例,占 72%;意义相对的有 21 例,占 10%;意义相关的有 39 例(其中支配关系 20 例,连绵词 12 例,附加〈后缀〉6 例,拟声 1 例)占 18%。比较而言,AB→AABB$_2$的能产性较强,且有扩大的趋势。除了一些双音节的形容词不能按 AABB$_2$ 方式重叠外,许多双音节形容词都可以进行 AABB 重叠。这反映了某种规律性,虽然这些规律还不易把握。所以一般词典上只收原式 AB,不收 AABB$_2$ 重叠式。当然也有较多的例外(参见四),但是似乎不能以这些例外否定规律。

2) 连用性组合。A 型中的 A$_2$ 和 A$_3$ 型都属于此类,这类组合不像规律性组合那样凝固。"进进出出"可以说成"出出进进";"桩桩件件"可以说成是"件件桩桩"。AA 和 BB 结合得不是那么紧,甚至可以单用,如:

② 他们一会儿进进,一会儿出出,忙什么?

这类组合与其说是 AABB 重叠,不如说是 AABB 连用。这是句法上的重复,不是形态(构词)上的重叠。但是,也应该看到,由于这类组合的 AA 和 BB 两项意义相近、相对或相反,经常一起连用,在结构上似有日趋固定的趋势。也许正处渐变之中,不过还未完成其质变过程。因此,目前不妨把这类组合仍看成是句法上的连用:是短语,不是词。

3) 类化性组合。这类组合是指,按一般规律本无进行 AABB$_2$ 重叠的可能,但是由于修辞需要或类化作用,而使一些组合类化为 AABB$_2$ 重叠式组合。比如,ABB 组合,在普通话中可以有两个层次:AB/B 或 A/BB。前者如"稳扎/扎、死板/板"。后者如"病/歪歪、羞/答答"等。在我们收集到的 306 个 ABB 组合中,只有 44 例可以有 AABB$_2$ 重叠式,占 14%,其中有 21 例的层次是 AB/B,占了 7%。这一类本有进行 AABB$_2$ 重叠的可能;另有 23 例的层次是 A/BB,占 8%。这一类本无进行 AB 重叠的可能,可是由于类化作用,使得下列组合能够进行 AABB$_2$ 重叠,如"病/歪歪→病病歪歪、胖/墩墩→胖胖墩墩、羞/答答→羞羞答答、昏/沉沉→昏昏沉沉、红/通通→红红通通、急/冲冲→急急冲冲、冷/冰冰→冷冷冰冰、孤/零零→孤孤零零、疯颠颠→疯疯癫癫、颤/巍巍→颤颤巍巍、大/咧咧→大大咧咧"。在某些方言,如在苏州方言中也有"默/出出→默默出出(暗暗的、不声不响的意思)、塌塌/铺→塌塌铺铺(水溢的样子)、噢噢/应→噢噢应应(连声答应)"等。扬州方言中也有"齐/崭崭→齐齐崭崭(很齐)、消/薄薄→消消薄薄(很薄)"。名词也有类似情况:

"花花草草/虫虫鸟鸟"。如："整天都是花花草草、虫虫鸟鸟的，哪有什么心思学习！"这与"山山水水"不同："花花草草/虫虫鸟鸟"是说"又是花儿又是草儿、又是虫儿又是鸟儿"，而"山山水水"是表示遍称统括。这在苏州方言中也有，"半日→半半日日（大半天）"①。所谓类化过程是一种比较过程，根据在两种结构中所见到的相似之点，在不受普遍规则的干预情况下，把一个结构特征赋予另一种结构。上例就属于这种情况，不过其能产性是很弱的。

4）习惯性组合。这类组合是按 $AABB_2$ 重叠方式组合起来的，似乎是AA 与 BB 连用，但在意义上却是习惯性的用法："三三两两、三三五五"言其少，"七七八八/千千万万"谓其多。这种组合能产性极弱，除习惯性的组合外，很难类推。在现代汉语中没有"一一二二、四四五五、六六七七、八八九九"之类的说法。虽然，偶而也能看到这样的例句："三三四四宰头牛，不如独自杀条狗呀！"（高盐《丁兴国当家》，《上海文学》1964 年 4 月号第 14 页）不过，我相信这是修辞用法，或者是方言，普通话恐怕无此说法。

此外，还有一种儿语性组合。比如"爸爸糖糖！""平平饭饭！"前者是刚会说话的孩子向爸爸要糖吃，或者是告诉爸爸我正吃着糖呢！后者是妈妈学着儿童的语言，叫孩子吃饭："平平吃饭啦，快来！"这是儿童在习得语言过程中的一种幼稚的表达方式，但通常小孩一注意到大人并不这么说的时候，他们也就不再用了。② 因此，这不能看作是 $AABB_2$ 重叠式。

四、AABB 重叠式的语音特征

关于 AABB 的读音，《现代汉语八百词》有了较为详细的描述："在口语中 BB 常读阴平调，第二个 A 读轻声，第二个 B 常儿化。"如"慢慢腾腾的（mànmantēngtengde）和干干净净儿的（gānganjìngjing'erde）"，并在"表三"中对 232 个 AABB 的读音逐个做了描写，这成了我们分析读音的根据之一。不过，我们也找了几位北京人核对，发现也略有不同，如"规规矩矩"有人读"guīguijūju"，有人读"guīguījùjude"。有时同一个人也有可此可彼的现

---

① 苏州话的用例是由刘丹青同志提供的。
② 赵元任《中国话的文法》，丁邦新译，112 页。

象,尤其是对能不能儿化,似乎更有任意性:即使在口语中,日常说话或者较正式的语体以及是否强调等因素也不能不加以考虑:如是较正式的语体,字字都得读原字调,不发生音变。

赵元任先生也对 AABB 的读音作过描写:"XXYY 里边的重音,如上所说,是在最后一个音节,哪怕基本形式是第二个字轻声,X·Y。例如:

慌·张→˩慌·慌˩张ˈ张·的(较少见)。ˈ慌·慌˩张·张的。

一个轻声音节恢复重读时,或者用阴平声(不管原来哪一声),或者恢复原来字调(读书人倾向如此)。

清·楚→清ˉ清ˉ楚ˇ楚ˇ·的/清ˉ清ˉ楚ˇ楚ˉ·的

规·矩→规·规·矩ˉ矩ˉ·的/规·规·矩ˉ矩ˉ·的

有时候摇摆不定,如:

糊·涂→糊·里˩糊ˈ涂(du)/˩糊·里˩糊ˈ涂(tú)。这是因为 tu 变轻声时会丢掉送气,变成·du,跟 dū 的轻声·du 相同,因而恢复重音就有两种可能了。"[①]

最近,陈文芷先生在日本《中国语学》上(1982)对长达 965 分钟的录音中的 62 次 XXYY(AABB)式的读法作了定量的描写。奇数是用音高测量器(Pitch Extractor)测出的图谱,偶数是声音振谱仪所图谱,实验是在东京外国语大学秋山和仪先生帮助下进行的。根据他们测试的结果,AABB 型的读法分两类:

一类是接近说话的读法,说得较快,四个字几乎不到一秒钟。在四个字当中一般是第一个字重读,最后一个字次之,第二个读轻声,最短,在加重用气时最后一个字字音变得更高、更长。如相声中的"马马虎虎嘛";在一般情况下还是第一个字最高最长,如"哆哆嗦嗦地","哆哆嗦嗦地"在听时感到"嗦"比"哆"高,但从图中看来还是"哆"最高。这也许是由于第二个"哆"已成轻声,第一个"嗦"虽不算轻声,但也是轻读,后面的"地"又是轻声,所以最后一个"嗦"就显得更高了。类似的读法有:偷偷摸摸、慌慌忙忙、快快乐乐、漂漂亮亮(liāng)、邋邋遢遢(lēletēte)、稳稳当当、啰啰嗦嗦、迷迷糊糊(hū)、哼哼哈哈、喊喊啾啾、战战兢兢、嘻嘻哈哈、出出进进、顺顺当当、慌慌张张、

[①] 赵元任《汉语口语语法》,吕叔湘译,第 109—110 页。

哩哩啦啦、硬硬朗朗（lǎngr）等。

　　另一类读法常见于描写语句中，书面较多，读得很慢，四个字差不多都要一秒以上甚至两秒多。四个字中每一个字都保持原有的字调；音长相差也不多，第一个字最高最长，听起来每一个字都是重读，但仔细观察又会发现重读的一般是第一个字，其次是第三个字；类似读法的有：红红火火、滚滚滔滔、安安稳稳、欢欢喜喜、勤勤恳恳、陆陆续续、高高兴兴、地地道道、歪歪斜斜、郁郁苍苍、遮遮盖盖、许许多多、虔虔诚诚、急急忙忙、松松垮垮、敲敲打打、欢欢畅畅等等。①

　　这是迄今为止我们所能见到的用仪器测定的较详细的定量分析，应该是可信的，可供我们在描述 AABB 语音特征时参考。我们更应该利用语音手段来分析一个语句的语义和语用功能，揭示一个语句所蕴涵的信息以及信息焦点。

五、不能进行 AABB 重叠的双音节形容词

　　上文已说，所有 AABB₂ 重叠式都是由原式 AB 重叠而成，但是不能反过来说所有的 AB 原式都能够类推地进行 AABB 重叠。其间的情况相当复杂。虽然从中已经发现了一些端倪，但是尚未找出一些易于把握的规律。目前只能对一些语言事实作些归纳分析。下面都是双音节形容词不能进行 AABB₂ 重叠的例子，其主要类型大致有：

　　1）主谓型的，如"面熟、年轻、性急、眼红、头痛、头疼、眼馋、手软、自爱、自信、自觉"等，这类组合两个语素之间是陈述与被陈述关系，可以受"很"类副词修饰。在语义上，如"眼红、手软"等都已专门化了，意义已转义。在我们所见到的例子中，能进行 AABB₂ 重叠的一般都是些在意义上相近和相对的语素，从未发现过主谓型的组合进行 AABB₂ 重叠的例子。

　　2）偏正型的，如"内行、外行、偏心、可爱、可气、可笑、可憎、可欺"等，AB 两个语素之间是修饰与被修饰关系，可以受"很"类副词修饰。在语义上，这类组合多少也有点转义；这似乎与能进行 AABB₂ 重叠的一些组合不同。在

---

　　① 见陈文芷《重叠》，日本《中国语学》，1982 年，第 130—133 页。

我们所见到的例子中,并未发现过这类组合进行 AABB$_2$ 重叠的例子。

3) 述宾型的,如"有用、见外、着急、伤心、生气、没趣、无趣、无聊、无赖、无能、无用、无耻、无谓、无情、无礼、无义、知趣、知足、识相"等,AB 两个语素间是支配与被支配的关系,可以受"很"类副词修饰。在我们见到的例子中,偶而也能找到能进行 AABB$_2$ 重叠的例子,如"含糊、含混"等,但是很少,多数不能重叠。

4) 联合型的,如"美丽、严肃、严厉、优秀、光荣、荣耀、善良、庄严、伟大、英明、光明、幸福、困难、艰巨、活泼、勇敢、聪明、明亮、高明、清洁、灵活、空虚、空灵、气愤、危险"等,虽然这类组合都是由相近的语素组成,按一般情况是可以重叠的,但是,由于这些组合常含有较正式的意味,在日常的说话中不常说或者说得不多,至少在开始时常常用于书面或正式的语体,也许这些就是不能进行 AABB$_2$ 重叠的原因。

5) 由名词转来的,如"礼貌、宝贝、宝贵、科学、英雄、道德、规范、派头、气派、幽默"等,这类组合都是较晚加入形容词行列的,虽然都可以受"很"类副词修饰,但仍可以用作名词。也许这也是不能进行 AABB$_2$ 重叠的缘故。

6) 不能受"很"类副词修饰的,如"通红、喷香、煞白、雪白、漆黑、瓦蓝、碧绿、冰凉、鲜红、笔直、冰凉、稀烂、贼亮、雪亮、精光"等。这类组合因其本身含有估量性质,跟一般复合形容词不同,在语义上已不允许进行词法上的 AABB 重叠,却可以进行 ABAB 句法上的重复,如"通红通红、冰凉冰凉"等可使估量的程度加深。我以为这类 ABAB 重叠的性质似乎已经接近于句法上的连用。

7) 一些借词(主要源自日语),如"积极、消极、主观、客观、悲观、乐观"等,这类组合能受"很"类副词的修饰,历史较短,开始多用于书面语言,不能进行 AABB 重叠[①]。

8) 双音节的"非谓形容词"如"共同、主要、慢性、新生、大型、袖珍、同步"等,这类组合不能受"很"类副词的修饰,历史很短,多用于书面语言,也不能

---

① 参见汤庭池《国语句法中的重叠现象》,见《国语文法研究论集》第 121—123 页,台湾学生书局 1979。

进行 AABB 重叠[①]。

主要参考文献

陈文芷　1982　《重叠》,日本《中国语学》第 11 期。

龙果夫　1958　《现代汉语研究》,科学出版社。

吕叔湘　1980　《现代汉语八百词》,商务印书馆。

汤庭池　1979　《国语文法研究论集》,台湾学生书局。

　　　　1981　《语言学与语言教学》,台湾学生书局。

赵元任　1980　《中国话的文法》,丁邦新译,台湾学生书局。

朱德熙　1980　《现代汉语形容词研究》,见《现代汉语研究》,商务印书馆。

朱德熙　1982　《语法讲义》,商务印书馆。

[本文原载于《语言研究集刊》(二),江苏教育出版社,1988 年]

---

① 此文写成后看到李大忠在《不能重叠的双音节形容词》一文中,也做了较详细的描写,可参考。见《语法研究和探索》(2)第 207—223 页。

"干净"和"干干净净"及其它

一

1.1 "干净"和"干干净净"一般都认为是形容词,但是它们在许多方面存在着对立,实是代表着形容词的两类。两者的差别分别是由原形和重迭式显示出来的:在语义上,原形表示性状本身,重迭式表示性状的分量、程度和估价,在语法上,原形的语法功能类同体词,可以称之为体词性的形容词;重迭式的语法功能类同谓词,可以称之为谓词性形容词。这些差别表现在句法结构中,则具有不同的选择性,其分布也是对立的。

1.2 "干净"和"干干净净"所表现出来的对立,很能反映形容词的一般情况。这表明在现代汉语形容词的内部确实存在着对立的两类:体词性的形容词和谓词性的形容词。这就构成了现代汉语性状范畴的二元性。[①] 不过,它们的对立并不是绝对的,在一定的条件下是可以转化的。为行文方便,有时我们把"干净"类形容词称为 A 类,把"干干净净"类形容词称为 B 类。

1.3 A 类形容词和 B 类形容词也有其共性:在时间上或程度上都存在着潜在的可变性和易变性,因此它们仍属一个大类——形容词。

1.4 本文主要讨论"干净"和"干干净净"的分布及其选择性问题。为使问题展开,有时也论及形容词问题,但是并不是本文的重点。

[①] 参见龙果夫《现代汉语语法研究》第 164 页。

二

2.1 "干净"和"干干净净"的分布在许多方面是对立的。彼此在跟别类成分结合时的选择性也是很强的。主要表现在以下几个语境。

2.2 在定语位置上：

(1) 这是一件干净衣服。

(2) *这是一件干干净净衣服。

例(1)中的"干净"可以自由地修饰名词,而例(2)中的"干干净净"则不能。"干干净净"若要修饰名词,就必须借助于结构助词"的"。如：

(3) 这是一件干干净净的衣服。

这是因为,"干净"的语法功能类同体词。体词在现代汉语中是最宜于修饰名词的；"干干净净"的语法功能类同谓词,完全的谓词在现代汉语中一般是不能修饰名词的。"的"的作用在于消除"干干净净"的谓词性,使其获得体词的资格。名词能够修饰名词这是汉语的显著特点。其实,几乎所有的谓词或谓词性的结构在加上结构助词"的"之后都能够自由地修饰名词。如：

(4) ……老栓便把一个**碧绿的**包,一个**红红白白的**灯笼,一同塞在灶里……

(5) 眼里闪出一种**攫取的**光。

(6) **做好这项工作的**一环,是在党内普遍地深入地进行一次教育。

(7) 驼背五少爷的话还未完,突然闯进了一个**满脸横肉的**人。

(8) **自己能作的**事情不应推给别人。

(9) 我国运动员在第九届亚运会中,取得了**金牌总数第一的**优异成绩。

(10) 那是**在很久以前发生的**事情。

例(4)中的"碧绿"和"红红白白"是 B 类形容词,例(5)中"攫取"是动词,例(6)中的"做好这项工作"是述宾结构,例(7)中的"满脸横肉"是以名词性成分充当谓语的主谓结构,例(8)中的"自己能作"是以动词性成分充当谓语的主谓结构,例(9)中的"金牌总数第一"是以数量成分充当谓语的主谓结构,例(10)中的"在很久以前发生"是以动词为中心语的偏正结构。如果没有结构助词"的"的加入,上述成分是不能充当定语的。"的"是使一些谓词或谓词的结构取得定语资格的决定性因素,这并不是如同某些先生所说的那样,它不是必不可少的标志。

2.3 在状语位置上:

(11) *干净过个年。

(12) 干干净净过个年。

例(11)中的"干净"不能充当状语,而例(12)中的"干干净净"则可以。这跟A类和B类形容词本身的性质及其语义功能有关。在现代汉语中,体词的成分因其本身不能有效地说明被修饰的动词的情态(modality),所以不能充当状语;而"干干净净"因其本身含有性质状态的程度和估价,它能够有效地说明被修饰的动词的情态,因而可以充当状语。要使"干净"充当状语,必须借助于结构助词"地"。如:

(13) 干净地洗了一个澡。

其实,有许多通常不能充当状语的成分,只要加上结构助词"地",就可以获得状语的资格。如:

(14) **形式主义**地看问题。

(15) **碗儿盘儿**地放满了一桌子。

(16) **有计划**地解决问题。

(17) **一把眼泪一把鼻涕**地哭起来了。

(18) 他把书**理得整整齐齐**地放在书架上。

(19) **你一言我一语**地说开了。

(20) **手把手**地教他写字。

例(14)中的"形式主义"是名词,例(15)中的"碗儿盘儿"是并列结构,例(16)中的"有计划"是述宾结构,例(17)中的"一把眼泪一把鼻涕"是并列结构,例(18)中的"理得整整齐齐"是述补结构,例(19)中的"你一言我一语"是并列结构,例(20)中的"手把手"是主谓结构。如果不加结构助词"地",上述成分一般是不能充当状语的。"地"是使某些成分能够显示被修饰的动词情态的决定性的因素。

附带说明,"干净"和"干干净净"的对立还表现在接受"很"类副词修饰的选择性上。如:

(21) 这件衣服很干净。

(22) *这件衣服很干干净净。

例(21)中的"干净"可以受"很"类副词的修饰,"干净"因此而增添了程度和估价的意义;而"干干净净"因其本身已含有估价的色彩,在语义上不再容许接受表程度的"很"类副词的修饰。

2.4 在补语位置上:

(23) 这件衣服洗得干干净净

(24) ?这件衣服洗得干净。

(25) 这件衣服干净极了。

(26) *这件衣服干干净净极了。

(27) 这件衣服干净得很。

(28) *这件衣服干干净净得很。

(29) 这件衣服洗得很干净。

(30) *这件衣服洗得很干干净净。

(句首问号"?"表示需要一定语境才能成立的句子。下同。)

例(23)中的"干干净净"是程度补语,例(24)是歧义结构:一是表示可能式,"洗得干净"是说能洗干净,二是表示程度,"干净"充当"洗得"的补语,但是这种句子不常说,需要对比着说的语境。如果在"干净"前加副词"很",如例(29),则是一个自足的句子。顺便指出,"干净"和"干干净净"的对立也表现在带补语时的选择性上。例(25)中的"干净"可以带程度补语"极了",而例(26)中的"干干净净"则不可以。例(27)中的"干净"后面可以带"得很",而例(28)中的"干干净净"则不可以。例(29)中的"很干净"可以出现在"洗得"后面,而例(30)中的"干干净净"则不可以。这也只能从语义上进行解释:因为"干净"只表示性状本身,在语义上能容许再带表程度的补语;"干干净净"本身因已带有表性状的估价意义,所以,在语义上就不再容许带表程度的补语了。

2.5 在谓语位置上:

(31) ?这件衣服干净,(那件衣服脏)。

(32) 这件衣服干干净净。

例(31)中的"干净"充当谓语是不自由的,必须有对比着说的语境;虽然这

个对比的句子有时是显现的,有时是潜在的。如果具体语境能显示其对比条件时,"干净"也能独立地充当谓语。如:

(33) 哪件衣服干净?——这件衣服干净。

(34) 这件衣服干净还是那件衣服干净?——那件衣服干净。

(35) 这件衣服干净吗?——这件衣服干净。

如果在"干净"前加副词"很",则可以不借助于具体语境而独立地充当谓语。如:

(36) 这件衣服很干净。

"副词'很'既起着词汇作用,也起着语法作用,这种语法作用就是把不完整的词组变成完整的、独立的句子。"①"很"表示形态,即表示"干净"的程度。"很"类副词是使"干净"类形容词获得完全的谓词资格的主要手段,是使句子取得述谓性(predication)的决定因素,是使句子成为句子的最本质的东西。② 例(32)中的"干干净净"是完全的谓词,它既可以表示述谓内容,又可以表示述谓性,所以,可以不借助于副词"很"而独立地充当谓语。有趣的是,如果在已含有估价意义的"干干净净"类形容词前面加上"很"类副词,反而会取消其句子的合法性。如:

(37) *这件衣服很干干净净。

2.6 在宾语位置上:

(38) 小化爱干净。

(39) *小化爱干干净净。

(40) 小化喜欢干净。

(41) *小化喜欢干干净净。

这表明,"干净"可以充当动词的宾语,这是 A 类形容词的一般语法功能;"干干净净"不能充当宾语,这也是 B 类形容词的一般语法功能。

2.7 在可能式结构中:

(42) 这件衣服洗得干净。

(43) 这件衣服洗不干净。

---

① 参见龙果夫《现代汉语语法研究》第 149 页。

② 详见《论句子的本质与系词"是"》,《南京大学学报》1980 年第 3 期第 101—102 页。

(44) *这件衣服洗得干干净净。

(45) *这件衣服洗不干干净净。

例(42)(43)中的"干净"可以出现在可能式的结构中,"洗得干净"是说"能洗干净","洗不干净"是说"不能洗干净",表示预测性的可能与不可能。例(44)中的"干干净净"不是表示可能式,而是表示程度的补语,因此,在可能式的格式中它不是合法的句子,它不可能有对应的否定形式。这从例(45)的否定式中可以得到证明。

2.8 在疑问句式中:

(46) 这件衣服洗得干净洗不干净?

(47) 这件衣服洗不洗得干净?

(48) 这件衣服能不能洗干净?

(49) 这件衣服洗干净不能?

(50) 这件衣服洗得干净不?

(51) 这件衣服洗得干净吗?

(52) 这件衣服能洗干净不?

(53) 这件衣服能洗干净吗?

例(46)至(53)中的"干净"既可以出现在表可能式的疑问句中,进行关于预测性的可能与不可能方面的提问;也可以出现在一般疑问句中,进行一般的提问。如:

(54) 这件衣服干净不干净?

(55) 这件衣服是不是干净?

(56) 这件衣服干净吗?

(57) 这件衣服干净不?

可是,"干干净净"类形容词却不能出现在表可能式的疑问句中,不能进行关于预测性的可能与不可能方面的提问。如:

(58) *这件衣服洗得干干净净洗不干干净净?

(59) *这件衣服不洗得干干净净?

(60) *这件衣服能不能洗干干净净?

(61) *这件衣服洗干干净净不能?

(62)? 这件衣服洗得干干净净不?

(63)？这件衣服洗得干干净净吗？

(64)＊这件衣服能洗干干净净不？

(65)＊这件衣服能洗干干净净吗？

"干干净净"类的形容词通常也不能出现在一般疑问句中,不能进行一般的提问。如：

(66)＊这件衣服干干净净不干干净净？

(67)？这件衣服是不是干干净净？

(68)？这件衣服干干净净吗？

(69)？这件衣服干干净净不？

例(62)(63)以及(67)(68)(69)中的"干干净净"是程度补语,并不表示预测性的可能与不可能。在可能式的格式中,它不是合法的句子。例(67)(68)(69)都需要一定的语境才能成立。有些句子,如例(67),只需在"干干净净"后面加上结构助词"的",就可以成为一个自足的句子。如：

(70)这件衣服是不是干干净净的？

三

3.1 从以上论述中可以看出,"干净"和"干干净净"类形容词在定语、状语、补语、谓语、宾语以及其它位置上都是对立的,而且又是那么均匀、有规律。这些对立应该归结为语法功能上的差异,虽然它是以深刻的语义为基础的；但是,我们并不赞成把它归结为语义,就像有的先生所认为的那样。

3.2 从以上论述中也可以说明,"干净"和"干干净净"类形容词在与别类成分结合时,结合者与被结合者之间存在着选择性。比如,干净类的形容词可以与"很"结合,而"干干净净"类的形容词则不能,等等。这就是说,这两类形容词在外部结构关系中彼此具有选择性。我们把 A 类和 B 类形容词能够跟别类成分形成的结构关系看成是一种同现关系（cooccurrence relation）或选择关系（selectional relation）。如果违反这种选择限制（selection restriction）,就会不合语法；如果它以句子形式出现,则看成是一种不合法的句子,概以星号"＊"标示。对于 A 类和 B 类形容词的选择性,我们既可以从语法上加以考察,更可以从语义上加以描述。本文侧重于语法方面。当然,这只是初步的探讨,若要更加深入就会遇到很大的困难:"要想使'选择性'在语法书上见于实用,就得编成某一语言的全部词汇,在每一个形式之后注明它所属的类。"①这就不是某个个人或某一篇短文所能胜任的了。

3.3 为了清晰地表述"干净"和"干干净净"类的形容词的分布及选择性,特制图显示于后(见第12页附表)。

3.4 扩大地说,所谓体词性形容词,我认为,似乎可以包括如下几类:1. 原式:A. 单音节的,如"真、假、错、大、红、快"等;B. 双音节的,如"干净、大方、规矩、胡涂"等。2. 无重迭式的:A. 述宾式的,如"有用、无聊、没趣";B. 偏正式的,如"外行、偏心、可爱、难受、不利"等;C. 主谓式的,如"面熟、年轻、性急、眼红、眼馋、头痛、手软"等;D. 由名词转为形容词的,如"礼貌、宝贝、科学、现实"等;E. 借词(向日语),如"积极、消极、主观、客观"等;F. 由同义语素组成的并列式合成词,如"灵活、空虚、美丽、伟大、庄严、勇敢"等。3. 非谓形容词:A. 单音节的,如"男、女、雌、雄、正、副、横、竖、单、夹"等;B. 多音节的,如"个别、共同、主要、新生、慢性、袖珍、大型、彩色、同步、稳相、多年生、无记名、多弹头"等。

所谓谓词性形容词,我以为,似乎可以包括以下几类,1. 重迭式:A. AA式,如"小小儿、远远儿、轻轻儿、快快儿"等;B. ABB式,如:"年轻轻、火辣辣、甜蜜蜜、孤单单、酸溜溜、乱哄哄、慢腾腾、热呼呼、甜丝丝、硬梆梆、乱糟糟、红通通、干巴巴、黑漆漆、胖嘟嘟、凉冰冰"等;C. AABB式,如"干干净净、老老实实、勤勤恳恳、轰轰烈烈、堂堂正正、密密麻麻、花花绿绿"等;D. A里AB式,如"糊里糊涂、古里古怪、荒里荒唐、迷里迷糊、马里马虎、肮里肮脏、小里小气、流里流气、土里土气、俗里俗气、傻里傻气、妖里妖气、怪里怪气"等;E. ABAB式,如"舒服舒服、轻松轻松、高兴高兴、痛快痛快、冰凉冰凉、鲜红鲜红、笔直笔直、喷香喷香、稀烂稀烂、贼亮贼亮、精光精光、雪白雪白、漆黑漆黑"等。2. 不能受"很"类副词修饰的双音节形容词,如"通红、冰凉、笔直、鲜红、雪白、漆黑、稀烂、贼亮、精光、喷香"等。3. 唯谓形容词,如"容易、

---

① 赵元任《汉语口语语法》,吕叔湘译,第8页。

"干净"和"干干净净"及其它　　・199・

多、少、对"等。①

　　必须说明,在所谓体词性形容词和谓词性形容词及其各类内部,情况是非常复杂的,其语法和语义功能很值得研究。这篇短文只是顺便论及,希望今后能有续篇探究。

（本文原载于《汉语学习》1984年第4期）

---

①　本节曾参考:1.朱德熙《现代汉语语法研究》第3—5页;2.汤庭池《语言学与语言教学》第9—11页,台湾学生书局,1981年;3.吕叔湘《汉语语法分析问题》第38—39页。

"干净"和"干干净净"类形容词的分布表

位置	语法功能	干净类（A类）	干干净净类（B类）
定语	无"的"能作定语	+	
	无"的"不能作定语		+
	加"的"能作定语	+	+
状语	无"地"能作状语		+
	无"地"不能作状语	+	
	加"地"能作状语	+	+
	不受"很"类副词修饰		+
	能受"很"类副词修饰	+	
补语	不能作程度补语	+	
	能作程度补语		+
	加"很"能作程度补语	+	
	加"很"不能作程度补语		+
谓语	不能自由作谓语		+
	能自由作谓语	+	
	加"很"能自由作谓语	+	
	加"很"不能作谓语		+
宾语	不能作宾语		+
	能作宾语	+	
可能式	不能组成可能式结构		+
	能组成可能式结构	+	
疑问句式	不能出现在表可能的疑问句中		+
	能出现在表可能的疑问句中	+	
	不能自由出现在一般疑问句中		+
	能自由出现在一般疑问句中	+	

论"自己"的性质以及与之相关
成分之间的语义关系

摘要：本文拟用支配和约束理论的某些思想和方法，但又不拘泥于一家之说，试图从语义上解释"自己"的性质以及与之相关成分之间的语义关系，并探讨"自己"、"N 自己"作为一个主目（NP）充当题元（主语、宾语）的情形。

0 引言

0.1 "自己"普通话读 zìjǐ,在汉语方言中有的还有不同的读音及其汉字书写形式。[①] 尽管如此，"自己"却是汉语中超方言的普遍存在的事实，其性质与功能也颇为一致。

0.2 所谓反身代词，也是世界上很多语言所共有的现象，比如，在英、德、法、俄、日等语言中都是普遍存在的。虽然它们的语音形式不尽相同，可是在基本方面彼此也是共通的。

0.3 因此，所谓反身代词的现象很自然地就成为我国和世界上许多语言学家所关心的热门话题。最新的发展是，许多语言学家利用几十种语言中包括反身代词在内的语言材料，来检验支配和约束理论（The theory of government and binding,简称管约论 GB),并且已经取得了可喜的效果。[②]

0.4 本文拟用管约论的某些思想和方法，但又不拘泥于一说，试图从语义上解释"自己"的性质以及与之相关的成分之间的语义关系等，并探讨"自

[①] 详见《汉语方言词汇》第 407 页，文字改革出版社。

[②] 关于管约论，可参阅：a,徐立炯《管辖与约束理论》《国外语言学》,1986 年第 2 期；b,赵世开《语言结构中的虚范畴》,《中国语文》,1986 年第 1 期,等等。

己"或"N 自己"作为一个主目(NP)充当题元(主语、宾语)的情形。

1 关于"自己"的性质以及与之相关成分 N 之间的语义关系

1.1 关于"自己"过去讨论得很多:有的把"自己"叫作"复指代词";[1]有的称为"人称代词";[2]有的谓之反身代词;[3]有的则叫作"反身代名词"。[4] 对于"N 自己"的关系,有的说是"复指关系";[5]有的叫做"同位性偏正关系";[6]有的称为"指称关系"[7]等。这些看法对认清"自己"的性质以及先于它的名词之间的语义关系是有帮助的。

1.2 "自己"通常与它前面的 N 同时出现,N 与"自己"之间存在着照应关系(anaphora);N 是先行成分或先行语(antecedent),"自己"是照应成分或照应语(anaphor);N 与"自己"之间存在着照应与被照应关系。因此,似乎可以把"自己"看作照应词,把"N 自己"看成是照应关系。所谓照应词可以定义为是一个缺乏独立所指关系的范畴,[8]即"自己"一词本身缺乏确定的、独立的意义,其意义是由它前面的成分 N 决定的。比如:

(1) 我自己再也不相信他们会尊重我的人格。
(2) 你们自己不去争取,能怪谁呢?
(3) 他们自己说不希罕这个嘛!
(4) 人家自己才不要呢,为的是大家啊!

从上例可见,"自己"前面的 N 如果是表示自称、对称、他称的单数和复数的人称代词,如"我/咱,我们/咱们;你/您,你们/您们;他/她,他们/她们;别人,人家,大家,大伙儿"等,那么"自己"的所指就是上述人称代词所含。倘若"自己"前面的 N 是表人的名词或拟人化的名词,那"自己"的所代则是上

---

[1] 王力《中国现代语法》第 208—209 页,商务印书馆,1985 年。
[2] 丁声树《现代汉语语法讲话》第 141、146 页,商务印书馆,1961 年。
[3] 高名凯《汉语语法论》第 142 页,商务印书馆,1986 年。
[4] 黄宣范《汉语语法》第 130—132 页,台湾文鹤出版有限公司,1983 年。
[5] 王力《中国现代语法》第 208—209 页,商务印书馆,1985 年。
[6] 朱德熙《语法讲义》第 83、144 页,商务印书馆,1982 年。
[7] 黄宣范《汉语语法》第 132 页,台湾文鹤出版有限公司,1983 年。
[8] 参看黄正德《汉语生成语》第 127 页,宁春岩等译,黑龙江大学科研处,1983 年。

述名词所指。比如：

(5) 小白玉霜自己简直不敢相信眼前的一切。

(6) 三兄弟自己就是楼房的设计者。

(7) 荣誉自己是不会跑来的。

总之，在"自己"前面的 N 既可以是表人称的代词，也可以是表人或拟人化的名词；既可以是单个名词，也可以是名词短语。在语义上 N 与"自己"同指，但是两者的关系是 N 约束着"自己"，而不是相反。当然，"自己"作为一个词不可能没有意义，它表示某人发出的动作和行为的主方是自身、本人，与别人相对待，意义相当虚灵。

1.3 汉语的"自己"与汉语的人称代词很有相似之处，人称代词跟它所代的 N，跟"自己"与 N 的关系一样，都存在约束关系：N 制约人称代词，无 N 则无人称代词，N 与人称代词之间也是同指关系。不过，在表层表现时，N 与"自己"可以同现，也可以只出现"自己"，而 N 隐含于其间；可是人称代词，在通常情况下，不能与 N 同现。下列用例似乎不能作为 N 与人称代词同现的例证：

(8) 孩子，你醒醒吧，别睡了！

(9) 大叔大婶，咱们快走吧！

的确，N 与人称代词在深层语义上存在隐含关系，例(8)中的"孩子"与"你"和例(9)中的"咱们"与"大叔大婶"均系同指，在意义上也有强调意味，但在语法上却没有直接关系：N 作呼语，人称代词则作主语；在语音上，N 与人称代词之间必须有较大的停顿，在书面上要用逗号隔开。所以，"自己"与人称代词的性质是不尽相同的，硬要把"自己"合在人称代词一类，似乎有些勉强。

1.4 汉语的"自己"与英语的反身代词也不大一样：汉语的"自己"可以与先于它的 N 同时出现，也可以单独出现；而英语的反身代词只能以词的整体形式出现，如 myself、yourself、himself、herself、itself、ourselves、yourselves、themselves 等，在书写形式上 my 与 self、our 与 selves 等必须相连。因此，人们把它看作一个词是合理的；因为英语同时还有 we ourselves 之类的短语存在。在用法上汉语与英语也有差别：汉语的"自己"可以充当主语、宾语和定语（下详）；而英语的反身代词由于在意念上主要表示动作回到动作发出者自身，所以其语法功能主要充当宾语，不能充当主语。比如：

(10) He was always ready to help others; he never thought of himself.（他总是帮助别人,从不想到自己。）

也可以充当同位语,用以强调前面 N。其位置可以在 N 之后,也可在句子的末尾。比如:

(11) We ourselves will build the bookshop.（我们自己将建造这个书店。）

(12) I fixed the T.V. set myself.（我自己修理好了这部电视机。）

(13) I went there all by myself.（我自己去那儿的。）

通过以上粗略的比较,可以看出用反身代词指称汉语的"自己",似乎也欠周全。

1.5 至此,我们可以把 N 与"自己"语义关系定义如下:

① α 支配(c-command)β;

② α 与 β 同指标(即 α、β 指同一客体)。

这里说的 α 支配 β,在本例中是指 N 制约着"自己"。"自己"必须跟先于它的成分 N 共指同一对象。N 与"自己"的关系是同位性的。N 和"自己"都是定位成分:N 的位置永远在前,"自己"的位置必定在后。在表层表现时,表现为"N 自己",在意念上表示动作行为的主方或所及对象是某人自身/本人。我们把"N 自己"同时出现的形式称为全称性的强式,记为:"N 自己";有时 N 是隐含的,仅以"自己"出现,在意念上仅表示动作行为的主方只是自身/本人,与他方、别人相对待,不特别强调某人。我们把只出现"自己"的形式叫做非全称性的弱式,记为:"[Ne]自己"。符号[e]代表虚范畴或空语类(empty category)(下详)。不论是强式或弱式,"自己"跟先于它的成分 N 都具有同指关系,对于具有同指关系的两个成分,均可用 i 作为标引符号,如遇多个复杂的同指关系,也可用 j、k 作为标引符号。比如:

(14) a,[s 小化 i 喜欢自己 i]

b,[s 小化 i 喜欢他 j]

c,[s 小化 i 喜欢妈妈 j]

(15) a,[s̄ 妈妈 i 说[s 小化 j 喜欢自己 j]]

b,[s̄ 妈妈 i 说[s 小化 j 喜欢她 i]]

c,[s̄ 妈妈 i 说[s 小化 j 喜欢弟弟 k]]

上例中的同标关系非常清楚：例(14)a中"小化"与"自己"同标引，例(14)b中"小化"与"他"不同标引，例(14)c中"小化"与"妈妈"不同标引；可是这些句子都是合法的，这是为什么？例(15)a中"小化"与"自己"同标引，但与"妈妈"不同标引，例(15)b中"妈妈"与"她"同标引，但与"小化"不同标引，例(15)c中"妈妈"、"小化"、"弟弟"三者都不同标引；可是这些句子又都是合法的，这又是为什么？人们都在探求其中的奥秘与规律。

1.6 管约论试图对上述现象作出解释。乔姆斯基把名词分成三类：

① 照应成分(anaphor)，如"自己"、"相互"等；

② 代词成分(pronominal)，如"我、你、他们"等；

③ 指称成分(R-expression)，如"张三"、"人"等。

根据上述分类，进一步又制订了三条约束原则：

① 约束第一原则(Binding principle A)：照应成分在支配范围内(如 S, NP)受约束(bound)；

② 约束第二原则(Binding principle B)：代词成分在支配范围内是自由的(free)；

③ 约束第三原则(Binding principle C)：指称成分在支配范围内总是自由的。

所谓约束和自由都是逻辑学术语。逻辑中量词约束变项是指：凡是受量词约束的变项称为"约束变项"(bound variable)；不受量词约束的变项称为"自由变项"(free variable)。管约论中所说的受约束是指某个 NP 必须与先于它的另一个 NP 同指。比如例(14)a 中的照应成分"自己"必须与它前面的"小化"同指，例(15)a 中的"自己"也必须与它前面的"小化"同指。管约论中所说的"自由"是指某个 NP 与先于它的另一个 NP 不能同指。比如，例(14)b 中的代词成分"他"在支配范围内必须自由，不能与它前面的"小化"同指；但是不能限制代词成分与支配范围以外的 NP 同指，比如例(15)b 中的"她"就与 S 以外的"妈妈"同指。管约论中所说的"总是自由"是指某个 NP 与先于它的另一些 NP 不论是在支配范围内或支配范围外，都是自由的，不同指。比如例(14)c 中的指称成分"妈妈"与它前面的"小化"以及例(15)c 中的指称成分"弟弟"与 S 内的"小化"和 S 外的"妈妈"总是不同指。这就是说,指称成分不论是在支配范围内或是支配范围外,总是自由的。①

下面再举数例来总结三类 NP 在支配范围内受约束的情形:

(16) $_S[[_S 他_i 忘了自己_i][_S 我_i 也忘了自己_i]]$

(17) $_S[[_S 他_i 不理我_j][_S 我_i 也不理他_j]]$

(18) $_S[中央_i 号召[_S 全国人民_j 都要学习雷锋_k]]$

例(16)体现了在 S 支配范围内约束第一原则,例(17)体现了约束第二原则,例(18)体现了约束第三原则。下面再举些在 NP 支配范围内受约束的例子:

(19) [NP 小李_i 自己_i 买的书]

(20) [NP 小李_i 给他_j 买的书]

(21) [NP 小李_i 给小王_j 买的书]

例(19)体现了在 NP 支配范围内约束第一原则,例(20)体现了约束第二原则,例(21)体现了约束第三原则。

在实际语言中,如果与上述约束原则不合,在一般情况下,这个句子可能是不合法的,或者是难以理解的。比如:

(22) *[_S 小王_i 得罪了自己_j]

(23) *[_S 妈妈_i 批评了她_i]

(24) *[_S 小化_i 狠狠揍了小王_i]

例(22)违反了约束第一条原则,即照应成分"自己"在支配范围内,必须与它前面的"小王"同指,所以该句不合法;例(23)中的代词成分"她"在支配范围内必须自由,而该句的"她"却与"妈妈"同指,这就违反了约束第二条原则,所以不合法;例(24)违反了约束第三条原则,使总是自由的指称成分"小王"与前面的"小化"同指,这就使该句变得难以理解。

1.7 所谓约束原则不仅可以用于解释已经实现了的有形的 NP,似乎也可以解释无形的虚范畴。比如:

(25) [_S 他_i 连自己_i 也不相信 t_i]

(26) a,[_S 他_i 谁_j 都不相信 t_j]

---

① 关于支约论,可参阅:a,徐立炯《管辖与约束理论》,《国外语言学》,1986 年第 2 期;b,赵世开《语言结构中的虚范畴》,《中国语文》,1986 年第 1 期,等等。

　　　　b.[s 他 i 谁 j 都不相信 tj]
　　(27)[s 这个人 i 我们 j 都不了解 ti]
例(25)中的 t 由于照应成分"自己"移位后而留下来的 NP-虚迹(trace,用 t 代表),ti 表示与"他"同指,这符合约束第一原则;例(26)a 和(26)b 中的 t 由于代词成分"他"和"谁"移位后留下的 NP-虚迹,ti 表示与"他"、tj 表示与"谁"同指,这符合约束第二原则;例(27)中的 t 由于指称成分"这个人"移位后留下的 NP-虚迹,ti 表示与"这个人"同指,这符合约束第三原则。

　　1.8　所谓约束原则不仅可以解释语义确定的句子,似乎还可以解释歧义句。比如:
　　(28)[s̄ 老张以为[s 老王在骗自己]]
　　(29)[s̄ 老张以为[s 老王上了自己的当]]
这两句话有歧义,第一种意义是:
　　(30)[s̄ 老张以为[s 老王在骗(老王)自己]]
　　(31)[s̄ 老张以为[s 老王上了(老王)自己的当]]
　　第二种意义是:
　　(32)[s̄ 老张以为[s 老王在骗(老张)自己]]
　　(33)[s̄ 老张以为[老王上了(老张)自己的当]]
　　如果是第一种意义,应该标引为:
　　(34)[s̄ 老张 i 以为[s 老王 j 在骗自己 j]]
　　(35)[s̄ 老张 i 以为[s 老王 j 上了自己 j 的当]]
　　如果是第二种意义,应该标引为:
　　(36)[s̄ 老张 i 以为[s 老王 j 在骗[NPei]自己 i]]
　　(37)[s̄ 老张 i 以为[s 老王 j 上了[NPei]自己 i 的当]]
歧义的产生,究其原因实际上是由于在照应成分"自己"前面有一个虚范畴[NPei]而引起的,如果标出了虚范畴,标上标引符号,歧义就可消除。假如把上例中的照应成分"自己"改为代词成分"他",歧义也自会消除。试比较:
　　(38)[s̄ 老张 i 以为[s 老王 j 在骗[NPei]自己 i]]
　　(39)[s̄ 老张 i 以为[s 老王 j 在骗他 i]]
　　(40)[s̄ 老张 i 以为[s 老王 j 上了[NPei]自己 i 的当]]
　　(41)[s̄ 老张 i 以为[s 老王 j 上了他 i 的当]]

例(39)、(41)中的代词成分"他"根据约束第二原则,在 s 支配范围内,必须自由,不能跟它前面的 NP 同指。上述歧义句倘若译成英语,可以有两种译法,由于所指明确,不会产生歧义:

(42) [s̄ Johni believes [s Tomj is deceiving himselfj]]

(43) [s̄ Johni believes [s Tomj is deceiving himi]]

(44) [s̄ Johni believes [s Tomj has fallen into hisi trap]]

(45) [s̄ Johni believes [s Tomj has fallen into his ownj trap]]

例(42)、(45)中的 himself 和 Tom 以及 his own 与 Tom 都是同指,这符合约束第一原则;例(43)、(44)中的 him 和 Tom 以及 his 和 Tom 必不同指,这与约束第二原则相合。就上述例证而言,梅祖麟教授似乎可以再斟酌一下如下结论:"汉语的自己可以替代近距离的名词,也可以替代远距离的名词,不受上面这条(指约束第一原则——引者)'约束原则'的约束。"①

根据我们对收集到的典型的 204 条例证进行分析,并仔细考察了用第一人称写的《男人的一半是女人》一书有关"自己"的语料,发现所谓约束理论,不仅可以正确地解释既有语义内容、又有语音形式的语料,而且似乎还可以解释虽有语义内容、但无语言形式的虚范畴。许多材料表明,管约论对世界上数十种语料已经作出了令人满意的解释;我想只要审慎地对待管约论,必要时引进个别参数概念,就可能对汉语的研究赋予更大的适应性和更多的解释力。

2 关于汉语的虚范畴

2.1 所谓虚范畴也称空语类,是指语言结构中具有某些特征但没有实际语音的范畴,也就是指那些虽有语义内容但无语音形式的成分。比如:

(46) a 问:你去图书馆吗?
   b 答:[ ]去[   ]。

(47) a 问:你要去电影院吗?
   b 答:[ ]要去[   ]。

---

① 详见梅祖麟《关于近代汉语指代词》,《中国语文》1986 年第 408 页。

例(46)b根据(46)a所提供的语境信息,可以在括号内填上[我]和[图书馆];同理,也可以在例(47)b中括号内填上[我]和[电影院]。例中的空括号就是标示句子里的空位(gap),表示可以出现而没有出现的成分;而填上括号内的那些成分,就是本文要讨论的虚范畴(EC)。从上例可见,虚范畴具有如下三个特征:

① 虚范畴具有语义内容;

② 虚范畴缺乏语音形式;

③ 虚范畴处于一定的句法关系之中。

根据这三个特征,我们来考察一下汉语虚范畴的情况:

(48) [s[NPe]现在讨论一下虚范畴问题]

(49) [s 小李ᵢ厂长 i 说[s[NPei]今天不去了]]

(50) [s 这件事 i 他最清楚 ti]

(51) [s̄[s 我 i 上街][s[NPei]买东西]]

(52) [s̄[s 我 i 感到[s[NPei]有点冷]]

(53) [s̄[s 我 i 觉得[s[NPej]有点怪]]

(54) [s̄ 我买糖 i 给他吃[NPei]]

例(48)(49)中的虚范畴是出于交际的经济原则而省去了的成分,复原后并不影响语义的理解和句子的合法性;例(50)是由于 NP 移位后而留下了虚迹,复原后也不影响语义的理解和句子的合法性;例(51)(52)(53)中虚范畴复原后也无碍于语义的理解和句子的合法性,只是不够简洁;例(54)中虚范畴只隐含于深层关系之中,不能复原,否则就会影响句子的合法性。

2.2 顺便提及,不能简单地把虚范畴等同于省略。从认识来源上说,虚范畴理论可能从省略说中受到启示,但是虚范畴与省略说在理论上、方法上乃至实践上实在不是一回事。两者虽然都讲复原,可是有很大不同:省略是一种可选性的手段,复原后不影响句子的合法性,就例(48)(49)而言,两者恰好相合;而虚范畴却是一种必选手段,复原后的句子不一定合法,如例(54)。此外,省略的复原要根据本句以外的语境,如例(46)和(47),而虚范畴的复原一般是依据本句内的句法关系,如例(53)(54)。①

---

① 参见宁春岩《汉语空范畴研究》,《哈尔滨生成语法讨论会论文集》第71页。

2.3 虚范畴的研究必须从探讨虚范畴的源开始。也就是说,要从无数纷繁复杂的语料中找出能够借助于人们的直觉知识就可以认识和解释含有虚范畴成分的依据。但虚范畴源存在于哪儿呢?它存在于可以用来确定句法关系的具有派生能力的结构之中,而这些只有从大量的语料中才能归纳出来。源的确定多少总带有某种公理的性质,因而不可能做到完全绝对。如果我们把现代汉语的源结构定为 SVO 型,那么就应该把 OSV 看成是派生结构,记为 OiSVOti,这样,SVO 就可以定为源结构。有了这个源结构,人们就可以此为据来认识和解释汉语的虚范畴。这样我们就有了确定汉语句法结构关系和语义结构关系参照物。这就是:

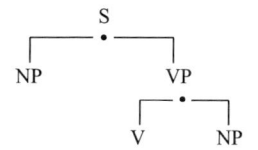

```
        S
       ·
    ┌──┴──┐
   NP    VP
         ·
       ┌─┴─┐
       V   NP
```

树形图上的"·"叫节点(node),根据数学学科上的分支理论,凡是一个节点下面的两个成分都可以对等地进行切分,彼此具有支配与被支配的关系:S 支配 NP 与 VP,可记为:[NP, S]、[VP, S];VP 又可以支配 NP,可记为:[NP, VP]。[①] VP 的位置在线性序列中是固定的、不变的,而 NP 的位置是可以移动、空缺的。这就是虚范畴的源,其它派生结构则是流。试比较:

(55) [S[NP](我)VP[V(认识)NP(这个人)]]
    S   V   O

(56) [S[NPe]VP[V(认识)NP(这个人)]]
    ∅   V   O

(57) [s[NPi](这个人)[NPj](我)VP[V(认识)NPti]]
    O   S   V

(58) [s[NPi](这个人)[NPej]VP[V(认识)NPti]]
    O   ∅   V

例(55)是 SVO 的结构,假定这是现代汉语的结构源,那么例(56)就是流,例(56)中的 S 空位形成了虚范畴[NPe];例(57)中的 O 移位句首,在原 O 位置

---

① 参见宁春岩《汉语空范畴研究》,《哈尔滨生成语法讨论会论文集》第 78 页。

上留下了虚迹[NPti];例(58)中的 S 是空位,这就形成了虚范畴[NPej]。

2.4 根据[±照应性]([±anaphor])和[±代词性]([±pronominal]),乔姆斯基把虚范畴分成四类:一,NP-虚(虚名);二,wh-虚迹(虚疑);三,PRO(虚代);四,Pro(代词)。① 结合汉语的实际情况,我们认为汉语的虚范畴主要似乎有如下三类:

(一)移位虚范畴

这是根据"移位'α'规则"在转换过程中形成的虚迹。必须强调说明:管约论中把过去各种转换规则合并为一条"移位 α"规则(MOVE-α,其中 α 代表某个成分)。这条规定同样适用于语音形式和逻辑形式部分。某个成分移动后,总会留下虚迹,即 NP-虚迹,例如(57)(58)。再如:

(59) [s[NPi](这句话)NPj(他)昨天说了 ti]

根据题元理论(θ-theory),一个题元必须而且只能由一个主目(argument)充当,一个主目必须而且只能充当一个题元。所谓题元相当于传统语法里的施事主语和受事宾语;所谓主目就是充当题元的成分 NP。一个主目只能充当一个题元(主语或宾语),不能既充当主语同时又兼作宾语。NP-虚迹是移位产生的,例(59)中的[NPi](这句话)不是独立题元,必须与虚迹[ti]合起来才能充当题元(宾语),必须受 VP 的支配和约束原则的制约。

(二)省略虚范畴

这是在汉语源结构所固有的位置上因缺少一个主目[NP]而呈现出来的空位。根据一个题元必须由一个主目充当的理论,在源结构位置上如果没有主目成分 NP 出现,就一定有一个虚范畴 NP,其位置既可以在主语位置上,也可以在宾语位置上。被省略的虚范畴有定指省略和泛指省略两种。前者如:

(60) [s 你了解这本书的内容吗]

(61) [s[NPe]₁ 了解[NPe]₂]

例(61)所含有的虚范畴 NP 其所指是有定的:[NPe]₁指"我",[NPe]₂指"这本书的内容"。后者如:

---

① 可参阅:a,徐立炯《管辖与约束理论》,《国外语言学》,1986 年第 2 期;b,赵世开《语言结构中的虚范畴》,《中国语文》,1986 年第 1 期,第 27—28 页,等等。

(62) [s NP PRO 请勿抽烟]

(63) [s̄[S NP PRO 自己动手][S NP PRO 丰衣足食]]

例(62)(63)中大写 PRO 可译为虚代词,它是由基础部分产生的,它是独立的主目,只能充当主语,不受支配也不受约束。PRO 所指是泛指的:"任何人"、"谁",等等。

(三) 隐含虚范畴

这是省略的另一种形式,是指在深层语义结构中含有某人某事,但在表层结构中难以补出或者无补出必要,或者补出后反而会影响句子的合法性,或者不符合说话者的语言习惯。为了与省略虚范畴相区别,故称之为隐含虚范畴。比如:

(64) a,[s̄[s 我 i 请他 j][s[NPej]吃饭]]
  b＊[s̄[s 我 i 请他 j][s 他 j 吃饭]]

(65) a,[s̄[s 我 i 感到[s[NPei]不大舒服]]
  b＊[s̄[s 我 i 感到[s 我 i 不大舒服]]

(66) a,[s̄[s 我挣钱 i][s 给他用[NPei]]]
  b＊[s̄[s 我挣钱 i][[s 给他用钱 i]]

有些结构通过虚范畴的分析,可能获得新的结构信息。如:

(67—a) 戏,唱不过梅兰芳。

它的深层结构可能是:

(68) [s PRO 唱戏唱不过梅兰芳]

通过移位 α 规则,在表层结构中,其语义关系隐含于其间。如:

(67—b) [s 戏 i[s PRO 唱 ti 不过梅兰芳]]

根据我们初步研究,发现虚范畴理论似乎具有很大的解释力,不仅可以解释移位、省略、歧义等问题,而且特别能揭示句子的句法关系和语义关系,并获得新的结构信息。在用于分析汉语时,如引进个别参数概念,则更具有广阔的运用前景。

3 关于"自己"的句法功能

3.1 "自己"是个使用频率很高的词,根据 1807398 字的语料统计,"自己"在四种文体前 4000 词中的使用情况如下：

文体频率	词级等级	词次	频率	分布篇数	综合词次等级
报刊政论	77	55	0.1920	32	57
科普书刊	160	125	0.0633	19	57
生活口语	82	273	0.1713	18	57
文学作品	46	1616	0.2420	106	57

从以上对比中可以看出，"自己"在文学作品中"词级等级"最高，占第 46 位，出现 1616 词次；而在科普书刊中使用频率最低，共出现 125 次，占第 160 位。这表明两种不同的文体对"自己"一词的使用选择是不同的；不过，"自己"在全部语料综合词次等级中却是一样，都是第 57 位。①

3.2 "自己"或"N 自己"都是独立的主目，可以充当题元（主语或宾语）。根据支配理论，主目须受制约：有的 V 只制约一个主目，有的 V 则制约两个主目，有的 V 能制约三个主目。比如：

(69) [s[NP](自己)[V](来)]

(70) [s[NP$_1$](自己)[VP][V(教育)NP$_2$(自己)]]

(71) [s[NP$_1$](他自己)[VP][V(给 NP$_2$(孩子)NP$_3$(一份礼物)]]

例(69)中的 V 只要求一个题元，由一个主目成分 NP 充当；例(70)中的 V 要求两个题元，由两个主目成分 NP$_1$ 和 NP$_2$ 充当；例(71)中的 V 要求三个题元，由三个主目 NP$_1$、NP$_2$ 和 NP$_3$ 充当。如果在某个题元位置上的主目成分 NP 空位，就含有空范畴，就必须用一个主目成分 NP 填补，例见(61)和(63)。

3.3 "自己"或"N 自己"作为一个主目（NP），最主要的句法功能之一是充当主语。在我们收集到的 204 个例子中，"自己"充当主语的有 50 例，"N 自己"有 21 例，"自己"比"N 自己"要多 29 次。"自己"充当主语的用例大都不特别强调动作的主体为某人，但某人却隐含于其间。"N 自己"充当主语则强调动作的主体是某人。

"自己"或"N 自己"充当主语有两种情形：一是充当单句的主语，这又可

---

① 见《现代汉语频率词典》第 963、1046、1123、1202 页，北京语言学院出版社，1986 年。

分单句主语和单句中小句主语两种。其中"自己"充当单句主语 6 次,"N 自己"6 次;"自己"充当小句主语共 12 次,"N 自己"共 5 次。依次如:

(72) [s 自己最了解自己]

(73) [s 人民自己最了解自己]

(74) [s 你不觉得[s 自己也有责任吗]

(75) [s 人们发现[s 当事人自己往往当局者迷]

另一是充当复句主语。这又有四种情况:一是充当复句主句主语,"自己"4 次,"N 自己"2 次;二是充当复句主句中小句主语,"自己"11 次,"N 自己"2 次;三是充当复句中从句主语,"自己"9 次,"N 自己"2 次;四是充当复句从句中小主语,"自己"8 次,"N 自己"4 次。四项相加,"自己"充当主语 32 例,"N 自己"10 例,总计 42 例。依次如:

(76) [s̄[s 自己想吃什么就吃什么][s 我去买]]

(77) [s̄[s 他自己都不急][s 你急什么]]

(78) [s̄[s 他感到[s 自己理亏][s 什么话都不说了]]

(79) [s̄[s 他发现[s 他自己对此道并不生疏][s 也就放心了]]

(80) [s̄[s 说了你也不信][s 自己去那儿看看吧]

(81) [s̄[s 别人怎么劝也不行][s 他自己想通了才没有事儿了]]

(82) [s̄[s 天气转凉了][s 病人感到[s 自己舒服多了]]]

(83) [s̄[s 冬生看到了病历][s 知道[s 他自己活不长了]]]

3.4 关于"N 自己 VP"中的"自己"性质及其切分在下列句子中可能感到麻烦:

(84) 李有才自己,也只能算小字辈……

(85) 他自己烧饭、洗衣服、带孩子。

(86) 他自己没说服……

(87) 你自己也不认识啦?

(88) 他自己去(不用派车)。

(89) 社员们自己打砖坯,自己烧窑,自己砌墙。

有人根据语音停顿、能否插入以及提问方式等把例(84)(85)(86)(87)中的"自己"都看成是名词性的,把例(88)(89)中的"自己"看成是副词性的。也许这也不无道理。

不过,就 N 与"自己"的语义关系而言,正像我们前面所论证的那样,"自己"是个照应成分,按照约束第一原则,它必须跟先于它的名词同指,N 与"自己"是照应与被照应关系。N 与"自己"的位置可以紧紧相挨,也可以相距甚远,夹词、短语乃至小句(clause)于其间,但这丝毫也割不断 N 与"自己"之间语义上的联系,可谓"流水抽刀斩不断"。比如:

(90) [s 他 i 自己 i 什么都懂]

(91) [s 每个人 i 检讨都觉得自己 i 太忠厚]

(92) [s̄[s 搞组织工作的 i,若调进三个名额的干部][s 也把自己 i 的亲属"稍带"进去。]]

(93) [s̄[s 有的同志 i,因工作需要可以乘坐国家的汽车],[s 这是合法的待遇],j[s 但出门时却顺便"捎带"上自己 i 的夫人],[s 因不是专门为她开车],[s 只是顺便"捎带"而已],[s 却也心安理得了。]]

我们认为上述例句中只有一个"自己",其性质是 NP,其语义特征是照应词,与先于它前面 NP 是照应关系。明确了这些,我以为对"N 自己 VP"结构如何切分,似乎不太重要。下列例句可能有如下三种切分法:

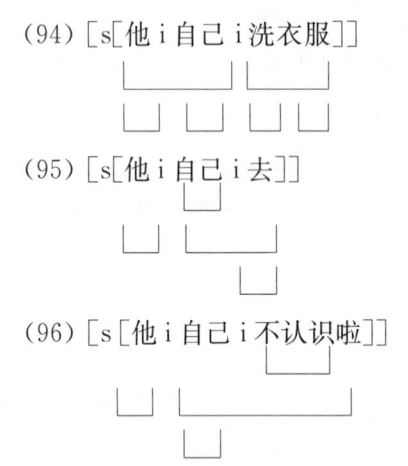

(94) [s[他 i 自己 i 洗衣服]]

(95) [s[他 i 自己 i 去]]

(96) [s[他 i 自己 i 不认识啦]]

不过,例(96)须作解释,按虚范畴理论,例(96)中的"自己"应看作是移位成分,"ti"是移位后留下的虚迹,其标引为:

(97) [s 他 i 自己 i 不认识 ti 啦]

不管如何切分,例(94)(95)(96)中"N 自己"关系是非常清楚的,也许这正是支约论优于直接成分分析法的地方:分析语言的目的不仅在于弄清句子的

句法关系,也许理清句子的语义关系更为重要。比如:

(98) [s[s 我自己穿衣服][s 你别帮助]]

例(98)中的信息焦点可能由于重读而落在"自己"上,"自己"与"穿衣服"似乎成了直接成分,但是有谁能否认"穿衣服"这一动作发出者既是"我"同时又是"自己"呢？确切地说是由"N 自己"共作题元(施事主语)。

引起分歧的另一个原因可能是由于"自己"由"本人/自身"而引申为"亲自"、"独自"、"擅自"、"不依靠别人"等,因而产生了不同的语义变体。这就很容易使人用"亲自"等词去折合"自己",于是认乎其真地把两者等同起来。这种论证方法实在不敢恭维。

基于上述认识,我们把"N 自己"权且看作是一个主目成分 NP,N 与"自己"基本句法功能是合起来共同充当一个题元。在本节例证中,N 和"自己"是同位语,姑且把它们当作主语处理。在附表一和附表二中均统计在主语一栏,事实上有时也不易分辨。特别需要说明的是,这并不表明作者否认"自己"在语用上有时确有强调之意:比如"亲自"、"独自"等,至于语法上如何分割,即是不是状语等问题,不是不可以讨论,但这并不影响理解,似乎无关宏旨。

3.5 "自己"或"N 自己"作为一个主目(NP),另一个主要语法功能是充当宾语[管约论称它为"补语"(complement)]。在收集到的 204 个例句中,"自己"充当单句宾语的有 24 次,"N 自己"有 5 次;"自己"充当复句主句宾语 8 次,"N 自己"1 次;"自己"充当复句中小句宾语 4 次,"N 自己"1 次;"自己"充当复句从句中宾语 18 次,"N 自己"7 次;"自己"充当复句从句中小句宾语 3 次,"N 自己"1 次,合起来总共 72 次。依次如:

(99) [s 他关心别人胜过关心自己]

(100) [s 你拿面镜子照照你自己]

(101) [s[s 你管好自己][s 再管别人]]

(102) [s[s 小刚只顾他自己][s 根本不考虑别人]]

(103) [s[s 我忘了自己][s 他也忘了自己]]

(104) [s[s 他们在旁边看到的是另外一个世界][s 我们在旁边看到的却是我们自己]]

(105) [s[s 他编造了一个故事][s 我觉得[s 他在骗自己]]]

(106) [s̄[s 他一步一步地滑向深渊][s 大家很清楚[s 他在毁他自己]]]

另外，还有"自己"或"N 自己"充当介词宾语的例子：

(107) [s 以自己为中心的工作心态是一种非现代的文化心理]

(108) [s 他把自己跟大家分开]

在"自己"作宾语时，如果主语是人称代词或指人和拟人化名词，宾语在复指主语时，一般不重复前面的那个名词，只用"自己"。试比较：

(109) a，[s 他抱着脑袋反省自己]

　　　b，*[s 他抱着脑袋反省他自己]

(110) a，[s 小张责备自己]

　　　b，*[s 小张责备他自己]

只有强调对比的时候，才能复指前面的名词。如：

(111) [s̄[s 他只批评他自己][s 不说别人一句不是]]

(112) [s̄[s 他只怪他自己][s 一点不怪别人]]

3.6 "自己"或"N 自己"也可以充当定语。根据我们收集到的 204 例语料，"自己"充当单句定语的有 21 次，"N 自己"1 次；"自己"充当复句中主句定语的 11 次；"自己"充当复句从句中主句定语的 27 次；"N 自己"充当复句从句中小句定语的 1 次，合计共 61 次。依次如：

(113) [s 自己常常是自己的对立面]

(114) [s 她自己日子也不好过啊]

(115) [s̄[s 他对自己未来的搭档，一直信心不足][s 所以连头都不肯剃]]

(116) [s̄[s 你自己说的话大概忘了吧][s 可我还记得很清楚]]

(117) [s̄[s 人们不再心惊肉跳了][s 也不怕把名点到自己头上了]]

(118) [s̄[s 你说什么都不行][s 我以为[s 他自己的事被自己弄坏了]]]

总起来说，"自己"和"N 自己"作为一个主目，主要充当主语和宾语；其次是，大部分"自己"要借助于助词"的"，才能充当定语，有的也可不用"的"，如例(117)。为了清晰地了解"自己"和"N 自己"分布情况，特附表于后：

表一 "自己"与"N自己"在句法结构中的分布表

句型功能		主语		宾语		定语		合计
		自己	N自己	自己	N自己	自己	N自己	
单句	单句	6	6	24	5	21	1	63
	小句	12	5			0	0	17
复句	主句	4	2	8	1	11	0	26
	小句	11	2	4	1			18
	从句	9	2	18	7	27	0	63
	小句	8	4	3	1	0	1	17
	合计	50	21	57	15	59	2	204

表二 《男人的一半是女人》中的"自己"与"N自己"在句中的分布

句型功能		主语		宾语		定语		合计
		自己	N自己	自己	N自己	自己	N自己	
单句	单句	1	2		1	9	1	14
	小句	4	2					6
复句	主句	1		4		6		11
	小句	2	2	1				5
	从句	8	2	16	3	18		47
	小句	5	4	3			1	13
	合计	21	12	24	4	33	2	96

主要参考文献

[1] Chomsky, N. 1981 *Lectures on Government and Binding*. Dordrecht: Foris.(修订本,1982).

[2] Chomsky, N. 1982 *Some Concepts and Consequences of the Theory of Government and Binding. Linguistic Inquiry Monograph* 6. Cambridge: MIT Press.

[3] 徐烈炯 1984 《管辖与约束理论》,《国外语言学》第2期。

[4] 赵世开 1986 《语言结构中的虚范畴》,《中国语文》第1期。

［5］宁春岩 1983 《汉语空范畴研究》。

［6］黄正德 1983 《汉语生成语法》，宁春岩等译，黑龙江大学科研处。

［7］Wang Jialing & Justine T. Stillings. 1983 Chinese Reflexives,《哈尔滨生成语法讨论会论文集》第100—109页。

[本文原载于《南京大学学报(哲学人文科学社会科学)》1987年第3期]

对外汉语教学研究

理论性和应用性:理论语法与教学语法的分野

摘要:理论语法与教学语法既有区别又有联系:前者具有前瞻性、创造性和探索性的传统,属理论型的;后者则具有规定性、稳定性和功效性的特质,属应用型的。对外汉语语法教学当属教学语法,其教学与研究理应遵循教学语法的一般原则,并应根据对外汉语教学的特点,加强针对性。

关键词:理论语法;理论性;教学语法;应用性

一

人们对事物的认识总是不断深化的。现在,假如我们审视一下我国现代语法学史上多次重大争论,比如20世纪30年代的文法革新论争,50年代的词类问题的讨论、主宾语问题的讨论,甚至80年代的析句方法问题的讨论等,人们就会发现,在历次讨论中,似乎都没有充分注意到理论语法与教学语法的区别,再加上讨论中政治和哲学因素的干扰,比如把"三品说"跟"拔白旗"挂起钩来,又把汉语词类问题讨论跟进化论联系起来,使得讨论有时变味了。而今,比如80年代的析句方法问题的讨论,由于未受政治干扰,所以讨论双方均可畅所欲言,收获颇多;然而,现在看来,未能清晰地区分教学语法与理论语法这一弊端似乎依然存在。换言之,中国学人,包括本人在内,在这一问题上依稀缺少自觉意识,因而在讨论中就会各说一套,难以形成共识,致使教育界难以择从。潘文国教授在一次发言中大声疾呼,点出问题的症结所在:国外的语法研究,自从上世纪末英国的斯威特以来,非常强调理论语法(或专家语法)与教学语法的区别。一直到今天仍是如此。而我国的语法研究从《马氏文通》开始就有两者混淆起来的趋势,后来的研究者只有黎锦熙注意到了两者的区别。建国以后,两者的相混更是变本加厉,几次语法大讨论,特别是80年代初导致"试用提要"出台的那一次,实际上是语言理论研究对语言教学的冲击,在一定程度上搅乱了在基础教学第一线的教师思想。实践恐怕已经证明,从"暂拟体系"急急忙忙过渡到"试用提要",是弊大于利。[1](p.29)

当然,潘公的宏论是否公允,尚可讨论;可是,潘先生提出应该区分理论语法与教学语法的原则却是十分必要的。这是因为,理论语法与教学语法的学术背景不尽相同,发展历史也不太一样,追求目标和研究方法也各有特点,因此,必须强调各自的特质及其异同,否则就会缠杂不清;同时,在我国讨论教学语法,包括对外汉语教学语法,又不能不跟以黎锦熙先生为代表的教学语法传统联系起来,不然就无法说清历史渊源。我以为有必要作些简要的历史回顾和比较。

二

理论语法隶属于理论语言学(theoretical linguistics),理论语法也叫科学语法、专家语法。理论语言学是研究语言理论的科学,语法只是其中的一部分。其研究起初出于哲学上的兴趣,有的则因哲学上追求而诱发研究语言。我国先秦诸子中曾对名实问题发表过许多议论。比如孔子就论述过命名的重要:"名不正,则言不顺;言不顺,则事不成。"荀子也有《正名》篇,谓:"凡同类同情者,其天官之意物也同","然后随而命之;同则同之,异则异之;单足以喻则单,单不足以喻则兼;单与兼无所相避则共,虽共,不为害矣。知异实者之异名也,故使异实者莫不异名也,不可乱也"。公孙龙子认为物名之间并无必然联系:"物莫非指而指非指。"(《指物论》)老子则把名实问题提高到哲学的高度来认识:"道,可道,非常道;名,可名,非常名。无名,天地之始;有名,万物之母。"(《道德经》)使名实的讨论充满了哲学意味。后来古人时风日渐崇尚实际,注重伦理教化,讲求经世致用,故而此种争论风气未能延宕流长,形成传统。因此,中国没有形成系统的理论语言学。

而西方人则提倡思辨哲学,追求理论目标。辩论之风绵延不断,蔚成风气。富有哲学传统的古希腊人,最早出于揭发思想的神秘,研究人们用"词"

给"物"命名时最先是按性质(phúsei)命名,还是按规定(thése)命名呢？大名鼎鼎的柏拉图和苏格拉底都参加了辩论。按性质论者用类比法,强调语言中的类似性;按规定论者则用反证法,证明语言中的特殊性。这些理论和方法对后世影响甚大,许多争论均由此而生发出来。

后来,法国的笛卡儿及其学派,从良知和理性理解出发,认为研究语言是语法的任务,而语法则依赖于逻辑,语法范畴是逻辑范畴的表现;研究思想是逻辑的任务,而思想则是普遍的,不变的,因而语法也是普遍的,不变的。这就是"理性普遍语法"。[2](pp.58—60) 这又成了乔姆斯基(N.Chomsky)的TG(transformational grammar)理论的哲学来源。当代语法研究强调的共性原则也源于此。

到了19世纪,由于欧洲推行殖民政策,发现了东印度洋新大陆,拉斯克、朴葆和克里木等人把印度语言跟欧洲语言进行历史比较、研究,后来又相继进行各种语言的历史比较研究,认为印度语言与欧洲语言是亲属语言,具有谱系关系。并且,把世界上的语言作了类型分类:孤立语、粘着语、屈折语,但是他们又根据达尔文进化论的观点,把孤立语看成是在语言发展中处于古代型地位,粘着语则处于过渡型地位,而屈折语则处于最高发展型地位。[3](pp.58—83) 显然这些看法是不科学的,因为语言本质上不是自然现象,而是特殊的社会现象。

正当人们迷恋历史比较的时候,在历史比较语言学的营垒中,出现了一位清醒的语言学家德·索绪尔(F. De Saussure),他惊呼,在以往的研究中,人们把太大的地盘让给了历史比较语言学,语言的真正的面貌反而被湮没了,他宣称:"语言学惟一的真正的对象是语言和为语言而研究语言。"这段革命式的宣言发表在索绪尔《普通语言学教程》(1916)结尾部分。该书的问世把理论语言学推向了一个新的历史阶段,标志着结构主义语言学时代的开始。这一学派从欧洲的布拉格、哥本哈根接力地传到了美国。

从1921年开始,由人类学家兼语言学家鲍阿斯(F. Boas)和萨丕尔(E. Sapir)以及李方桂等,在调查北美鲜为人知的印地安人语言田野作业中,形成了美国描写语言学派。该派最早是出于人类学的兴趣,试图保留即将消亡的印地安土著人的语言与文化,并把它们记录在案,制成音档,后来才转向研究语言本身,并且取得了辉煌的成就,对世界语言学的发展起到了巨大的推动作用,甚至影响到整个社会科学。在哲学上,该派信奉实用主义;在语言观上,他们认为,语言是一系列的刺激反应(S→r⋯s→R)行为;从经验的立场出发,他们认为,语言是一个习惯系统,它是按照一定的层次组织起来的线性结构序列;在作业时,他们只分析能够观察到的语言形式——口语,不考虑语言以外的事实,如心理过程、社会和历史文化因素,甚至排斥语义;在作业方法上,他们采用直接成分分析法,把口语切分成音素、语素、词、短语和句子等单位并加以归类。其主要依据是分布,认为只要同属于一个分布类的单位都可以进行替换。布龙菲尔德(L. Bloomfield)的《语言论》(1933)是美国描写语言学集大成之作,他在方法论和分析手续方面,为美国描写语言学作了奠基性的贡献。此后,以哈里斯(Z. S. Harris)的《结构语言学方法》(1951)为标志,美国描写语言学达到成熟阶段。[4](pp.10—170) 美国描写语言学的特征可以概括为:描写性。

  不过,这时他们中有人已不再满足于描写和成分分析,进一步提出转换分析和线性分析法。哈里斯的学生乔姆斯基在研究中发现,分布和替换原则有很大的局限性。他已认识到描写分类发现程序的操作虽然能够较为有效地描写一种语言,但是并不能在更高的层次上解释这一语言,比如歧义现象等,于是他决定放弃并寻找新的路子,逐步建立起转换生成语法理论。他的《句法结构》(1957)标志着世界语言学史上的一场新的革命开始,开创了解释语言学的新纪元。他试图站在更高的层次上,从理论上解释语言是如何生成的,揭示语言的共性,并用数学模型使之形式化。此后的生成语义学、格语法、系统功能语法、关系语法、切夫语法、词汇功能语法等等,其间理论虽然有所不同,研究的重点也有所侧重,但是解释性的方向却是共同的。当代语言学总的特征可以概括为:解释性。其主要目的不是为了语法教学,至少不是为了基础语法教学。乔姆斯基就申言,他的理论不适用于教学,并且说,作为教学语法,传统语法是很好的。[1](pp.28—31)

  然而,我们也不要以为理论语法和教学语法可以截然分开。事实上,教学语法也从结构主义语法著作中吸收了许多新的理念,比如句法单位的切分与归类、分布分析、直接成分分析法等。同时,理论语法对语言教学的影响也是明显的,比如,结构教学法的理论就是源于美国描写语言学。主要有三:(1) 语言是说出来的话,而不是写出来的文字;(2) 语言是一套习惯;

(3)教的是语言,而不是教有关语言知识。其基本教学原则是:(1)听说领先,读写跟上;(2)反复实践,形成习惯;(3)突出句型,注重替换,等。按照这些理念,仅在1944年就为美国培训了二战急需的15000名外语人才。外语教学界十分重视利用理论语言学研究的最新成果来改进自己的教学方法。后来,当人们认识到结构教学法的弊端之后,又根据新的理论,提出了情景教学法、功能教学法、结构—功能教学法或功能—结构教学法、结构—功能—文化教学法或文化—功能—结构教学法,还有认知法、暗示法等,不一而足。[5](pp.90—117)显然,这些教学思想都是由理论语言学派生出来的。

理论语言学(包括理论语法)具有前瞻性、创造性和探索性的特质。它所研究的课题体现超前意识,其研究领域并不限于语法本身,而是着力于研究对语言的解释性,以及研究跟语言相关的哲学、逻辑、心理认知、历史、文化、社会、文学、艺术等问题。这些研究成果有的可以用于语言教学,有的则不行。它本身价值,有的短时间看不出来,比如,德国语言哲学家洪堡特的一些理论,在他逝世160多年后才被人认识。因此理论语言学不能围绕教学语法实际转,应该把研究重点放在语言的解释性方面;另一方面,教学语法也不能根据层出不穷的各种新理论,每时每刻都在修改自己的教学体系,这样就会搞乱教学秩序,教师和学生都会感到无所适从。从这个意义上说,教学语法要跟理论语法保持距离,自甘滞后。[1](pp.28—31)这是由教学语法自身性质所决定的。

由于教学对象的要求,教学语法的体系和具体教学内容都必须具有规定性、稳定性和功效性的特质。所谓规定性是指在理论语法研究的基础上,选择一种较为通行的、公认的说法作为教学定论,这是教学法规,不容变动;所谓稳定性就是让教学语法体系和教学内容保持相对稳定,不能东变西变,以使学生有所遵循;所谓功效性是指教学的内容对学生平时有用,可以对付各种考试。对外汉语语法教学当属教学语法,其教学与研究理应遵循教学语法的一般原则,并应根据对外汉语教学的特点,加强针对性。我们应该鼓励教师从理论语法中吸取新的知识,提高自己的研究能力。但在教学中,不能各行其是,任意改变;只能定于一尊,灵活不得。

三

　　教学语法隶属于教学语言学(Pedagogical linguistics),亦称教育语言学(Educational linguistics),其研究领域包括整个语言教学,语法只是其中的一个部分。语法教学的传统源于欧洲,而欧洲的传统又来自于古希腊。从公元前3世纪至公元前2世纪起,古罗马从古希腊引进了文学、艺术、哲学、宗教等。古希腊成了欧洲文化之源头。当时的时尚是先学希腊语,再学拉丁语。因此,许多希腊人,甚至包括战俘,都在罗马教希腊语,由于他们缺乏希腊语的语法知识,所以教学效果不佳。于是狄奥尼修斯·特拉克斯(Dionysius Thrax)的《希腊语语法》应运而生了,这是为教罗马年轻人学习希腊语而编写的第一部希腊语的语法著作。该书名为语法,但内容比较宽泛,包括:音乐论、叙述、词的重叠、语源研究、动词变化表、文学批评。古希腊人对语法这一宽泛的理解影响着后世。

　　罗马人在学习希腊语的同时,也学习希腊人讲授希腊语的方法并用来讲授拉丁语法,激发了研究拉丁语法的热情。不仅拉丁语专家瓦罗(Varro)写过《拉丁语研究》著作,就连罗马帝国大将凯撒(Caesar)也写过拉丁语法的书,现尚存残本《论类比法》。可见,研究拉丁语法已蔚成风气。

　　提起教学语法,不能不提到欧洲的文艺复兴时期。15世纪前后欧洲资本主义经济已经有所发展,于是激发出一股寻根求源的人文主义思潮,认同希腊罗马文化是欧洲各国文化之根,掀起了欧洲人学习拉丁语的热潮。如果不懂拉丁语,就不能跻身于缙绅之列,不能参加宗教活动,不能写作,不能公开演讲,因此学会拉丁语是许多欧洲人为了飞黄腾达而着意追求的目标。那时把语法定义为"说话说得好,写作写得好的技巧","语法的惟一目的就是说得正确"。因此,少数语法学家竟不顾客观事实,主观地给拉丁语规定一大堆规则,最不能容忍的是,当时意大利和法国竟仿效拉丁语的格式编成各种词典和语法,并且强行让人遵守,使得大家在使用时都捏着一把汗。至此,规定性的语法在历史上落下了骂名,遭到了人们的责难。[2](pp.55—57)

　　此后,欧洲在实现工业化的进程中,各国的立足点复又回到本土,重视本国经济、文化和语言。不过,这时有些欧洲国家的语言,比如英语的名词和动词的形态变化已经日渐简化或消失,各国的教学语法,比如英语语法虽然还是规定性的,但却是接近于真实的;虽然也吸收了理论语法的一些理念,但是其语法体系基本上还是维持传统语法的框架。正如潘文国所说:"美国是本世纪来语言理论变革最风起云涌的国家,但它在教学语法的使用上却是惊人的滞后,影响遍布全世界的托福考试,其使用的语法体系还是最'传统'的传统语法。"[1](pp.29—30)英国的学校语法(即所谓"传统语法")从18世纪中叶开始确立到现在已有了两百多年,在教学上至今还看不出有什么要更改的趋势,其"滞后性"可谓强矣。英语的语法大家,从发动语法革新的斯威特,到叶斯柏森、克鲁辛加、寇姆、夸克,没有人怀疑他们的语法大家的地位和贡献,但他们的体系就是取代不了传统语法。从上个世纪末以后,语言学界对传统语法的攻击可说不遗余力,但传统语法就是攻而不倒,这充分说明语言研究和语言教学可以保持距离的理论意义和实践意义。[1](pp.29—30)

四

中国的情况不同于欧洲。中国虽有两千多年的语文教学的历史,对某些语法现象也作过零散的然而是精辟的论述,但终未形成系统的语法教学的传统。中国古人通过熟读古文经典掌握语法格式,许多复杂的语法问题均当作虚词来处理,许多研究虚词的典籍,如刘淇的《助字辨略》、王引之的《经传释词》等都是为了解经释义;中国古人也通过背诵《诗经》、唐诗、宋词通晓音韵规则,全然为了应用,如写诗、填词、作文和应试等;中国古人还通过"离经辨志"学会点断文句、审辨经义内容,由于汉语的类型和汉字的特点,许多语言问题都当作汉字问题来看待,于是小学成了涵盖研究文字、训诂、音韵的显学。这一传统自秦而下直到清末才略有改观。马建忠的《马氏文通》(1898)的问世标志着中国的语法学摆脱小学并从经学的附庸中独立出来,从此,汉语语法方成为一门独立的学科。《马氏文通》是我国第一部古代汉语的语法著作,它在我国语言学史上是一部开创性的奠基之作,对我国的语法学的发展起到推动作用。

马建忠(1845—1900),字眉叔,又名斯才,单名乾,江苏丹徒人。1853年(9岁)入由法国办的天主教教会学校上海徐汇公学学习,精通法、英、拉丁、希腊、罗马甚至埃及语等多种外语,长期担任清驻英、法大使馆翻译,同时在法国学习洋务、外交、法律,兼习矿学等,并获得法学硕士(一说博士)学位。1880年3月回国,获二品衔候补道,成为李鸿章幕僚,参与许多重大外交谈判和条约签订事务,并在上海兴办实业,后因与李鸿章意见不合,遭到李的斥责。马建忠在长期学习外语和从事外交活动中深切地感受到国家的利益必得通过语言的较量才能得以维护,因此他认为国人必须学好母语和外语,为此,必先学习语法。于是,他用了十多年时间酝酿并写作《马氏文通》。梁启超说:"眉叔是深通欧文的人。这部书是把王(念孙)俞(樾)之学融会贯通之后,仿欧人的文法书,把词语详细分类组织而成的。……他住在上海的昌寿里,和我比邻而居,每成一条,我便先睹为快。有时还承他虚心商榷。"[6](p.80)马氏的语言观是:"葛郎玛者,音原希腊,训曰字式,犹云学文之程式也。各国皆有本国之葛郎玛,大旨相似,所异者音韵与字形耳。"[7](p.15)在普遍语法的理念下,他用对比的方法,"因西文已有之规矩,于经籍中求其所同所不同者,曲证繁引以确知华文义例之所在,而后童蒙入塾能循是而学文焉,其成就之速必无逊于西人"。[7](p.13)《马氏文通》模仿拉丁语法的倾向是很明显的,但是在一个学科创建之初并结合本国的实际而加以发展,这本身就包含着创造。马氏著《文通》的目的是使"童蒙入塾能循是而学文",因而当属教学语法。

然而,正如孙中山所论:"马氏自称积十余年勤求探讨之功而后成此书,然审其为用,不过证明中国古人之文章,无不暗合文法,而文法之学,为中国学者速成图进步不可少者而已,虽足为通文者之参考印证,而不能为学者之津也。"[6](p.92)马氏虽不满意于经生之迂腐,但也依旧未能洗脱清儒复古主义之文风,选择了艰深的古文,从古典范文中寻求印证,摒弃了作为通语的白话,书中难见口语用例一则。刘复说:"他可以引导已经通得文义的人去看古书,但他却不能教会一个不通文义的写一张字条。"[6](p.95)胡适谓:"其书虽行世,而读之者鲜。此千古绝作,遂无嗣音,其事滋可哀叹。"[6](p.30)以《马氏文通》为语法教材的并不多见,1936年6月苏州章氏国学讲习会预备班曾以此为教材,由徐复先生教授,共10讲。[6](p.101)此后国内大学也有把《马氏文通》作为选修课的,但那都是语法研究,而不是作为教学语法的教材来使用的。陈望道认为:"'无如马氏所处时代,正承袭着清代经生考古的余风;

他书中虽常有不满于经生的话（他说得对不对另是一个问题），他自己却不免是个穿西装的经生'（刘复语，《中国文法通论》四版附言）。他所采取的'对象'、'方法'都和当时企图普及教育、力求语文通俗化的人们不同，而他的采取这样对象这样方法所建成的著作是否能够达到他所希求的目的，也使人不能没有怀疑。"[8] (p.13) 由此可见，从教学语法的角度，《马氏文通》并未实现其普及语法的目的，马氏的努力未获成功。当然，这并不影响《马氏文通》的历史价值。

五

在中国真正执着地推行教学语法的是黎锦熙先生。黎锦熙（1890—1978），字邵西，湖南湘潭人。他与毕生从事清政府幕僚的马建忠经历不同。他在青年时就参加了作为反封建内容之一的"提倡白话文，反对文言文"的运动。其时，有些已经掌握文言文写作的儒生们，只相信文言文有"法"可循，其如《马氏文通》；他们根本不相信白话文有"法"可言。为此，黎先生在1914年前后，就编有《国文文法系统表》、《虚字分类表》、《虚字用法变迁表》，1920年在北京开办第一届国语讲习所，讲授《国语文法系统草案》，此后分别在北京师范大学、女高师、北京大学、燕京大学、北京师范、国语讲习所、小学教师讲习所、戏剧专校以及各地的暑期学校，甚至在中学讲授国语文法，经过不断补充修改，于1924年才正式出版我国第一部白话文语法《新著国语文法》，开创了我国用白话文撰写汉语语法的新纪元。此后，黎先生在教学实践中，不断修正一些观点、体例和例句，到1955年已修订了4次，1959年竟再版了24次，可见影响之大。1959年又与刘世儒合著《汉语语法教材》试图代替《新著国语文法》。在中国教育史上，为了满足学生需要，如此执着地修改并完善语法教材的惟黎锦熙先生一人耳！同样，一本语法教材，不算海外译本，仅在中国国内，就一印再印，一共再版了25版，也只有黎锦熙先生的《新著国语文法》耳！黎先生的教学语法通过全国师范最高学府的北京师范大学这一教学基地，传至各地师范院校，再传到中学。新中国成立后，全国虽然颁布了统一的教学语法系统，如《暂拟汉语教学语法系统》(1956)，《中学教学语法系统提要（试用)》(1984)，在对外汉语教学方面也出版了《对外汉语教学语法大纲》(1995)、《汉语水平等级标准与语法等级大纲》(1996)、《高等学校外国留学生汉语教学大纲(长期进修)——语法项目表》(2002)等,但是毋庸置疑地在不同程度上都受到《新著国语文法》的影响。因此,可以毫不夸张地说,现今凡是受过教育的中国人,直接或间接地都学习过黎氏的教学语法,都是他的学生。[9][10] 在推行黎先生的教学语法方面,作为黎锦熙的早期真传门人廖序东等先生是极有贡献的。通过师承相授,代代相传,黎锦熙的教学语法,作为一种科学的语法知识,在中国得到了空前的普及,为提高中国人的语文素质作出了贡献。伟哉,黎锦熙先生!

更值得称道是,《新著国语文法》是我国白话文语法的奠基之作,在学术上也代表了当时的最高水平,创新自不待言;即使在现在也是一本极重要的语法著作,各种语法学派都可以从中获得有益的启示。

人们评价任何一个教学语法的标准只能有一个,就是这个语法是否符合该语言的实际。欧洲的教学语法是建立在欧洲语言特质基础上的。欧洲的语言的特质是词形富有形态变化。拉丁语是典型形态语言,词附丽于形态变化,因此,拉丁语语法是以词法为中心。根据拉丁语语法写就的《马氏文通》也体现了以词法为中心的传统。该书有10章,马氏用9章篇幅讨论词法,而且还把一些复句问题也放在介字和连字中讨论,只用第10章专论句读。这是模仿拉丁语语法的做法。

而现代英语已与拉丁语不同,它是欧洲语言中变化最快的语言。"古英语时代(1150年为止)是词尾屈折的全盛时期,继之而来的中期英语(1150—1500)时代则是一个词尾屈折同化或磨平的时期。"[11](p.62) 及至现代英语(1500年始)几乎全无词尾变化的情况。[11](p.150) "当一个词的本身不再带着它在句子里的作用或功能的标志时,惟一可以避免混乱的办法就只有依靠一种固定的词序:就是用各种词在句中的位置来表明它们的作用。从中期英语起,在英语里就有一种倾向,认为凡在动词之前的名词就是主语,而在动词之后的名词就是宾语。例如'是我'这句话,古英语里说 hit eom ic(直译为'它是我'＝现代英语 it am I)。在这句话里,动词前面的 hit 是表语。到了中期英语里就把它当作主语了,于是就使这个第三人称后面的动词去和它配合,这句话就成了 it is I(而现代英语沿用这个办法终于成了 it is me)。'我看,我认为'的意思用 me thinks, me seems 来表达,……但终于被 I think

所代替。"[11](p.69)

鉴于现代英语中几乎全无词尾变化的情况,英语语法研究者早已改变了以词法为中心的传统,确立了以句法为中心的研究方法。就词形变化的角度立论,在欧洲诸语言中,汉语与英语较为相似,但在类型上仍不相同。因此,英语句本位的理论对黎锦熙那个时代的学人无疑都直接或间接地产生影响。"五四以后出现的语法书,从《新著国语文法》起,就以句法为主干。重点的转移不是偶然,是受了国外语法著作的影响。"[12](p.528)黎先生编著《新著国语文法》时曾参考了一些英语语法书,比如 A. Reed 和 B. Kellog 编著的 *Higher lesson in English*,确立了句本位的思想。[12](p.528)"这显然不是生硬的模仿,而恰恰表现了黎先生对汉语本质特点的深刻认识。"[13](p.5)黎先生认定汉语本质特点是非形态语言,词进入句中后全无词形变化,因此,词的性质全赖该词在句中的位置来决定。在动词前的名词是主语,在动词后的名词是宾语,这就是有名的"依句辨品,离句无品"。

黎先生进而还认为词与句子成分之间存在着全面的对当关系。其具体的公式是:(1)用做主语、宾语和某些类型的补足语的是名词;(2)用做述语的是动词;(3)用做名词的附加语的是形容词;(4)用做动词和形容词的附加语的是副词。如果遇有"创作难,翻译也不容易"这样的句子,其中"创作"、"翻译"本是动词,但在该句中作主语,"难"、"容易"本是形容词,但在该句中作谓语,这种情况应该看成是词的"通假":"创作"、"翻译"本为动词,现转为名词,作主语;"难"、"容易"本为形容词,现转为动词,作谓语。还有,黎先生由于强调词与句子成分之间的对应性,在理论上不承认大于词的单位可以作句子成分,因此在图解作业时,遇有偏正结构,总要把它分成附加语与名词,只承认名词是主语、宾语和某些类型的附加语;可是当遇有联合词组和主谓词组作主语时,由于无法加以再分,因此,不得不承认某些类型的词组也可以充当句子成分。所有这些,在《新著》问世后的 80 年的时间里,在历次汉语语法问题大讨论中,都成了争论的焦点。黎先生似乎一直处于守势,虚心地一改再改,但他无意触及根本。正如吕叔湘所说:"词类和句子成分是两个不同的范畴,本来没有矛盾,所以会有矛盾是因为咱们'作茧自缚',在它们中间设定全面的、不可动摇的对当关系。一旦设定这种关系,就不得不用通假说来调和,可是无论怎样努力调和,怎样苦心应付,还是免不了左支右绌,不能自圆其说。"[12](p.266)吕先生的评论很是中肯,体现了理论语法的新理念;而黎先生,出于教学语法的考量,为了维护中心词分析法的基本原则,扼守这一关口,仿佛也可以从规定性的原则中去寻求理解。前者着眼于理论追求,后者则面对教学应用。在以往讨论中,未能厘清,常加相混。现在看来,两者互为区别的理论性和应用性,正是理论语法与教学语法的分野。

参考文献

[1] 吕必松.语言教育问题研究论文集[C].北京:华语出版社,1999.

[2] 岑麒祥.语言学史概要[M].北京:科学出版社,1958.

[3] 威廉·汤姆逊.十九世纪以前的语言学史[M].北京:科学出版社,1961.

[4] 赵世开.美国语言学简史[M].上海:上海外语教育出版社,1989.

[5] 章兼中.国外外语教学法主要流派[M].上海:华东师范大学出版社,1983.

[6] 蒋文野.马建忠编年事辑[M].石家庄:河北教育出版社,1988.

[7] 马建忠.马氏文通[M].北京:商务印书馆,1983.

[8] 陈望道,等.中国文法革新论丛[C].北京:商务印书馆,1987.

[9] 卞觉非.汉语语法分析方法初议[J].中国语文,1981(3).

[10] 卞觉非.语言学的发展与汉语语法分析方法的演进[A].语言研究集刊[C].第一辑.南京:江苏教育出版社,1986.

[11] 费·莫塞.英语简史[M].北京:外语教学与研究出版社,1990.

[12] 吕叔湘.汉语语法论文集[C].北京:商务印书馆,1984.

[13] 黎锦熙.新著国语文法[M].北京:商务印书馆,1992.

[本文原载于《扬州大学学报(人文社会科学版)》2004年第1期]

论"汉语·文化圈"跟对外汉语教学的基本策略

引言

所谓汉语·文化圈在社会语言学的意义上可以理解为汉语·文化社区。同一个社区的成员在心理上对同一种语言和文化必然持有相同的认同感,同一种语言和文化在使用上也须有相同的通行域。所以,"汉语·文化圈"可以定义为:汉语·文化被认同和所通行的域。心理上的认同性和使用上的相通性是"汉语·文化圈"赖以产生、存在和发展的两大前提。

相同的语言,共同的文化,使得汉语·文化社区成员间在心理上产生了强大的内聚力,一个以中国本土为主体的"汉语·文化圈"多个支脉已在世界范围内形成,一个"汉语·文化经济圈"也必将在地球上出现。

在"汉语·文化圈"形成过程中,民族跟民族的融合是一个重要因素。汉族和汉语均因汉朝之强盛而得名。汉族的前身是华夏族,汉语的前身是华夏语。华夏族是以进入中原的炎帝族和黄帝族为基础,不断融合周围其它族而发展起来的。春秋以前,秦、楚、吴、越、徐戎、淮夷、巴蜀等并不属于诸夏;战国以后,它们都被包括在"华"的概念之中。后来南楚、闽、粤等地也成了"汉"的一部分。所以,汉族是一个由许多民族融合而成的大民族,汉语和汉文化是几千年来华夏语及其文化不断融合别的语言和文化,像滚雪球一样发展和丰富起来的。(参见陈其光,1990)

形成"汉语·文化圈"的另一个原因是人口的迁徙和流动:有的由于人口增殖,有的因为逃灾避祸,有的为了垦荒种植,有的出于掠夺侵略,有的或是抵御外敌,有的因是商业贸易,有的则是友善交往,不时地发生了零星或集体举迁的事实。其结果是，经济文化较低的民族及其语言文化常常被经济文化较高的汉族及其语言文化所融合，于是"汉语·文化圈"的范围不断扩大，逐步呈现了一个与人口分布一致的、平行的汉语·文化社区网络。

自南宋以来，特别是近一百多年间，中国人民迫于生计，不断地移居国外，开始以东南亚为中心，后来向美国、加拿大、欧洲诸国及澳大利亚等国辐射，3000多万中华儿女多支脉地分布在世界各地。由于华人执著于爱国爱乡的感情，恪守中国的文化习俗，又由于当地统治者对华人在政治上、工作上、经济上采取歧视和限制的态度，客观上阻碍了华人跟当地居民的接触和融合，这就更加激起了华人民族意识的觉醒和团结的增强，增添了保持民族语言和文化的意识。于是在许多国家都有一个 CHINA TOWN，每个华人家庭都是一个小中国：讲的是汉语，吃的是中餐，过的是中国节日，摆的是中国陈设，挂的是中国国画，供的是关圣帝或观世音，全然是一派中国作风和中国气派。如今，凡是炎黄子孙，不管他们的国籍是什么，也不管他们身居何处，一股同源、同种、同语、同文、爱国、爱乡的炽烈感情，维系着彼此的心际，当他们事业上有所成就、学术上获得最高荣誉时，首先不忘的是自己是中华儿女，诺贝尔物理学奖获得者丁肇中教授在颁奖仪式上用汉语发表演说就是一个最好的例证：丁教授明知与会者很少有人懂得汉语，可是他偏偏选用汉语讲演；与会者虽然听不懂他演讲的内容，可是却对他倍加尊敬。人们敬重丁教授的是他对故国的热忱。

一、汉语

在"汉语·文化圈"内，汉语是联系汉语社区成员的纽带。汉语的发展跟汉民族的发展紧密相连，在汉族融合别的民族过程中，他们的语言也常常被融合。春秋战国时代是我国民族和语言的大融合时期，汉语融合了所谓夷、蛮、戎、狄等语言；两汉以后，汉语又融合了北方的匈奴、鲜卑、羯、氐、羌等语言；隋唐以后，契丹、女真（包括后来的满族）等语言也被融合在汉语之中。当然，这些被融合的语言所有的特征不可能完全被磨灭，在汉语体系中总会留下一些痕迹。因此，在汉语发展过程中就有所谓"南染吴越，北杂夷虏"（《颜氏家训·音辞篇》）之说，换言之，在汉语体系中，既受南部南亚语系的影响,也受北方阿尔泰语族的渗透。比如,南方汉语呈现顺行结构,如厦门话等把状语后置:"你行在先";北方汉语则说:"你先走",状语在动词前,呈逆行结构。他如:"鸡公、牛公"和"公鸡、公牛"之间的对立性质也与上述相似,如此等等。桥本万太郎教授(1985)对此已作了很好的论述。所有的历史陈迹都沉淀在汉语的底层,都集中地表现在现代汉语这一共时平面上,形成了一个繁富的多层级的体系。

从结构上看,汉语是一个由音素、音节、语素、词、短语、句和句群等7个层级组成的符号体系。在这个体系中,语音层级的数量最少,可以枚举计数;词汇层级数量很大,难以计算列举;句子和句群的数量最大,几乎无穷无尽。汉语各个层级的不等性,并非汉语所特有,这是人类语言的共性。它体现了汉语从有限到无限的发展过程。汉语各层级的不等性,使得汉语各要素之间能够保持协调平衡。比如,北京话由于全浊声母和入声的消失,声母减至21个,声调减为4个,但是韵母多到39个,按照配合规律,可以拼出418个音节,加上四声,可调配出1332个音节,再加上词的轻声、儿化和词的音节复音化,使得北京话仍然可以成为一个自足的、严密的表达系统。

在现代汉语内部,既存在着一个超方言的标准语,同时也并行地存在着北方方言、吴方言、湘方言、赣方言、客家方言、闽方言和粤方言等七大方言。事实上,在各大方言中还存在着若干次方言和次次方言,在次方言中还存在着许多地域变体。比如,我们可以把闽方言分成闽南方言和闽北方言。在闽南方言中,厦门话和台湾话就有许多变异,尤其在词汇方面最为明显,比如,台湾用英语的 make a show 中的 show 作为后缀,构成了"餐厅秀、处女秀、大作秀、歌厅秀、歌舞秀、翘秀、热秀、脱口秀、现场秀、个人秀、联合秀、脱衣秀、政治秀、周末秀、主秀"等等,而厦门则无此说。(邱质朴,1990)广州话、香港话、澳门话同属粤方言,可是也有许多不同。最明显的是:香港粤语中英文夹杂、滥用外来词、欧化句式严重等等。由于汉语存有种种复杂的底层因素,因此,许多方言区的人彼此不能通话:上海人听不懂广州话,广州话北京人也听不懂,远远超过瑞典、丹麦和挪威诸语言之间的差异。瑞典人、丹麦人、挪威人彼此通话无大障碍,可是,在心理上他们却认为这是三种不同的语言,缺乏认同感;而上海话、广州话、北京话三者虽然难以相通,但在心理上却认为是同一种语言,具有认同感。由此可见,如果只用能否听懂来确定一个语言或方言的所属,有时是很难决定的,这时就得采用社会语言学的标准。拉波夫(W.Labov)和菲什曼(J.Fishman)认为应该根据人们对语言的态度,人们是否持有共享的语言规范(linguistic norms)来决定语言社区。(参见桂诗春,1988)即根据使用某一语言群体心理上的认同感以及是否使用相同的规范标准等来判定一个语言或方言的归宿。同时,还得承认,即便在同一个语言中还允许存在着若干变体,有的差异则很大,比如北京话与上海话、广州话、厦门话之间的差异。从实际效应看,真正维系汉语社区交际的是超方言的标准语,而不是各个个别方言,方言只能在较小的语言社区内通行。桂诗春把方言称作"是娱乐的语言,谈情说爱的语言,吵架的语言"。(桂诗春,1988)

　　即使是标准语也存在着地域性的变体:大陆的普通话,台湾地区的"国语"和新加坡马来西亚等地的华语,尽管它们都是以北京语音为标准音、以北方话为基础方言,但是事实上存在着明显的差异。比较起来,由于大陆的普通话扎根于北方方言之中,特别是由于北京的首都地位,使北京话在各方言中的中心地位大大地得到了加强,北京话跟普通话的差距似乎也在缩小,当然并不等同;相反,台湾地区的"国语"和新加坡等地的华语在地理上远离北方方言,而且处于跟北方方言迥然有别的闽粤方言包围之中,因此不可能不对它们产生影响而出现地域变异。不过,就总的体系来看,彼此却存在着很大的一致性。北方方言的地位是历史形成的,早在公元14世纪前北方方言就成为我国的共同口语,加之,宋元以后的绝大多数朝代都建都于北京,所以,以北京话为代表的北方方言最有资格成为标准语的基础,因此,大陆和台湾地区,新加坡等都作出了同样的选择;然而,在法律上把北方方言定为标准语的基础则取决于所奉行的语言政策,是通过立法程序决定的,在《中华人民共和国宪法》上明确写着:"国家推广全国通用的普通话。"由于在汉语社区内存在着事实上的不同的政治实体,因此在语言政策上各自有所倚重,在具体规范标准上也不尽相同。中国和新加坡等颇为一致:它们都采取相同的审音标准,都采用《汉语拼音方案》和简体字,都主张推广标准语。相比而言,中国台湾地区却略有不同,比如,审音标准不尽一致,把"危险"审音为 wéi xiǎn,把"亚洲"审音为 yǎ zhōu,把"法国"审音为 fà guó,而不是wēixiǎn、yàzhōu、fǎguó 等等,台湾采用"国语注音符号"和繁体字。台湾地区在词汇上的差别更大,台湾把"退役军人"称为"荣民",把"军人医院"叫作"荣民医院",大陆根本无此说法;在语法上也有细微差别,台湾地区有"今天有开会"一说,普通话则决不能用"有"。所有这些都反映了在大同中仍有小异。

　　在标准语中,按照是否标准来划分,可以把标准语分成三类:标准的、比较标准的和不标准的。所谓标准语是从规范化角度来说的,它是一个多少带有某种人工干预的规定性的理想的模式系统。中国对现代汉语普通话的定义是:以北京语音为标准音,以北方话为基础方言,以典范的现代白话文著作为语法规范。这个定义作为一个规范原则是比较全面的,"但细细琢磨起来,觉得还是笼统了一些,有关问题需要进一步深入研究。如'北京语音'的标准是什么,它包括哪些内容,北京语音跟北京土话的界限是什么,轻声、儿化的标准又是什么……又如,词汇规范的标准也不很明确,什么是普通话词,普通话词和方言词的界线是什么,北方话的词汇跟北京话词汇的关系怎样,口语词跟书面语词的关系怎样……再如,在语法规范方面,什么样的著作才算典范的白话文著作……北京话、北方话的语法跟普通话语法的关系怎样,口语语法和书面语法的区别和关系怎样……"(陈章太,1983)现实情况是,由于汉语方言的来源和现状都很复杂,在日常交际中,我们说的或者听到的都是些或多或少带有某种方言底色的普通话,即使北京人也不例外。我曾听到一位北京籍的语言学教授把"都10点啦你还不快走"说成是"10点了都你还不快颠儿",京味十足。所以我常想:所谓普通话到底在哪儿呢?这是一个很不容易说清楚的问题。我以为,就口语而言,是否可以说所谓普通话存在于高层次的媒介语言当中,比如,中央广播电台、电视台播音员的播音以及高层次的电影、电视和话剧等;就书面而言,汉语标准语存在于具有广泛性的代表著作之中,如国家的法律条文、报刊和社论,以及现代著作家的作品等。这样,标准语既不跟北京话相等,也不同于其它方言。它源于方言又高于方言。当然,从学习普通话角度看,北京人经过严格训练,比较容易达到标准的程度,其它方言区的人则困难些,特别是外国学生困难则更大,也许只能达到比较标准或不太标准的程度。他们讲的是多少带某种方言或语言底色的普通话,它既不同于某种汉语方言,也不同于标准语,这是方言区的人在学习普通话过程中产生的偏误,实际上是一种中介语(interlanguage)的现象。(参见陈亚川,1991)不过这并不影响彼此的交际,只是在语感上感到有点不够纯正罢了。

从社会语言学的角度看,汉语中还存在着社会方言。汉语社会方言是汉语社会性的变异,它包括职业性的变异和语用性的变异。(陈原,1988)这些变异会给语音、词汇乃至语法赋予阶层特性。比如,在北京青年中,特别是女青年中爱把"建"、"小"、"今"、"下"、"学"、"现"、"酒"、"九"的声母念成尖音,其声母近似 z、c、s,略有舌面擦音的成分。(陈章太,1983)又如,在北京青年中流行一些词语,他们把"关系好"说成"磁气","关系特别好"说成"铁磁"、"火磁",把"拉近乎"说成"套磁";在个体户中还流行隐语,他们把 1 元说成"1 分",10 元说成"1 张",100 元说成"一颗"或"1 个数",1000 元叫"一堆儿",10000 元叫"1 方"等,此外还有黑话,比如把"进公安局"叫"折(shé)了",把"有前科"说成"底儿潮",把"用刀捅人"说成"放血"等。由于低层次的流行语生命短暂,又由于"隐语"和"黑话"具有强烈的排他性,所以一般不大可能进入全民口语。(胡明扬等,1990)社会方言还包括职业语,比如,放样、翻砂、模具等。科技术语是高层次的社会方言,比如,处方、休克、结构、层次、深层、表层、转换等,随着全民文化层次的提高,有的科技术语已进入一般词汇之中。所谓语用性的变异是指使用语言的人由于场景的不同而选择不同的语体(register),大致可分为:正式语体与随便语体,书面语体与口语语体,敬重语体与轻蔑语体,直率语体与委婉语体等等。语用性的变异跟日常交际活动密切相关,这是对外汉语教学中要着力解决的问题。

跟汉语相关的还有汉字和汉语注音符号。汉字不但是记录汉语的工具,同时又是传递和保留文化的载体。"汉字从产生的时候,直到人民共和国初期,其基本状况是一杂二繁。所谓'杂',是说有不少汉字是一字多形;所谓'繁',是说多数字笔画繁复,难写,难认。"针对"杂",经过整理后共精简去 1055 字;针对"繁",国务院于 1956 年 1 月公布了《汉字简化方案》,分批推行,1964 年公布的《简化字总表》经略加修改后,于 1986 年重新公布,共得简化字 2235 个。1983 年 3 月由国家语言文字工作委员会和新闻出版署联合公布的《现代汉语通用字表》共收 7000 字,其中 30%以上是简化字。汉字经过改革和整理,已基本上扭转了一杂二繁的局面。

汉字简化是汉字本身发展的规律,整理、规范和简化汉字古今有之,比如，在 1935 年 8 月，当时的国民政府教育部就公布了"第一批简体字表"，收字 324 个，只不过于今为烈罢了。不仅中国如此，使用汉字的国家也在进行。比如，新加坡共和国教育部 1976 年 5 月颁布的《简化字总表》就跟中国完全一样，马来西亚 1981 年 2 月 28 日出版的《简化汉字总表》跟中国也完全一致。在联合国接受中国简化汉字以后，国际上也全都承认了简化汉字，泰国 1983 年 12 月 18 日已允许使用简化汉字教学。1946 年 11 月 16 日日本公布的 1850 个《当用汉字表》中有 131 个简化字，跟中国相同的有 53 个，字形稍异的有 9 个。韩国于 1983 年 4 月 26 日公布的第一批 90 个简化字中，有 29 个与中国相同，有 4 个字形稍异。如今，只有台湾地区在语言政策上对简体字仍采取攻击、否定和拒绝的态度，这是很不公正的。正如美国普林斯顿大学周质平教授指出的那样："从 1892 年卢赣章创制'切音新字'到 1952 年中共成立'中国文字改革委员会'，在这 60 年文字改革的发展过程中，简化字是所有文字改革方案中最温和、最保守的一条路。"而且，"民国以来，官方第一次公布简体字的不是共产党，而是国民党。1935 年 8 月 21 日，国民政府教育部颁布了'简体字表'第一批，共 324 个。这就更足以说明，迁台以后，国民党对简体字的政策，完全是基于政治上的考虑，而不是就文字改革本身的发展趋势而制定政策的。"（周质平，1989）

《汉语拼音方案》是中国法定的拼音方案，于 1958 年 2 月 11 日经全国人民代表大会批准公布，1982 年国际标准化组织承认为拼写汉语的国际标准。新加坡、马来西亚、泰国等都用它来给汉字注音，在全世界的汉语教学中绝大多数学校也是如此。而今只有台湾地区仍试图用"国语注音符号"作为注音符号，在国际上根本无法通用，完全是出于政治上的张目。

二、汉族文化

在"汉语·文化圈"内，汉族文化是维系汉语社区成员之间心际的共核。语言储存并且传递文化信息，语言是文化的化石；文化支配着语言，促进了语言的发展。语言与文化共生共存。因此，人们既可从语言的角度研究文化，也可从文化的角度研究语言。这就是所谓文化语言学或语言文化学是也！

但是，我们并不能说语言和文化就是一个东西。确实，在多数情况下，语言是反映了文化，比如、汉语复杂的称谓系统，像老爷、太太、小姐、丫环、小厮等，从中可以揭示出封建的等级观念；有的语言现象，比如，汉语的声韵、语法和词汇本身并不是文化，有一些并非通过习得而养成的个人习惯行为，比如，有的人喜欢吃蚂蚁，这也不是文化；有的文化现象，如龟、蛇、龙、凤等图腾以及筷子、粽子、月饼等是文化但不是语言。语言是文化的表达形式。一个民族的思维方式、抒情方式（情）、行为方式（意）以及整体的文化取向，都沉结于民族的心理之中，都附着在语言之上；而文化的发展又可使语言的表达系统更加丰富、更加缜密。语言和文化虽然不能混为一谈，可是要把两者截然分开实在也难以办到。语言和文化恰似相互重合的两个圈，是一枚硬币的两面。相同的语言社区伴有相同的文化，共同的文化取向也伴有相同的语言，因此，语言·文化网络形成之日，就是语言·文化圈形成之时。语言与文化的地域分布应该是平行的、一致的。

在汉族文化形成和发展过程中，就像汉族和汉语一样，也是以汉族文化为主线，同时融合了较之于汉族的经济和文化相对落后的民族文化于其中，而且还吸收并保存了许多别的被融合的民族的文化在其内。在现代汉族文化这一历史平面上，既有共时系统，又有历时陈迹，形成了一个繁富复杂的多层级的汉族文化体系。

讨论文化，必须对文化给予界定。由于人们的理论、方法、角度和目的不同，对于文化的定义真可谓见仁见智。据说在1952年就多达160多个，现在可能数以千计；可是从现代系统论的观点来看，给文化下定义不外乎从以下三方面：人跟自然，人类创造了物质文化；人跟社会，人类创造了制度文化；人跟自身，人类创造了精神文化。这三种文化基本上构成了某一民族的文化系统，在大系统下面还可以再分若干子系统，其间各自又包含着许多复杂的要素及其功能。（胡世庆等，1991）

从社会交际的角度，下列定义可能更易于被人接受："文化是一系列规范或准则，当社会成员按照它们行动时，所产生的行为应限于社会成员认为合适和可接受的变动范围之中。"（威廉·A.哈维兰，1987）这个定义侧重于交际文化。

从对外汉语教学角度，我们最关心的是交际文化。张占一（1984）认为：

"所谓交际文化,指的是两种不同文化背景熏陶下的人,在交际时,由于缺乏有关某词、某句的文化背景知识而发生误解。这种直接影响交际的文化知识就属于交际文化。"吕必松(1990)认为:"所谓'交际文化',我们也可以理解为隐含在语言系统中的反映一个民族的价值观念、是非标准、社会习俗、心理状态、思维方式等跟语言理解和语言使用密切相关的一种特殊的文化因素。这种文化因素因为是隐含的,所以本族人往往'习而不察',只有通过不同语言和文化的对比研究才能发现其特征并揭示出不同民族文化的差异规律。"我认为,所谓交际文化,也可以理解为:人们借助于语言的或非语言的手段表现出来的旨在维系人与人之间在交际过程中正常关系而必须共同遵守的交际行为规则体系。交际文化既蕴涵在语言中的一词一句之中,也存在于人们在交际过程中伴随语言的一切非语言特征(paralinguistic features)之内。交际文化是蕴涵在语言的和非语言的手段中的深层部分,对交际行为起着支配的作用。更简洁地说,所谓交际文化也可以看成是社会交际的规约系统。可以分为两个层级:文化行为部分和文化心理部分。前者指人们发出的动作系统,它是交际文化的表层表现;后者指文化行为中的价值观念系统,它是交际文化的深层理据。文化心理支配着文化行为;文化行为体现了文化心理。文化行为通过语言的和非语言的手段得以实现,人们由此而感知到交际双方所要传达的信息,同时也可从中揭示出交际者的文化心理理据。如果交际双方在交际过程中所使用的语言的和非语言的手段都能遵守那个社会的交际规则,就能产生良好的反应,收到正迁移的效用;如果交际双方其中有一方违反了交际规则,发生了由于误用或错用等原因而发生的错误或者由于母语文化知识等因素而发生的偏误(error),就会产生消极的反应,造成负迁移的效应。

根据第二语言学习者参与交际的实际情况,从对外汉语教学出发,我们又可以把文化行为分成介入性的文化行为和非介入性的文化行为两个层级:一般地说,外国学生都会介入的正常的社交活动,如约会、访友、共餐、聚会等,这就是介入性的文化行为;但是,一般地说,他们不会介入中国人的家庭生活,如孝敬长辈、教育子女等,对外国人而言,这就是非介入性的文化行为。根据实用性原则,对外汉语的教学重点应该放在介入性的文化行为方面,对于非介入性的文化行为只作一般介绍即可。

我们把介入性文化行为分成下列 6 个项目：属于满足生存需要的；属于保持人际联系的；属于表示感情态度的；属于表达观点意见的；属于保护个人隐私的；属于表达时空观念的。同样，我们把非介入性的文化行为也分为 6 个项目：属于满足生存需要的；属于维系家庭生活的；属于娱乐消遣的；属于情爱婚姻的；属于知识和思想教育的；属于承担社会职责的。我们把文化心理分为 4 个项目：属于社会价值观念的；属于人生价值观念的；属于伦理价值观念的；属于自然观的。共得子项目 114 项。交际文化的整体框架是：

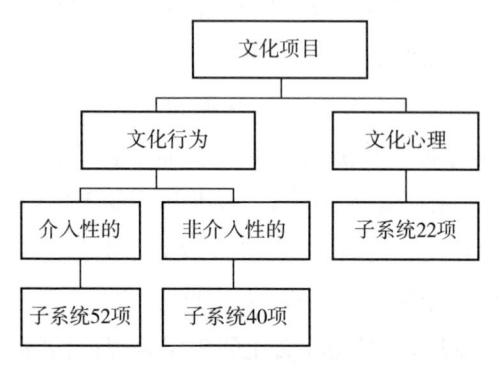

```
                        文化项目
                    ┌──────┴──────┐
                  文化行为        文化心理
              ┌─────┴─────┐          │
            介入性的   非介入性的   子系统22项
              │           │
           子系统52项   子系统40项
```

交际文化是一个潜在的系统，为了教学和研究的需要，我们必须把交际文化分解成若干项目，在项目下面再分若干子项目，然后再找出各个项目的细目特征，进而精选表达某一项目细目特征的语言的和非语言的表达系统；从对外汉语教学角度，必须把交际文化量化为若干项目和子项目，精选某一项目细目特征的表达方式，组织语言的和非语言的材料，在调查、对比、研究的基础上深入地揭示交际文化的特征，然后制订出一份对外汉语教学文化大纲，编写交际文化教材，只有这样，才能有效地分单元地进行文化教学。

必须说明的是，所谓文化项目，实际上是根据不同的教学目的、不同的教学时间和不同的观察角度而设计出来的一套多少带有人工干预的功能分类系统，这并不意味着文化项目的分类只能是这样，而不能有别的分类。

同时，所谓文化项目，只是一个大致的功能分类。反映在各民族文化项目的细目特征上既存在着重合现象，又存在着差异现象。比如，表示人际关系的亲属词，汉语和英语对应的有：父亲（father）、母亲（mother）、祖父（grandfather）、祖母（grandmother）；汉语和英语相异的有：兄、弟，英语均用"brother"，姐、妹，英语均用"sister"，叔父、舅父、姨父、姑父，英语只有

"uncle",伯母、婶娘、姨母、姑母、舅母,英语只有"aunt",堂兄、堂弟、表兄、表弟,英语只用"cousin"来称呼,等等。这表明汉语亲属名称定得细密而全备,父系跟母系分得清清楚楚,而英语则比较笼统而粗略。(伍谦光,1988)汉英重合现象反映了文化深层的共同性;汉英相异现象反映了文化深层的差异性。由于人类的生理、物理因素以及人对自然环境(如对四季感知)和精神世界(如喜怒哀乐)的感受存在着相似性和相异性,因此,不同民族的文化必定存在着相同性和相异性,即使在同一个民族中,也存在着地域性的文化差异。比如,"爸爸",北京叫"爹",合肥人叫"伯伯",扬州人叫"爹爹",温州人叫"阿大"、"阿伯",长沙人叫"爹爹"、"爷",南昌人叫"伯伯"、"爷"。(《汉语方言词汇》,1964)又如,美国人送客时,在客人离开时一般就关上房门,而中国人一般都要送到门外;再如,扬州人在别人给自己斟酒倒茶时,除说"谢谢"外,还得用右手在杯子的右边上下摆动,以示谢意,而广州人则用拳起的右手轻轻叩着桌子,以表谢谢。这就是说,文化差异不仅表现在语言交际方面,也表现在非语言交际方面。特别要指出的现实是,大陆和香港、台湾地区,还有新加坡以及分散在世界各地的华人社区,由于彼此分隔时间太长,再加上各自文化的倚重不同,虽然都是源于同一种语言和同一种文化,但是彼此却产生了许多地域性和社会性的变异。这就是"汉语·文化圈"内的汉语和文化的现状。只有在认真地比较和研究的基础上,经过多方人士的共同努力,才能揭示出汉族文化的共同特征,并且建立一个汉族文化体系。其任务是相当艰巨的。

三、对外汉语教学的基本策略

在对外汉语教学中,首先必须建立一个强烈的"汉语·文化圈"的意识。上文已说在所谓汉语·文化圈内,不仅存在着超地域的汉民族共同语(普通话)和彼此认同的汉文化,而且也并行地存在着地域性的、社会性的和语用性的汉语文化变异。这是汉语文化的基本情况,它是我们制定对外汉语教学基本策略的基本依据。

在对外汉语教学中,应该树立一个明确的以学生为主体的思想,我们的一切教学活动都是为了培养和提高外国学生的汉语交际能力。不仅要训练他们能够适应在北京的生活、学习、工作和交际,而且要培养他们能够适应在北京以外的地区乃至整个"汉语·文化圈"内的生活、学习、工作和交际。如今学习汉语的人遍及世界各地,他们学习汉语的目的又不尽相同:有的是为了职业目的,他们学习汉语是为了将来从事汉语的教学、研究或翻译工作;有的是出于专业工具目的,他们学习汉语是为了将来利用汉语作为工具来学习、研究有关专业;有的是出于临时目的,他们学习汉语是为了将来到中国或者其它汉语社区旅游、经商或其它目的。至于这些人学了汉语之后究竟在哪个汉语社区内服务,这实在难以预测。说不定有些人的工作是在北京、台北、香港等地之间流动,因此,我们要充分考虑到这些因素。这应该成为我们制订对外汉语教学基本策略的基本立足点。

为了达到上述目标,我以为,对外汉语教学的基本策略应该是:

1. 坚持高标准地用汉民族共同语也就是普通话进行汉语教学,在课堂教学中,教给学生的语料应该是规范的、标准的,尤其是在初级教学阶段更应如此。这是毋庸置疑的原则。但是,由于现代汉语存在着地域性的和社会性的变异,而我们的教学对象又总是生活在某一方言之中,他们听到的都是些带方音的普通话,因此,在高级阶段,我主张不妨有意识地训练学生听一些带方音的、比较标准或不标准的地方普通话,其目的是为了让他们能够适应不同汉语社区的交际和生活。

2. 在汉语书写体系上,由于存在着简繁两种字体,我主张区别对待:在中国和新加坡,由于已把简体字法定为记录汉语的书写符号,因此在课堂教学中,尤其在初级教学阶段,应该教简体字、写简体字;但是,到了高级阶段,我以为,不妨让学生熟悉繁体字。考虑到现实情况,台湾和香港地区在课堂教学中,可以教繁体字写繁体字,但是到了高级阶段,我以为不妨也让学生熟悉简体字。因为,简繁两种字体在汉语社区内都各有其使用范围,而且熟悉简繁两种字体对于查阅文献等,也是很有用处。这同样是为了让他们能够适应不同汉语社区的交际和生活。

3. 至于汉语拼音符号,我主张采用《汉语拼音方案》。由于该方案在学理上和实用上的优点以及时间上的占先,已被联合国定为拼写汉语的国际标准法式,而且已为世界各国所采用;台湾地区的"国语注音符号"恐怕难以在国际上推行,宜于舍弃不用。

4. 在对外汉语教学中,我认为还应该重视文化导入。在基础汉语教学阶段,我主张主要导入全民族的交际文化,对于知识文化可以采用随文而释的办法,不作重点。安排文化项目时必须遵循跟学生的汉语水平大致保持同步的原则。其目的也是为了在有限的时间内有效地提高学生的汉语实际交际能力。

参考文献

陈其光　1990　《中国语文概要》,中央民族学院出版社。

桥本万太郎　1985　《语言地理类型学》,余志鸿译,北京大学出版社。

邱质朴　1990　《大陆和台湾词语差别词典》,南京大学出版社。

桂诗春　1988　《应用语言学》,湖南教育出版社。

陈章太　1983　略论汉语口语的规范化,《中国语文》第6期。

陈亚川　1991　"地方普通话"的性质特征及其他,《世界汉语教学》第1期。

陈原　1988　《社会语言学专题四讲》,语文出版社。

胡明扬、张莹　1990　70—80年代北京青少年流行语,《语文建设》第1期。

周质平　1989　为简体字重新定位,《语文建设》第2期。

威廉·A.哈维兰　1987　《当代人类学》,王铭铭等译,上海人民出版社。

胡世庆、张品兴　1991　《中国文化史》,中国广播电视出版社。

张占一　1984　汉语个别教学及其教材,《语言教学与研究》第3期。

吕必松　1990　我国对外汉语教学学科理论的发展,《语文建设》第3期。

伍谦光　1988　《语义学导论》,湖南教育出版社。

北京大学中国语言文学系语言学教研室　1964　《汉语方言词汇》,文字改革出版社。

(本文原载于《语言文字应用》1992年第2期)

基础汉语教学阶段文化导入内容初探

0　引言

　　语言跟文化的紧密关系，已经引起了对外汉语教学界的高度重视，并成为当前最热门的话题之一。经过一番讨论，人们对要不要在对外汉语教学中导入文化这个问题已经取得了共识，但对于所要导入文化的范围、具体内容等实质性问题意见还比较分歧，有关的探讨尚嫌不足。本文拟就文化导入这一问题展开一些初步的讨论。

　　首先需要说明的是，这里所说的基础汉语教学阶段，指的是《汉语水平考试大纲》所规定的第1到第8等级，高级汉语教学阶段也负有文化导入的任务，本文暂不涉及。

1　文化跟文化项目

　　文化概念，是我们在讨论文化导入时不可回避的第一个难题。自古至今，对文化的理解可谓众说纷纭、见仁见智。从对外汉语教学的角度看，文化既是人们所创造的各种社会成就的总和，也是人们的日常生活方式。前者也叫做"大文化"(culture with a big "c")，后者也称为"小文化"(culture with a small "c")。大文化跟小文化是相对而言的，它们存在着内在的联系，这是因为两者"共享深层的价值体系"(Allen and Valette, 1977)。大文化和小文化都跟对外汉语教学发生关系。在实际的教学过程中，教师无法完全把政经文史等大文化的内容排斥在课堂之外，但是由于课时有限，在基础汉语教学阶段,在对外汉语教学中,主要只导入小文化的内容。

文化内容十分复杂,不同的文化内容之间彼此交织,相互渗透,因此,在进行文化导入时,很有必要把文化内容作一番系统化的分析和归纳工作(包括把所要导入的文化跟学生的母语文化进行比较),使它们更符合对外汉语教学的要求。就如同把复杂的语言现象经分析、归纳之后编织成语言项目一样,我们也可以把文化内容按一定的结构层次设计成具体的文化项目。

在文化体系中,有一系列既相互联系又彼此区别的文化元素。一个文化项目,可以视为一个文化元素。在文化元素内部,还可进一步分解出若干个细目特征。由此可知,文化项目是指包含一定细目特征的文化元素。不过,文化项目是文化内容的转化形式,是从教学角度对文化内容作出的划分。从功能上看,文化项目提供的是一些具体的内容,它们正是构造文化整体的砖砖瓦瓦。学生通过对一个个文化项目的积累,最终能够掌握汉语文化的模式。文化项目是编写语言—文化教材的"元件",也是在整个教学中组织和实施文化导入的基础。

2 文化项目划分的原则和范围

划分文化项目有五条原则:

(1) 差异性原则

世界上没有完全一致的两种文化,也不存在毫无共通之处的两种文化。正因为文化具有共通性,不同文化背景中的人才有交际的可能;正因为文化有差异性,人们在跨文化交际中有可能会遇到大大小小的障碍。在外语教学中,文化差异对学生的语言学习会产生干扰的作用,甚至构成了学生跟教师或外语社会潜在的或外在的冲突。这种情况表明外语教学必须考虑如何消除至少是如何缩小文化差异。既然文化差异是汉语教学的干扰源之一,那么,在划分文化项目时,应把注意力集中在那些跟其它文化截然不同的或者貌合神离的文化内容上,这就便于在教学中通过展现文化差异而最终达到克服文化差异的目的,对外汉语教学也因此可以收到事半功倍的效果。这是差异性原则。

(2) 系统性原则

对外汉语教学不宜给学生一些零碎的、互不相干的文化内容,使文化导入成为一种随意性的教学行为。相反地,在一开始设计文化项目时,就应该把文化作为一个完整的体系来对待。这就是系统性原则。

在生活中,人们对于文化现象常常习焉不察,或者察而不究,因此很难谈得上有什么系统的认识。然而,在教学中,教师对于文化必须习而后察、察而后究,有比较系统的分析和认识。如果我们能系统化地设计文化项目、系统化地进行文化导入,那么,就可以防止学生在接受新文化时"只见树木,不见森林"。确定系统性原则的目的是:我们应该为学生提供一个真正的而非假象的、全面的而非片面的、完整的而非支离破碎的、广阔的而非狭隘的汉语文化背景。学生把握了文化体系,才能在某一具体的文化场景中比较自如得体地运用语言进行交际。

所有的文化项目构成一个大系统。在大系统中,还可分解为两个小系统,即行为系统和价值系统。当然,这两个系统属于不同的结构层次(后文详述)。在它们内部,也可以进一步划分出更小的系统来。同一系统中的项目具有相同或相近的功能,不同系统中的项目具有相离或相异的功能。

(3) 实用性原则

所谓实用性原则,是指在划分文化项目时必须考虑它们的交际价值。文化项目的划分是否有效、是否对学生的交际有帮助,关键在于文化项目是否实用。现有的一些教学方法常常忽视教学内容的交际价值,因此,培养出来的学生尽管了解不少中国古代社会的婚嫁习俗,但在当今中国人的婚礼上却可能显得窘迫尴尬,成为一个"不知所措的人";有些学生虽然能够吟诵唐诗宋词,但在校园里遇见中国学生却可能不知该怎么称呼。可见,教哪些内容,以及先教什么后教什么,应该从实用的角度考虑。

实用性原则,可以用轻、重、缓、急四个字来概括:所谓轻,是指文化内容对学生的交际作用不大,如中国人的奔丧送葬等;所谓重,是指文化内容对学生的交际作用较大,如人际交往等;所谓缓,是指文化内容对学生的交际非眼前急需,如赡养父母等;所谓急,是指文化内容跟学生的交际活动直接相关,如约会邀请等。在划分文化项目,以及给项目作等级安排时,最好能避轻就重、先急后缓。

(4) 发展性原则

文化内容浩如烟海。一个人学习外语文化，可以说是毕生的事情。外语教学不可能毕其功于一役，在一段有限的时间内不可能把所有的文化内容都传授给学生。正因为如此，在划分文化项目时，应该注重划分那些属于文化深层、文化内核的内容。这部分内容比较有限、比较稳定，特别是它们对各种文化行为总是带有支配性。学生一旦掌握了这些内容，就可以极大地提高他们在课外理解新的文化现象的能力。这就是发展性原则。

(5) 等级性原则

所谓等级性原则，是指在文化项目确定之后，还需要按照不同的教学阶段对项目作等级划分，使文化内容跟学生的外语程度协调一致。这样，某一阶段的文化导入跟同一阶段的语言教学能够同步进行、相互配合。

严格地说，文化内容之间只有层次关系，而无高低等级的分别。等级性原则纯粹是出于教学上的考虑而制定的，它体现了外语教学分阶段进行的特点。

讨论文化项目的另一个重要问题，是给项目确定划分范围，因为，不是任何一种文化现象都可以自自然然地成为文化导入的内容的。文化项目划分的范围是：

① 以现代文化而非古代文化为主的范围

现代文化是一种活生生的文化，它是与古代文化相对而言的。诚然，两者之间存在着一脉相承的关系，但它们的差别又是显而易见的。同古代相比，今天的价值观念、行为方式都已发生了很大变化。设计文化项目，应尽可能横向地发掘当今现实社会中的文化现象，避免一味纵向地收集历史上的文化内容的作法。因为学生毕竟是跟现代的中国社会沟通的。

当然，某些古代文化的内容可以提高学生的学习兴趣，或增加他们的文化知识，但我们不能因此而改变现代文化和古代文化在对外汉语教学中的主次关系，它是由教学基本目标——培养学生的语言交际能力决定的。就我们接触到的留学生而言，他们中的绝大部分人希望掌握跟现实有关的文化内容。学生对某些文选课教材普遍感到不满意，认为课文"脱离现实"、"没有用处"。在调查中我们发现，教材以及教学中过多地展现"死"的文化，反而会抑制学生学习汉语的积极性。

② 以主导文化而非亚文化为主的范围

主导文化是占主导地位的,在全社会范围内适用的文化,亚文化是占次要地位的,在特定区域、特定社团中适用的文化。后者不具有像主导文化那样的普遍意义,它只是主导文化的地域变体或社会变体。很显然,学生是以整个汉语社会中的任何一个成员作为潜在的交际对象的,这就要求我们必须把主导文化作为设计文化项目的主要范围。

现行的一些教材,编者或许在主观上并非有意识地要去导入亚文化的内容,但是这些教材的地方特色显得过于浓厚。北京编的教材语言场景往往就在北京,上海编的教材则把上海当作人物活动的大本营。有一本影响较大的北京编写的教材,仅"北京"一词先后就出现了68次(还不包括注释中的重复次数),最多的一课竟达16次之多。由此看来,教材编者把立足点恰恰是放在地域性的文化内容上了。

③ 以小文化而非大文化为主的范围

小文化跟大文化是两个相对的概念。小文化指的是人们的日常生活方式,大文化则指人们创造的各种社会成就的总和。小文化涉及人类生活的基本方面,每个人每天都离不开这些内容。小文化规定了在日常的各种交往中哪些行为方式、哪些价值观念是可以普遍被接受的。因为语言交际在本质上是一种人与人之间相互交往的行为,所以外语教学跟小文化的关系最为密切。再从文化学习的过程看,小文化往往很难从外部观察清楚(黎天睦,1987),这样它就为跨文化交际设置了种种潜石暗礁。学生在语言交际中出现的文化偏误也常常是因为不了解小文化的内容而引起的。例如,一个美国学生对一个中国人在接受其礼物前一个劲地客气推让很不高兴,误以为是中国人并不喜欢这份礼物。中国人之间在邀请别人吃饭时一般都要"三请四邀",而一个美国学生常常会因第一次邀请就遭拒绝而产生挫折感,久而久之,挫折感就可能变成反感。这方面的例子是不胜枚举的。

以上我们提出了以现代文化、主导文化、小文化为主的文化项目划分范围,但这并不意味着绝对地排斥古代文化、亚文化、大文化的内容。事实上,在教学中总会不同程度、不同层次地接触到它们,不同范围的文化之间肯定存在着千丝万缕的联系。不把某些文化内容作为划分文化项目的主要范围,因为这些文化内容在教学中不宜作专门的、系统的导入,可采取随文而释的作法,不作深入发挥。

3 人文化项目的划分方法以及具体项目名称

按照不同的方法去划分文化项目,将会得出不同的分类结果。这里我们采用的是文化理论跟实际交际需要相结合的方法。

文化是有结构层次的,大致分为文化行为和文化心理两大部分。前者指人们发出的动作系统,它是外显的、受支配的、处于文化的表层,后者指行为背后的价值观念系统,它是内隐的、支配的、处在文化的底层。根据文化的结构层次理论,首先把文化项目划分为两大类:文化行为项目和文化心理项目。关于文化心理项目,可参照社会、人生、自然等人类生活的不同范畴,再划分为四个小类:

① 属于社会价值观念的。指人跟社会互动的价值背景,如重家庭、重稳定等。

② 属于人生价值观念的。指人自身互动的价值背景,包括对命运、人的价值、理想人生的看法等。

③ 属于伦理价值观念的。指人际互动的价值背景,如以对方为重的思想、人情观念等。

④ 属于自然观的。指人与自然互动的价值背景,包括对自然的看法等。

第二步,根据学生的实际交际需要,再把文化行为作进一步的分类。在自然的交往中,有一些交往活动,学生能够介入其中,成为真实交际中的真实角色,而不是一个旁观者。我们把学生能够介入的文化内容划分为介入性文化行为项目,如打招呼、约会之类;而把学生不能亲身介入的文化内容划分为非介入性行为项目,如中国人的孝敬长辈、家庭教育等。当然,就某一个学生而言,他或许未必能参与所有的介入性文化行为项目,也未必不能参与某个非介入性文化行为项目。然而,个别学生的特殊情况不应影响划分的标准。把文化行为区分为介入跟非介入两种,完全是出于对学生实际交际需要的考虑,目的是加强文化导入的针对性。学生在学习汉语及中国文化期间,不可能完全改变其留学生的身份,他们对文化的接受有几种不同的情况:一是学生自己能够按照汉语社区的交往规则发出某些行为动作,二是学生能够理解某些文化现象,未必能身体力行。第一种是比较理想的情况,不过学生在实际的交际中,常常处在其母语文化跟汉语文化相互渗透、混合的中介状态,学生表达的文化内容既不完全是汉语文化,也不完全是真正的母语文化。

文化行为很复杂,在没有现成答案的情况下,我们试着从文化功能的角度进行分类:

(1)属于满足生存需要的;(2)属于保持人际联系的;(3)属于表示感情态度的;(4)属于表述观点意见的;(5)属于保护个人隐私的;(6)属于表达时空意义的;(7)属于维系家庭生活的;(8)属于娱乐消遣的;(9)属于情爱婚姻的;(10)属于知识和思想教育的;(11)属于承担社会职责的。从(2)到(6),基本上是学生在交际中可以介入的文化行为,从(7)到(11)大多是学生不能介入的文化行为。(1)的情况比较复杂,既有可介入的内容,也有不宜介入的内容,我们把它同时列入介入性文化行为项目和非介入性文化行为项目。图示如下:

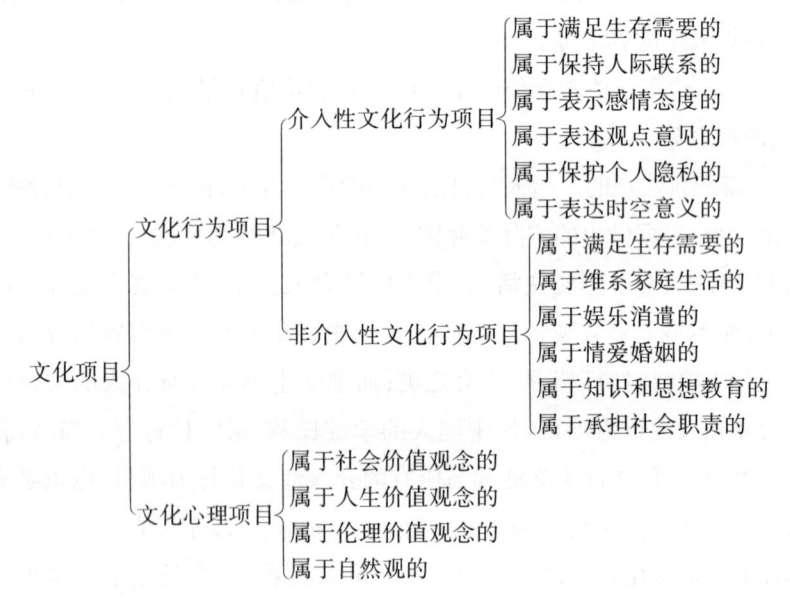

```
                        ┌ 属于满足生存需要的
                        │ 属于保持人际联系的
             ┌ 介入性文化行为项目 ┤ 属于表示感情态度的
             │          │ 属于表述观点意见的
             │          │ 属于保护个人隐私的
             │          └ 属于表达时空意义的
     ┌ 文化行为项目 ┤
     │       │          ┌ 属于满足生存需要的
     │       │          │ 属于维系家庭生活的
     │       └ 非介入性文化行为项目 ┤ 属于娱乐消遣的
文化项目 ┤                  │ 属于情爱婚姻的
     │                  │ 属于知识和思想教育的
     │                  └ 属于承担社会职责的
     │
     │          ┌ 属于社会价值观念的
     └ 文化心理项目 ┤ 属于人生价值观念的
                │ 属于伦理价值观念的
                └ 属于自然观的
```

以下是具体的项目名称:

(一)文化行为项目

(1)介入性文化行为项目

(a) 属于满足生存需要的

[1] 就餐　[2] 住宿　[3] 购物　[4] 看病

(b) 属于保持人际联系的

[5] 称呼　[6] 招呼　[7] 介绍　[8] 打电话　[9] 通信　[10] 约会　[11] 邀请　[12] 拜访　[13] 会客　[14] 请客　[15] 作客　[16] 共餐　[17] 聚会　[18] 帮忙　[19] 拒绝　[20] 送礼　[21] 祝贺　[22] 关心　[23] 说情　[24] 交友　[25] 男女交往　[26] 老少交往　[27] 熟人交往　[28] 生人交往

(c) 属于表示感情态度的

[29] 含蓄　[30] 谦逊　[31] 忍让　[32] 服从　[33] 妥协　[34] 怀疑　[35] 要求　[36] 赞扬　[37] 感谢　[38] 道歉

(d) 属于表述观点意见的

[39] 征求意见　[40] 评论　[41] 建议　[42] 讨论　[43] 同意　[44] 反对

(e) 属于保护个人隐私的

[45] 询问年龄　[46] 打听收入　[47] 倾诉不幸　[48] 讨论个人问题

(f) 属于表达时空意义的

[49] 身体碰触　[50] 人际距离　[51] 私人时间划定　[52] 守时

(2) 非介入性文化行为项目

(a) 属于满足生活需要的

[53] 日常饮食　[54] 节假日饮食　[55] 找住房　[56] 搬家　[57] 三代同堂　[58] 穿着

(b) 属于维系家庭生活的

[59] 家务劳动　[60] 家庭团聚　[61] 孝敬长辈　[62] 夫妻分工　[63] 家长地位　[64] 家庭中心关系　[65] 家庭开支　[66] 家庭纠纷　[67] 两代隔阂　[68] 亲属往来

(c) 属于娱乐消遣的

[69] 周末娱乐　[70] 欢度节日　[71] 看电视　[72] 旅行

(d) 属于情爱婚姻的

[73] 介绍对象　[74] 择偶　[75] 恋爱　[76] 结婚　[77] 婚变　[78] 生育

(e) 属于知识和思想教育的

［79］求学　［80］升学　［81］家训　［82］教书育人　［83］课外活动　［84］社会教育

(f) 属于承担社会职责的

［85］找工作　［86］领导　［87］干群相处　［88］同事相处　［89］服务别人　［90］参与社会活动　［91］遵守社会规则　［92］犯罪

(二) 文化心理项目

(1) 属于社会价值观念的

［93］重家庭　［94］重集体　［95］重有序　［96］重稳定　［97］重调和　［98］重统一

(2) 属于人生价值观念的

［99］重成就　［100］重权威　［101］重命运　［102］重官仕　［103］重等待　［104］重个人利益

(3) 属于伦理价值观念的

［105］重人际　［106］重人情　［107］重小圈子　［108］重面子　［109］重品德　［110］重人轻己　［111］重男轻女　［112］重报答

(4) 属于自然观的

［113］重乡土　［114］重天人合一

以上是114项文化项目的名称。每个项目底下，都可分解出若干细目特征，但由于篇幅有限，更由于对中外文化尚缺乏精透的剖析比较，因此，我们目前还难于做到把每个文化项目都详尽地描述列举出来。这正是需要进一步深入研究的课题。下面，仅以文化行为中的"介绍"和文化心理中的"重家庭"为例，对细目特征加以说明。

"介绍"的细目特征如下：

(1) 介绍态度。中国人自我介绍时谦逊，介绍他人时抬举，同时，接受介绍者要抬举自我介绍者，被介绍者表示谦虚。介绍态度有一定的流向性：

谦虚

自我介绍一方⇌接受介绍一方

抬举

$$\text{抬举}$$
$$\text{介绍他人一方} \rightleftharpoons \text{被介绍一方}$$
$$\text{谦逊}$$

介绍态度的流向中还有某种规律可寻,即:

自我介绍一方 ｜ ⟶ ｛接受介绍一方
被介绍一方 ｜ ｛介绍他人一方

(2) 介绍程序。先介绍别人,后介绍自己;先介绍年长的,后介绍年幼的;先介绍地位或职位高的,后介绍地位或职位低的,等等。总的倾向是,根据社会关系确定从长到幼、从高到低的介绍顺序。

(3) 介绍的称谓结构。最常见的介绍,其称谓结构是姓＋职务或职称,姓＋其它社会称谓,或者老(小)＋姓,等等。第一种如"王校长"、"李教授";第二种如"张同志"、"孙师傅";最后一种如"老陈"、"小沈"。由于中国人的姓多是单字、一个音节,在介绍时一般不单介绍姓。至于像英美人有时只介绍名而不介绍姓的作法,在中国是不大常见的。

"重家庭"是中国社会中一个核心的价值观念,它有一些具体的表现特征:

(1) 视家庭为纽带,强调家庭中人际和睦和长幼次序。

(2) 依赖家庭,倚重父母及家庭群体力量。

(3) 维护家庭,强调家庭内的凝聚、和睦,重视家庭成员的利益,乐意为亲人做出牺牲。

(4) 维系家族,重视发展家庭亲缘关系,强调传宗接代。

(5) 以家庭管理为模式,以理家推广到治国,从家庭人际关系推广到一般的人际交往。而且,在此过程中,亲信家族成员常会委以重任。

"重家庭"的价值取向在语言交际中较突出的例子是:中国人喜欢用家庭称谓去称呼他人,如:"雷锋叔叔"、"张爷爷"等,以示亲近。又如,中国人恶毒的骂人话就是咒人"断子绝孙",不是"绝一代",而是"绝八代",似乎只有这样方能解心头之恨。这从反面说明中国人的家庭观念如此地至重至深。

4 文化项目的等级安排

从理论上说,文化导入贯穿在整个对外汉语教学的过程中。因此,需要把文化项目配置到不同的教学阶段里。鉴于文化心理项目掌握起来难度较大,用简单的语言形式往往不容易把隐含的价值观念解释清楚,所以,我们把文化心理项目安排在高级阶段而把文化行为项目放在初级和中级阶段。文化行为项目安排的原则是急用先学,本着这个原则先安排介入性项目,后安排非介入性项目。等级安排拟按照三大阶段、六小阶段进行,具体安排是:

(1) 初级前:不正式安排项目,在教学中可结合一些介入性文化行为项目编排语言;

(2) 初级后:(同上);

(3) 中级前:安排介入性文化行为项目,项目[1]—[28];

(4) 中级后:安排介入性文化行为项目,项目[29]—[52];

(5) 高级前:安排非介入性文化行为项目,项目[53]—[92];

(6) 高级后:安排文化心理项目,项目[93]—[114]。

参考资料

1. Allen and Valette 1977 Classroom Techniques: Foreign Language and English as a Second Language, Harcourt Brace Jovanovich, Inc.

2. 本尼迪克特(R. Benedict) 1935 《文化模式》,王炜等译,三联书店(北京),1988。

3. 毕继万 1986 《中国文化介绍在对外汉语教学中的作用》,见《第一届国际汉语教学讨论会论文集》,北京语言学院出版社。

4. 克鲁克洪(C. Kluckhohn) 1951 《文化研究》,见《文化与个人》,克鲁克洪等著,高佳等译,浙江人民出版社,1986。

5. 黎天睦(T. Light) 1987 《现代外语教学法理论与实践》,北京语言学院出版社。

6. 吕必松 1990 《关于教学内容与教学方法问题的思考》,《语言教学与研究》第2期。

7. 张占一 1990 《试论交际文化和知识文化》,《语言教学与研究》第3期。

8. 赵贤洲 1989 《文化差异与文化导入论略》,《语言教学与研究》第1期。

(本文原载于《世界汉语教学》1992年第1期,作者:魏春木、卞觉非)

"汉语交际语法"的构想

1. 语言是人类最重要的交际工具,交际是语言的最基本的职能。人类的交际行为包括三个基本的结构层次:语言、伴随语言(Paralanguage)和身势语(Kinesics);此外,还有与之相关的近体语(Proxemics)。(F.Poyatos,1983)[①]

2. 语言在人类交际行为中是最基本的要素,使用语言进行交际是人类所特有的行为;伴随语言、身势语以及与之相关的近体语只是人类在交际过程中所伴随的辅助语言特征(Paralinguistic Features),它包括说话者在交际中所伴随的各种非言语的咳嗽、鼻音、叹气、声调、语调和各种面部表情、体态动作、眼神接触、手势活动等,以及在交际时双方所保持的空间距离及其构成、使用和看法等。(桂诗春,1988)[②]

3. 在人类交际行为中,语言是交际内容的主要负荷者,辅助语言特征在一定程度上虽然也能传情达意,但是它的主要功能则是强化言语的表达效果。语言不但是交际内容的主要负荷者,而且一系列的辅助语言特征的含义也是由语言来确定并使之约定俗成的。比如,"点头"在中国和使用英语的国家表示赞同,"摇头"则表示不同意,即所谓"摇头不算点头算";可是,在印地安人中,在保加利亚和尼泊尔却是"点头不算摇头算"(耿二岭,1988;张凯,1989)[③]。

[①] 参见 F.Poyatos"New Perspectives in Nonverbal Communication",Oxford,Pergamon Press,1983,pp.175-212。

[②] 详见桂诗春《应用语言学》pp.132-148,湖南教育出版社,1988。

[③] 见耿二岭《体态语概说》p.45,北京语言学院出版社,1988;张凯《汉语考试中的"文化考试"》,见刘英林主编《汉语水平考试研究》,p.191,现代出版社,1989。

4. 因此，要想全面地考察人类的交际行为，最理想的作法是综合地研究语言和辅助语言，因为它们都是人类交际行为的载体；但是作为具体的研究步骤也可以分项进行。具体地说，研究汉语，既可以从语言学的角度，分别地研究汉语的语音、语法和词汇系统；也可以从社会语言学的角度，单项地研究汉语语法。

本书拟从汉语的交际实际需要出发，按照母语非汉语的人学习汉语的要求，研究汉语的交际语法，编织汉语的交际语法系统。

5. 所谓汉语交际语法，是指"一种把语法结构与意义、用法和情境联系起来的语法，其目的是使学生更好地掌握语言来交流思想"。（Leech and Svarvik, 1975）[①]汉语交际语法跟以往的语法最大的不同在于：以往的语法着眼于语法结构，按照从形式到内容这一模式组织语法系统，进行语法教学，而交际语法则着眼于学习者的心理，研究人在思维过程中想"说什么"和"怎么说"，按照从内容到形式这一模式编织语法系统，组织语法教学。

6. 编写汉语交际语法，必须明确并且要处理好以下几个原则：

（1）应该树立以学生为主体的思想，一切从外国学生学习汉语的实际需要出发，根据交际的需要来研究并编织汉语交际语法系统；

（2）应该有利于调动学生学习汉语的主观能动性，以便充分地发挥学生学习汉语的积极性；

（3）应该认真地吸收前人研究语法的成果，利用学生已经掌握的汉语语法知识，互相比照，不断加深，使之温故而知新。

7. 根据交际对象的自身特质、交际者跟被交际者双方的关系、交际双方的意图、交际时的情境等因素，我们把汉语语法的交际功能分为三个层次：意念功能（ideational function）、意向功能（notional function）、情境功能（situation function）。在这三大类下面还可以再分若干子系统。我们把表达上述三项功能的语言表达系统称之为汉语的交际语法。我们认为这是汉语语法的基本职能。

相对地说，同类功能在性质上具有相似的类同性，在语言表达方式上也具有相似的选择性；异类功能在性质上则具有相异的区别性，在语言表达方

[①] 见王宗炎编《英汉应用语言学词典》，p.63，湖南出版社，1988。

式上也具有不同的选择性。所有这些体现了上述三项功能之间的类同性跟区别性。

8. 当然，人们在交际过程中所呈现的是极为复杂的现象。由于交际意图的改变，或者交际对象的变化，或者交际情境的更换，事实上许多语言表达手段常常是交叉并用的。在汉语交际中，所谓意念、意向和情境是很难截然分开的；不过，作为具体研究步骤则不能不分项进行。研究者只有把每一个单项功能及其表达方式研究清楚了，才有可能在理论上作出综合的概括，学习者只有分项地掌握了表示各种功能的语法表达方式，也才能作到综合的运用。

9. 汉语交际语法的内部层次和关系可以图示如下：

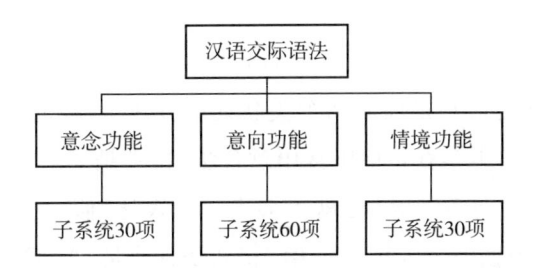

```
            汉语交际语法
    ┌───────────┼───────────┐
  意念功能     意向功能     情境功能
    │           │           │
  子系统30项   子系统60项   子系统30项
```

10. 所谓意念功能是指说话人为了表达宇宙中客观存在的事物及其在大脑中的反映而采用的语言表述方式，它包括常常用于表达某种意念而采用的词和短语以及基本的语法结构和语法格式。换言之，说话人要表达的是各种事物以及这些事物之间的种种关系。相对而言，意念功能所表达的功能项目都是不变因素。比如，数量、时间等意念在汉语中都有确定的表达方法，一般不会因人而异。我们把语言表达意念的这种语法功能称之为意念功能。意念是一个类的聚合，在这一大项内部还可以再分若干子系统，在子系统下面还可以再分若干次类。应该说明，这种分类只是相对的，分类的数目也视教学需要而有所增并。

意念功能包括30项子类目：

① 数量，② 时间，③ 空间，④ 动作，⑤ 性状，⑥ 方式，⑦ 工具，⑧ 程度，⑨ 频率，⑩ 比较，⑪ 疑问，⑫ 语气，⑬ 主动，⑭ 被动，⑮ 处置，⑯ 并列，⑰ 选择，⑱ 排除，⑲ 异同，⑳ 承接，㉑ 因果，㉒ 目的，㉓ 假设，㉔ 推论，㉕ 转折，㉖ 让步，㉗ 条件，㉘ 连锁，㉙ 解释，㉚ 引述。

意念功能的第①—⑮项表示意念的范畴，在语法形式上常用词、短语或小句来表达；不过，这些词、短语或小句如果跟一定的现实联系起来，获得了一定的语调，就可以成为一个表述单位，就可以成为一个句子，第⑯—㉚项则表示意念与意念之间的关系范畴，在语法形式上常常用联贯的话语来表达。

意念功能项目包括一系列的常用词和短语以及基本的语法结构和语法格式，以第㉓项"假设"为例，主要有：

要是/如果　　　　　　　那/可/ 就……
假如/假若　　　　　　　那可就……
假使/要不是(的话)　　　那可更……
假定/若是　　　　　　　那就……
假设/如若　　　　　　　那不就……

在书面表达时常常是前后两个关联词语并用。比如："要是你昨天来，那他就不会走了"；但是在口语中常用意合法，特别是第一个关联词，都可以省去不用。比如："你昨天来，她就不会走了。"表达"假设"意项的常用关联词语是"要是……就……"，其基本语法格式是：(要是)A，就是 B。

11. 所谓意向功能是指说话人和听话人为了表达彼此关系、态度、立场、判断、情感、意志、意图而采用的语言表达方式，它包括常常用于表达某种意向而采用的词和短语以及基本的语法结构和语法格式。换言之，说话人的交际双方都是人。人是极可变的因素：在交际过程中，有的人参与进来，有的人退了出去，问话者可以成为答话者，答话者也可以成为问话者；"希望"可能变成"失望"，"失望"可能导致"灰心"，"灰心"可能遭到"批评"。相对而言，意向功能所表达的功能意项，都是可变因素，常常会因人而异，随情景而变。我们把语言表达意向的这种语法功能称之为意向功能。意向功能是一个大的类别，在其内部可以分成若干子系统，子系统下面还可以再分若干次类。当然，这种分类是相对的，分类的多少可根据教学需要而定。

意向功能包括 50 项子类目：

㉛ 询问,㉜ 叙述,㉝ 认可,㉞ 纠正,㉟ 同意,㊱ 反对,㊲ 肯定,㊳ 否定,㊴ 可能,㊵ 不能,㊶ 权利,㊷ 义务,㊸ 希望,㊹ 担心,㊺ 放心,㊻ 满意,㊼ 失望,㊽ 喜欢,㊾ 厌恶,㊿ 感激,㉛ 质问,㉜ 误会,㉝ 生气,㉞ 申辩,

"汉语交际语法"的构想 · 261 ·

㊄ 抱怨,㊅ 同情,㊆ 安慰,㊇ 容易,㊈ 困难,㊉ 意外,㉁ 嘲讽,㉂ 祝愿,㉃ 赞许,㉄ 批评,㉅ 致歉,㉆ 后悔,㉇ 相信,㉈ 怀疑,㉉ 关心,⑺ 冷漠,⑻ 请求,⑼ 命令,⑽ 劝告,⑾ 催促,⑿ 称呼,⒀ 介绍,⒁ 问候,⒂ 会晤,⒃ 请客,⒄ 告别。

意向功能的第㉛—㉞项表达跟信息有关的意向;第㉟—㊷项表达跟理智有关的意向;第㊸—㊶项表达跟情感有关的意向;第㊷—⑺项表达跟道义有关的意向,第⑻—⑾项表达跟祈使有关的意向,第⑿—⒄项表达跟社交有关的意向。在语言形式上,常常用句子或联贯的话语来表达。

意向功能包括一系列的常用词和短语以及基本的语法结构和语法格式。以第⑻项"请求"为例,主要有:

请您给我一杯水!　　　让我们自己动手吧!
求您给我一杯水!　　　请允许我们抽烟吧!
请求给我一杯水!　　　让咱们一起去行吗?
您可以给我一杯水吗?　对不起,请借个火。
您可不可以给我一杯水?

表达"请求"意项的常用动词有:"请/求/请求/让/允许"等,其基本语法格式是:请/求谁做什么。

12. 所谓情境功能是把说话人在特定的情境下为了表达某种特定的意念和意向而采用的语言表达方式,它包括常常用于表达某种情境而采用的词和短语以及基本的语法结构和语法格式。情境功能是一个大类,在其内部可以分成若干子系统,子系统下面还可以再分若干次类。

情境功能包括 30 项子类目:

㊁ 在学校,㊂ 在图书馆,㊃ 在教室,㊄ 在宿舍,㊅ 在旅馆,㊆ 在饭馆,㊇ 在银行,㊈ 在邮局,㊉ 在商店,㊀ 在工厂,㊁ 在农村,㊂ 在医院,㊃ 在操场,㊄ 打电话,㊅ 看电影,㊆ 看戏,㊇ 听音乐,㊈ 跳舞,㊉ 看比赛,⑽ 参加会议,⑾ 约会,⑿ 过生日,⒀ 过节日,⒁ 送礼,⒂ 旅游,⒃ 乘车,⒄ 乘飞机,⒅ 办签证,⒆ 寄行李,⑽ 在海关。

情境功能的分类是相对的,分类项目的多少视教学需要而定。情境功能的表达系统是由一系列的常用词、短语以及语法结构和语法格式构成的。以第㊈项"在邮局"为例,主要有:

同志,我想寄封信:航空信/平信/挂号信/特快信。

寄到哪儿？北京/香港/美国……

邮资多少？1毛,5毛,两块……

还要买邮票:普通邮票/纪念邮票/特种邮票。

同志,我要寄包裹！

请填包裹单,把地址、邮政编码写清楚。

我还要取包裹！

请拿出证件,在这儿签字盖章！

表达"在邮局"意项的常用动词有:"寄、取、买、填"等,常用的语法格式是:寄/取/填什么。

13. 为了使交际收到良好的效果,说话人在交际时必须善于选择得体的语域(register)。语域也称语体,可以定义为"视用法而定的变体"。[①] 社会语言学家认为,每个人在交际时不但要参照社会的各方面给自己定位,而且要把自己的交际行为跟其它复杂的交际行为的多维矩阵联系起来,所谓多维矩阵是指"场"、"方式"、"旨意"。"场"即交际意图,它涉及交际的目的和主题;"方式"即交际手段,指在交际中所采用的语言表达方式;"旨意"即交际对象,它取决于交际对象之间的关系。这些就是影响和决定交际行为的三维度。(M.A.K Halliday,1978)[②]比如,有个人要向别人借钱(这就是"场"),但怎么开口呢(这就是"方式")？这就取决于跟被借钱人的关系(这就是"旨意"):如果向好朋友借钱则可以说"兄弟,借几个钱花花";如果是向银行或高利贷者开口,除了要有可靠的信用保证外,还得办个正式的手续。在整个交际过程中所使用的语域取决于交际行为的三维度。结合汉语的情况,我们把汉语的语域分为四个层次:书面语与口语;正式与随便,敬重与轻蔑;直率与委婉。比如:

七届全国人大三次会议各项准备工作已经就绪。　　　　（书面）

七届全国人大三次会议的各项准备工作已经做好了。　　（口语）

如果您对现职不满,可另请高就！　　　　　　　　　　（正式）

———————

① 见 R. A. Hudson《社会语言学》,p.57,卢德平译,华夏出版社,1989。

② 见 R. A. Hudson《社会语言学》,pp.57-58,卢德平译,华夏出版社,1989。

你不满意现在的工作可以走人！　　　　　　　　（随便）
老大爷,您高寿了？　　　　　　　　　　　　　　（敬重）
老家伙,你多大了？　　　　　　　　　　　　　　（轻蔑）
你的胃癌又恶化了？　　　　　　　　　　　　　　（直率）
您的胃还是不舒服啊？　　　　　　　　　　　　　（委婉）

当然,上述分类有时是交叉的。比如,"书面"、"敬重"常常是正式的,"轻蔑"、"直率"常常是口语,只不过是分类的角度和着眼点不同罢了。孤立地看,单个词语或句子无所谓得体不得体,可是如果把这些词语或句子放到一定的语境中,就会产生合适不合适的问题。所以,在言语交际时就必须精心地选择语域,用心地遣词造句,使之得体、得体、再得体。我们在教材编写中应该努力实践这些原则。

14. 我们编写交际语法,最主要的目的就是培养学生的交际能力,使我们的学生不但要能够造出合乎语法的句子,还要能看场合、时机和对象来使用这些句子。所谓交际能力应该包括：(1)具有语法和词汇知识,(2)掌握说话规则,如懂得如何开始和结束谈话,该谈论什么话题,对不同对象和在不同情况下该采用哪些称呼；(3)懂得怎样作出各种不同类型的言语行为,如请求、道歉、感谢和邀请等等,并知道怎样对人家的言语行为作出反应；(4)能够得体地使用语言。当一个人想与别人交际时,他必须认清自己所处的社会环境,本人与对方的身份,在特定场合该说哪一类的话。例如,在对方说"It's rather cold here"时,可能是请求关窗、关门或把暖气打开,尤其是当对方是身份较高的人的时候。(参见 Coulthard,1985；Hymes,1974)[①]

15. 由于这是一部主要供母语非汉语的人学习或查阅用的工具书的语法教材,因此必须具有规范性,本教材的例句和说明都必须用标准的普通话。为便于让学习英语或汉语语法的人可以查阅、比较,编者拟在每个例句下面附有英语翻译,以供双向选择。

16. 在编写时,例句中的词汇和语法出现的先后次序将参照国家对外汉语教学领导小组办公室汉语水平考试部编制的《汉语水平考试大纲》中词汇和语法等级标准,遵循从易到难、由简到繁的原则,螺旋式地循环加深,以利

---

① 见王宗炎编《英汉应用语言学词典》,pp.62-63,湖南出版社,1988。

不同层次的汉语学习者使用。

主要参考文献

J. A. VanEk 1977 The Threshold Level for Modern Language Learning in Schools, London, Longman.

Geoffrey Leech Jan Svartvik 1983 《英语交际语法》，戴炜栋译，上海译文出版社。

吕叔湘 1956 《中国文法要略》，商务印书馆。

（本文原载于《汉语学习》1992年第2期）

汉字教学：教什么？怎么教？

提要：对外汉语教学中的汉字教学是指：以外国人为对象的、以现代汉字为内容的、用外语教学方法进行的、旨在掌握汉字运用技能的教学活动。汉字教学的根本目的是讲清现代汉字的形、音、义，帮助学生读写汉字，学习汉语，掌握汉语的书面语。诚然，在汉字教学中不可能不涉及汉字文化，但是汉字教学不是文化教学。汉字教学就是汉字教学。

1. 汉字教学的定位。本文说的汉字教学，是对外汉语教学中的现代汉字教学。仿造对外汉语教学名称，也许可以称之为对外汉字教学。它是对外汉语教学的组成部分。诚然，在汉字教学中不可能不涉及汉字文化及其相关问题，但我们不能把汉字教学的重点放在文化揭示和知识讲授方面。汉字教学虽然涉及文化，但是汉字教学不是文化教学。必须十分明确：对外汉字的教学对象是现代汉字，汉字的文化教学不是对外汉字教学的主要任务。实践表明，如果对汉字教学的定位含混不清，就会干扰和偏离汉字教学的方向，影响汉字教学的效果。

2. 汉字教学的目的。所谓对外汉语教学中的现代汉字教学是指：以外国人为对象的、以现代汉字为内容的、用外语教学方法进行的、旨在掌握汉字运用技能的教学活动。汉字教学的根本目的是讲清现代汉字的形、音、义，帮助学生认读汉字，书写汉字，学习汉语，掌握汉语的书面语；当然，学生在学习汉字的过程中，同时必然也在接触和学习汉字文化，毫无疑问，这是汉字教学自然产生的客观效果，无须刻意追求。必须特别强调，汉字是语素文字，一个学生掌握汉字数量的多少，不仅关系到学生的汉语口语水平的高低，而且也是学好汉语书面语的关键。

3. 汉字教学的现状。现代汉字教学，应该贴近教学对象的实际。我们的教学对象可分两类：一类是既不懂汉语又不识汉字、在语系上和文字体系上跟汉语汉字完全不同的欧美等国学生；另一类是同属汉字文化圈的日本、韩国学生。后者虽然认识一些常用汉字，但不会说汉语，而且日语和韩语在语系上跟汉语没有亲属关系。比较起来，日本学生和韩国学生学习汉字相对比较容易，因为，日本学生在中学阶段就会日本常用汉字1945个，韩国学生也会1800个韩国常用汉字，撇开读音不谈，这对他们学习汉语词汇会有一定帮助。不过，由于日本和韩国汉字的字义在借用汉字时跟中国汉字在内涵和外延上不尽相同，因此他们很容易望文生义，产生负面效应，有名的例子是：日本的"手纸"相当于汉语的"信"，汉语的"点心"则相当于韩国的"午饭"。从学习汉字的角度，汉字文化圈的学生肯定要比汉字文化圈外的学生容易得多，但是必须指出，三个国家的汉字分别记录的是三种不同的语言，因而日本、韩国学生在学习中国汉字时都应该把汉字当作外语外文来学习，不这样是学不好汉语的。事实上，也许由于认识上的偏差，日本和韩国学生并没有因为认得汉字的优势而一定比欧美学生学得更好，特别是口头表达方面。

当然，学习繁富复杂的汉字，对于年过20的欧美学生而言也绝不是一件轻松愉快的事情，若要记忆更是苦不堪言。据我所知，国内大多数学校都比较重视汉字教学，作出了较好的安排。在初级阶段有的学校还专门开设了汉字课，布置汉字书写练习。到了中级阶段，则把汉字教学置于课文教学之中，汉字教学与汉语词汇教学同步进行。这样做的好处是，可以把汉字教学与汉语词汇教学结合起来，使学生比较准确地理解汉字的字义；但是如果处理不当可能也会产生弊端，以词汇教学取代汉字教学。因为，教师在课堂教学中，通常把注意力放在课文的阅读与理解上面，关注的是词语和语法教学，汉字只是作为一个词汇单位教给学生，这样很容易忽视汉字的教学。所以，有人说，所谓汉字教学只是初级阶段才有，到了中级之后就不知不觉地被取消了，很难说还有严格意义上的对外汉字教学。我认为，汉字教学应该贯彻基础汉语教学阶段的全过程。当学生看到"美不胜收"时，首先是查看英语翻译：So many beautiful things that one simply can't take them all in. 或者：More beauty that one can't take in. 他们是从英语翻译来了解该成语的含义,却不大理会这一成语四个汉字的字形、读音和字义。他们通常从图形上认读汉字,摄取汉字的形体图像,疏于记忆,如果教师不作特别强调和提示,学生们很难分辨汉字的部件和笔画,因此写起来常常丢三落四。通常的情况是,各校一年级学习汉语的人数很多,但许多人浅尝辄止,遇有困难就半途而废。"经过十年寒窗生活以后,只剩下极少数的学生攀登硕士或博士的高峰。"(柯彼德,1997)据我所知,即使这些佼佼者,他们的毕业论文几乎很少是用汉语写就的,通常是用自己的母语。他们的汉语说得很流利,但是他们中一些人在阅读,特别在书写方面依然存在许多困难,离所谓"语言通""文化通"和"中国通"还有相当的距离,"最明显的原因是汉字的难关"。(柯彼德,1997)他们对汉字往往缺乏审断能力,不能分辨"浃、挟、狭、铗,挡、档、裆,买、卖、实,没、设,讷、纳、呐、衲,募、幕、蓦、慕、暮,卷、券"等等,所以动起笔来常常出错;打出来的文字也错得离奇。这就是当前的汉字教学情况。

究其原因是多方面的。

在理论层面上,有人从本体论出发,认为先有语言,后有文字,文字只是记录语言的符号,符号是可以跟本体分离的。最能体现这一思想的是美国结构主义者 John De Francis,他主编的《初级汉语读本》《中级汉语读本》《高级汉语读本》就分为拼音本和汉字本两种。他主张先教会话,后教汉字,对于那些只想学习会话单项技能的人也可以不教汉字。这种看法和做法曾流行于欧美。这种看法也深深地影响着欧美学生,他们普遍地存在着重口语、轻汉字、重阅读、轻书写的倾向。从哲学层面上说,我以为语言先于文字的观点无疑是正确的;但是如果某种语言一旦拥有了文字,文字对语言的反作用也是不可忽视的。特别是像汉字这样的语素文字对汉语的反作用尤其明显,达到了惊人的程度。是汉字保留了古代汉语的词语,保留了古代圣贤的语录,保留了古代优秀的诗词歌赋、格言成语,保留了古代汉语特有的语法格式,并把它们中的一些成分原封不动地保留在现代汉语之中。汉字与汉语简直难解难分。一个外国学生,如果真的要学好汉语,成为汉语方面的高级人才,我想,不学习、掌握汉字简直是不可能的,把汉语学习跟汉字学习对立起来的做法也是不可取的。事实上,汉字已经成为汉语特定的组成部分,学习汉字就是学习汉语;若要学好汉语,必须得学习汉字。

在操作层面上,有人从同源论出发,认为汉字就是汉文化,在教汉字时往往大讲汉字的源流嬗变、文化考察、风俗探源、书法艺术欣赏等等。如果如此理解汉字教学,人们就可以这样讲授"茶"字:"茶"在《说文·草部》中为"茶":"茶,苦茶也,从草余声。"据大徐本注:"此即今之茶字。"然后引证《广韵》:"宅加切。"再论"茶"字三种写法"茶、槚、茗",根据唐陆羽《茶经·一之源》注解:从草,当作"茶",其字出自《开元文字音义》;从木,当作"槚",其字出自《本草》;草木并,作"茗",其字出自《尔雅》。再解释"茶"的民俗含义:"旧时订婚聘礼的代称。如三茶六礼,受茶。"明陈耀文《天中记·茶》:"凡种茶树必下子,移植则不复生,故俗聘妇必以茶为礼。"《清平堂话本·快嘴李翠莲记》:"行什么财礼?下什么茶?"再讲茶的种类,茶的功能,茶具、茶道等等。讲者用心良苦,努力在弘扬汉字文化,听者如坠入云雾之中,一无所获。难道这是对外汉语教学中的现代汉字教学吗?当然不是。正确的方法是,讲清"茶"的形、音、义,告诉学生"茶"字的用法和写法。还有,教师可以通过组词练习强化训练,比如"红茶、绿茶、新茶、陈茶,茶馆、茶道、茶点"等,并且隔三岔五地考考学生们记住了没有。事情就这么简单!

我认为,只有在理念上和操作上取得一致的看法,才能进行真正意义上的对外汉语教学中的现代汉字教学,才能实现汉字教学的目标。

4. 现代汉字不同于古代汉字。对外汉语教学中的汉字教学应该定位于现代汉字。现代汉字虽是古代汉字的发展,但是经隶变后的汉字形体已经由圆而直,大幅度地丧失了以形示义的功能,汉字已逐渐脱离了图画的意味,变成了一种记录语言的符号。这是汉字成熟的标志。传统的"六书"理论虽与现代文字学有相通之处,但已不能完全适用于现代汉字的分析。同样的术语有的名同字异。比如,"六书"中的象形字"日、月、山、水、手、心、子、女、弓、矢、刀、戈、户、舟"等在现代汉字中已不再具有象形的特质,变成了记号字。"日"字在"晴、明、旦、昏、晒、晖、晨、暗"中只是意符。"六书"中的指事字,如"一、二、三"在现代汉字中却已成了象形字。在简化字中又出现了许多新会意字,如"宝、笔、尘、巢、籴、灭、灶"等等。古代汉字中的所谓形声字,如"江、河、打、布、刻、蛇、霜、逃、醉"等在现代汉字中已变成半意符、半记号字。在"六书"中有些形声字已与今义不同,如"骗":《集韵》匹羡切。《字略》:"骗,跃上马也。"现指"欺骗"意。"特",《说文解字》:"特,朴特,牛父也。从牛寺声。""牛父"即"公牛",现指"特别,特殊"义,意符和声符均发生变化,成了合体记号字。汉字教学,虽然古今不能截然分开,但在观念上必须区分古今汉字。

5. 对外汉字的教学内容。汉字教学是实用科学。从事对外汉语教学的教师应该具有丰富的汉字知识,但并不是把这些知识统统都要倒给学生。一方面要加强现代汉字本身的研究,利用他人的研究成果,用于汉字教学之中;一方面也要研究汉字的教学方法,了解学生的实际,选中切合学生学习汉字的重点和难点,通过反复讲练,形象而直观地分层级进行汉字教学。

首先,讲清现代汉字的性质。汉字是语素文字,而非拼音文字。一个汉字均由形、音、义三个部分组成。形、音可以变化,但基本字义一般不变。如:"女",《说文解字》:"妇人也,象形。王育说。凡女之属皆从女。"现代汉字"女"字形由篆而隶而楷,但基本字义不变。有很多由"女"组成的合体字,仅《说文》就有"姓、娶、婚、妻、姑、妹"等244个。"女"作为基本语素,可组成多字结构,前置如"闺女、妓女、美女、少女"等等。记住一个"女",就可以认知由"女"组成的合成字以及跟"女"有关词语的意义,由此可见,记忆构字能力很强的独体字,对于学习汉语和汉字是何等重要!

现代汉语常用汉字有3500个。对外汉语教学根据实际对3500个常用汉字作了适当的微调,按照《汉语水平词汇与汉字等级大纲》规定:甲级汉字800个,乙级汉字804个,丙级汉字500+11个,丁级汉字2864+41个(共计2905个),可以据此编写教材,进行课堂教学和教学测试。至于是否要把2905个汉字再分成"复用式掌握"或者"领会式掌握",这是可以而且应该研究的。

其次,解析现代汉字的字形结构。现代汉字整字可分为独体字和合成字两种。"六书"中的象形字和指事字都是独体字,会意字和形声字都是合体字。现代汉字中的独体字多半来自古代象形字和指事字。前者如"人、手、水、火、日、月、禾、田、井、虫、止"等,后者如"甘、七、八、上、下、本、末";有些合成字是经简化后而进入独体字,如"龙、专、门、书、卫"等。现代汉字的合成字多数来自古代会意字和形声字:前者如"休、林、男、旅、盖、析"等,后者如"芽、理、简、案、沐、际、盛"等;少数来自古代象形字和指事字:前者如"燕、鱼、泉、阜",后者如"亦"。(苏培成,1994,p.70)应该让学生知道,独体字既是常用汉字,又是构成合成字的部件,组字能力很强,必须牢牢记住。解析合体字可以理性地了解汉字的构造原理,领悟汉字的理据性,从而掌握记忆和书写汉字的诀窍。应该指出,在造字过程中,"有的字有理据,有的字没有理据,有的字有部分理据。有的在造的时候就没有理据,有的字本来有理据,在发展过程中失去理据。"(苏培成,1994,p.81)所以,应该特别强调,记忆汉字不能没有诀窍,也不能没有方法,但是最基本的方法只有一个字:记!这一点应该向没有背诵习惯的欧美学生反复说明,反复强调!

第三,剖析汉字的部件。部件也叫字根、字元、字素、字形,是汉字基本结构单位。独体字只有一个部件,合体字有两个或两个以上部件。"地、和、对、好、动、园"等是两个部件,"想、娶、树、坐、渠、谢"是三个部件,"营、韶、筐"等是四个部件,"燥、羸、膏"等是五个部件,"麓、臂"等是六个部件,"鳞"等是七个部件,"齉"是八个部件。部件与部件的组合是分层进行的,不是一次组合而成。如:

```
           韶
         ╱   ╲
       音     召
      ╱ ╲   ╱ ╲
     立  日 刀  口
```

"韶"的部件是"立、日、刀、口",这些可称为末级部件。末级部件一般都可以成为独体字。由此可见,剖析一个字的部件对于认知汉字的构造和正确地书写汉字都是很有帮助的。

第四,讲授现代汉字的笔画。笔画是构造汉字的线条,是汉字构形的最小单位。现代汉语通用字中最小的汉字只有一画,如"一、乙"等,最多的是36画,如"齉"字。其中以9画字居多,10画和11画次之。如果把提归入横,捺归入点,钩归入折,汉字基本笔形有五类:横、竖、撇、点、折;并有26个派生笔形。(参见苏培成,1994,p.59)我认为应该教会学生正确书写汉字的先后顺序,要求学生掌握汉字书写的基本笔顺:1. 先横后竖:十、干、丰;2. 先撇后捺:八、人、入;3. 先上后下:三、京、高;4. 先左后右:川、衍、做;5. 先外后内:月、勺、同;6. 先中间后两边:小、水、办;7. 先进去后关门:回、目、国。教授汉字时,教师始终应该对学生严格要求,认真训练,反复默写,养成规范的书写习惯,这对学生将会受益无穷!

6. 汉字教学的方法。国家汉办颁布的《汉语水平词汇与汉字等级大纲》

不同于一般的教学大纲,而是一种规范性的水平大纲。在对外汉语教学中如何实施《汉字等级大纲》需要另订汉字教学计划。母语的汉字教学与对外汉字教学存在着很大的不同:前者是学习者已会说汉语后再学汉字,其教学顺序是从字→词,学字难和学词易是对立的也是互补的;后者是学习者既不会汉语也不识汉字,其教学顺序则相反,是从词→字,学汉字和学词是同步进行的。(参见刘英林等,1995,p.19)因此,绝大多数学校的对外汉语教材都是把汉语的词汇教学和汉字教学结合在一起,同步进行。我以为这是很好的方法;我只是担心,如果安排不妥,只注意词汇教学,就会影响汉字的掌握。汉字教学的方法值得研究。要加强科学性和计划性,克服随意性和盲目性。

首先,应该制定汉字教学计划,把《汉语水平词汇与汉字等级大纲》所列的甲级字、乙级字、丙级字和丁级字具体化,也就是要制定一个怎样分别实现上述各级字目标的具体规划。具体要求是:列出一份汉字教学计划,列出汉字教学点,确定每一课应教的重点汉字,并将这些汉字醒目地印在课本的显著位置。就像 John De Francis 在他主编的《初级汉语读本》(汉字本)等教材中所做的那样,每一课都用方框列出一组汉字,放在课文的右上角,以供学生读写、记忆。教师应该采用各种有效的方法,帮助学生记住这些汉字。

其次,在这份汉字教学计划中,应该分层次地列出构字能力很强的独体字和常用合体字,精选例字,用现代汉字学的理论,精当地解析这些例字的字形(部件、笔画、笔形和笔顺)、构造(意符、声符、记号及其变体)和理据,以利学生认知和记忆。据本人统计,在甲级 800 个字中,有独体字 137 个,约占 17%。如"八、白、百、半、办、包、本、必、不、布、才、长、厂、丁、车、成、大、单、当、刀、电、东、儿、二、发、反、方、飞、丰、夫、干、个、工、广、互、户、几、己、见、斤、火、九、开、口、乐、立、力、了、六、录、写、买、毛、么、门、米、母、内、年、牛、农、女、片、平、七、其、气、千、目、求、去、人、日、三、色、上、少、声、生、十、史、示、事、手、术、束、水、四、太、无、头、万、为、文、五、午、西、习、系、下、先、小、辛、羊、也、页、业、一、衣、已、以、义、永、尤、有、友、右、鱼、元、月、云、再、在、占、正、之、中、主、子、自、走、足、左"。这些独体字,一般使用频率很高,构字能力也很强。比如,学会了"木"与"白",就很容易理解"柏":"木"是意符,"白"是声符,也容易理解"材""杆"等等,具有认知意义。在解释汉字字义时,不宜把一个字的所有义项一古脑儿全教给学生,因为他们领会不了,应该分层地进行,先教基本的常用义,再教派生义,用逐步积累、不断加深的方法,让学生最终掌握一个汉字的主要义项和基本用法。实践证明:解析汉字的部件及其意符和声符对于理解和记忆合体字都是有效的方法。

第三,分析现代汉字的结构也是学习和记忆汉字的有效方法。统计表明,现代汉字的构成方法主要是形声字,约占 90%,会意次之,象形极少。这跟《说文解字》相似:《说文》共收 9353 个小篆,其中形声字 7967 个,约占 85%。所以,我们的教学重点应该放在形声字教学上面。由于语言的变化,现代汉语的形声字有三种情况:1.狭义形声字,如"湖、榆、恼、疤、搬、苞、枫、陲、俘、荷、狮、铜、谓、锌、洲、株、砖、肤、护、惊、态、钟、桩、油、娶、驷"等;2. 广义形声字,如"江、河";3. 半意符半记号字,如"缺、刻、蛇、霜、逃、醉、灿、础、灯、炉、拥"等。除狭义形声字外,学习者都需要特别记忆,避免字读半边的类推错误。从现代汉字学的观点,由于篆书隶化而楷,古代的象形字已变为独体记号字,如"日、月、山、水、手、心、子、女、弓、矢、刀、戈、户、舟"等,如能适当作些溯源分析,有助于了解这些字符的涵义,可能会激发起学生学习汉字的兴趣;但不宜离题万里。我不赞成在讲现代汉字时,过分渲染汉字的象形特征,因为这不是现代汉字的本质,也不符合事实,即使在《说文》中也只有象形字 364 个,仅占 3.8%。在教学中,偶尔也可采用"戏说汉字"的办法,使人一笑也是效果,但是不能成为析字的主要方法。因为它既不能揭示汉字的构造规律,也无助于理性地认知汉字、记忆汉字。

第四,对比结构异同,区别易淆之字。汉语是一个庞大的字符集。汉字是语素文字,不同的汉字表示不同的语素,不同语素则用不同的汉字来区别。汉字的方块形体限制了汉字的构造,一个汉字与另一个汉字只能靠部件、笔画、横竖、长短、位置等来加以区别,这就给汉字造成纷繁复杂的局面。初学者常常不易分辨。从字形方面分析,常见易淆的情况有:多横少点:亨享、兔免;上长下短:未末,士、土、左同右异:扰、拢、伧、伦;左异右同:课、棵、裸;上同下异:暮、幕、简、简;下同上异:籍、藉;外同内异:遣、遗、圆、圜;左右相同,中间有别:辨、辩、瓣。从字义方面分析,因理据和用法而引起的混淆有:字义理解不准:(国)事、(国)是;很、狠;用法分辨不清:作(法)、做(法),分(子)、份(子)等等。从书写方面分析,容易出错的是:笔画增损,笔形失准,笔顺颠倒,部件易位,偏旁窜乱,间架不匀,以及由于形似、音近或义近导致写错别字。(石定果,1997)由于打印不便,恕不一一列举。经验表明,当学生已经学过了一些汉字,在认读或书写时出现混淆或错误时,教师如能进行结构、字义和用法方面的对比,是非常有效的方法。

总之,对外汉字教学,对于外国学生学习汉语和书写汉字都至为重要。应该重视对外汉字教学,应该编制一份对外汉字教学大纲,详列汉字教学点;应该讲究汉字教学方法;应该编写一套能够体现《汉语水平词汇与汉字等级大纲》的教材。这应该成为完善对外汉语教学的一大目标。

参考文献

[1] 石定果　1997　《汉字研究与对外汉语教学》,《第五届国际汉语教学讨论会论文选》,北京大学出版社。

[2] 孟柱忆　1997　《韩国汉语教学的特点和问题》,《第五届国际汉语教学讨论会论文选》,北京大学出版社。

[3] 白乐桑　1997　《汉语教材中的文、语领土之争:是合并,还是自主,抑或分离?》,《第五届国际汉语教学讨论会论文选》,北京大学出版社。

[4] 柯彼德　1997　《汉字文化和汉字教学》,《第五届国际汉语教学讨论会论文选》,北京大学出版社。

[5] 安子介　1988　《汉字的再认识》,《第二届国际汉语教学讨论会论文选》,北京语言学院出版社。

[6] 卢绍昌　1988　《对外汉语教学中汉字教学的新尝试》,《第二届国际汉语教学讨论会论文选》,北京语言学院出版社。

[7] 苏培成　1994　《现代汉字学纲要》,北京大学出版社。

[8] 杜智群　1984　《形近易误字八百组》,印刷工业出版社。

[9] 戴昭铭　1996　《文化语言学导论》,语文出版社。

[10] 刘志基　1995　《汉字与古代人生风俗》,华东师范大学出版社。

[11] 钟秋生　1990　《华文教育错误字辨析》,新加坡华文研究会。

[12] 陈仁凤、陈阿宝　1998　《一千高频度汉字的解析及教学构想》,《语言文字应用》第 1 期。

[13] 刘英林等　1995　《汉语水平词汇与汉字等级大纲》,北京语言学院出版社。

[14] 张旺熹　1998　《语言教育问题座谈会纪要》,《世界汉语教学》第 1 期。

(本文原载于《语言文字应用》1999 年第 1 期)

阅读教学:教什么? 怎么教?
——阅读教学的目标、速度及技巧

我不是研究阅读方面的专家,但是我的朋友中有这方面的专家。我从事过阅读方面的教学,有些体会,借此求教于新知故友。

一、关于阅读的认识问题

1) 听说和阅读的关系得从美国描写语言学说起。从 1921 年开始,由人类学兼语言学家 F.Boas 和 E.Sapir 以及李方桂等学者在调查北美鲜为人知的印第安人语言田野作业中形成了美国描写语言学派。该派最早是出于人类学的兴趣,试图保留即将消失的土著人的语言和文化,把它们记录在案并制成音档。后来才转向研究语言本身,并取得了辉煌的成就,对世界语言学的发展起到了巨大的推动作用,甚至影响到整个社会科学。在哲学上,该派信奉实用主义;在语言观上,他们认为,语言是一系列的刺激反应(S→r→s→R)行为;从经验的立场出发,他们认为,语言是一个习惯系统,它是按照一定的层次组织起来的线性结构序列;在作业时,他们只分析能够观察到的语言形式——口语,不考虑语言以外的事实,如心理过程、社会和历史文化因素,甚至排斥语义。在作业方法上,他们采用直接成分分析法,把口语切分成音素、语素、词、短语和句子等单位加以归类。其主要依据是分布,认为只要同属一个分布类的单位都可以进行替换。

2) 听说教学法的理论就是源于美国描写语言学。该理论要点有三:(1) 语言是说出来的话,而不是写出来的文字;(2) 语言是一套习惯;(3) 教的是语言,而不是教有关语言的知识。其基本教学原则是:(1) 听说领先,读写跟上;(2) 反复实践,形成习惯;(3) 突出句型,注重替换,等。在第二次世界大战中用听说教学法仅在1944年就为美国培训了15000名急需的外语人才。这些军人或传教士,只会说些所在国的日常交际口语,不要求阅读。这一传统影响着美国的外语教学,扭曲成重视口语而轻视阅读的倾向。加上汉语及汉字的特殊性,急功好利的美国人及欧洲人,能够顺利阅读的并不是很多。

二十一世纪人类已进入信息社会,人们经历了口传文化、读写文化和图像文化三种形态。当今媒体的主流是声像图文并茂,人们获取信息,离开阅读是无法想象的。因此,必须在认识上和教学实践中重视阅读教学。对美国学生尤其如此,对日韩学生也应当如此。

3) 基本上熟悉汉字的日本人相信查查字典就可以无师自通,也不太重视阅读课。其实他们的阅读能力,特别是准确性并不理想。

4) 既不识汉字又不习惯开口的韩国学生,比较重视阅读和口语,但对他们来说太难了点,真正能够顺利阅读者也不多见。

总之,在听说法盛行的时代,阅读技能仅被看做是词汇、结构操练的副产品。在语言能力分为听、说、读、写四种技能之后,听与读又被视为被动技能,而说与写才是主动技能。这种人为的价值分类似乎已成了定论,没有人敢怀疑"主动技能超越被动技能"说法的"优越性"。这种定论造成的恶果是:多数学生经过两年的语言学习之后,不能独立地运用自己的阅读技巧进行快速而准确的阅读。

阅读理论是教学理论的一部分。近年来,人们对阅读理论的研究有了较明显的进展。研究人员正在寻求办法解决这样一些问题:听力理解在何种程度上可以作为阅读理解的基础?阅读是否可以教?阅读理解和听力理解如果不是同时发生的,那么阅读是应该以某种类似教听力课的方式来教呢,还是应该以完全独立的方式来教?对于这些问题,目前虽然还没有明确的答案,但是一些实验和研究成果使我们加深了对阅读和阅读教学的认识。

二、什么是阅读

1) 阅读是大脑多种部位的综合活动,是一个不断假设、证实、想象、推理的积极、能动的认知过程;

2）阅读是视觉信息和非视觉信息相互作用的活动，也就是文字信息跟读者的知识水平、文化背景及个人经验相互作用的活动；

3）阅读是文字解码、跟语音无关的活动；

4）阅读是解码与编码的综合性活动，是积极思考的活动，是读者跟作者进行交际的过程。

阅读有认知阶段和理解阶段。眼球运动通过光线把捕捉的汉字符号以光波的形式反映到视网膜上，然后传入大脑的右半球，又以图形编码方式传入左半球，这是认知阶段；被传入的汉字符号在大脑语言区引起一系列的活动，从而激发存在于大脑中的元认知结构进行编码和解码。认知速度取决于眼球的视距。一次认知一个汉字为合成式认知，每分钟仅能辨认100个汉字左右；一次认知6—7个汉字则是整体认知，每分钟可辨认300个汉字左右。

三、为什么阅读

人们阅读的主要目的有两种：一是为了消遣、鉴赏，如阅读文学作品；二是为了获取信息，如知识、新闻、资料等。

四、读什么

人们在日常生活中遇到的主要阅读材料有：

1）小说、故事、剧本、散文、诗歌；

2）报纸和杂志，其中包括通栏标题、文章、社论、新闻、天气预报、广播、电视以及影剧院的节目表；

3）日常信件、电报、通知、文件；

4）专业文章、报告、评论、商业函件、摘要、账目；

5）手册、课本、指南、试题；

6）食谱、菜单、价目表、票证、游戏规则、说明书；

7）指令、通知、法规、招贴、标志、表格；

8）广告、目录、词典、电话簿；

9) 统计图表、生产流程图、时间表、地图；

10) 连环画、插图说明；

……

至于阅读教材中应以什么内容为主，则有不同看法：有人主张选用名家名篇的范文为教材；多数人主张应以人类共同关心的视点作为教材内容。这类教材不少，但仍不敷用。

五、怎么读

格瑞莱特(Francoise Grellet)在其《发展阅读技巧》一书中，提出四种主要的阅读方法：

1) 略读(skimming)：快速阅读，了解文章的宗旨，或掌握文章的大意。这种训练方法培养学生整体理解的能力。

2) 跳读(scanning)：或称掠读，就是快速查找所需要的信息，如时间、地点、数字等。这种阅读方法对研究工作很重要。

3) 泛读(extensive reading)：或称粗读，这是一种个人消遣性阅读，适用于阅读较长的文章。阅读过程轻松、流畅，其理解是综合性的。

4) 精读(intensive reading)：或称细读。这是一种精细理解细节的阅读方式，适用于阅读较短的文章，以求获取特定的信息。

另外，还有人提出评读的方法(critical reading)，也就是评论性的阅读。通过这种阅读发现作者的写作目的和对象。

以上几种阅读方法并不是互相排斥的。例如：在读一篇文章时，首先大致浏览一下，看看主要是写什么的，然后决定要不要细读，或查找某些有用的资料。

六、阅读的模型

阅读理解关涉到三种能力：一是读者的认知能力，即对外部世界知识了解的多寡；二是读者的语言能力，包括他们的语音知识、语法知识、语义知识及语用知识；三是有关文本的组织结构知识。由于研究者强调的重点不同，因此,阅读理解的理论大致可分三类,反映了各自的阅读观和侧重点。

1) 自下而上的模型:

这种模型基于如下基本假定,即阅读从字词的解码开始一直到获取文本的意义,强调文本本身作用。他们认为,阅读有严格的层级性,只能由低到高,而不是相反:先教字母,再教字词,由低级水平过渡到高级水平,是一套技能训练。1961年,Bloomfield为美国儿童主编了一套《让我们读》的系列丛书,可见影响之大。批评者认为,这一模式过分注重从文本提取信息的过程,而忽视了读者已有的知识对文本理解的作用,指出其片面性。

2) 自上而下的模型:

该模型反其道而行之,强调读者的作用,阅读者以其丰富的语言知识及其它相关的知识去理解文本的意义,并参与阅读的全过程。这种漠视阅读层级性的理论同样是片面的。

3) 相互作用模型:

该理论把上述两种模型的合理之处有机结合起来,认为成功的阅读离不开自下而上和自上而下的加工。他们认为认知就是图式板块的集聚,是解析语言成分的手段。所有的输入必须与某个图式匹配,这样,解释的过程才能得以进行。试以下例说明:

(1) 自从石油危机以来,买卖越来越糟。

(2) 似乎再也没有什么人再想要精致的东西了。

(3) 突然,门被撞开了,一个穿戴讲究的人走进了陈列大厅。

(4) 约翰立即以最友好、最真诚的表情迎上前去。

几个关键的词语(图式)清晰地解释了:约翰销售精致而漂亮的汽车。

我们的阅读教学大致采用第三种模型:既重视文本解释,也注意激活学生已有的知识,通过提示、提问,让学生理解文本的真谛。

七、阅读教学的目标

教学目标取决于学习者的学习目的。大多数留学生学习汉语的目的不是为了通过阅读研究或赏鉴汉语作品,而是获取有关中国的种种信息。汉语只是作为获取信息的工具。因此,阅读教学的目标是:培养阅读能力;掌握阅读技巧;提高阅读速度。

1) 培养阅读理解能力,让学生基本上能够获取文本主要信息,领会文本真实用意。为此,学生必须逐步分层级地具有下列主要知识结构。

(1) 语言方面的知识

① 汉语缺乏印欧语言那样的形态变化,但部分名词有前缀(老虎)、类前缀(准单身汉)、中缀、后缀(桌子)、类后缀(画家);名词可受数量词修饰(一把椅子),形容词可受"很"修饰(很好);部分形容词可重叠(干干净净、香喷喷、糊里糊涂),动词后可接"着、过、了",前加"将、要",等。

② 语序显示语法关系:人弄死了狮子——狮子弄死了人。

③ 句中成分中的修饰关系呈逆行顺序:定语+名词,状语+动词。

④ 构词法、短语构造法、句法三者有很大的一致性。

⑤ 汉字既可充当词,也可充当语素。

⑥ 汉语语音知识:元音+元音,元音+辅音;辅音≠辅音;有四声。

⑦ 汉语词汇知识:
  单音节:耳、鼻、喉;严、松;美、丑。
  双音节:耳朵、鼻子、喉咙;严格、松弛;美丽、丑陋。

词义:甜
  本义:甜
  引申义:香

⑧ 汉语语法系统知识:
  文言:以尔为师;食于屋(顺向序列)。
  白话:把你当作老师;在屋里吃(逆向序列)。

⑨ 汉语语用知识:信息["已知"(旧)、"未知"(新)],信息焦点,预设;改变信息焦点的手段:音韵手段(重读)、移位(移前、挪后);分裂句与准分裂句;用介词"把"和"被"等。

⑩ 汉字知识:一个汉字一个字形,虽有一定的理据,但仍须硬记,有一定难度,给日本学生带来方便。但汉字一经掌握,也有优点:

  i. 可以不经明显的声音转换而唤起意义的记忆;

  ii. 一个汉字绝大多数是一个语素,在语言中则表现为一个汉字即为一个词,或词根,或根词,可以通过汉字的语素义推测词的意义;

  iii. 汉字长度篇幅较拼音文字为短;

  iv. 汉字的图象形可以调动左右双脑,有助于开发心智。

⑪ 汉语语体知识:口语与书面语。口语跟书面语相差较大,这跟长期使

用文言文的传统有关。

⑫ 汉语文体知识:散文类与韵文类。

⑬ 在内容上追求微言大义;注重伦理教化;讲究经世济民,有时难免俗套。

(2) 社会文化知识

① 哲学上受天人合一、中庸之道的影响。

② 伦理上受儒家、道家、墨家、法家的影响。

③ 认知上从大到小,由远及近,崇尚辩证思维。

④ 相关的哲学、语言学、心理学、教育学、文学、历史学、文化学等人文科学和自然科学知识。

2) 掌握阅读理解技巧,让学生能跳动、猜测并具有概括、提炼文本含义的技巧与能力。为此,学生必须学会以下阅读技能。

(1) 养成良好的阅读习惯:克服诵读的毛病,养成默读的习惯,也就是要纠正阅读时发声或虽不发声,但喉部却做出发声动作的毛病,培养学生看到文字直接想到意思的好习惯。

(2) 阅读理解过程从整体到个别,把握全局,了解梗概。训练学生扩大视距,防止逐字死抠。

(3) 引导学生不断地猜测、预料、检验,自己发现问题,解决问题,独立地进行阅读。

(4) 引导学生把注意力集中在内容上,语言形式服务于材料内容。在理解的基础上提高速度。语言形式要抓影响全局理解的关键语法点。

(5) 找出文本的关键词,弄清主要概念。

(6) 理清文本的逻辑结构和文章结构、情节、事件。

(7) 抓住文章的语篇连接手段:连词连接、副词连接、代词连接、序列词连接、总括词连接,以及意合法等。

(8) 分析句法结构的标记:语序、定语标记"的"、状语标记"地"、补语标记"得"、名词+名词的标记"和",形容词+形容词的标记"而",动词+动词的标记"并",介词短语的标记"跟"(对象)、"在"(地点)、"关于"(对象)、"向"(方向)、"为"(目的)等。

(9) 分析词类标记,可确定词类,用于猜词。

(10) 利用汉字的偏旁、部首、字义和造字法,也可猜测词和词组的义类、本义以及联想意义。

以上十点只是基本分析技巧,只有在必要时才进行,并非必有步骤,应视需要而定。在这些大的阅读方法之下,还有许多微技巧。孟毕(John Munby)在《交际大纲设计》中列举了以下微技巧：

(1) 辨认一种语言的笔迹；

(2) 推断不熟悉的词汇项目的意义和用法；

(3) 理解被清楚说明的信息；

(4) 理解未被清楚说明的信息；

(5) 理解概念的含义；

(6) 理解句子和话语的社会功能；

(7) 理解句子内部的关系；

(8) 通过关联词等连接手段来理解一篇文章各部分之间的关系；

(9) 通过语法关系来理解(8)中的关系；

(10) 用文章之外的东西解释文章；

(11) 辨认文章中所指称的东西；

(12) 识别一篇论文中的主要论点或重要信息；

(13) 区别主要论点和作为论据的细节；

(14) 提取突出的论点并进行概括；

(15) 选择、摘抄有关论点；

(16) 找出基本的连接技巧；

(17) 概括大意；

(18) 查找所需信息；

(19) 用图表表示文章的信息。

总之,在以上各点的基础上,注意激活学生的元认知结构,共同参与认知过程,就可使阅读知识和阅读技巧得以完美结合,将会收到理想的效果。

3) 提高阅读速度

速度就是效率,只有阅读速度提高了,学生才会有成就感。因此,提高阅读速度,是阅读教学着意追求的目标。

我们过去的汉语教学比较注意听说,忽视阅读。在阅读教学中,又只注意精读,不大注意泛读,因而学生的阅读量很小,阅读能力有限,不能满足学习专业课的需要。

我们传统的汉语"精读课"是一个听说读写全面训练的综合性课型,跟国外所说的"精读"不是一回事儿。这几年有所改变,阅读成为独立的课型,精读是阅读中的一种形式。它实际上不是阅读教学,而是语法和词汇的教学。这种精读课是在老师的指导下,逐字逐句地解释,逐字逐句地阅读。重点是文章中的词汇和语法。这种精读课有以下缺点:

(1) 老师像幼儿园阿姨一样包办代替,唯恐学生不理解,逐字逐句解释,忽视了学生之间的差异,忽视了他们的主观能动性。

(2) 鼓励学生慢读,死抠字眼,读了后边忘了前边,妨碍整体理解。

(3) 用同一种方式从头到尾阅读,排除了不同类型的阅读方式。

(4) 使学生养成依赖词典、依赖教师的坏习惯。

这种教学的后果是:学生的阅读量很小,阅读能力差,阅读速度慢。汉语教学也存在类似的缺点,需要继续改进。

汉语书面语的表示符号是汉字,它是以象形文字为基础发展起来的表意文字,可以不经过明显的声音转换而直接在脑子里唤起意义,汉字是一种语素文字,可以通过汉字的语素义推测词的意思;汉字用不同形状的字表示大量的同音不同义的语素;汉字是一种方块状的图形文字,它的书写长度和印刷长度都比拼音文字短。据一些心理学家研究,语言和拼音文字都由人的左脑半球支配,而表意文字却既以语音编码方式被输入左脑半球,又以图形编码方式被输入右脑半球,这就比单用脑的一侧优越些。这些特点都有利于快速阅读的训练。70年代,一些海外学者曾做过中文与英文、德文的默读速度对比实验,结果发现,中文速度快于英文、德文。据研究,汉语书面语朗读每分钟平均是150—200字,而默读每分钟可达400—600字。在北京语言学院学习了一年基础汉语的外国学生默读速度一般可达150—200字/分钟。这样看来,快速阅读训练还是很有潜力的。南大的试验结果大致相同,阅读一篇难度中等的1000字文章,约需5分钟左右,快点的4分钟,慢的7分钟左右。

提高阅读速度,让初等程度的学生达到90—110/分钟的速度,中等程度的学生达到120—150/分钟的速度,高等程度的学生达到200—260/分钟的速度,能再快当然更好。

参考文献

鲁宝元　1990　《对外汉语教学中快速阅读训练》,《中国对外汉语教学第三次学术讨论会论文选》,北京语言学院出版社。

盛炎　1990　《语言教学原理》,重庆出版社。

周小兵　1990　《谈留学生的速读训练》,《中国对外汉语教学第三次学术讨论会论文选》,北京语言学院出版社。

朱曼殊　1990　《心理语言学》,华东师范大学出版社。

(本文为手稿,写于 2004.08.02)

实词和虚词教学琐谈

实词和虚词在汉语语法中的地位,大家在语法教学中看法是不一样的。有的非常重视实词与虚词的区分,不仅把词分成实词和虚词,而且在实词内部又二分为实词和半实词,在虚词内部又二分为虚词和半虚词。对于语素也作了同样处理。并强调指出,"掌握虚素和虚词的用法,对于掌握汉语关系很大,是学习汉语语法的一个重点。"[1]有的则议之甚略或轻轻带过。[2]

我以为,对于实词和虚词的教学应该给予足够的重视。一方面,区分实词和虚词是我国古人对汉语语法特点的重要发现,是从意义上对汉语的词所作的最高概括,具有首创之功。实词和虚词这两个概念已为一般语言学所接受。另一方面,实词和虚词在教学中可以作为讲授现代汉语语法的宏纲。如果能密切结合汉语实际,从理论上和实践上讲清实词和虚词可能的种种结合能力,可能形成的种种结构关系,这将具有提纲挈领的作用,将会收到良好的教学效果。

现代汉语有两类词的结合:一是实词(含实词性成分,下同)与实词结合,一是实词与虚词(含虚词性成分,下同)结合。实词既可以主动地与实词结合,如"一块铁板",也可主动地与虚词结合,如"开车的"。但是虚词不能主动地与虚词结合,如"﹡被过",它只能被动地与实词结合,如"所批评"。我以为这正是实词和虚词在语法上的本质不同。

在实词与实词或实词与虚词的结合中,我们把能结合的看成是具有相连功能,如"大桌子",把不能结合的看成是具有相离功能,如"﹡着(zhe)吧"。词与词结合之后就会产生种种结构关系。

---

[1] 见张志公主编电大教材《现代汉语》第 8—10 页。
[2] 见张静主编《新编现代汉语》第 102 页。

在现代汉语中,实词与实词结合可以产生集聚关系(constellation)和相依关系(inter-dependence),虚词与实词结合只能产生决定关系(determination)。在这三类下面还可以各分若干小类。

所谓集聚关系,是指两个成分之间不以任何一方为前提,但也不互相排斥。包括:1) 联合关系,如"北京和南京/说与写/又高又大/贯彻并执行/听、说、读、写"等;2) 重迭关系,如"很好很好/来来来/快快快/懂了懂了"等;3) 复指关系,如"首都北京/小王同志/班长雷锋/小李他"等;4) 连续关系,如"笑着说/排队买票/出门上街看电影"等。

所谓相依关系,是指两个成分之间互以对方为前提,有甲才有乙,有乙才有甲。包括:1) 主谓关系,如"会议开始/他有事/光线太暗/萝卜个儿大/今天元旦"等;2) 述宾关系,如"吃饭/有空/住三人/希望他来"等;3) 定心关系,如"年青人/一张纸/那个人/木头桌子/开车的人/火热的心"等;4) 状心关系,如"努力学习/慢走/万分高兴/异常漂亮"等。

所谓决定关系,是指一个成分必定以另一个成分为前提,有甲才有乙,有乙不一定有甲。包括:1) 介词结构,如"把他/被谁/关于这个/从这个"等;2) "的"字结构,如"大的/吃的/卖木梳的"等;3) "所"字结构,如"所说/所表扬"等;4) "似的"结构等,如"玩儿似的/真的似的/飞也似的","冰样的/人样的","猴子一般/像老虎一般"等均属此类;5) 语助结构,如"笑着呢/好吗/去吧/就这样吧/难道不好吗"等;6) 状心结构,如"已经看过/常说/反正要去/很不行"等。

根据什么标准把实词与实词以及实词与虚词的结合概括地三分为集聚关系、相依关系和决定关系呢？其标准就是依据依存性。我们把能够满足分析条件的依存关系(dependence)叫功能(function),功能的两端成分叫功能体(functive)。功能体分为两类:一是常体(constant, c),一是变体(variable, v)。所谓常体是指,它的出现是另一功能体出现的必要条件。所谓变体是指,它的出现不是另一功能体出现的必要条件。这样,两个变体(v、v)之间的功能就形成了集聚关系,两个常体(c、c)之间的功能就形成了相依关系,一个常体(c)和一个变体(v)之间的功能就形成了决定关系。[①]

从类目总的分布特征来看,集聚关系具有互换性(reciprocity)的特征,两个功能体(变体v、v)之间不存在固定的方向性(fixed orientation),如"小

---

① 参见 Louis Hjelmslev "Prolegomena to a Theory of language"(1953 年)。

"李小王"可以互换为"小王小李"、"排队买票"可以互换为"买票排队",其关系不变,当然,这是从类目(或次类目、次次类目)的总的分布特征来说的,在具体互换时常常受着逻辑和语义上的制约,如"省会南京"一般不能互换为"南京省会",因为"省会"是"属","南京"是"种";"属"和"种"之间的互换有时会受到逻辑限制;又如"理解并执行"一般也不能互换,因为在语义上为先"理解"而后"执行"的意思,这样的互换常常会受到语义限制。这就是说,所谓互换性只是从总的方面概括某一类目内部的多数情况,并不是没有例外。我们应该研究和分析这些例外,不应该用个别例外而否定多数。

从类目总的分布特征来看,相依关系具有依附和互换的特征,两个功能体(常体 c、c)之间一般可以互换,从这个意义上说,不存在固定的方向性,具有依附性(cohesion)。如"人好"可以互换为"好人","努力学习"可以互换为"学习努力"等,但有依附性,互换后次结构关系有了改变,如"人好"是主谓关系,而"好人"是偏正关系,"努力学习"是状心关系,而"学习努力"是主谓关系。从这个意义上说,相依关系又存在着固定方向性。

从类目总的分布特征来看,决定关系具有依附性特征,两个功能体(一个常体 c,一个变体 v)之间存在着固定的方向性。如"大的"不能互换为"的大","所表扬"不能互换为"表扬所","已经看出"不能互换为"看出已经","很不行"不能互换为"不行很",这就是我们要把一般所说的状心结构二分为状心$_1$和状心$_2$这两类的原因。

以上我们概括地论述了汉语的实词和虚词及其语法功能、结合能力、及由此而形成的集聚关系、相依关系和决定关系以及在这三类下面的若干小类——次关系结构等问题。实际上这也是我们对现代汉语表层结构的短语结构类型(类目和次类目)所作的分类,也是我们对现代汉语表层结构分类的看法;同时,我们也原则地说明了进行上述三分的标准和依据,实际上这也是我们对现代汉语表层结构分类的标准,也是我们对现代汉语表层结构分类原则的看法。①

(本文原载于《汉语学习》1985 年第 3 期)

---

① 参见我和黄自由合写的《试论现代汉语的结构及其它》,《南京大学学报》1981 年第 1 期第 38—42 页。

21世纪：时代对对外汉语教师的素质提出更高的要求

一

20世纪即将过去，21世纪就要到来。人们对新的世纪充满着憧憬。当今社会所面临的种种难题，大至战争与和平、贫穷与落后、生存与发展、健康与病魔、生态与环境，小到怎么能尝尽了山珍美味而不至发福这些问题，无不指望未来的世纪去加以解决。

人们常常赋予21世纪以新的划时代的意义。各国政府在制订社会发展规划时，也充分考虑到世纪的因素，往往着意地把举世瞩目的重大项目，比如，中国的长江三峡工程和黄河小浪底工程等，都安排在世纪之交。这些具有时代标志性的成就，足以激发国人的激情，在心理上产生一种紧迫感和满足感。

然而，21世纪究竟是个什么样的社会呢？对未来的预测是我们制订政策的依据，关系到对外汉语教学事业的发展，我以为，应该作一番探讨，说出一个大概，尽管不一定很准确。我想，就世界范围内总体情况而言，21世纪可能是这样的一个社会：

1) 在政治层面上，21世纪将是个多极化的时代。超级大国称霸世界的局面将会被打破，发达国家试图主宰世界的情况也将会改变，发展中国家将会真正地崛起，世界将是一个多极化时代。所谓多极，中国也算一极。随着中国综合国力的增强，中国这一极的分量将会加重。在多极的世界里，由于价值观的不同，在世界范围内，政治、经济、文化乃至局部军事冲突难以避免;但是,国与国之间,尤其是大国、强国必须学会理解和尊重小国和弱国,按照和平共处的原则,通过对话,平等协商地处理国与国、集团与集团之间的关系。国与国的交往和沟通依赖于语言。因此,无论出于什么动机,学习汉语的人将会日益增多,同样,中国学习外语的人也会大量增加。

2) 在经济层面上,21世纪将是一个信息经济的时代,全球经济将会一体化。国际社会将由电子时代转入信息时代,科学技术日新月异,创造发明层出不穷。电脑普及,国际联网,信息传递即时、便捷、快速。这将改变传统的办公、商业往来乃至教育的方式。那时,传统的第一产业和第二产业在生产中将大幅度降低,一个以信息服务为代表的第三产业将成为社会生产的主导。信息将取代权力和资本,成为最重要的经济力量。一般劳动和简单脑力劳动将不复存在,人们的教育观念也将由一次性教育改为终身教育,不断吸收新的信息。在诸多媒体中,语言是最重要的信息载体,谁拥有语言,谁就拥有信息,谁就拥有财富,谁就拥有世界。因此,不可避免地要发生语言之争,谁都试图垄断网络语言。最近有一则消息说,多方统计数字表明,在包罗万象的国际互联网上,英语内容大约占90%,而法语只占5%,处于第三位的是西班牙语,约占2%……目睹这种现状,法国总统希拉克不无忧虑地说,国际互联网本来是全人类共有的财产,却成了盎克鲁-萨克森人的天下!法国司法部长雅克·图邦也惊呼,以英语占主导地位的国际互联网络是一种新形式的殖民主义。法国政府强调要采取妥善措施应付国际互联网带来的挑战。(《扬子晚报》1997年6月18日,海外视线版)看来,我国也应及早考虑汉语在互联网络中的地位问题,及时提出应付的对策。从信息的角度看,外国人如果不掌握汉语这一媒体,就很难分享中国的信息资源;反之,中国人如果不懂得英语,情况会更严重,因为在电脑网络上,90%以上都是英语。

3) 在生产和生活层面上,21世纪将是一个智能化的时代。许多生产和生活设施均可按照事先编制的程序运作,大大减轻了劳动的强度,节约了时间,人们的生产水平和生活质量均可得到很大的提高。加之,由于遗传工程的发展和生态环境的改善,多种遗传性的疾病可以得到防治,生物工程可以按照人体的需要合成富有营养和味道鲜美的食品。有人预言,未来的社会,当你进入超市购物时,只要你在一部显示器面前一站,就会根据你的身体需要配置出一份份食品——当然还得付钱,人类将更加健康、长寿。人们可以有许多时间来学习和充实自己,无疑也包括学习外语。

4) 21世纪将是一个文化趋同化的时代。当今文化主流是:一是以农耕型社会为背景而产生的东方文化;一是以游牧型和海洋型为背景而产生的西方文化及伊斯兰文化。东西方文化既有相通的一面,这是双方可以借鉴的基础;也有对立的一面,这是双方发生冲突的根源。当前,西方列强不遗余力地推行西方文化及其价值观,东方各国则以深厚的文化传统与之抗衡。因此,所谓文化冲突在相当长的时间内不可避免。在多极社会里,如果有一极很强,另一极较弱,这种冲突就会持续存在。只有各极综合力量趋于平衡时,当西方列强认识到无力迫使对方就范时,他们才能理解、尊重和容忍不同的文化;只有当人们认识到不同的文化各有其长短时,才能产生互相借鉴、取长补短的意识。随着全球教育程度的提高和国际文化交流的增多,我发现,人们的文化及其价值观超乎寻常地接近起来,尤其是各国的年轻一代,包括中国青年,他们的金钱观、择业观、婚姻观、恋爱观、审美观以及服饰、礼节、饮食等都出现了惊人的相似之处。这是不是文化趋同化的现象?这可否理解为一种超民族的、人类普遍可以接受的优秀的文化正在孕育之中? 在21世纪社会,人类在频繁的交往中,需要有一套可供彼此共同遵守的文化规则。这种文化不是东方文化,也不是西方文化,而是融合东西方文化之精华于一体的崭新文化;与此同时,也可能认同一种语言或少数几种语言作为国际或区域性的通用语。当然,这不是以牺牲和消灭各民族语言与文化为代价的;相反随着各民族真正独立和经济发展,各民族的语言和文化仍可得到发展,继续发挥地域性的作用。

消除和缓解不同文化冲突的最佳途径是加强文化交流,增进相互了解,开展对比研究。按照洪堡特的观点:"民族的语言即民族的精神,民族的精神即民族的语言。"(转引自胡明扬,1988,p.57)因此,要真切地理解汉民族文化,就必须从研究汉语入手;反之,要理解西方文化,也必须从学习西方语言开始。

总之,21世纪的社会将是一个在政治上多极化、在经济上信息化、在生产生活上智能化、在文化上趋同化的社会,全世界善良的人们都希望21世纪能够给人类带来的是一个和平、民主、平等、自由、博爱、富裕和幸福的未来。

社会的发展总是会对语言学提出新的要求并产生很大的影响,而社会的发展从哲学和技术层面上又必须有语言学的参与。在西方哲学史上,由于语言学的影响,大体上经历了三次大的转向,即古代的本体论转向,它立足于物质世界,在语言观上则表现为"反映现实论";近代认识论转向,它立足于思维世界,在语言观上则表现为"认知假说";当代语言学转向,它立足于语言世界,在语言观上则表现为语言决定论或"沃尔夫假说"。(参见潘文国,1997,p.25)当今的语言学特别重视语义研究,特别强调语义的解释性。

以上三大趋势,特别是近代和当代的转向,不仅影响欧洲的哲学、人文科学、社会科学的发展,也影响着自然科学的进程。我想对中国的语言学也不可能没有影响。21世纪中国语言学研究重点可能有三:(1)通过汉语的古今对比和汉外对比,揭示汉语所蕴涵的中国文化;(2)研究汉语的本体,使之形式化,为信息技术和社会服务;(3)研究语言教学,包括本民族的语言教学,汉语和少数民族语言的双语教学,对外汉语教学和外语教学,以建立一个具有中国特色的、符合汉语实际的语言教学理论和语言教学方法体系。

我们应该充分开发汉语资源,让汉语在21世纪走向世界,占领国际互联网络,使汉语名副其实地真正成为一种国际通用语,在国际上或区域内发挥更大的作用。

二

21世纪,在世界上将是一个充满希望的时代,对中国而言,21世纪则是一个实现民族全面振兴的世纪,对所有国人都充满着机遇和挑战。中华民族的全面振兴要求对外汉语教学事业有很大的发展,对外汉语事业有了很大的发展也将促进中华民族的全面振兴。

发展对外汉语教学事业在当前我以为必须狠抓三件事:首先,各单位要明确办学思想,注重社会效应;第二,改善办学条件,加强教学管理;第三,狠抓对外汉语教师队伍的建设,建立一支训练有素的高质量的对外汉语教师队伍。我认为,加强对外汉语教师队伍的建设在当前特别重要。根据本人的教学实践和培养研究生的经验,在国家教委颁布的《对外汉语教师资格审定办法》的基础上,按照21世纪的要求,愿意就21世纪对外汉语教师的素质要求发表一些看法,愿与同行们共勉。

我以为,21世纪的对外汉语教师应该具有以下素质:

1) 具有良好的师德,所谓师德是指对外汉语教师的思想道德品质。中国人很看重道德。评价人的次序是"道德文章",一个人即使学问再好,如果人品极次,也得不到社会的尊重。道德无所不在。应该特别强调三点:(1) 热爱祖国,弘扬中华文化。这是国际性的理念。一个不热爱自己的国家或肆意诋毁祖国和不尊重自己民族文化的人,不仅会遭到国人的唾弃,而且也为外国人所不齿。(2) 具有敬业、精业和创业精神。一个对外汉语教师,应该认真负责,工作时全心投入,不能三心二意;对工作应该精益求精,刻苦钻研,不能敷衍了事;工作时应该勇于创造,刻意求新,不能因陈守旧。这些都非常重要。有位著名的语言教学专家说过,语言教学的质量＝学问＋教学态度。一个教师如果没有学问,对自己教的内容没有研究,当然上不好课;一个教师如果只有学问,缺乏认真负责的态度,同样也上不好课。在业务不相上下的情况下,态度如何则是能否上好课的关键。所以教学态度至关重要。(3) 要有爱心,把自己的学生视为亲人,关心他们,帮助他们解决学习和生活中的实际困难,做他们的朋友,听取他们的意见,改进教学,这样就会得到学生们的支持与合作。只有师生密切配合才能上好每一堂课。

2) 具有扎实的基础和广博的相关知识。作为一个对外汉语教师,他的岗位就是对外汉语教学,因此,每一位对外汉语教师都必须胜任对外汉语教学,必须能从事语言课的教学。其前提是,必须掌握现代汉语语音、语法、词汇、修辞、文字等基础理论、基本内容和基本技能,能解决教学上出现的种种问题。应该说,这是从事语言教学的基本要求,但是,仅仅做到这些还不够;作为一个合格的对外汉语教师,不但要知道教什么,而且要知道怎么教,能够自觉地运用外语教学的原理,把汉语的基本规律,按照学生的汉语水平,分层次地教给学生,并且有效而快速地转变为学生的交际技能。这就是对外汉语教学跟母语语言教学的区别之一。因此,能够胜任母语教学的教师不一定就能从事对外汉语教学;反之亦然。

一个合格的对外汉语教师还应该具有广博的相关知识，如语言学、计算机科学、教育学、心理学、文学、历史学、文化学、哲学和宗教学乃至现代科学知识。语言学的理论不仅指导现代汉语的研究，也直接影响到语言教学法，因此语言教学是：语言学＋教育学，对外汉语教学则是：现代汉语＋语言教学法。由于对外汉语教育涉及哲学、人文社会科学乃至自然科学，因此要求对外汉语教师必须具有广博的知识。如果相关知识缺乏，一问三不知，长此以往学生便会对你的能力产生怀疑，在这种情况下，即便学生不赶你下台，你也该自己炒自己的鱿鱼了。

一个合格的对外汉语教师还应该是某一方面的专家。对外汉语教学和教育，作为一个新型的独立的学科，需要相当一批研究对外汉语教学和教育本体的专家，把对外汉语教学和教育作为专业主攻方向。如研究语言教学理论、教学目的、总体设计、教学大纲、教材编写、课堂教学、测试评估等理论和方法，成为语言教学专家。根据我国的现状，我国这方面专家数量太少，门类不全，应该鼓励更多的人成为这方面在国内外产生影响的专家。但是，根据我国对外汉语教师的来源状况，有相当一部分教师来自中文系、外语系或者历史系等，他们原来从事语言、文学、外语或历史教学，其中有一部分教师在原来专业中已有较高的造诣，已是那方面的专家，我以为，不必要求他们改变专业方向。作为对外汉语教学和教育，需要有一批语言学家、外国教学专家、电脑专家、文学家和历史学家等，没有相关专业的专家参与，对外汉语教学和教育专业从门类上讲也是不齐全的。对外汉语教学和教育专业师资队伍应该是由一批以对外汉语教学专家为主的，由其它相关专业专家参加的专家群所组成。这批专家既可从事对外汉语教学，也可开设诸如语言、文学等专业课。对外汉语教学事业不仅不应该排斥而且需要各方面专家的参与。

3）具有较高的外语水平。一个合格的对外汉语教师，其外语能力不仅要可以对付日常生活交际，这不难做到；而且还得能熟练地把外语作为自己的工作语言，能阅读外语文献，能用外语参加学术讨论，较快地查阅互联网上的信息，可以用外语写论文，这些则不容易做到。但21世纪社会要求每一位合格的对外汉语教师必须做到。21世纪出国讲学应该是一件很平常的事情。21世纪要求国际型的学者。我以为，各单位应该注意外语培训，对于获得高学历的年轻教师,经过努力,应该不难做到。

4) 具有较高使用电脑的能力,能与电脑专家合作编制汉语教学软件,能较快地查阅和运用互联网的信息,能在互联网上进行汉语教学。

5) 具有较高的教学艺术,能自觉运用外语教学法组织课堂教学,调动不同层次的学生的积极性,能恰当地讲授教学的内容,使学生在轻松的气氛中又快又多地学习汉语,并把学到的汉语知识迅速地转化为交际技能。

6) 具有驾驶汽车的技能。21世纪的许多中国人会拥有汽车,到国外工作开车尤为重要。别人可能送你一辆二手汽车,但他没有时间经常为你开车。不会开车就像缺腿少脚,会大大限制你的活动范围。

三

如何达到上述素质要求呢?

1) 提高学历层次,21世纪申请对外汉语教学岗位的人,必须具有博士学位。对于尚未达到博士学位的年轻教师,应该鼓励他们攻读博士学位。

2) 组织专业培训,举办学术沙龙,交流学术信息,开展学术讨论,参加学术会议,争取重大项目,带动和提高学术水平。

3) 注意在职进修,这是自我提高的主要方法。要破除一次性教育的观念,树立终身教育的思想。有人统计,现在专业知识更新更快,一般是5年就得更新一次,到21世纪可能3年甚至更短。即使获得博士学位的人,如果你两年不看最新专业文献,你就会感到生疏,就会有被淘汰的危险。教师素质的提高,领导负有责任,要为教师的进修创造条件,给予学术休假,安排到国内或国外访问进修。但是关键还在每个人自己。我以为,应该密切注意本学科前沿动态,追踪查阅资料,脑中装着问题,注意积累材料,灵感一到就动手写作,一气呵成,不能只想不做,或者做做停停,这样会浪费能量。如能养成良好的习惯,不愁没有成果。

总之,我们要抓住机遇,迎接挑战,争取做一个能够胜任21世纪对外汉语教学工作的合格的对外汉语教师!

参考文献

胡明扬　1988　《西方语言学名著选读》，中国人民大学出版社。

潘文国　1997　《汉英语对比纲要》，北京语言文学出版社。

伍铁平　1994　《语言学是一门领先的科学》，北京语言学院出版社。

张公瑾　1997　《走向21世纪的语言科学》，《民族语文》第2期。

（本文原载于吕必松主编《语言教育问题研究论文集》，华语教学出版社，1999年）

传略、书评及其它

方光焘传略

一

  方光焘(1898—1964),原名曙先,是一位著名的语言学家、文艺理论家和教育家。他于1898年8月21日诞生于浙江衢县的一个商人兼地主的家庭。这是一个由中兴而衰败的家庭,也有着那个时代存在于这类家庭的许多矛盾。为了摆脱对家庭的依附性,"学会本事","独立谋生"[①],1916年,他在衢县中学尚未毕业就只身到上海考入保送留美预备学校,半年后转入沪宾英文专门学校。1918年8月,他考上了公费赴日留学生,向亲友们筹借了两百元赴日求学。初进日本东京东亚日语预备学校补习日语,1919年4月入日本东京高等师范学校专习英语,1921年参加新文学团体"创造社",1924年3月毕业于东京高师,旋即回国,先在浙江宁波省立第四中学教书。1924年8月经陈望道推荐至上海大学任教授,并应郭沫若邀请在上海学艺大学兼课。1926年应夏丏尊聘请担任上海立达学园教员并兼任中文专修科主任,同时兼任上海暨南大学讲师。1927年8月任上海劳动大学教授兼编辑。1929年因不能忍受大革命失败后令人窒息的反动政治空气,那时,恰好浙江省教育厅有派往法国留学的名额,于是他便去里昂大学专攻语言学。1931年日寇发动了"九·一八"事变,出于对国家的责任感,他遂于1931年中途辍学回国。抵沪后曾在上海中国公学任教。是年,参加"左翼作家联盟"。1932年应聘到安徽大学任教授。1933年8月复回沪担任复旦大学兼任教

---

  ① 凡加引号而未注明出处者均摘自方光焘亲笔写的自传(下同)。

授,并与夏衍合作为开明书店编辑英汉辞典。1935年8月起任上海暨南大学专任教授直到1947年7月。1938年参加"中华全国文艺界抗敌协会"。1947年8月至12月任中山大学语言学系教授。1948年1月至1949年4月任中央大学中文系教授。解放后他历任南京大学中文系教授兼系主任、语言教研室主任、语法理论研究室主任,并兼任江苏省人民政府文化局局长、江苏省文联主席、中国科学院哲学社会科学部学术委员。他是江苏省人民代表,第三届全国政协特邀委员。1956年3月15日方光焘同志参加了中国共产党。1964年7月27日因病逝世,享年66岁。

二

方光焘教授是中国语法学的革新者。他通晓英语、法语,并娴熟日语。从1924年回国后一直讲授英语、日语和语言学。特别是,1929年他到了语言学的故乡——法国——留学后,专攻一般语言学和语法理论,对德·索绪尔和房德里耶斯等人的语言理论尤感兴趣。1931年回国后,他主要讲授语言学课程,着力介绍国外语言学理论,并潜心于把这些理论用于汉语分析方面的探讨。在1938年至1942年,由陈望道发起的文法革新论争中,方先生始终是一员主将。他先后发表了《体系与方法》、《再谈体系与方法》、《问题的简单化与复杂化》、《要素交替与文法体系》、《一点声明》和《建设与破坏》等论文六篇[1]。在这些重要论文中,他一反以往"在马氏体系之中盘旋穿插,不敢超越范围的"风习[2]。方先生强调方法的重要性,认为:"体系能否成立,以及经得起事实的验证与否,全看所用的方法如何而定。"[3]方先生强调在语言研究中区分共时与历时的重要性,认为,"文法体系只是以共同意识做基础的。许多语言现象,虽然有待于历史的说明,不过建立现代的文法体系却不能和'历史'划开;因为现代的文法体系,应该是记述的(descriptive),而不是史的(historical)[4]。方先生强调语言的体系性,认为,"所谓体系,好比

---

[1] 见《中国文法革新论丛》。
[2] 见《中国文法革新论丛》。
[3] 见《中国文法革新论丛》。
[4] 见《中国文法革新论丛》。

象棋的一个既成的局面;体系中的各要素的互相关系,正和局面中的棋子的互相关系一样。""我们决不能以发生变化的只是一个孤立要素,便就可以断定与体系无关,因为一子的走动,影响所及,往往足以构成另一局面。"①"历时语言学所讨论的是要素交替的事实,而共时语言学所研究的,却是体系的事实。"②方先生强调区分语言与言语的重要性,认为"language 是言语材料,speech 是言语行动,研究单语形态,研究单语与单语间的互相关系,研究单语与单语的结合,那都无非是言语材料的研究。一旦用这些材料构成了句子,那就是个人的言语行动。个人的言语行动,发于个人的思想。析句所以要从研究思想法式的论理学中借用 subject、predicate、attribute 等等术语,其原因就在于此"。"文法的对象是'言语'(language),同时是'言'(speech)。以'言语'为对象部门,叫做 morphologic(形态论),以'言'为对象的部门,叫作 satzlehre(句法论)。"③方先生强调研究语法不能完全根据意义,提出了"广义形态"的学说。他认为:"词与词的相互关系,词与词的结合,也不外是一种广义的形态,中国单语本身的形态,既然缺少,那么辨别词性,自不能不求助于这种广义的形态了。""文法学是以形态为对象的,是要从形态中发见含义。""凭形态而建立范畴,集范畴而构成体系。"④总之,方先生是最早把结构主义语言学理论介绍到中国并初步运用于分析汉语实际的学者之一。他在文法革新讨论中发表了许多富有卓识的见解,这在中国汉语语法学史上是应该得到充分肯定的。

  方光焘教授开设过许多语言学课程,比如一般语言学、语言学概论、语法学、语法理论、中国语法、语义学等。他一生不倦地致力于语言研究的新理论和新方法的探讨与革新,以极大的热情参加了解放后语言学界重大问题的讨论。在词类问题讨论中,他于1956年作了《汉语词类研究中的几个根本问题》学术报告,进一步阐明和发展了他在文法革新讨论中提出的"广义形态"的学说,认为"意义部与形态部相结合的结构、构造叫形态",并认为这种广义的形态应该是划分词类的唯一标准。

---

① 见《中国文法革新论丛》。
② 见《中国文法革新论丛》。
③ 见《中国文法革新论丛》。
④ 见《中国文法革新论丛》。

方光焘教授是语言与言语问题讨论的发难者与组织者。1959年他在《南京大学论坛》上,针对高名凯的"言语有阶级性"的论断,发表了《言语有阶级性吗?》(与施文涛合写)的文章,引起了一场语言与言语问题的争论。在历时四年多的讨论中,他先后发表了《语言和言语问题讨论的现阶段》、《漫谈语言和言语问题》、《语言与言语问题答客问》[①]、《分歧的根源究竟在哪里?》[②]等重要论文。方先生认为,区分语言和言语,有助于认清语言学所研究的真正对象——语言;有助于理解语言和上层建筑的根本区别;有助于理解语言和言语的相互关系和语言存在的客观性;有助于理解作为表达形式的言语和被表达的思想意识内容间的关系;有助于认清风格学的研究对象和风格学是不是语言学的一个部门。在解决逻辑和语法的相互关系问题时,也必须估计到语言和言语的这种区别。在心理学、生理学范围内,语言和言语的区别也是正确理解巴甫洛夫关于第二信号系统的学说的必要条件[③]。总之,区分语言与言语并明确规定语言学的研究对象,不仅是理论问题,而且在实践上也具有重大的意义。以学习语言、掌握语言为例,假如语言学的研究对象是"语言",是一种模式,是一种具有独特的内部结构的体系,那么,掌握语言的关键就在于学会语言的模式,领悟语言体系的本质特点[④]。在"文革"中所发生的扼杀《现代汉语词典》的严重事件,以及在辞书工作中流行的什么要把巩固无产阶级专政落实到每个词条,把封、资、修的词汇赶出词典,努力发掘法家词语等等,更加使人们认识到语言和言语讨论的重要性。随着语言科学的现代化,这种重要性将会日益地被显现出来。

方光焘教授十分重视方法论的探讨,对于语言研究中所作的新的尝试,他总是给予热情的支持。当朱德熙在《中国语文》(1961年12月)上发表《说"的"》等论文后,他立即组织南京大学有关师生讨论并鼓励撰文对朱文发表意见。他亲自作了《论语言记号的同一性——评朱德熙先生的〈说'的'〉》学术报告。他说:"在这篇论文里,朱先生深入地系统地运用了美国描写语言学的分析方法。这是值得我们语法学界重视的一个新尝试。""最引起我们

---

① 以上论文收在《语言和言语讨论集》里。
② 见《南京大学学报》第八卷第一期。
③ 参见《语言和言语讨论集》。
④ 见《南京大学学报》第八卷第一期。

注意的并不是朱先生的结论,而是朱先生所介绍的研究现代汉语语法的新方法。"他还就语言记号的同一性、性质形容词和状态形容词的区分、语法功能问题、"语言形式和意义的同一"等问题发表了自己的看法,并对朱先生《说"的"》一文提出了修订意见。

为了加强语法理论的研究,方光焘教授亲自组织并领导了南京大学语法理论研究室。在乔姆斯基发表了《句法结构》(1957)之后,他对转换语法表现了浓厚的兴趣,并更加注意对结构主义流派的探讨。比较起来,他似乎对丹麦哥本哈根学派的叶尔姆斯列夫的语言理论兴趣更浓。方先生曾组织翻译叶尔姆斯列夫的《语言理论导论》。方先生还作了《试论语言的研究方法》的学术报告。他系统地就方法与观点、方法与方法论、方法与对象、方法与方法学的统一、语言哲学与一般语言学、乔姆斯基的语言学说等发表了自己的看法。他似乎同意皮萨尼对乔姆斯基的批评:"语符学并不能将全部语言科学包罗无遗。语符学可能是理解所谓'语言'这种现象的一种手段,但是它并不能告诉我们人类的这种行为是怎样完成的,为什么语言会发生变化,语言和人类其它活动有什么关系等等。"可是方先生又指出:"可是我们应该注意下列三点:(一)十八世纪的普遍语法是建立在逻辑的基础上的,而二十世纪的结构语言学却想从语言本身出发来建立抽象的模式。(二)结构语言学诚然不能把语言科学包罗无遗,可是作为认识'语言'的手段,它似乎也应该有它的存在权利。(三)皮萨尼所提出的问题是应该让宏观语言学来解答的。"这些切中要害的见解,在当时是难能可贵的。方光焘先生的年愈老而学愈勤的勇于探索的精神是很值得称道的。他的许多研究课题都不幸由于病魔过早地夺去了他的生命而搁止。[1]

三

方光焘教授是中国新文学的创造者之一。他1921年在日本参加新文学团体"创造社",和郭沫若、郁达夫等同为早期创造社的成员,是"最初参加的同人"。他在《创造》杂志上发表过小说和论文多篇。被收进《中国新文学大

---

[1] 见《中国新文学大系》第五集。

系》的有《疟疾》和《曼蓝之死》。"他的作品不多,大约他好研究学问,早把创作生活牺牲了。可是,只就《创造季刊》和《周报》上所发表的几个短篇,已经可以看出他是一个相当写实的人道主义的作家。我在这里选录了《疟疾》和《曼蓝之死》两篇。前者是写无知的贫苦人家的妇女在疟疾的暴威之下的挣扎,而唤起读者同感的是女主人公的母性爱。后者是写一只小猫的偶然横死引起了钟爱它的几个小孩的悲哀。作者的虔诚的态度,朴实的作风,能在这些平凡的现实中唤起读者深刻的共鸣。"①方先生在日本留学时对马列主义就有了初步认识,"但因受'阶级定命论'的影响,认为自己出身于小资产阶级,不足担任这种'使命'",而自己又不愿表现小资产阶级和资产阶级,所以他放弃了本可以很有作为的文艺创作,而改做文艺理论的研究和教学工作。他讲授过文学概论、现代散文、现代文学名著选、鲁迅研究、世界文学史和文艺学等课程,曾发表过论文和翻译四十余篇,并著有《文学入门》(与章克标合著)。他是我国最早的文艺理论家之一。他治学严谨,常说,如果你没有看过莎士比亚全集,没有对他的作品进行过系统而深入的研究,那你就没有资格讲莎士比亚的作品,哪怕是其中的一篇。由于他比较熟悉马列主义,教学态度认真,讲课生动、活泼,善于分析问题,善于联系实际,启发学生独立思考,富有逻辑性,因此他的讲课深受学生欢迎。他对人热情负责,对后辈要求严格、循循善诱,乐于帮助他人,因此深得同志们的尊重。

四

方光焘同志又是民族、民主和社会主义革命积极参加者。还在中学的时候,他就"喜欢读民权报,对辛亥革命失败颇感惋惜"。"对袁世凯复辟极不满"。"在日本留学期间颇感到资产阶级的民主革命对劳苦大众没有好处。通过河上肇的译著,对马列主义有初步的认识,对苏联有初步理解,对日本军阀侵略我国很愤恨。"他"对革命极同情","对孙中山联俄容共政策颇感兴奋",他"参加声援五卅惨案运动",他"对蒋帮背叛革命的大屠杀深感愤懑,曾在一个反对蒋帮的宣言上签过名"。1927 年他在暨南大学因"讲授文

---

① 见《中国新文学大系》第五集。

学概论时曾介绍历史唯物论的文艺理论,深遭学校当局之忌"。他说:"自大革命失败后,意气消沉,国内空气令人窒息,自暴自弃思想极浓厚。友人曾劝我出国暂住。"但是,当1931年"九·一八"事变发生后,"对我刺激颇大","因病及对国家的责任感中途辍学回国"。回国后旋即参加"左翼作家联盟","上海文艺界在左联领导下极活跃。本人曾参加过数次集会,并每月捐款支援'文艺新闻'。"1933年,他在封建气味极浓厚的安徽大学任教时,"曾公开讲演,数次批判封建文学,介绍鲁迅反帝反封建之新文学。""抗战期间,在郑振铎、王任叔诸人领导下,参加各种讲演会、文艺讲习班、业余读书会等活动,宣传抗日,激发爱国思想。"他积极支持进步学生和革命运动。1946年还与学生协力将破坏民主之特务魏应麒驱逐出校,并因此与当时校长李寿雍冲突离职。1946年他参加"大学教授联谊会",在教授联谊会领导下,支援学生反饥饿运动、"五·二〇"运动等,并发表宣言反对非法逮捕学生。他曾接到过特务机关寄来的恐吓信和子弹,但这并未能使方光焘同志动摇和屈服。淮海战役后,中央大学"有迁台湾、广州之议",他"曾声明决不随往"。1949年4月这位长期与党合作的盟友,"以愉快的心情迎接解放"。他以很高的热情参加了解放后的许多工作。他为人耿直,直爽坦白,作风正派,富有正义感,原则性较强,在群众中有较高的威信。1956年3月15日,方光焘同志光荣地参加了中国共产党,这位经受了五四以来的时代风浪磨炼的学者、革命的盟友,终于在政治上找到了归宿。

[本文原名《方光焘》,载于《中国现代语言学家》(第三分册),河北人民出版社1984年,后以本文名载于《文教资料》1986年第2期,又收入《方光焘语言学论文集》,江苏教育出版社,1986年]

方光焘:理论语言学大师

一

先师方光焘,1898年8月21日出生于浙江省衢县的一个商人兼地主家庭,今年正值诞辰100周年,谨以此文纪念。1916年,先生在衢县中学尚未毕业就到上海,考入保送留美预备学校,半年后转入沪宾英文专门学校。1918年8月公费赴日留学,1919年4月入日本东京高等师范学校专习英语及语言学,1921年参加新文学团体"创造社"。1924年3月毕业后旋即回国,在浙江宁波省立第四中学教书。1924年8月,经陈望道推荐到上海大学任教授,并应郭沫若邀请在上海学艺大学兼课。1926年,应夏丏尊聘请担任上海立达学园教员并兼任中文专修科主任。1927年8月,任上海劳动大学教授兼编辑。1929年,先生去法国里昂大学专攻语言学。1931年"九·一八"事变后,出于对国家的责任感,他辍学回国,在上海中国公学任教,同年参加"中国左翼作家联盟"。1932年任安徽大学教授。1933年8月,回沪担任复旦大学兼任教授,并与夏衍合作为开明书店编辑英汉辞典。1935年8月起,任上海暨南大学专任教授,直至1947年7月。1938年,参加"中华全国文艺界抗敌协会"。1947年8月至12月,任中山大学语言学系教授。1948年1月至次年4月,任中央大学中文系教授,建国后,方先生历任南京大学中文系教授兼系主任、语言教研室主任、语法理论研究室主任,并先后兼任江苏省人民委员会委员、省文化局局长、江苏省文联主席、全国文联委员、中国科学院哲学社会科学部学术委员,还是江苏省人民代表、第三届全国政协特邀委员,1956年3月15日参加中国共产党,1964年7月27日因病逝世,享年66岁。

二

　　方光焘教授是我国全面系统地、严肃认真地评介现代语言学之父索绪尔语言学说的第一人。他在科学地给予索氏高度评价的同时,也指出索氏及后人的片面、极端和形而上学等偏颇之处,赋以全面而辩证的内涵,从而形成了自己的语言观。他回顾说:"1928年索绪尔《一般语言学教程》日文版刊行。读了以后,对语言体系又有很大的兴趣,决定终身研究语言科学。"他着重理解索氏学说的真谛,密切结合汉语实际,在理论语言学和语法理论方面均有很高的造诣,因此,我们深感阐述方光焘的语言学术思想时,应该与索氏学说联系起来。

　　关于语言体系问题。方先生的看法如下。(1)在索绪尔之前,历来研究语言"都不外是史的考察","可是一到了索绪尔,我们却又进入了一个新的广大的处女地。那就是语言的静态的世界,是体系构成情况的认识"。他肯定"真理在于语言是一个体系……二十世纪初历史比较语言学片面强调历史演变的影响很深,索绪尔的功绩正在于扭转局面,转到新的方面"。(2)索绪尔坚持排除语言之外的一切东西。这一原则后来成为非常出名的警句:"为语言而研究语言"。先生认为:"这个命题造成很大的误解,其实索绪尔的本意在于为了研究语言,只能研究和语言有关的。他这样提出问题,有点危言耸听,目的是要引起注意,要注意语言体系,不要把非语言的东西带到语言研究中来。"(3)关于语言表达的意义和"非语言的东西"如何分界,先师赞成美国学派弗里斯(C. C. Fries)的三分法,即把一般所说的"意义"分作词汇的、结构的、社会文化的三种。弗里斯认为前两种意义是语言的意义,后一种则是非语言的意义,属于社会文化意义。先师素来主张应当把"表现者"与"被表现者"区别开来,"研究语言的表现手段","以表现意识内容的手段为研究对象","内容和形式始终结合在一起,不可缺一,但始终是两面","我们不能认为关系与实质无关,只能讲关系体现于实质。纯关系的语言是不存在的"。只能说关系是重要的,却不能把它看做是唯一的。先生强调:"绝对原则是存在决定一切。实质就是存在。"

　　关于语言记号性问题。索绪尔认为,语言的记号性是所有论述的起始点。这是"第一个原则:记号的任意性质。能记(signifiant)和所记(signifie)之间的结合是任意的。"先师的看法是:(1)"能记是用来记载他物的。……所记是被记载的内容。……这两者之间并无必然的关系,存在着任意性(随意性)";(2)"任意,并非指说话人可以自由地选择能记,说话人在这上面是无能为力的。任意性,即指能记、所记之间的不可解释性或约定性";(3)"语言记号的本质是任意性,""这个原则极为重要,其它许多点实际上都由此推导出来";(4)"索绪尔从第一原理——语言记号的任意性引申出来,说语言有历史演变的传承性。……正是这样的历史因素,形成语言记号的不变性","从不变性这一面,索绪尔又讲到语言记号的可变性的一面。……因为是任意的,也蕴涵着可变的因素";(5)"索绪尔也看到只讲任意性还有说不通的地方,如派生词就是可解释的。……一种语言的变化是由历史产生的。既然这些现象是在发展中产生的,那么记号的特性便不能说是语言本身所特有的。索绪尔未能看清语言记号具有多方面的特征,简单地把语言记号的一切归结为任意性,也就必然是错的。"

关于共时与历时问题。先师认为:"这个区分很有必要,因为语言只有成为体系时,才能交际。"索绪尔已经走近正确的一面。"他希望构造一个概括共时与历时语言学的系统",但是,"他只是反复重申这一工作的困难",而未能实现,未能坚持把共时、历时放在这相关的位置上。先师评论说:"语言体系是从历史中成长起来的,是在历史过程中积累起来的。语言的现状是不断的历史演进的结果,没有历时的发展结果,也就没有共时体系。至此索绪尔和我们是一致的。再下一步,索绪尔把历时、共时对立起来,甚至说历时妨碍共时的研究,我们就不能接受了"。

关于语言和言语问题。索绪尔区分语言(language)和言语(speech)的真正目的是:为了避免"从几个着眼点同时来研究言语活动,呈现在我们面前的语言学的对象是一堆混淆不清的、庞杂而毫无关联的东西"。方先生指出这一区分"目的是认清语言的研究对象,是为了确定语言学的对象这一要求而提出的"。他说:"索绪尔要从混质的言语活动中认清语言,这是正确的,必要的。"

关于语言和言语的关系,方先生赞同索绪尔的界定,即"辨清主要和从属、本质和偶然。在言语活动中,言语甚至是暂时的,不能作为研究对象,剩下来唯一的对象就是作为社会的、本质的、主要的语言。"同时,针对索绪尔论述中的矛盾,先生指出:回顾语言学史,十九世纪后半期以后的比较语言学原来把语言看做自然物;至青年语法学派已改变观点,语言成了心理的归宿。到了索绪尔,对此再来一个反动,把语言看成心理的,又看到社会的另一面。先师说:"这里要看到索绪尔的局限性,他前进了一步,但并没有达到真理。""他要从言语活动里找出语言这个一般的东西来,意图无疑是正确的。但是语言一般成了社会心理的,言语个别成了个人生理物理的,一般与个别截然割裂则是错误的。"

三

方光焘教授是中国语法学的革新者。1931年回国后,他主要讲授语言学课程,着力介绍国外语言学理论,并把这些理论用于汉语分析。在1938—1942年由陈望道发起的文法革新论争中,方先生始终是一员主将。他先后发表了《体系与方法》、《再谈体系与方法》、《问题的简单化与复杂化》、《要素交替与文法体系》、《一点声明》和《建设与破坏》等六篇论文。在这些重要论文中,他一反以往"在马氏体系之中盘旋穿插,不敢超越范围的"风习。方先生强调方法的重要性,认为:"体系能否成立,以及经得起事实的验证与否,全看所用的方法如何而定。"方先生强调在语言研究中区分共时与历时的重要性,认为:"文法体系只是以共同意识做基础的。许多语言现象,虽然有待于历史的说明,不过建立现代的文法体系却不能不和'历史'划开;因为现代的文法体系,应该是记述的(descriptive),而不是史的(historical)。"方先生强调语言的体系性,认为:"所谓体系,好比象棋的一个既成的局面;体系中的各要素的互相关系,正和局面中的各子的互相关系一样。""一子的走动,影响所及,往往足以构成另一局面。""历时语言学所讨论的是要素交替的事实,而共时语言学所研究的,却是体系的事实。"方先生强调研究语法不能完全根据意义,提出了"广义形态"的学说,实际上是一种分布理论。但在时间上则比Z.S.Harris要早十多年。广义形态学说使我国学者第一次从语言类型学上认清了汉语语法的特征。总之,先生是最早把结构主义语言学理论介绍到我国并初步运用于分析汉语实际的学者之一。他在文法革新讨论中发表了许多富有卓识的见解,这在中国汉语语法学史上是应该得到充分肯定的。

方光焘教授一生致力于语言研究的新理论和新方法的探讨和革新,以极大的热情参加了建国后语言学界重大问题的讨论。比如,在词类问题讨论中,先生于1956年作了《汉语词类研究中的几个根本问题》学术报告,进一步阐明和发展了他在文法革新讨论中提出的"广义形态"学说,认为"意义部与形态部相结合的结构、构造叫形态",并认为这种广义的形态应该是划分词类的唯一标准。至今关于词类的问题的讨论,大致仍在方先生的理论框架内展开。

方光焘教授还是语言与言语问题讨论的发起者与组织者。1959年,他在《南京大学论坛》上,针对高名凯先生的"言语有阶级性"的论断,发表了《言语有阶级性吗?》(与施文涛合写)的文章,引起了一场语言与言语的争论。在那个鼓吹"什么阶级说什么话"的年代,作出"言语没有阶级性"的论断是需要很大勇气的。在历时四年多的讨论中,他先后发表了《语言和言语问题讨论的现阶段》、《漫谈语言和言语问题》、《语言和言语问题答客问》、《分歧的根源究竟在哪里?》等重要论文。方先生认为,区分语言和言语,有助于认清语言学所研究的真正对象——语言;有助于理解语言和上层建筑的根本区别;有助于理解语言和言语的相互关系和语言存在的客观性;有助于理解作为表达形式的言语和被表达的思想意识内容间的关系;有助于认清风格学的研究对象和风格学是不是语言学的一个部门。在解决逻辑和语法的相互关系问题时,也必须估计到语言和言语的这种区别。在心理学、生理学范围内,语言和言语的区别也是正确理解巴甫洛夫关于第二信号系统的学说的必要条件。总之,区分语言和言语并明确规定语言学的研究对象,不仅是理论问题,而且在实践上也具有重大的意义。随着语言科学的现代化,区分语言和言语的重要性将会日益地被显现出来。

方光焘教授十分重视方法论的探讨,对于语言研究中所作的新的尝试,先生总是给予热情的支持。他在《谈方法论、方法问题》专论中指出:"我们的原则是在语言观、方法论的指导之下,吸收、改造一些结构分析方法,化人之长,为我所用。"当朱德熙先生在《中国语文》上发表《说"的"》等论文后,先师立即组织南京大学师生讨论,并鼓励撰文对朱文发表意见,他亲自作了

《论语言记号的同一性——评朱德熙先生的〈说'的'〉》学术报告。他说:"在这篇论文里,朱先生深入地系统地运用了美国描写语言学的分析方法,这是值得我们语法学界重视的一个新尝试。""最引起我们注意的并不是朱先生的结论,而是朱先生所介绍的研究现代汉语语法的新方法。"他还就语言记号的同一性、性质形容词和状态形容词的区分、语法功能问题、语言形式和意义的同一等问题发表了自己的看法,并对朱先生《说"的"》一文提出了修订意见。

1962年,先师根据汉语语法研究的现状,从方法论的高度,撰写了《研究汉语语法的几个原则性问题》的论文,他运用大量的语言事实,全面系统地、有针对性地论证了汉语语法研究的八大原则,即透过文字分析语言,以结合关系为研究对象,重视普遍联系和相互制约,着眼于语法体系,注意一般、特殊、个别各类现象的相互关系,以及发扬传统、吸收行之有效的方法等。这是他对语言科学特别是汉语语法学作出的重大的贡献,影响十分深远。

为了加强语法理论的研究,方光焘教授亲自组织并领导了南京大学语法理论研究室。在乔姆斯基的《句法结构》(1957)发表之后,他对转换语法表现了浓厚的兴趣,他说:"我们接受这种转换理论,而且要研究怎样用于汉语。"比较起来,他对丹麦哥本哈根学派的叶尔姆斯列夫的语言理论兴趣似乎更浓。方先生曾组织翻译叶尔姆斯列夫的《语言理论导论》。他还专门作了《试论语言的研究方法》的学术报告。他系统地就方法与观点、方法与方法论、方法与对象、方法与方法学的统一、语言哲学与一般语言学、乔姆斯基的语言学说等发表了自己的看法。他同意皮萨尼(V. Pisani)的批评:"语符学并不能将全部语言科学包罗无遗。语符学可能是理解所谓'语言'这种现象的一种手段,但是它并不能告诉我们人类的这种行为是怎样完成的,为什么语言会发生变化,语言和人类其它活动有什么关系等等。"方先生又指出:"这样的批评可能也适用于乔姆斯基。可是我们应该注意下列三点:(一)十八世纪的普遍语法是建立在逻辑的基础上的,而二十世纪的结构语言学却想从语言本身出发来建立抽象的模式。(二)结构语言学诚然不能把语言科学包罗无遗,可是作为认识'语言'的手段,它似乎也应该有它的存在权利。(三)皮萨尼所提出的问题是应该让宏观语言学来解答的。"这些切中要害的见解,在当时是难能可贵的。

方光焘教授的学术活动也充分体现了理论联系实际的学风。由商务印书馆出版的《方光焘语言学论文选》一书中的论文无一不是从语言实际出发，比较分析各种处理上的利弊，从理论的高度，提出解决问题的方法和思路。

四

方光焘教授是中国新文学的开拓者。他于1921年在日本参加新文学团体"创造社"，和郭沫若、郁达夫等同为早期创造社的成员，是"最初参加的同人"。他在《创造》杂志上发表过小说和论文多篇，被收进《中国新文学大系》的有《疟疾》和《曼蓝之死》。方先生在日本留学时，对马列主义就有了初步认识，"但因受'阶级定命论'的影响，认为自己出身于小资产阶级，不足担任这种'使命'"，而自己又不愿表现小资产阶级和资产阶级，所以他放弃了本来可以很有作为的文学创作，而改做文艺理论的研究和教学工作。他讲授过文学概论、现代散文、现代文学名著选、鲁迅研究、世界文学史和文艺学等课程，曾发表过论文和翻译四十余篇，并著有《文学入门》（与章克标合著）。他是我国现代最早的文艺理论家之一。先生治学严谨，常言，如果你没有看过莎士比亚全集，没有对他的作品进行过系统而深入的研究，那你就没有资格讲莎士比亚的作品，哪怕是其中的一篇。由于方先生熟悉唯物辩证法，加之教学态度认真，讲课生动活泼，善于分析问题，善于联系实际，善于启发学生独立思考，富有逻辑性，因此他的讲课深受学生欢迎。方先生对人热情真诚，对后辈要求严格，循循善诱，乐于助人，深得大家的尊敬。

（本文原载于《汉语学习》1999年第3期）

吕叔湘教授与汉语语法学

吕叔湘(1904—1998)教授,江苏丹阳人,生于1904年12月24日。吕氏家族世居新桥西街柴家弄,从事经商,家境富裕,培育了当代杰出的美术大师吕凤子、佛学大师吕澂和语言学大师吕叔湘,世称吕氏三杰。吕蒙后代,湮久不衰。吕城不准演关公戏,演只能演关公败走麦城。

吕先生幼时就读私塾,用约五六年时间,识字读经。从小背诵过大量作品。1915年入丹阳县高等小学,1918年考入江苏省立(常州)第五中学。他成绩名列前茅,课余之间广泛阅读国学经典和外国名著,打下扎实的国学和外文根底。1922年先生以优异成绩考取国立东南大学英国文学系,是"学衡派"的大本营。其对待传统文化比较稳健,有别于"五四"之后的"打倒孔家店"某些国际思潮,最近茅家琦作文对"学衡派"重新评价。该校名流荟萃,吕先生选修了中文、历史、哲学、化学、地学、生物学、心理学等课程,成为一名文理兼备的青年学子。东南大学稳健的求真务实的学风影响着吕先生一生治学之路。1926年毕业后曾在丹阳中学、正则中学(任教务主任)、苏州高中等校任教,讲授英文和中国文法。1936年在友人敦促下考取公费,赴英留学,在牛津大学、伦敦大学就读,学习人类学、博物学、图书馆学诸学科。1938年回国,先后任云南大学文史系副教授、成都华西协和大学中国文化研究所研究员、金陵大学中国文化研究所研究员。1940年第一篇研究论文《释您、俺、咱、喒附论们字》,是针对胡适和王静如的观点。应施蛰存之约,在《今日周刊》上发表《中国话里的主词及其他》,是针对朱自清"一句话必有主词"的看法。从此朱吕成为朋友,这是他第一篇词法论文,后来就让他教"中国文法",因此,该讲稿成了《中国文法要略》的基础。1947年任中央大学文学院中文系专职教授,与方光焘教授同时讲授汉语语法方面的课程。原则上方光焘教授讲的他不讲,恪守分工,给中文系平添了现代语言学的新气象,全系教学为之一新。此外吕先生还开了"西欧文学"课,颇受同学欢迎。新中国成立后,先后任清华大学中文系教授,中国科学院语言研究所(1978年起改属中国社会科学院)研究员、副所长、所长、中国文字改革委员会委员、中国科学院哲学社会科学部委员。1954—1964年任全国政协第二、三届委员,1964年后连续当选为第三、四、五届全国人大代表,并任第五届全国人大常委、法制委员会委员。1980年当选为中国语言学会首任会长。1987年接受香港中文大学荣誉文学博士学位。1994年当选俄罗斯科学院外籍院士。

吕先生担任语言研究所所长几十年,身为全国语言学界之领袖,非常关心语言文字工作,特别是为培养中青年语言学人才作出了杰出贡献。吕先生还特别关心故乡的语言学发展,欣然同意担任江苏省语言学会的顾问,并为该会"语言研究集刊"写稿。吕先生是我国语言学界公认的领袖人物,深受国内外同行的敬仰。

吕先生学贯中西,通古达今,博大精深,其著由商务印书馆出版了六集《文集》,辽宁教育出版社收录十八卷书《全集》。吕先生的研究重点是汉语语法,主要有《中国文法要略》、《语法修辞讲话》、《汉语语法分析问题》和《汉语语法论文集》、《吕叔湘语文论集》等。

《中国文法要略》是吕先生早期的代表作,在中国语法学史上颇有影响。我国的语法研究自《马氏文通》以来,一度存在机械模仿西洋语法的倾向。《中国文法要略》在建立符合汉语特点的语法体系方面作出了有益的探索。其主要特点是以丰富的语言材料,主要是中文最新书为基础,着力揭示汉语的特点和规律,既反对机械模仿,又避免空谈革新。该书采用文言和白话比较的方法,可以看作是一部古今比较语法,开创了我国比较语法研究的先河。该书分三卷。上卷"词句论"说明词和句子的类别和结构,是其语法体系。其中关于"词级"的学说,参考了丹麦语言学家叶斯柏森(O.Jespersen)的"三品说"理论。中下卷是"表达论",又分"范畴"(中卷)和"关系"(下卷)两部分。前者介绍各种观念如数量、指称、方所、时间、语气等等的表达方式,后者介绍各种关系如异同/高下、同时/先后、假设/推论等等的表达方式。表达论打破了句子类别的界限,从表达方式的角度进一步揭示汉语的特点,并对句式不同而语义相同或句式相同而语义不同的句子进行变换,这与哈里斯(Z.S.Harris)的转换分析(Transformational Analysis)有相似之处,可是在时间上则比 Harris 早十多年。表达论和词句论互为补充,两者形成了纵横交错的关系。该书创造了汉语语法分析中由语法形式而论及意义表达和由意义表达而论及语法形式的双向分析格局。这样的布局,是参考了法国语言学家勃吕诺(F.Brunot)的理论。1956 年出版的《中国文法要略》修订本,将三卷合为一册。修订本除了删除一部分例句外,还删去了关于"词级"("三品说")的内容。《文略》是吕先生第一部重要著作,中央电大的《现代汉语语法》采用了这一格局。

《语法修辞讲话》由吕叔湘、朱德熙合著,1951 年 6 月 6 日开始在《人民日报》连载。这是一部在社会上引起强烈反响的语法著作。当时新中国刚刚成立不久,报刊以及机关文件上都存在着语言混乱现象。《人民日报》在连载这部著作的同时发表的《正确地使用祖国的语言,为语言的纯洁和健康而斗争!》社论中指出:"这种语言混乱现象的继续存在,在政治上是对于人民利益的损害,对于祖国的语言也是一种不可容忍的破坏。"社论还说:"为了帮助同志们纠正语言文字中的缺点,我们决定从今天起连载吕叔湘、朱德熙两先生的关于语法修辞的长篇讲话,希望读者注意。"社论和《讲话》的发表,有力地推动了语法知识的普及。不仅学校普遍加强了语法教学,就是机关干部、工人、解放军战士等也纷纷以《讲话》和其它语法著作为教材,开始学习语法。本人对语法的兴趣就是从学习《讲话》开始,可以说是吕先生把我引进了语言学之路。1956 年我报考南大中文系,是最坚定学习语言的人之一。这个《讲话》后来在文字上作了一些修改,于 1952 年汇集成书,正式出版。全书共分六讲,依次是:语法的基本知识;词汇;虚字;结构;表达;标点。第一讲介绍该书的语法体系,以后各讲举出当时流行的大量病句,分别从语法、修辞、逻辑等不同的角度,有针对性地一一加以解释说明。把语法、修辞、逻辑结合起来讲解,是该书的一大特色。

《汉语语法分析问题》是部语法理论著作。这部书经多年酝酿、准备,初稿写成后,曾以油印稿征求意见。该书分引言、单位、分类、结构四章,以语法分析问题为纲,结合汉语语法研究的历史和现状,对一些基本的理论和实际问题,特别是涉及语法体系方面的问题,进行了系统而深入的探讨。虽然

"基本上是在传统语法的间架之内谈",但也吸收了其它学派的长处。书中具体谈到了传统语法、结构主义语法和转换语法各自在语法分析上的长处和不足,主张兼采各学派之长,在语法分析中把结构层次和结构关系结合起来。这部著作虽然篇幅不大,但它涉及汉语语法研究中几乎所有重要的问题。对一些长期争论、难以解决的问题,如汉语的词类问题、主语宾语问题、单句复句问题等,进行了全面的归纳和分析。在比较和剖析有关理论和观点之后,提出自己的见解和具体处理意见。这部著作可以说是著者数十年来从事语法研究的经验总结,也代表了我国语法研究的最新进展,把我国语法研究水平从整体上推向一个新的高度。吕先生的领袖地位由此被公认。

现代汉语方面除上述长篇专著外,吕先生还发表了许多专题论文,内容涉及语法、汉语规范化、文字改革、写作和文风等广泛的领域。例如,《关于汉语词类的一些原则性问题》、《说"自由"和"粘着"》、《关于"语言单位的同一性"等等》、《现代汉语单双音节问题初探》等,都提出一些精辟的见解。

吕先生还是近代汉语语法研究的开拓者,其主要著作有《汉语语法论文集》。大家知道,语言界有罗常培、陆志韦、丁声树、李荣主持一方,该书使吕先生的学术地位陡升三级。内容以近代汉语语法为主,也涉及古代和现代。这些论文多半采用了比较的方法,不仅有文言与白话的比较,也有官话与方言的比较以及汉语与外语的比较。引例丰富,分析详尽,是这些论文的共同特点。例如《释景德传灯录中"在""著"二助词》(1940年)一文,通过历史的比较以及与方言的比较,证实现代北京话中的语助词"呢"是由旧时的"在里"发展而来的。作为语助词,旧时"在里"是最完备的形式。而唐人多单言"在",以"在"概"里";宋人多单言"里",以"里"概"在"。又如《从主语、宾语的分别谈国语句子的分析》(1946年)一文,按照句中动词与施受者的关系,分四组十四式,具体分析了各种句式的特点,并对确定主语、宾语的各种标准的利弊得失进行了深入的比较。这篇论文的主要观点后来在《现代汉语语法讲话》中有所反映。这些论文通过对个别语言现象的研究,在揭示汉语的特点、探索汉语的发展规律等方面取得了空前的成就。《〈通鉴〉标点琐议》是根据校订标点本《资治通鉴》的札记写成的。文中选取一百三十二例,分三十类,对原稿标点的讹误及其原因逐条作了解释说明,可以说是作者标点古书工作的一个经验总结,具有示范性。

吕先生一贯重视和关心语文教学工作。外语教学方面，1947年出版了《中国人学英语》。这部书通过对话的形式，系统地介绍了学习方法、英语的特点、英语与汉语的主要区别等，极具针对性，对读者有切实的帮助。吕先生还发表了许多语文教育方面的文章。他曾参加"暂拟汉语教学语法系统"的制订和《汉语》（提升语言学科地位）课本的编写工作。曾任中小学语文教材编写组顾问及中学语文教学研究会会长。

吕先生热爱祖国，追求进步。吕先生为人谦虚谨慎，不苟言笑，深明大义，君子风度，深受大家敬重。他的优良学风、高尚品德，受到学术界的普遍赞扬。为了推进祖国语言研究的发展，鼓励对中国境内的语言文字的现状和历史进行调查研究的、有成绩的中国青年学者，吕先生大力支持"中青年词法讨论会"，参加者多为志同道合的名校精英，鄙人也荣幸参加多次。该讨论延续至今，为促进汉语词法工作做了极大的贡献。吕先生于1983年5月捐献多年积蓄的六万元，作为中国社会科学院青年语言学奖金的基金。从1984年开始每年进行评奖（最近改为每两年进行一次），收到了奖掖和推动的效果。吕先生本人生活极其简朴，极少置装。

吕叔湘先生于1986年加入中国共产党，是中国共产党的优秀党员。

1998年4月9日，吕先生在北京逝世，享年九十四岁。其骨灰安放于青松翠柏之下，不留名讳。伟哉如斯！

吕先生是位杰出的学者，是位道德高尚的文学圣哲。吕先生永垂不朽！

（本文为"纪念吕叔湘先生诞辰100周年学术讨论会暨江苏省语言学会第十六届学术年会"上的发言，作者：鲍明炜、卞觉非）

吕叔湘：止于至善，一代宗师

今年是敬爱的语言学家、教育家和翻译家吕叔湘教授诞生100周年，鲁国尧教授嘱咐我为他主编的《南大语言学》写一篇纪念文章，并建议我写一些回忆性的内容，体裁不拘，长短不论。我欣然从命。

[1] 吕叔湘先生的大名我在1951年6月6日才首次看到。那天的《人民日报》发表了题为《正确地使用祖国语言，为语言纯洁和健康而斗争！》的社论，并决定连载吕叔湘和朱德熙合写的《语法修辞讲话》。当时读者何止万千，我就是其中的一个。那时我刚参加工作，感到社论和《讲话》中指出的问题，跟我们单位的情况完全一致。后来我又参加机关组织的《语法修辞讲话》的学习，第一次系统地学习这些内容，感到新鲜、切用，于是在日常文字工作中我有意识地运用这些知识磨练自己的文笔。昔日的孔丘，在松柏下为三千弟子面授儒家学说，开创了个人知识社会化的先河，而今的吕叔湘利用近代媒体报纸宣讲他的语法知识，利国利民，使得建国初期的文风得以初步改观，从整体上提高全国的语言文字水平，在全民中普及了语法修辞知识，我也从中受益。这得感激吕叔湘先生。

[2] 1956年，国家发出了向科学进军的号召，我按捺不住地想报考大学，可是报什么专业呢？这时又是吕叔湘先生仿佛站在语言学殿堂的门口向我招手：进来吧！小伙子，这儿大有作为。专业确定下来了，报哪个学校呢？我的同事中有位南大校友，他向我推荐说南大有位著名的语言学家方光焘教授，那你就报南大吧。考取南大后，中文系第一次要分语言与文学两个专门化，当时中文系有许多著名的教授，如胡小石、陈中凡、方光焘、罗根泽等，同学们颇为分班斟酌，而我的选择只有一项：语言专门化。这又得感激吕叔湘先生。

［3］吕叔湘先生的影响无所不在,在语言学课程中,他的著作或是作为必读参考书,或是作为教师授课立论的依据。比如,在《现代汉语》课中鲍明炜老师就引证罗常培、吕叔湘先生的《现代汉语规范问题》。在讨论"恢复疲劳","打扫卫生"的合法性时,又援引吕叔湘先生的《讲话》作为立论依据。特别在方光焘老师讲授《语法学原理》《语法理论》和《六十年来的汉语语法研究》等专业课时,他要求我们认真精读吕叔湘的《中国文法要略》以及其它重要论文,如《关于汉语词类的一些原则性问题》等,有时还组织专题讨论,最后由方先生点评和总结。方光焘教授是著名的理论语言学大师,他站在理论的高度评价一部著作,通常是不留情面的,特别是对个别"食洋不化"的人,但他对治学严谨的吕叔湘先生是很敬重的。他们曾在中央大学中文系一起共事,彼此相知。方先生常对我们说:"要从吕叔湘的论文里学习他的方法。"他的论文"资料丰富,方法简明,分析细密,值得学习"。当然,他对吕叔湘也有善意的批评:"《中国文法要略》特色主要强调表达、实用,重在句子构造、句子分析。后来,《语法修辞讲话》也或多或少重在表达上。""但他对于表现的分析是重于逻辑的、概念的分析。他的另一个长处是注重比较的,注重文言和白话的比较。他的研究作风很细致,收集了许多材料。但往往提出一些悬念,不做解决的结论。这是因为他重于意义的分析,但不能和形式结合起来解决时就成了悬案。""造成这种缺陷的原因在于孤立地看问题,看各个现象,没有联系起来看,局限于观察得来的经验,没有提到理论高度来分析。"(《方光焘语言学论文集》,商务印书馆,1997年,第236—237页)总之,在五年的大学生活中,吕叔湘先生始终是我们不露面的老师。

［4］经过五年的学习,1961年我们大学毕业了,面临着统一分配。在离校的前两天,系里公布了分配方案,我和另一位女同学被分配到中国科学院语言研究所工作,我们都很高兴。因为那是我国最高学术研究机构,而且又有早就仰慕的吕叔湘先生。我们兴致勃勃地到端王府报到,不料一去就被告知:由于中央机关精简机构,新分配来的二十几位大学生将要面向全国重新分配,弄得大家一头雾水。等了一个多月,才得知何乐士、舒宝璋和我三位被留了下来,其它二十多人都被天南地北地打发走了,大家也无可奈何。这时我才正式地去拜见吕先生,我把方光焘老师写的推荐信交给了他。吕先生简短地问了方先生的身体情况,然后说:"你喜欢现代汉语就在现代汉

语研究室工作吧。"吕先生兼任这个室的主任。这时我的心才算落实下来。

[5] 这是我第一次面见吕叔湘先生。初次见面时,给我的感觉是似曾相识,他跟方光焘先生是那么地相像,我不自觉地作了对比:两个人个头一般高,体态均偏瘦;两人都戴眼镜,而方深度为高;两人都操略带吴语底色的普通话,而方的口音较重;两人均系英语专业出身,但方是在日本就读;两人都留过学,吕去了英国,方则在日、法;两人均擅著文章,吕的风格平实、求真,方的风格深邃、理论;两人都善译著,吕简洁熨帖,方贴切雅达;两人研究旨趣各有所偏,吕注重应用,方追求理论;两人性格迥异,吕温文尔雅,学者风度,方见善若惊,疾恶如仇,如此等等,够我解读一辈子的。我很庆幸能够亲聆两位大师教诲,面授指点,真乃人生大幸。

[6] 过了几天,吕叔湘先生来到我的办公室,把他的两本著作送给我,一本是《中国文法要略》,另一本是《汉语语法论文集》,扉页上写着:"觉非同志,叔湘。"然后就给我讲了读书的方法。他说:"拿到一本书后,先看前言后记。最简便的办法是,请一位专家给你介绍书,介绍一部你看一部。当然没有时间从头看到尾,但是一定要从头到尾翻一下。然后挑两处仔细读一读。然后就换一部。这是打底子的工夫,最实惠。做任何研究都是要首先熟悉材料,不熟悉材料,只要有'方法',就能有结果,我是不相信的。"接着他又拿出一份语言所拟订的"实习研究员读书目录"。我当然就按照吕先生指点去认真读书,一本一本地。不但我自己这样做了,而且我还把吕先生的读书和治学方法也传授给我的研究生们,一届一届地。虽然我们做得没有吕先生所要求的那么好,但是我们真的那么做了。后生小子们有心求之。

[7] 同时,吕叔湘先生还要求我们到图书室呆上十天半个月,以后还要经常去。他要求我们先熟悉图书目录,知道图书方位,再找一些常用书籍,按他的读书方法翻一翻,以便日后借用。所图书室语言方面的藏书、期刊以及外文资料,在全国应该是最齐备的,而且管理制度完善,借阅方便。那段时间,使我大开眼界,增识不少。据所里人介绍,这个图书室是在吕先生关心下建立起来的,倾注了他的心血。吕叔湘先生一生对图书馆情有独钟,他认为:"现代的图书馆,不同于古代的藏书楼。""图书馆的首要任务是流通。"他留学英国的主攻方向是图书馆学。他每到一处工作都关注图书馆的建设。他先后担任过他所任职的苏州中学图书馆馆长,金陵大学图书馆馆长。

晚年他把自己的部分藏书捐给了丹阳中学(现改为"吕叔湘中学"),并出资帮助该校建立了图书馆,至今还悬挂着吕叔湘亲笔题写的"图书馆"匾牌。

[8] 吕叔湘先生极为重视研究人员的外语提高,他对我们这一代人的外语水平也不满意,但他从不指责,而是鼓励大家学好外语。吕先生的具体做法是:一是让青年研究人员,基本脱产一年,强化学习外语,仅1962年,参加学习者不下20人,我也是其中的一个。另一是,在外语学到一定水平后,就进行原著翻译。吕先生不止一次对我们说:外语学到一定程度,要让它真能派上用场,最好的办法是,从头到尾,一字不落地翻译一本书或几篇论文,如此再三,必有成效。1962年,他让何乐士、金有景、邵荣芬、刘坚、范继淹翻译Charles Carpenter Fries: The Structure of English,最后由范继淹、金有景校订,交商务印书馆出版(1964)。吕先生的做法一举两得:一是提高了外语水平;二是取得了科研成果。那时,我与范继淹同屋办公,捷足先登地看到译稿和原著,认真地学了一遍,不懂的向范先生请教。范是南大校友,学经济的,英文很好,对汉语语法研究特有悟性,为人厚道,是吕先生发现了他并把他调到语言所工作的,深得吕先生的器重。范对我的帮助很大,待我如同兄弟,我向他学了许多东西,尤其是他的人品。1963年秋天我调回南大工作时,他赠我诗一首《寄觉非》,情深义重,今仍珍藏。

[9] 吕叔湘先生工作效率极高,办事极有章法。他一般不坐班,一个星期来两三个上午,处理他分管的文件、书信。有时量很大,其中相当一部分是向先生求教学术问题的,他都亲自一一回复。他准时到办公室,正襟危坐地一份一份地看,一封一封地写,大到一份文稿,小到一张便条,无不字迹工整,文不加点,一经写定,皆成文章。效率之高,无人可比。等他事情办完了,会到办公室找有关人谈事,有时也会把人叫到他的办公室,直接触及话题,要言不烦,言辞亲切,很少客套,不爱闲聊。有一次他要我帮他抄一份稿子,大概用作留底,因为那时还没有复印机。那天,我看他情绪很好,我就问他:"吕先生,你的书稿怎么总是那么工整那么清楚呀?"他说:"这得感激我的小学校长杨鸿范先生。他教三年级算术,对我们的作业抓得很认真,在作业本上不准添除涂改,如果错了,全部重写,这样从小就养成了不写错字、不涂不改的好习惯。"我拍着后脑说:"我这才懂得什么叫作幼学如漆的道理。晚了!"他笑而不语,走了。

[10] 吕叔湘先生是我们的室主任,背后称他"吕头"。这是爱称,并无不敬。秘书是刘坚。每次政治学习或业务活动,吕先生通常都会参加的,尤其是学术讨论。那时,语言所在端王府,我们室开会就在二楼西会议室,不大,只能坐10多人,吕头习惯坐在靠窗口左侧的一个位子,所以总给他留着。开会时,他静静地听着,有时也插上几句,很少长篇大论。通常他安静地坐着,有时缓缓地掏出烟来,抽出一根,熟练地装在那只象牙色的烟嘴上,点上火,默默地抽着。他吸的不多,但都是好烟。他按着西方人的习惯,不向别人敬烟。我们室只有范继淹抽烟,有时故意把靠吕头的那把椅子空着,让老范坐,偶尔吕头也向他努努嘴,示意他来一根,这时老范表情羞涩然而得意地点上一支,狠狠地吸上一口,烟雾缭绕地享受他快乐的时刻,别提多舒坦了!须知那时的好烟难得啊!吕头是高研,特供的,现今的年轻朋友就难以体会了。遇有这事儿,会后我们总得跟老范开心一番:老范,蹭到了,下次还坐那位子,谁也不准坐!此时老范并不生气,反而附和地笑着。这是伙伴们的戏谑,吕头当然不知道。吕头平时不苟言笑,态度温和,与人相处君子之交,很少应酬,令人畏威怀德。人们敬重他,但并不惧怕他。这都是40多年前的事儿了,如今老范、吕头、刘坚均相继西去,人生何其苦短!

[11] 吕叔湘先生从1952年起任语言所副所长,1958年罗常培先生逝世后,由他主持所里工作。在科学院系统中,那时语言所算是比较小的,但有好几位大师级的专家,如罗常培、陆志韦、丁声树、吕叔湘等。有一批训练有素的研究人员,有较为齐备的语言方面的图书资料。研究环境也比较宽松,在选定课题后,各自按部就班地做自己的事,平时交流不多,不见有沙龙式的活动。学风严谨,重视原发性的材料的挖掘与研究,做卡片是一项基本功。注重描写归纳,不倡导理论演绎,近乎经院式的。人们不轻易写文章。写文章时常顾及导师的感觉。现在的情形可能有所改观。

[12] 多年来,理论与事实关系问题总是议题,对此吕先生极有主见,中心意思是:"理论和事实比较起来,哪一个更重要呢?这个问话好像是多余的。因为理论是理性知识,对事实的认识则仅仅是感性知识。感性知识上升为理性知识,理性知识当然高于感性知识。但是如果没有感性知识做基础,那个理性知识就靠不住,就可能是骗人的玩意儿(连本人也是受骗的)……话是这样说,可这只是问题的一面,还有另一面,那就是,正确的理

论能引导你去发现事实。当然,既善于观察,又善于贯通,这是最理想的了。可是人们做学问总难免有所偏,或者比较善于观察现象,搜罗事例,或者比较长于分析条理,组织系统。可以以一方为主,兼顾另一方,不可走极端,走极端就不会有成就。"(《吕叔湘——纪念吕叔湘先生百年诞辰》第 147 页)吕先生反对的是"空讲语言学,不结合中国实际……我们不能老谈隔壁人家的事情,而不联系自己家里的事情"(《吕叔湘——纪念吕叔湘先生百年诞辰》,第 146 页)。表面上看,吕先生似乎属于那种比较善于观察现象、搜罗事例的那种学者,其实他属于那种既善于观察、又善于贯通的大师。在七十年代初期,我到北京平安南里看他的时候,他的案头上正放着 Bolinger: Aspects of Language,我问他讲什么的?他说"讲语言学历史发展的"。后来,该书的第 11 章、第 15 章由赵世开、林书武等译出来,发表于《语言学动态》(1978)第 2—3 期及《语言学译丛》(1979)第一辑。我想这是吕先生的授意。他还告诉我,他还在看 John Lyons: Introduction to Theoretical Linguistics,不仅看,而且认真地作了读书笔记,并用汉语实例加以验证。他说"我最近还系统地学习了高等数学和物理学"。我肃然起敬,他已是高龄的老人,看 Lyons 的著作已属难得,但学高等数学,而且是系统地,这就不可思议了。吕先生一直喜爱数学,有一次他对我说他昨天还计算过一张圆桌的面积,练脑子嘛!我猜想,他学数学可能试图从源头上真切理解那些由数学或理工出身的语言学家,如 Chomsky 等写出来的现代语言学著作,因为这些著作的模块是数学模块的移植或者运用。事实上吕先生很关注国外语言学理论。也许他认为只有从总体上把握它们,融会贯通了,才能用隔壁人家的理论,联系家里的事情,可惜现在还远远没有达到这一步,所以不宜轻易倡导,贻误青年。但在具体操作中,他对各学派中的可取之处总是设法吸收。如《现代汉语语法》(提纲)(1975)中关于"肯定焦点"(见 8.3)一节,就吸取了语用分析的一些思想和方法。

[13] 1963 年秋天,南京大学要调我到方光焘老师为主任的语法理论研究室工作,我当然高兴,因为这儿有我的老师、同学、亲人、故友,特别是我景仰的方光焘老师。比较起来我更喜欢高校,这儿有不同层次的学生,他们会激发你的活力。但是当我真的要离开语言所,离开敬爱的吕先生、范继淹等诸君,心中还是恋恋不舍,临行前我没有勇气跟吕先生告别,可心中一直惦

念着他们。

　　回南京后,仍跟语言所保持着联系。吕先生出了新书,有时也寄来一本。我如有机会到北京,一定会去拜望吕先生。他问得最多的是家乡的变化,询问他的同学吕天石、范存忠等及他们后人的情况。我发现他怀旧了。在上一世纪八十年代前后,短短几年,他至少四次回南方,南京、苏州、镇江、丹阳、扬州他都爱去,每到一个地方他会约见熟人。有时他让我看新书,有一次他指着钱乃荣的《现代汉语》说这本教材有些新意,可现在有多少人能用它呢,他担心师资力量不够。又有一次我问他对图解法有什么看法?他说:黎先生的图解法是从 Stephen W. Clark 的《实用语法》那儿来的,在教学中仍可用,形象而直观。这时,我主动谈到研究生的论文写作情况,他颇有感慨地说:"现在有的论文就像隔两层板壁听人谈话,像在百米以外看戏。这样的文章无法公之于众。文章的好懂、难懂或懂不了,责任主要在写的人。不能有'我懂,你也应该懂'的想法。如有这种想法,必然导致'我写我的,不管你懂不懂'的做法。"停了一会儿,又说:"有些文章我都看不懂,你写给谁看?"当时我赶紧把这些话记下来,多次传达给我的研究生们。

　　[14]吕叔湘先生欣然同意担任江苏省语言学会顾问。1981年江苏省语言学会让我负责跟吕先生联系,我说:"省语言学会想借重您的威望,得到您的指导,想聘请您为学会顾问,您的意见如何?"他笑着说:"可以啊,老了,可能是顾而不问了。"不久,我又约他为学会刊物《语言研究集刊》写一篇文章,他也欣然同意。为此他给我写了两封信:"觉非同志:收到来信。我有一篇短稿《读〈北梦琐言〉》,约三千字,已编入《中国语文》,下月中旬发稿,如你们要,可以抽出来给你们。但有两点须说清楚。一,这篇读书笔记有三段,分别谈地名代人名,官名别称,谐音,都不是现在所崇尚的'语言学',集刊愿意不愿意要? 二,上海教育出版社要给我出一本短文集子,这篇预定收在里边,今年年底交稿,明年七八月出书。不知道你们的第一集何时出版,如不能赶在其前,就不合适了。等你来信。顺祝教绥! 叔湘(1983)6.29"过了四天,他又来信:"觉非同志:前信谅达。我出行日期临时提前,已将《读〈北梦琐言〉》交《中国语文》。你如要此稿,请写信给语文社章太或于根元同志,他们会寄给你。匆此。顺颂教安! 吕叔湘 83.7.3"从这两封信中,我们要注意三点:一,他的故乡情,对江苏的事,他总是给予热情支持;二,办事极其认

真、稳妥;三,遵守版权的意识极强。值得学习。

　　[15]"吕叔湘是个重情义的人。几十年间结识的朋友,不论是早年的同学、多年的同事乃至晚辈,都能感受到他殷切的眷顾。吕叔湘并不是好热闹的人,平时喜欢静静地读书,所以跟朋友间的走动也不是特别频繁。他对朋友的情谊总是体现在最关键的时候。浦江清是吕叔湘的大学同学,对古典文学有精深的钻研。抗战期间在昆明,五十年代初期在清华,两位老同学有不多的几年住在一起、相处甚欢的时光。一九五七年浦江清英年早逝,吕叔湘主持整理出版了他的遗著,八十年代吕叔湘不顾高龄,又为浦江清日记的整理出版费尽心血。显示出二人生死不渝的友情。"(《吕叔湘——纪念吕叔湘先生百年诞辰》,第176—179页)本人可以从旁证实。为了浦江清先生的事,吕先生1985年曾写信给我:"觉非同志:你去美国经过北京,未能把晤,诚为憾事。闻南大已恢复语言专业,一则以喜,一则以惧。所以惧者,分配工作对口难也。有一琐事奉托。最近整理浦江清先生遗诗,有《送赵思伯》诗一首,不知赵的大名及事迹。其人必为东大同学,应比浦先生高二、三年,即南京高等师范之最后一、两届,约与向达、缪凤林等同时或上下一年。南大想在编校友录,当有资料可查。问题是由号查名比较麻烦。专此奉托。即祝教安！吕叔湘,85.3.9"。接信后,我即去了校档案馆,一位王女士接待我,听到吕叔湘的大名,她以"今日南大以我为荣"的心情,帮我很快查到了赵思伯的有关资料,我用挂号寄给了吕先生。此事向世人表明:友谊永远是美德的辅佐。

　　[16]吕叔湘先生是我国语言学界公认的领袖人物,江苏人民为他骄傲,丹阳人民为他自豪。如今,丹阳市已把他早年工作过的丹阳县中学命名为吕叔湘中学。吕叔湘的名字已经家喻户晓。最近在同学聚会时,我问一位丹阳籍的同学郭金声,下面就是我们的对话。我问:"郭兄,你是丹阳人,你可知道吕叔湘先生？"郭答:"当然认识。算你问对人了。他跟我们家是亲戚。"我问:"什么亲？哪一辈的？"他答:"表亲,祖父辈的。"我问:"你们两家来往多吗？"他答:"我父亲在苏州做事时吕先生也在苏州。他们来往很多,我听父亲说吕叔湘到英国留学用的皮箱还是我父亲送的。"我问:"你父亲大名？"他答:"他叫郭石安。抗战期间他们不在一起。抗战胜利后,吕先生从重庆回到南京,当金陵大学图书馆馆长,大学教授。我父亲在南京银行工

作,他们来往较多。当时物价飞涨,金圆券一天一个价,吕叔湘先生为此发愁,找到我父亲,问怎么办？我父亲说好办。发了薪,吕先生就把钱送来,有时我父亲去拿,帮吕先生买成肥皂布匹之类生活用品,求其保值。那时大学很乱,他还在我家住过一阵子。"我问:"你见过他吗？"他答:"见过。那时我已10多岁,我叫他姨爹,他个儿不高,穿长衫,是个读书人。解放后吕先生到北京工作,两家联系少了。我父亲去世后,我叔叔出差北京时还去看过吕叔湘几次,吕很怀念我父亲,还问他儿子(指我)想不想到北京工作？因我没有去北京的想法也就算了。吕先生是重情义的。"我再请郭谈谈吕家在丹阳的情况,他说:"据说吕家是三国名将吕蒙的后代,吕氏家谱上第一位写的就是吕蒙。所以,在丹阳的吕城一直不准演关公戏,要演也只能演《关公走麦城》上阕。"我说:"请详细谈谈吕叔湘先生家的情况吧。"他说:"我知道不多,只知道吕家是经商的,家境不错。他们家有一位吕凤子,还有一位叫……"我说:"吕澂。"他说:"吕家在丹阳办了正则中学,耗尽了家产。"我问:"这个中学现在还在吗？"他说:"已改名为丹阳师范学校。"我们原本想去丹阳多作了解,可惜只因吕叔湘先生的同辈人多已作古,只好作罢。

[17] 吕叔湘与吕凤子是堂兄弟。两人的祖父是亲兄弟,两家经商,生活殷实,重视教育。到了吕叔湘这一代出了美术大师吕凤子,佛学大师吕澂,语言学大师吕叔湘,世称丹阳吕氏三杰。"这种人家出身的人,一般是安分守己,瞻前顾后,没有多大的野心,也没有啼饥号寒的忧虑。我自己反省,我的思想意识基本没有越出这个范围。至于立身行事,有所为有所不为,这还都是读了些书,受前人的嘉言懿行的影响,跟我的家庭出身未必有关。"(《吕叔湘——纪念吕叔湘先生百年诞辰》,第12页)

吕叔湘先生的成长和发展,"既有家风的熏陶,又有教育的培养"。他的家庭非常重视教育,使吕叔湘受到了很好的教育。蒙馆的私塾教育打下他的国学基础。实验小学使他养成了很好的学习和书写习惯。常州中学的"存诚、能贱"的校训让他懂得"立身行事"的原则。东南大学的"通才与专才平衡,人文与科学平衡,师资与设备平衡,国内与国外平衡,学术与事功平衡"的平衡教育,使吕叔湘获得了文理兼备的、中外贯通的、广博的基础知识。"吕叔湘在主修外国文学的同时,跟着化学家王班、生物学家陈桢、地学家竺可桢、心理学家陆志韦、文化史家柳翼谋等教授学习了多方面的知识。"

(《吕叔湘——纪念吕叔湘先生百年诞辰》,第 15 页)昔日的东南大学曾是中国科学社的大本营,办有《科学》杂志,成员均系留美博士。他们主张把科学教育渗透于文理教学之中。同时又是学衡派的发源地,创办刊物《学衡》,(1922—1933,共出版 79 期)其主将便是吕叔湘就读的外国文学系的教授吴宓、梅光迪等,均系留美博士。他们不愿追逐北方左翼思潮,主张"诚朴敦行""唯真是求",因而被左翼定性为"宣传复古主义,反对新文化的团体"。所幸的是,一切均已时过境迁,经过几多挫折,人们终于学会冷静地反思了。我想,东南大学的精神对正在就读的吕叔湘不会没有影响。昨日的吕叔湘以诚朴雄伟的母校为荣,今日的母校以励学敦行的吕叔湘为荣!

[18] 高尚的立身行事操守,使先生诚朴敦行、种德种惠,谱成了吕先生的光辉学术人生,伟哉如斯!

精深的广博平衡学识,使先生文理兼备、学贯中西,铸就了吕先生的不朽鸿篇巨制,止于至善!

(本文原载于《南大语言学》2017 年第 5 编)

著名心理学家、语言学家陆志韦教授

一

著名心理学家、语言学家陆志韦教授(1894—1970),别名陆保琦,浙江吴兴人,1894年出生,1913年毕业于东吴大学,1915年留学美国,1920年毕业于芝加哥大学生物学部心理学系获哲学博士学位,同年回国,任南京高等师范学校、国立东南大学心理学系教授兼系主任;1927年任燕京大学心理学系教授兼系主任,1933年至美国芝加哥大学生物学部心理学系进修,1934年回国,继任燕京大学教授、校长。1937年七七事变后,抗战期间,因心理学研究条件不备而转向研究语言。被军队扣押,在狱中发奋读书著述以明志。抗战胜利后,1945年10月主持燕京大学复校,并任校务委员主席、校长。新中国成立后,因高校院系调整,1952年燕京大学并入北京大学,调往中国科学院语言研究所,任一级研究员,1955年被选为中国科学院学部委员。曾任中国人民政治协商会议第一届全国委员会委员,中国科学院心理研究所筹备委员会主任,中国文字改革委员会委员,汉语拼音委员会委员。1970年11月24日病逝北京,享年七十六岁。

陆志韦教授是位著名的心理学家。他1920年回国后,任教于南京高等师范学校、国立东南大学、燕京大学等校,主讲生理心理学、系统心理学、实验心理学大纲等课,首次在国内介绍巴甫洛夫学说。引进西方现代心理学的理论和方法。陆志韦教授讲课,酷似聊天,异常生动,妙趣横生,学生如沐春风,效果特佳。例如,他在燕京大学讲心理学,开头第一讲就对学生说,心理系房子不多,有两个实验室,一个在阁楼上,一个在地下室,可称"上穹碧落下黄泉,两处茫茫皆不见"。但心理系有自己的图书室,书虽不算多,但本本都是经过精选的。学生说,他们初进燕京大学,听过一些系的介绍,都没有陆志韦教授讲得这么有趣、讲得这么好,这样的介绍不仅坚定了学生探索心理奥秘的决心和意志,多年以后,还成为学生长留心中的一份最为美好的回忆。

关于科学训练和科学态度问题,他在课堂上讲得非常简要而生动。他打了一个比方,一般人弄掉一根针,往往随意找找,而科学家则要在地上画一百个格子,逐格寻找,直到找完为止。他不只是口才好,还更看重学生动手做实验,他要求心理系学生都会做实验。实验室里长期饲养着由哈佛燕京学社提供的几十只供实验用的小白鼠,这些小白鼠身价昂贵,吃的饲料里就有美国克宁奶粉,学生靠着对这些小白鼠生活习性的观察和研究,把心理学念活了。

科学实验加理论分析,这是近代科学的重要特征,陆志韦教授教书,善于从看似纷繁复杂的实验里一下子抓住核心。在讨论班上,有同学介绍了一个实验材料,用相当复杂的一套设备来试验白鼠在饥饿情况下趋向于食物和水的频率,陆志韦教授说,这个实验等于证实白鼠知道饿了找食、渴了找水,对于白鼠这样相当高级的动物,有什么必要呢?还有学生介绍了一个带有哲理的题目,他马上提出,实验结果与所要证实的问题,根本是两回事,这不是科学,而是科幻小说。

他对语言学的研究生讲课,往往是提出典型问题,开出长长的论著索引,让学生自己去探索解决问题之途径,学生提出问题,他也不是立即正面回答,而是不断向学生反问很多问题,在反问中引导学生逐步接近问题的正确答案,直至最终解决问题。

假如陆志韦教授的为师仅止于此,他已经是一位了不起的教授了。在他的学生回忆里,他还是一位对学生关怀备至的人师。北京师范大学中文系教授俞敏老先生(当年燕京大学陆志韦教授的研究生)晚年在给《陆志韦语言学著作集》所写的前言里讲了好几个陆先生当年关怀他的故事,称赞陆先生是"思天下有饥者犹己饥之"的"婆心式大人物"。

陆志韦教授学识渊博,锐意创新,注重实证。长期致力于实验心理学、系统心理学、教育心理学、社会心理学的研究及比奈测验等工作。1924年和

1936年根据中国儿童的特点曾两次修正比奈—西蒙智力测验,著述甚多。他曾翻译E.L 桑代克的《教育心理学简编》一书,著译《社会心理之新论》、《中国儿童的无限制联想》、《遗忘的条件》等。陆志韦教授是最早把西方心理学介绍到中国来的学者之一,也是中国心理学界的领军人物,世有南潘(菽)北陆(志韦)之说。他所从事的心理学的教学与研究以及著译和心理测验等工作都极具开创性,代表了中国心理学当时的最高学术水准,为中国心理学科的建设和发展作出重要贡献。

二

陆志韦教授也是一位著名的语言学家。他博学多才,勤于著述,在语言学领域,特别在音韵学方面,贡献尤多。陆志韦研究音韵学是从评判高本汉的古音学说开始的。起因是,上个世纪三十年代,瑞典高本汉教授的《中国音韵学研究》已传入中国。高氏用西方现代语言学的理论和方法,以清儒学说成就为起点,重新研究汉语中古音,给传统音韵学的研究带来新风,引起了国内能读法文原著的学术精英,如赵元任、胡适之等莫大兴趣,陆志韦也是其中一位。为使我国语言学研究走向科学化之路,赵元任等着手把高氏原著译成中文,陆志韦则致力于评判、修正和补充高本汉的中古音学说。

陆志韦教授研究中古音韵代表作有《中古汉语的浊声组》、《证广韵五十一声类》、《三四等与所谓"喻化"》、《试拟切韵声母之音值并论唐代长安语之声母》等长篇论文,现结集于《陆志韦语言学著作集》(一)(中华书局,1985年)。在这些论文中,他参考汉语方言及异国译音,采用现代数理语言学方法,根据统计学上的概率关系,对所搜集到的材料进行分析研究,对《广韵》声类进行详细的论述和证明。这种新颖的研究方法,极富开创性,在方法论上,对音韵学的科学发展具有重大价值,影响至大。它的优越性在于:一可超脱版本错误,二可超脱《说文》本身的错误以及汉魏经师注音的错误。作者申言:"其旨趣在充补系联法之不足,而予广韵声类以数理证明。其结论之新颖与否无足轻重,若于治学方法万有一得,亦不空此一举矣。"在这种理念的指导下,陆先生的研究取得了卓著的成效。他在充分肯定高本汉成就的同时,也指出他的错误和不足。比如,高本汉认为三四等字的区别在于声母是否"喻化",而陆志韦则认为高氏的理论只能说明三等字与一二等字的区别,与三四等字的主要区别实不相干,否定了高本汉"喻化"说。进而提出了浊音不送气、纯四等没有 i 介音等一系列创见。此外,他还采纳了王静如的意见,为中古喉牙唇音拟了不同的介音,从而创立了陆氏自己的体系。他在研究中古音的基础上,从《切韵》上溯,用概率统计的方法,研究《诗经》,进一步研究上古音系,写成了《古音说略》。这是一部陆志韦先生研究音韵的集大成代表之作,书中多有创见,深为学术界重视。后来又作《诗韵谱》一卷作为《古音说略》的附录。由于作者精通诗律,对于《诗经》韵脚的考订也有新的见解。

陆志韦教授另一项成就是在研究古代官话语音方面。从《切韵》往下,他研究了 13 世纪的《中原音韵》等古代官话材料,写成《释中原音韵》、《记邵雍皇极经世的"天声地音"》和《国语入声演变小注》等论文 9 篇。现结集于《陆志韦近代汉语音韵论集》(商务印书馆,1988 年)。作者娴熟地运用共时描写和历时比较的方法,先对《中原音韵》与《广韵》的声、韵、调进行拟音,再将两者进行历史比较,认定《中原音韵》所传的语音系统确实代表当时或是十四世纪稍前的北方官话,《中原音韵》不仅有入声,而且中原的入声可分阴阳两调。同时作者在研究邵雍的《皇极经世》后又发现,从邵雍的"天声图和地音图"所代表的音值中可以看到,许多中古浊音在邵雍的方言中已经变为清音,这可证明邵雍的方言在元音和辅音的变化上,若与早期等韵相比,更接近于现代官话。此外,作者分别对兰茂的《韵略易通》、徐孝的《重订司马温公等韵图经》、毕拱宸的《韵略汇通》、金尼阁的《西儒耳目资》、樊腾凤的《五方元音》以及《国语入声演变小注》等所记录的北方官话的语言系统进行分析和比较,全面地论述了中古入声的消失到现代语音的形成的历史演变过程。陆志韦对于近代官话语音史的研究,为汉语语音史研究提供了丰富而翔实的资料,具有很高的学术价值,为汉语史研究作出重大贡献。

陆志韦教授在研究现代汉语词汇、语法方面也有很大建树。早在上世纪三十年代,陆志韦曾从事思想心理学的研究,在实验小白鼠工作上头,着实下过工夫,可是得不到重要的结果,于是就另辟蹊径,研究语言。他试图通过仔细的分析汉语,了解中国人的思想方式跟他们的说话有没有形式上的联系。而汉语的基本资料是单音词,陆氏的研究也就从单音词开始。他熟练地运用美国描写语言学的调查方法,搜集了北京话单音词汇3400多个,同时,他还收集了六千多条例句。在此基础上,写了一篇学理性的报告《北京话单音节词汇》(修订本,科学出版社,1964年),在这份三万多字的研究报告中,作者首先给词下定义。他摒弃从意义甚至功能方面给词下定义的传统作法,主张从形式入手,找到一个易于操作的方法。斟酌再三,决定采用同形替代法。"所谓同形替代,至少得同类替代"。比如,"我吃饭"中的"我"可以用"你"、"他"替代;"吃"可以用"盛"、"煮"替代;"饭"可以用"面"、"花生"替代。能够互相替代的当然可以归为一类。这种分析到不能再分析了所得到的语言符号叫做"词"。"词"是同形替代法子的最后的产品。同时,作者还提出了同形替代法的附带原则跟特种困难。陆先生按照这种分析手续,首先确定哪些是词,然后把这些归类,最后写了一份其章法类同心理学实验报告那样的说明书,后附六千多条例句,书稿在1938年前就基本完成,1951年以《北京话单音词词汇》书名由人民出版社出版。全书定义清晰,分析缜密,立足汉语,展示个性。这是我国语法学史上第一部系统地研究汉语单音词的科学著作。真可谓前无古人,今尚无来者。

《汉语的构词法》(科学出版社,1957年)是《北京话单音词词汇》的续篇。研究的对象由单音词转向多音词。陆志韦教授和他所领导的课题组,从1951年冬季始,搜索到三四万条意义紧凑的、像"词"似的、北京口语能单说的例子。1954年起,从结构上加以分类,1956年秋写成报告(初稿),1957年1月19日,经中国科学院语言研究所学术委员会扩大会议讨论通过,后经修改,于1957年正式出版。

汉语构词法的分析对象是多音结构,在这结构中就存在词或词组两种可能,因此,还得给词下定义,设计一种能把词从语言结构中分离出来的方法。陆先生在研究 Jespersen 的"能否拆开"和 Bloomfield 的自由形式(free from)看法之后,创立了扩展法。所谓扩展法,简言之,就是在一个原型(AB)结构中能否插入别的成分(C),从本质上说,就是根据 A 和 B 结合的紧松程度来确定是不是词。不能扩展为 ACB 的,如"桌子"、"拒绝"是词,不是词组;能作有限扩展的:AC_1B,如"打倒",AB 原式是词(离合词),拓展了的,如"打得/倒""打/不倒"是词组;能作有限扩展的:AC_1B,如"吃得/饱",又能作无限扩展的:$AC_{1……n}B$,如"吃得/不很饱"都是词组。作者还强调在进行扩展法作业时，可以利用一切形态标记，如轻声（便当）、儿化（白面儿）等，都可以认定是词，在 AB 中有一个假定不能独立，如"阿混"等，也可以认定是词，就可以简化作业手续。当然，最后的武器依然是扩展。此外，根据汉语的特点，作者还提一个"最方便，也是最合理的办法是把凡是有意义的音节都当作语素。其中有能独立的，当它独立的时候，语素等于词。当它在语言片段里不能自由运用的时候，语素＋语素才是词"。也就是说，同一个语言成分，在独立时是词，在不独立时就不是词，可不能同时又是词又不是词。陆氏所创立的扩展法，在学术上，具有很高的科学性，使得我国的语法研究在方法论上大大提高一步；在实践上，具有很强的操作性，使我国的语法研究改变仅凭"意义"、"概念"、"语感""直觉"等进行分析的传统。陆先生的著作，特别是《北京话单音词词汇》和《汉语的构词法》，集中地体现了他一生为之追求的科学精神。陆志伟教授是位学贯中西、文理兼备、通今博古且具诗人气质的学者，他的学术背景、治学理念乃至他的行文风格都不易为一般人所体味，因此，以往对他的评论有的并不真切，妄评者亦有之。

三

陆志韦教授一生爱国进步，事例殊多，列举如下数端。

1931 年九一八事变，日寇占我东北，建立伪"满洲国"，全国抗日运动如火如荼，陆志韦教授利用燕京大学代理校长和学术上的名望，千方百计与国民党当局周旋，尽量使爱国学生不吃亏或少吃亏。

1936 年年底，鲁迅先生逝世后，在北平各大学很难找到能开大型追悼会之场所，燕京大学却得到陆校长的支持，在燕园举行了北平追悼鲁迅先生的第一次大会，冲破了当局阻止各校追悼鲁迅先生的禁令。中国革命的友人斯诺当时是燕京大学教员，应当说，只有当时燕园那种环境，才能给他一个良好的创作环境。邓颖超同志就是在斯诺的掩护下，暂居于燕京大学。

1937 年夏，蒋介石召集全国各大学校长赴庐山参加"集训"，陆先生却托故没有参加。

1937 年七七事变后，日寇大举侵华，不久，平、津陷敌，日军虽未占领燕大，然刁难摩擦，却无时不有，他们曾要求学校组织学生参加"庆祝"日本侵略军攻占中国城市的游行,燕大在陆先生的坚持下,拒绝参加。

1938年燕京大学学生冯树功骑自行车行经西直门外白石桥时,被一辆横冲直撞的日本军车轧死,消息传到燕大,群情激奋,纷纷要求日本军方严惩肇事凶手,燕大当即向占领军当局提出抗议,并在校内召开追悼会。追悼会由陆志韦先生主持,他迈着沉重的步伐,一步步走上主席台,笔直地站在台上,面色阴沉,头深深垂下,脸上肌肉抽动,礼堂内一片肃穆,足足有两分钟的静寂,难思的沉默,使与会者难以透气。突然,他以嘶哑之声讲道:"我……我讲不出话来!因为我这里(这时他以拳捶胸)好像有一大块石头,压得我喘不过气来!但是,我相信,不仅是我,在座的每个人都会感受到同样的压力!"这时台下鸦雀无声,人们似乎只能听到自己的心跳,大家都感觉到感情在交流。接着他又说:"死者有一颗善良的心,他追求真、善、美,但是他却被假、丑、恶给毁灭了!……他向往美好的境界,向往正义,友谊和幸福,但他得到的却是黑暗、不义和残忍……死者不可复生,但我们生者决不能忘记死者!永远、永远不能忘记!"人群中的饮泣声,突然爆发成一片大声的哭泣!

陆志韦教授离开我们已经四十载,其道德、文章、事功将永存于世,万古流芳。

注:本文曾参考《中国大百科全书》、《中国现代语言学家》等著作中有关陆志韦先生的条目及评论资料,谨向作者致谢。

(本文原载于《南雍骊珠:中央大学名师传略再续》,南京大学出版社,2010年,作者:卞觉非、徐家福)

换一个视角看陆志韦和他的汉语研究

前些日子,《中央大学名师传略》主编徐家福教授约我为校友陆志韦教授写一篇《传略》,我欣然从命。按我国传统,我应该尊陆先生为老师。那是在上个世纪50年代初,我和何乐士、舒宝璋三位被分到语言所,为了适应环境,寻求指导,我们分别拜访了所里的泰斗,向他们请教治学方法,请教如何读书,等等。曾记得,吕叔湘先生给我们开列必读书目,丁声树先生指点我们怎么读书、如何做卡片;而我们向陆先生请教同样问题时,他不作具体回答,只是说读书因人而异,方法各有不同,比如查字典,有人爱查部首,有人先查拼音,都可以,用熟了,有时随便翻翻,也能查到你想要的东西。先生给我们的印象是:海派一族,极富个性。后来又听说过他的许多故事:燕京大学校长,司徒雷登座上客,心理学大师,曾经亲迎毛泽东入京,全国政协委员,英文比中文好使,等等。尽管他当时的处境未必很好,但在我们的心目中他仍是一位声名赫奕的人物。时间一晃四十多年过去了,而今先生早已驾鹤西去。本人今天有幸重读先生的大作,倍感亲切,获益多多。所有这些均言表于《传略》之中,不赘。如今《传略》虽已交稿,但仍感言犹未尽。后承鲁国尧教授多次敦促,本人遵嘱把这些未尽之言书以成文。聊备一说,无意争鸣。

一 陆先生是位著名的心理学家,早有南潘(菽)北陆(志韦)之说,但他为什么舍弃小白鼠实验转而研究语言呢?其目的是为了研究心理学还是研究语言学?这是所有评论者都没有关注也没有回答的问题。据实而论,早在上个世纪30年代陆先生开始研究北京话单音词时其研究宗旨就很明确。他说,"原来我是研究思想心理学的",何谓思想?"心理学上的所谓'思想',所指的不是人类思想的内容、方法、观点立场等等的。我们只管动物的某种反应叫思想"。比如"环境里的事物,通过动物的神经系,叫他在行为上表现出来他已经把不连贯的事物连贯起来了,生活上解决了某个难题了。这是广义的所谓思想作用。人会思想,耗子、长蛇也会思想"。按照笔者的理解,陆先生是把动物(包括人)受到强加物(食物/语言)刺激(stimulus,S)后所引起的连贯反应(response,R)叫思想。研究下等哺乳兽的思想可以通过由哈佛燕京学社所提供的小白鼠来实验,但"在自然科学的研究上,我们会发现手续上的困难"。"我在这上头下过功夫,可是得不到重要的结果。又可惜这二十年来中国的局势不容许我们关起门来研究比较心理学",甚至连小白鼠这样的心理学基本实验条件也难以保证。"好在还有第二条路子也是可以走得通的……那第二条路子就是研究语言。语言是一般人所谓的思想的工具。"按照笔者的理解,语言作为强化物既可以主动地用以刺激(S)他人,也可以被动地对他人的刺激作出反应(S→R)。陆先生接着强调:"仔细地分析汉语,就是要设法了解这三千年来,中国人的思想方式跟他的说话有没有形式上的联系,现代话是怎么说的——然后再进一步研究怎样的说法会规定怎样的想法。""并且跟中国文化的改造有直接关系"。上述引文,言之凿凿,均系陆志韦先生的原话,至今未见先生有收回原话的文字,岂可不信乎?(本文引文均出自1950年所写的《北京话单音词词汇》序言中,下同。科学出版社,1964年)由此可见,陆先生之所以要舍弃小白鼠实验而转向研究语言,其目的是为了研究思想心理学。他本想从研究单音词开始,因为它是"汉语的基本资料",然后再扩大到复音词、词组乃至句子等。不料,其间恰逢赵元任先生等翻译瑞典高本汉教授的《中国音韵学研究》一书,陆先生的兴趣又转向修补高本汉的中古音韵体系,迷上了古代音韵研究,一发不可收拾,成果丰硕,直到1948年才告一段落。1949年方开始整理《北京话单音词词汇》,于1951年正式出版,此后复又研究现代汉语的复音词,其目的是为了研究现代中国人和古代中国人的思想方式跟他的说话有没有形式上的联系。是出于心理学的目的,而不是为研究语言而研究语言。所有这些不知为何竟被所有评论者忽视了,难道他们的评论能够做到准确而不致失真吗?因此,我提议应该换一个视角来审视陆志韦和他的汉语研究。陆先生首先是一位心理学家,其后才是一位语言学家,或者集二者于一身,兼而得之。

二 陆先生已是心理学泰斗,但他转向研究语言后又能很快成为著名的语言学家,这是为何?一般人虽经努力也未必能够成为其中之一,而陆先生却能够兼而得之,这又是为何?我想,究其原因不外乎两个:一是陆先生本人聪明睿智,好学敏思;二是他本人受到过良好的教育。陆志韦先生是浙江吴兴人,从小受到良好的旧式的传统教育和新式的学校教育,打下了坚实的国学和科学基础,1913年毕业于由美国教会办的东吴大学,1915年赴美国留学,就读于美国著名的芝加哥大学心理学系,该校的人类学、语言学和心理学在全美极具盛名,美国的描写语言学就是在这所学校发展和完善起来的,著名的人类学家和语言学家,如E.Sapir和L.Bloomfield等曾在该校任教。著名的语言学家李方桂和心理学界泰斗潘菽都毕业于该校。人类学、语言学和心理学虽属不同的学科,但其治学理念和研究方法则是相通的。比如,在哲学上都信奉行为主义,均以"刺激→反应"(S→R)公式作为行为的解释原则;在方法上都重视田野调查,讲究作业程序,严守操作主义(operationism),注重概率关系,讲求实验实证,均按科学主义的原则行事,等等。当然,在具体操作中,各科可以根据不同的研究对象和目的而加以变动。当时三系的许多课程是共同的,学生可以自由选课。主修心理学的学生,可以把人类学、语言学作为副修;反之亦然。陆先生就是在这样的名校培养出来的精英。我敢说,陆先生是我国最能真切了解美国描写语言学以及西方现代语言学的少数学者之一,因此,不论是研究心理学或是语言学,他都能运用自如,娴熟到位。比如,他在研究汉语词汇时,由于分析对象是现代语料而非历史文献,所以他就采用描写语言学的理论和方法,从调查和收集语料入手,重视分析程序,运用"同形替代法"和"扩展法",从理论上和方法上,较好地解决了词与非词的区分问题,写出了《北京话单音词词汇》和《汉语的构词法》两部著作,其章法犹如心理学实验的学理性的报告:前一部分是理论说明,后一部分是实证例句。全书立论高远,方法先进,立足汉语,极具原创性,集中体现了先生为之追求的科学精神。虽不可谓后无来者,但确乎是前无古人。

陆先生的另一项成就是中国古代音韵研究,包括上古音系研究,专著为《古音说略》(《燕京学报》,1947年);中古音系研究,现结集于《陆志韦语言学著作集》(一)(中华书局,1985年);古代官话研究,现结集于《陆志韦近代汉语音韵论集》(商务印书馆,1988年)等。由于其分析对象是历史文献而非现代语料,故而他采用共时描写与历史比较的方法,参考汉语方言及异国译音,运用现代数理统计的手段,根据统计学上的概率关系,对所收集到的语料进行分析研究并加以论述和证明,因而结论可信。这种新颖的研究方法极富开创性。在方法论上,可以补救传统的系联法的缺陷,对音韵学的科学发展影响至大,具有示范作用。其优越性在于:"一可超脱版本错误,二可超脱《说文》本身的错误以及汉魏经师注音的错误。"作者申言:"其旨趣在充补系联法之不足,而予广韵声类以数理的证明。其结论之新颖与否无足轻重,若于治学方法万一有得,亦不空此一举矣。"这充分体现了先生的科学精神,令人钦佩!

陆先生是一位著名的心理学家、语言学家和教育家,还是一位诗人,是一位学贯中西、文理兼备、博古通今且具诗人气质的学者,他的学术背景、治学理念、研究方法乃至他的处世行文风格都不一定为常人所体味。因此,以往有些评论者对他的评论,有的并不真切,妄评者亦有之,我以为。

三 最后,也许有人会问:既然陆先生研究语言的目的是为了研究思想心理学,那么他自己为什么没有把他语言研究成果从心理学的视角作出解读呢?我想也许可以从两方面加以解释:一是政治因素;二是心理学学科的命运。

先说国内政治因素。长期以来,我国屡遭战争的灾难,研究心理学的基本物质条件不备,因此心理学的研究步履维艰,加之,陆先生较长时间专致于古代音韵研究,也无暇顾及此事。建国初期,由于国内政治因素,也不适宜从事心理学研究。不断升高的政治气氛,使陆先生的自我检讨也不断升级。先是否定自己的工作,他说:"这多少年来忙在汉语语音史的研究,跟无聊的学校行政,对于语言心理学跟汉语的分析并无新的发现。以后在语言教育上希望能做一点脚踏实地的工作,来补救以往的荒疏。"进而自我批判,他说:"说明书里引证资产阶级语言学家的一些话,这证明作者在理论基础上怎样入了他们的圈套;虽然原书已经表示批判的态度……批评态度是远不够彻底的。""应当另作严格的批判。"这类批判言辞充斥了《北京话单音词词汇》的正文与注释之中。1955 年又在《中国语文》上发表《对于单音词的一种错误见解》的文章,批判"同形替代法"。作者想以此为自己筑起一堵防火墙。现在看来,实为政治情势所迫,并无学理依据。

再说心理学学科的命运。建国后我国心理学学科本身也是命运多舛，1952年院系调整时，高校的心理学系被撤销了，有的降为生物系的一个专业，有的附属于师范院校的教育系，只研究教育心理。思想心理学成了禁区。特别是1958年开展批判心理学资产阶级方向运动之后，批判者否认人类有共同的思维规律，存在的只是人类思维各别的阶级差异，于是心理学被看作是抹杀阶级斗争的伪科学。在这种情势下，思想心理学还能碰么？1978年改革开放后，心理学得到应有的重视，发展迅速，本可大显身手，可惜陆先生已于1970年11月24日离我们而去。他的研究语言的论著虽已结集出版，可是至今还没有把这些著作从心理学的视角加以解读，使其转化为心理学成果。这不合陆先生研究语言的初衷。这不能不说是缺憾。时贤中有志者倘若能够完成陆志韦先生的遗愿，如是则功德圆满矣！

今年是陆志韦教授逝世40周年，我们谨以此文寄托哀思，先生不朽！

(本文原载于《南大语言学》2012年第4编)

廖序东：著名的语言学家和语言教育家

德高望重的廖序东先生是我的前辈。我虽无缘忝列门墙受业，但对先生的尊敬犹如业师。在我还是学生的时候，先生已是闻名遐迩的学者。当时我的业师方光焘教授给我们上"汉语语法学史"，重点评价了黎锦熙《新著国语文法》及其图解法。我们第一次较为深入地接触图解法，感到很有趣，把它看成是分析句子的技巧。我和几位学友在纸上画来画去，当作习题来演算，结果还真的掌握了。只是觉得这个方法好是好，就是过于烦琐，而且抄写例句也费时费事。后来，有位进修教师告诉我们，张拱贵和廖序东先生设计了一套简化的分析方法，叫加线法。我们找来了他俩合写的《文章的语法分析》，果然如此，比原来的简捷多了。使我们感受到这两位先生都是很务实的人，一心为了语法教学。这是我第一次通过阅读先生的著作解读廖先生。第二次解读廖先生是"文革"之后，那时我已是执教多年的老师了。记得我在给研究生开设"汉语语法分析方法"等专题讲座时，再次研读了黎先生的《新著国语文法》和图解法以及经张、廖两位简化了的"加线法"，对先生的意图有了较为深刻的理解：全心弘扬师说，至诚服务教学。第三次接近廖先生是在江苏省语言学会共事期间。学会成立于1981年6月，徐复先生当选为会长，廖序东、张拱贵、鲍明炜等先生为副会长，我忝为秘书长。廖先生对学会的工作热心支持。我记得在徐州师大开年会时，尽管先生年事已高，但仍坐镇指挥，使年会开得十分圆满。又有一次，我去参加徐州市语言学会会议，席间安排我讲演，老先生竟亲自参加，甚至陪我游览云龙山，令我十分不安，折煞人也！江苏省语言学会，由于有了徐复、廖序东、鲍明炜等先生的掌舵，学会风气良好，工作也开展得有声有色，深受好评。学会的同仁，出于对这些德高望重前辈们的敬意，对他们的意见都很尊重，对他们交办的事情总是尽力完成。这就是人格的力量。

古人云:"观其文可以知其人。"我谓:"观其人亦可知其文。"廖先生的道德文章都令人景仰。他为人古朴,谦虚谨慎;他学识渊博,治学严谨;他扶掖后学,乐于助人。由于他的威望,徐州师大成了我国第一批被批准的汉语言文字学专业硕士点的授予单位。廖先生指导的10多位研究生,现在都成了各校的骨干,其中不少已经成了全国较有影响的语言学家。廖先生教过的大学生更是难以计数,真可谓桃李满天下。同样,也由于廖先生的威望,他所创建并苦心经营的徐州师大汉语言文字学专业享有盛名,被评为江苏省重点学科。廖先生和黄伯荣共同主编的全国通用教材《现代汉语》是全国最有影响的教材之一,用户居同类教材之首,尤其在师范院校,拥有大量的读者。通过师承相授,其影响面是别种教材无可比拟的。

廖序东教授是我国著名的语言学家和语言教育家。他1915年3月出生于湖北省鄂城。1936年武昌师范学校毕业,同年考入北平师范大学国文系,师从著名语言学家黎锦熙先生。1941年毕业。1941年8月—1946年底,先后在陕西汉中师范学校、四川江北国立女子师范学校、重庆市立女子中学、万县县立女子中学、湖北武昌第一和第二女子师范学校任国文教员,并讲授心理学和教育学概论等课程。1947年至1950年任苏州国立社会教育学院国语专修科讲师、副教授。1950年至1952年任无锡苏南文化教育学院语文系副教授,1952年至1955年任苏州江苏师范学院副教授,并任中文科主任,1955年至1957年任南京师范学院副教授、汉语教研室主任。1957年后任徐州师范学院副教授、教授、中文系副主任、主任、副院长等,并兼任中国语言学会理事、江苏省语言学会副会长等。主要从事教学语法研究和语法教学工作。以上简历表明,廖先生在年轻时就立志于语言教育事业,他中学读的是师范学校,大学上的是中国最负盛名的北平师范大学,毕业后又长期服务于不同层次的师范院校,教的是师范院校的学生,而这些学生毕业后又要到中学去从事语文教学,既要教会中学生语言文字知识,又要教会中学生对付全国统一语文考试,因此,廖先生很自然地要把主要精力放在语言教学方面,虽然他对语言学理论也有浓厚的兴趣。比如,他组织翻译叶斯柏森的《语法哲学》。他研究理论的目的也是为了解决语言教学中一些理论和实际问题。所以我认为,廖序东先生既是著名的语言学家,又是著名的语言教育家。廖先生的著作较多,主要致力于汉语语法研究,主要有:《文章的语法分析》(1955年,与张拱贵合作)、《语法基础知识》(1979年,与顾义生、张洪超合作)、《现代汉语》(上、下册,1979年、1980年与黄伯荣同为主编)。主要论文有:《复句的分析》(1958年)、《句子的结构分析法》(1981年)、《〈马克思墓前的讲话〉中一个长句的语法分析》(1982年)、《关于中学教学语法体系的修订》(1982年)、《〈马氏文通〉所采用的研究方法》(2000年)等。他还组织翻译并审订奥托·叶斯柏森的《语法哲学》(1988年)。

廖先生的论著主要围绕两个中心:一是语法研究,核心是教学语法研究,其主线是弘扬黎锦熙先生的语法学说,并在教学实践中善于吸收新的理论而加以发扬光大;二是研究语法分析方法,主要是推行黎锦熙先生的图解法以及经廖先生改进过的加线法。因此,我以为,推行教学语法是廖先生一生学术活动的基线,而讨论教学语法又不能不跟他所师承的黎锦熙先生的学术传统联系起来,否则就无法说清历史渊源。同时,研究教学语法,又不能不强调教学语法自身特性以及它与理论语法的区别,否则就会缠杂不清。现在,我们可以审视一下,我国现代语法学史上多次重大争论,比如20世纪30年代的文法革新论争,50年代的词类问题讨论、主宾语问题讨论,甚至80年代的析句方法问题的讨论,似乎都没有充分注意到理论语法与教学语法的区别,再加上讨论中的政治和哲学因素干扰,比如把"三品说"跟"拔白旗"挂起钩来,又把汉语词类问题讨论跟"进化论"联系起来,使得讨论有时变味了。而今,比如80年代的析句方法问题的讨论,由于未受政治干扰,所以讨论双方均可畅所欲言,收获颇多。然而,现在看来,未能清晰地区分教学语法与理论语法这一弊端似乎依然存在。换言之,中国学人,包括本人在内,在这一问题上似乎缺少自觉意识,因而讨论中就会形成各说一套,难以形成共识,致使教育界难以择从。潘文国在一次发言中大声疾呼,点出问题的症结所在:"国外的语法研究,自从上世纪末英国的斯威特以来,非常强调理论语法(或专家语法)与教学语法的区别。一直到今天仍是如此。而我国的语法研究从《马氏文通》开始就有两者混淆起来的趋势,后来的研究者只有黎锦熙注意到了两者的区别。建国以后,两者的相混更是变本加厉,几次语法大讨论,特别是八十年代初导致'试用提要'出台的那一次,实际上是语言理论研究对语言教学的冲击,在一定程度上搅乱了在基础教学第一线的教师思想。实践恐怕已经证明,从'暂拟体系'急急忙忙过渡到'试用提要',是弊大于利。"[7](p.29)当然,潘公的宏论是否公允,尚可讨论;可是,潘先生提出应该区分理论语法与教学语法的原则却是十分必要的。这是因为,理论语法与教学语法的学术背景不尽相同,发展历史也不太一样,追求目标和研究方法也各有特点,因此,我以为有必要作些简要的回顾和比较。

理论语法隶属于理论语言学(theoretical linguistics),理论语法也叫科学语法或专家语法。理论语言学是研究语言理论的科学,语法只是其中的一部分。其研究多出于哲学上的兴趣,有的则因哲学上追求而诱发研究语言。我国先秦诸子中曾对名实问题发表过许多议论。比如,孔子就论述过命名的重要:"名不正,则言不顺;言不顺,则事不成。"荀子也有《正名》篇,谓:"凡同类同情者,其天官之意物也同","然后随而命之;同则同之,异则异之;单足以喻则单,单不足以喻则兼;单与兼无所相避则共,虽共,不为害矣。知异实者之异名也,故使异实者莫不异名也,不可乱也。"公孙龙子认为物名之间并无必然联系:"物莫非指而指非指。"(《指物论》)老子则把名实问题提高到哲学的高度来认识:"道,可道,非常道;名,可名,非常名。无名,天地之始;有名,万物之母。"(《道德经》)使名实的讨论充满了哲学意味。但是这些论述都不够系统。后来,古人时风日渐崇尚实际,注重伦理教化,讲求经世之用,故而,此种争论风气未能延世,形成传统。因此,中国没有形成系统的理论语言学。而西方学人则提倡思辨哲学,追求理论目标。辩论之风延绵不断,形成风气。富有哲学传统的古希腊人,最早出于揭发思想的神秘,研究人们用"词"给"物"命名时最先是按性质(phúsei)命名,还是按规定(thése)命名呢?大名鼎鼎的柏拉图和苏格拉底都参加了辩论。按性质论者用类比法,强调语言中的类似性;按规定论者用反证法,证明语言中的特殊性。这些理论和方法对后世影响甚大,许多争论都由此而生发出来。后来,法国的笛卡儿及其学派,从良知和理性理解出发,认为研究语言是语法的任务,而语法则依赖于逻辑,语法范畴是逻辑范畴的表现;研究思想是逻辑的任务,而思想则是普遍的,不变的,因而语法也是普遍的,不变的。这就是"理性普遍语法"[1]。这又成了乔姆斯基普遍语法理论的哲学来源。当代语法研究强调的共性原则也源于此。到了十九世纪,由于欧洲推行殖民政策,发现了东印度洋新大陆,拉斯克、朴葆和克里木等人把印度语言跟欧洲语言进行历史比较研究,后来又相继进行各种语言的历史比较研究,认为印度语言与欧洲语言是亲属语言,具有谱系关系。并且把世界上的语言作了类型分类:孤立语、粘着语、屈折语,但是他们又根据达尔文进化论的观点,把孤立语看成是在语言发展中处于古代型地位,粘着语则处于过渡型地位,而屈折语则处于最高发展型地位[2]。显然这些看法是不科学的,因为语言本质上不是自然现象,而是特殊的社会现象。正当人们迷恋于历史比较的时候,在历史比较语言学的营垒中,出现了一位清醒的语言学家德·索绪尔,他惊呼,在以往的研究中,人们把太大的地盘让给了历史比较语言学,语言的真正的面貌反而被湮没了,他宣称:"语言学惟一的真正的对象是语言和为语言而研究语言。"这段革命式的宣言发表在索绪尔《普通语言学教程》(1916年)结尾部分。该书的问世把理论语言学推向了一个新的历史阶段,标志着结构主义语言学时代的开始。这一学派从欧洲的布拉格、哥本哈根接力地传到了美国。从 1921 年开始,由人类学家兼语言学 F.Boas 和 E.Sapir 以及李方桂等在调查北美鲜为人知的印地安人语言田野作业中形成了美国描写语言学派。该派最早是出于人类学的兴趣,试图保留即将消亡的土著人的语言与文化,把它们记录在案并制成音档,后来才转向研究语言本身,并且取得了辉煌的成就,对世界语言学的发展起到了巨大的推动作用,甚至影响到整个社会科学。在哲学上,该派信奉实用主义;在语言观上,他们认为,语言是一系列的刺激与反应(S→r…s→R)行为;从经验的立场出发,他们认为,语言是一个习惯系统,它是按照一定的层次组织起来的线性结构序列;在作业时,他们只分析能够观察到的语言形式——口语,不考虑语言以外的事实,如心理过程、社会和历史文化因素,甚至排斥语义;在作业方法上,他们采用直接成分分析法,把口语切分成音素、语素、词、短语和句子等单位并加以归类。其主要依据是分布,认为只要同属于一个分布类的单位都可以进行替换。布龙菲尔德的《语言论》(1933 年)是美国描写语言学集大成之作,他在方法论和分析手续方面为美国描写语言学作出了奠基性的贡献。此后,以哈里斯的《结构语言学方法》(1951 年)为标志,美国描写语言学达到成熟阶段。美国描写语言学的特征可以概括为:描写性。不过,这时他们中有人已不再满足于描写和成分分析,进一步提出转换分析和线性分析法。

哈里斯的学生乔姆斯基在研究中发现,分布和替换原则有很大的局限性。他已认识到描写分类发现程序的操作虽然能够较为有效地描写一种语言,但是并不能在更高的层次上解释这一语言,比如歧义现象等,于是他决定放弃并寻找新的路子,逐步建立起转换生成语法理论。他的《句法结构》(1957年)标志着世界语言学史上一场新的革命开始,开创了解释语言学的新纪元。他试图站在更高的层次上,从理论上解释语言是如何生成的,揭示语言的共性,并用数学模型使之形式化。此后的生成语义学、格语法、系统功能语法、关系语法、切夫语法、词汇功能语法等等,其间理论虽然有所不同,研究的重点也有所侧重,但是解释性的方向却是共同的。当代语言学总的特征可以概括为:解释性。其主要目的不是为了语法教学,至少不是为了基础语法教学。乔姆斯基就申言,他的理论不适用于教学,并且说,作为教学语法,传统语法是很好的[7](p.29)。但是,我们也不能因此认为理论语法和教学语法可以截然分开。事实上,当代教学语法也从结构主义语法中吸收了许多新的理念,比如句法单位的切分与归类、分布分析、直接成分分析法等。同时,理论语法对语言教学的影响也是明显的,比如,结构教学法的理论就是源于美国描写语言学。该理论要点有三:(1) 语言是说出来的话,而不是写出来的文字;(2) 语言是一套习惯;(3) 教的是语言,而不是教有关语言知识。其基本教学原则是:(1) 听说领先,读写跟上;(2) 反复实践,形成习惯;(3) 突出句型,注重替换,等。在第二次世界大战中用结构教学法仅在1944年就为美国培训了15000名急需的外语人才。外语教学界十分重视利用理论语言学研究最新的成果来改进自己的教学方法。后来,当人们认识到结构教学法的弊端之后,又根据新的理论,提出了情景教学法,功能教学法,结构—功能教学法或功能—结构教学法,结构—功能—文化教学法或文化—功能—结构教学法,还有认知法、暗示法等,不一而足[25]。显然,这些教学思想都是由理论语言学派生出来的。

理论语言学具有前瞻性、创造性和探索性的特质。它所研究的课题要有超前意识,其研究领域并不限于语法本身,而是着力于语言解释和语言应用,研究跟语言相关的哲学、逻辑、心理认知、历史、文化、社会、文学、艺术和语言规划、语言工程及语言障碍等问题。这些研究成果有的可以用于语言教学,有的则不行,它本身的价值,有的短时间看不出来,比如,德国语言哲学家洪堡特的一些理论,在他逝世160多年后才被人认识。因此理论语言学不能围绕教学语法实际转,应该把研究重点放在语言的解释性方面;另一方面,教学语法也不能根据层出不穷的各种新理论,每时每刻都在修改自己的教学体系,这样就会搞乱教学秩序,教师和学生都会感到无所适从。从这个意义上说,教学语法要跟理论语法保持距离,应该强调两者的疏远性,自甘滞后[7](pp.28-30)。这是由教学语法自身性质所决定的。由于教学对象的要求,教学语法的体系和具体教学内容都必须具有规定性、稳定性和功效性的特质。所谓规定性是指,在理论语法研究的基础上,选择一种较为通行的、公认的说法作为教学定论,这是教学法规,不容变动;所谓稳定性就是让教学体系和教学内容保持相对稳定,不能东变西变,以使学生有所遵循;所谓功效性是指教学的内容对学生平时有用,考试时可以对付各种应试。我们应该鼓励教师从理论语法中吸取新的知识,提高自己的研究能力;但在教学中,只能定于一尊,灵活不得,不能各行其是,任意改变。

教学语法隶属于教学语言学(Pedagogical linguistics),亦称教育语言学(Educational linguistics),其研究领域包括整个语言教学,语法只是其中的一个部分。语法教学的传统源于欧洲,而欧洲的传统又来自于古希腊。从公元前三世纪至公元前二世纪起,古罗马从古希腊引进了文学、艺术、哲学、宗教等。古希腊成了欧洲文化之源头。当时的时尚是先学希腊语,再学拉丁语。因此,许多希腊人,甚至包括战俘,都在罗马教希腊语,由于他们缺乏希腊语的语法知识,所以教学效果不佳。于是,狄奥尼修斯·特拉克斯(Dionysius Thrax)的《希腊语语法》就应运而生了,这是为教罗马年轻人学习希腊语而编写的第一部希腊语的语法著作。该书名为语法,但内容比较宽泛,包括:音乐论、叙述、词的重叠、语源研究、动词变化表、文学批评。古希腊人对语法这一宽泛的理解影响着后世。

罗马人在学习希腊语的同时,也学习希腊人讲授希腊语的方法并用来讲授拉丁语法,激发了研究拉丁语法的热情。不仅拉丁语专家瓦罗(Varro)写过《拉丁语研究》著作,就连罗马帝国大将凯撒(Caesar)也写过拉丁语法的书,现尚存残本《论类比法》。可见,研究拉丁语法已蔚成风气。

提起教学语法,不能不提到欧洲的文艺复兴时期。15世纪前后欧洲资本主义经济已经有所发展,于是激发出一股追根求源的人文主义思潮,认同希腊罗马文化是欧洲各国文化之根,掀起欧洲人学习拉丁语的热潮。如果不懂拉丁语,就不能跻身于缙绅之列,不能参加宗教活动,不能写作,不能公开演讲,因此学会拉丁语是许多欧洲人为了飞黄腾达而追求的目标。

那时把语法定义为"说话说得好,写作写得好的技巧","语法的惟一目的就是说得正确"。因此,少数语法学家竟不顾客观语言事实,主观地给拉丁语规定一大堆规则,最不能容忍的是,当时意大利和法国竟仿效拉丁语的格式编成词典和语法,并且强行让人遵守,使得大家在使用时都捏着一把汗。至此,规定性的语法在历史上落下了骂名,遭到了人们的责难[1][2]。

此后,欧洲在实现工业化的进程中,各国的立足点复又回到本土,重视本国经济、文化和语言。不过,这时有些欧洲国家的语言,比如名词和动词的形态变化已经日渐简化或消失,各国的教学语法,比如英语语法虽然还是规定性的,但却是接近真实的;虽然也吸收了理论语法的一些理念,但是其语法体系基本上还是维持传统语法的框架。正如潘文国所说:"英国的学校语法(即所谓'传统语法')从十八世纪中叶开始确立到现在已有了两百多年,在教学上至今还看不出有什么要更改的趋势,其'滞后性'可谓强矣。"美国是本世纪来语言理论变革最风起云涌的国家,但它在教学语法的使用上却是惊人的滞后,影响遍布全世界的托福考试,其使用的语法体系还是最"传统"的传统语法。"英语的语法大家,从发动语法革新的斯威特,到叶斯柏森、克鲁辛加、寇姆、夸克,没有人怀疑他们的语法大家的地位和贡献,但他们的体系就是取代不了传统语法。从上个世纪末以后,语言学界对传统语法的攻击可说不遗余力,但传统语法就是攻而不倒,这充分说明语言研究和语言教学可以保持距离的理论意义和实践意义"。[7](pp.29-30)

中国的情况不同于欧洲。中国虽有两千多年的语文教学的历史,但并无语法教学的传统。中国古人通过熟读古文经典掌握语法格式,通过背诵唐诗宋词通晓音韵规则,通过"离经辨志"学会点断文句,审辨经义内容,这一传统自秦而下直到清末才略有改观。马建忠的《马氏文通》(1898年)的问世标志着中国的语法学摆脱小学并从经学的附庸中独立出来,从此,汉语语法方成为一门独立的学科。《马氏文通》是我国第一部古代汉语的语法著作,它在我国语言学史上是一部开创性的奠基之作,对我国的语法学的发展起到推动作用。

马建忠(1845—1900年),字眉叔,又名斯才,单名乾,江苏丹徒人。1853年(9岁)入由法国办的天主教教会学校上海徐汇公学学习,精通法、英、拉丁、希腊、罗马甚至埃及语等多种外语,长期担任清驻英、法大使馆翻译,同时在法国学习洋务、外交、法律,兼习矿学等,1880年3月回国,获二品衔候补道,成为李鸿章幕僚,参与许多重大外交谈判和条约签订事务,并在上海兴办实业,后因意见不合,遭到李鸿章的斥责。马建忠在长期学习外语和从事外交活动中深切地感受到国家的利益是通过语言的较量得以维护。因此,他认为国人必须学好母语和外语,为此,必须学习语法。于是,他从1895年起用了十年时间写作《马氏文通》。梁启超说:"眉叔是深通欧文的人。这部书是把王(念孙)俞(樾)之学融会贯通之后,仿欧人的文法书,把词语详细分类组织而成的。……他住在上海的昌寿里,和我比邻而居,每成一条,我便先睹为快,有时还承他虚心商榷。"[9](p.80) 马氏的语言观是:"葛郎玛者,音原希腊,训曰字式,犹云学文之程式也。各国皆有本国之葛郎玛,大旨相似,所异者音韵与字形耳。"[8](p.15)。在普遍语法的理念下,他用对比的方法,"因西文已有之规矩,于经籍中求其所同所不同者,曲证繁引以确知华文义例之所在,而后童蒙入塾能循是而学文焉,其成就之速必无逊于西人"。[8](p.13)《马氏文通》模仿拉丁语法的倾向是很明显的,但是在一个学科创建之初并结合本国语言的实际而加以发展,这本身就包含着创造。马氏著《文通》的目的是使"童蒙入塾能循是而学文",因而当属教学语法。然而,正如孙中山所论:"马氏自称积十余年勤求探讨之功而后成此书,然审其为用,不过证明中国古人之文章,无不暗合文法,而文法之学,为中国学者速成图进步不可少者而已,虽足为通文者之参考印证,而不能为学者之津也。"[9](p.92) 马氏虽不满意于经生之迂腐,但也依旧未能洗脱清儒复古主义之文风,选择了艰深的古文,从古典范文中寻求印证,摒弃了通语的白话,书中难见口语用例一则。刘复说:"他可以引导已经通得文义的人去看古书,但他却不能教会一个不通文义的写一张字条。"[9](p.95) 胡适谓:"其书虽行世,而读之者鲜。此千古绝作,遂无嗣音,其事滋可哀叹。"[9](p.30) 以《马氏文通》为语法教材的,仅1936年6月苏州章太炎氏国学讲习会预备班一家,由徐复先生讲解。[9](p.101) 此后国内大学也有把《马氏文通》作为选修课的,但那都是语法研究,而不是作为教学语法的教材来使用的。陈望道认为:"《马氏文通》的历史价值是没有人不承认的,马建忠先生'积十余年之勤求探讨,以成此编'的持久努力精神,也向来没一个人不极其敬重。'无如马氏所处时代,正承袭着清代经生考古的余风;他书中虽常有不满于经生的话(他说得对不对另是一个问题),他自己却不免是个穿西装的经生'(刘复语,见《中国文法通论》四版附言)。他所采取的'对象'、'方法'都和当时企图普及教育、力求语文通俗化的人们不同,而他的采取这样对象这样方法所建成的著作是否能够达到他所希求的目的,也使人不能没有怀疑。"[12](p.13) 总之,从教学语法的角度,《马氏文通》并未实现其普及语法的目的,马氏的努力未能成功。当然,这并不影响《马氏文通》的历史价值。

在中国真正执着地推行教学语法的是黎锦熙先生。黎锦熙(1890—1978年),字邵西,湖南湘潭人。他与毕生从事清政府幕僚的马建忠经历不同。他在青年时就参加了作为反封建内容之一的"提倡白话文,反对文言文"运动。其时,有些已经掌握文言文写作的儒生们,只相信文言文有"法"可循,其如《马氏文通》;他们根本不相信白话文有"法"可言。为此,黎先生在1914年前后,就编有《国文文法系统表》、《虚字分类表》、《虚字用法变迁表》,1920年在北京开办第一届国语讲习所,讲授《国语文法系统草案》,此后分别在北京师范大学、女高师、北京大学、燕京大学、北京师范、国语讲习所、小学教师讲习所、戏剧专校以及各地的暑期学校,甚至在中学讲授国语文法,经过不断补充修改,于1924年才正式出版我国第一部白话文语法《新著国语文法》,开创了我国用白话文撰写的汉语语法的新纪元。此后,黎先生在教学实践中,不断修正一些观点、体例和例句,到1955年已修订了四次,1959年已再版了二十四次,可见影响之大。1959年又与刘世儒合著《汉语语法教材》(共三编:第一编《基本规律》;第二编《词类和构词法》;第三编《复式句和篇章结构》)试图代替《新著国语文法》。在中国教育史上,为了满足学生需要,如此执着地修改并完善语法教材的惟黎锦熙先生一人耳!同样,一本语法教材,不算海外译本,仅在中国国内,就一印再印,一共再版了25版,也只有黎锦熙先生的《新著国语文法》耳!黎先生的教学语法通过全国师范最高学府的北京师范大学这一教学基地,传至各地师范院校,再传到中学。可以毫不夸张地说,现今凡是受过教育的中国人,直接或间接地都受到过黎氏教学语法的影响,都是他的学生。在推行黎先生的教学语法方面,作为黎锦熙的早期真传弟子廖序东先生是极有贡献的。廖先生的一生都以弘扬恩师黎锦熙先生的学说思想为己任,并且把先生的思想根据新的情况而加以发扬光大。通过师承相授,代代相传,黎锦熙的教学语法,作为一种科学的语法知识,在中国得到了空前的普及,为提高中国人的语文素质作出了重大贡献。伟哉,黎锦熙先生!

更值得称道是,《新著国语文法》是我国白话文语法的奠基之作,在学术上也代表了当时最高水平,创新自不待言;即使在现在也是一本极重要的语法著作,各种语法学派都可以从中获得有益的启示。

人们评价任何一个教学语法的标准只能有一个,就是这个语法是否符合该语言的实际。欧洲的教学语法是建立在欧洲语言特质基础上的。欧洲的语言的特质是词形富有形态变化。拉丁语是典型形态语言,词附丽于形态变化,因此,拉丁语语法是以词法为中心的。根据拉丁语语法写就的《马氏文通》也体现了以词法为中心的传统。该书有10章,马氏用9章篇幅讨论词法,而且还把一些复句问题也放在介字和连字中讨论,只用第10章专论句读。这是模仿拉丁语语法的做法。

而现代英语已与拉丁语不同,它是欧洲语言中变化最快的语言。"古英语时代(1150年为止)是词尾屈折的全盛时期,继之而来的中期英语(1150—1500年)时代则是一个词尾屈折同化或磨平的时期。"[6](p.62)及至现代英语(1500年始)几乎全无词尾变化的情况。[6](p.150)"当一个词的本身不再带着它在句子里的作用或功能的标志时,惟一可以避免混乱的办法就只有依靠一种固定的词序:就是用各种词在句中的位置来表明它们的作用。从中期英语起,在英语里就有一种倾向,认为凡在动词之前的名词就是主语,而在动词之后的名词就是宾语。例如'是我'这句话,古英语里说 hit eom ic(直译为'它是我'=现代英语 it am I)。在这句话里,动词前面的 hit 是表语。到了中期英语里就把它当作主语了,于是就使这个第三人称后面的动词去和它配合,这句话就成了 it is I(而现代英语沿用这个办法终于成了 it is me)。'我看,我认为'的意思用 me thinks, me seems 来表达,⋯⋯但终于被 I think 所代替。"[6](p.69)

鉴于现代英语中几乎全无词尾变化的情况,英语语法研究者早已改变了以词法为中心的传统,确立了以句法为中心的研究方法。就词形变化的角度立论,在欧洲诸语言中,我以为汉语与英语较为相似,但在类型上仍不相同。"五四以后出现的语法书,从《新著国语文法》起,就以句法为主干。重点的转移不是偶然,是受了国外语法著作的影响。"[13](p.528) 黎先生在编写《新著国语文法》时曾参考了一些英语语法书,比如 A. Reed 和 B. Kellog 编著的 *Higher Lesson in English*,确立了句本位的思想。"这显然不是生硬地模仿,而恰恰表现了黎先生对汉语本质特点的深刻认识"[10](p.5)。黎先生认定汉语本质特点是非形态语言,词进入句中后全无词形变化,因此,词的性质全赖该词在句中的位置来决定。在动词前的名词是主语,在动词后的名词是宾语,这就是有名的"依句辨品,离句无品"。

黎先生进而还认为词与句子成分之间存在着全面的对当关系。其具体的公式是:(1) 用做主语、宾语和某些类型的补足语的是名词;(2) 用做述语的是动词;(3) 用做名词的附加语的是形容词;(4) 用做动词和形容词的附加语的是副词。[13](p.237) 如果遇有"创作难,翻译也不容易"这样的句子,其中"创作"、"翻译"本是动词,但在该句中作主语;"难"、"容易"本是形容词,但在该句中作谓语。这种情况应该看成是词的"通假":"创作"、"翻译"本为动词,现转为名词,作主语;"难"、"容易"本为形容词,现转为动词,作谓语。其实这类现象在英语也常见,人家就明白承认:动词不定式可以作主语,如 To work is a pleasure;动名词也可以作主语,如 Swimming will do you good。他们不把这些看成"通假"。还有,黎先生由于强调词与句子成分之间的对应性,在理论上不承认大于词的单位可以作句子成分,因此在图解作业时,遇有偏正结构,总要把它分成附加语与名词,只承认名词是主语、宾语和某些类型的附加语;可是当遇有联合词组和主谓词组作主语时,由于无法加以再分,因此,不得不承认某些类型的词组也可以充当句子成分。所有这些,在《新著》问世后的 80 年的时间里,在历次汉语语法问题大讨论中,都成了争论的焦点。黎先生似乎一直处于守势,虚心地一改再改,但他无意触及根本。正如吕叔湘所说:"词类和句子成分是两个不同的范畴,本来没有矛盾,所以会有矛盾是因为咱们'作茧自缚',在它们中间设定全面的、不可动摇的对当关系。一当设定这种关系,就不得不用通假说来调和,可是无论怎样努力调和,怎样苦心应付,还是免不了左支右绌,不能自圆其说。"[13](p.266) 吕先生的评论很是中肯,体现了理论语法的新理念;而黎先生出于教学语法的考量,为了维护中心词分析法的基本原则,扼守这一关口,似乎也可以从规定性原则中去寻求解释。

黎锦熙先生在引进句本位理论的同时,还引进并特创了图解法(diagram)。图解法传入我国大概在 1920 年前后,那时正是黎先生讲授和写作《新著》的年代。黎先生所参考的 A. Reed 和 B. kellog 编著的 *Higher Lesson in English* 以及他在语法和作文书里都采用了图解法,流行于美国中学课本和中国的英语书中。而 A. Reed 的图解法则来源于 Stephen W. Clark 的《实用语法》(1847)。Clark 是在每个词的周围画个圈,然后把它们连起来。而 Reed 在他们的英语语法和作文书(1877 年)里则改为在每个词的下面画横线,在不同的句子成分之间画竖线或斜线。其它人采用这种图解法时往往也有些小修小改,不断完善。[13](pp.535、564-565) 黎先生在引进图解法时也"依着国语底特性加以变更","特别是就图解辨别词品的方法,都是本书所特创的,因为国语本有'凡词,依靠结构,显示词类'的特质。"[10](p.32)

黎先生详细规定图解单句时的程序和手续,并要注意下面各项:

(1) 先画一根主要的横线,上面加一双主要的垂直线(位置稍偏左,贯在横线中)。

(2) 先看清全局的主要成分,那个词是主语,那个词是述语,认别清楚了,即刻把这两部分填好。

(3) 再看述语是那一种动词,决定他后面有连带的成分没有。

(4) 连带成分左边之图解线,在横线上:宾语作垂直线,补足语作右斜线(左斜亦可)。

(5) 末了将句中所有附加的成分分别填上。

　　A:先填主语所有的形容附加语;

　　B:再看宾语(或补足语)有没有形容附加语;

　　C:再填述语所有的副词附加语。

(6) 附加的成分之图解线:在横线下:凡属形容性附加语都向左斜——领位即向左折;凡属副词性附加语都向右斜——副位即向右折。

(7) 主要和连带的成分,词类的多少是有限的;惟有附加的成分却无定限,往往附加语之上又添附加语,如此可以添到几层(参看 23、24 两节所图解的例)。

（8）就这图解式,可以认别一个句子里边的各个语词是属于何种词类;即:无论那一根横线上,都是些实体词或动词(但只有一定的"主要动词",即述说词,在主要的横线上);向左斜的线上都是形容词,向右斜的线上都是副词;横线下的直线（可微向左右斜）旁边的便是介词。——连词就是介词的引申用法,只须改用虚线来表示;助词跟随在语后,叹词独立于句外,都和图解没有大关系……于是九种词类,都可从图解语句的结果,自然分别得清清楚楚;要检查一个句子里某种词类有多少,也就一望而知[10](p.32)。

黎先生认为:"图解是汉语语法特别需要的,因为汉语是各词孤立的分析语,主要是依靠词的位次来表达意思,这语序一经图解,就把组织规律明白清楚地摆在眼前,特别是理论文中的长句子,不用图解法就不容易说得明白清楚。图解法应当是我们对于自己正在发展中的民族语文自己创造的一种研究和教学上的武器。"[10](p.23)

黎锦熙把图解与知识看得一样重要,图解犹如演算数学习题。"图解法底用处,在于使学者直接地敏活地一眼看清复句中各分句底功用、分句中各短语底功用、短语中各词类底功用。画图析句,或主或从,关系明确;何位何职,功用了然。"[10](p.3)为了帮助师生练习图解,先生还编了详细索引,为困难问题提供各种图解答案。真可谓敬业、精业矣!

黎先生特创的图解法是我国第一个用于分析汉语语法的科学方法,它能形象而直观地展现句本位的理论学说论。通过"二十来篇短篇白话文"、"十来篇文言文"的图解,汉语语法规律就可以一目了然。图解法确实为普及一种科学的语法知识作出了很大的贡献。

但它由于这种方法比较复杂,特别是严式的,学习和操作都不很容易。还有图解不能在原来文本上作业,必须用纸抄写,这就显得费事费时。因此,为了适应不同学习对象,黎先生和他的真传门人张拱贵、廖序东二位先生都在试着寻求更为简便可行的其它分析方法。

1950 年黎先生在《中国语法与词类》中提出了"钞(抄)书加线法"和"读书标记法"。这是专为一般人读书看报和干部们提高语言修养而设计的。

钞书加线法实为图解法的简化形式，操作起来不必另纸抄写，在书上就可以图解分析。钞书加线法要领如下：[11]

（1）句子加线（直行则句左加线）：随写随加。

（2）字分大小：凡主语中的主名和述语中的主要动词必大写（在子句中的也大概如此）。

（3）每句顺词序写，但不必在一行之内：遇子句，换行加线；遇变式句，换行折线。

（4）只剖句，不析句，词儿但分写。（不是主语述语的词儿，如认为重要，也不妨大写）

（5）句间连词，照标虚线。

（6）写完一段，句左提纲。

钞书加线法的歌诀有：

钞书加线，横直随便。

"子句"换行，"变式"折线；

"主眼"大写；就算图解。

"公式"须知，但莫"析词"。

逐段提纲，系统标题；

辨体、修辞，神而明之。

钞书加线法要比图解法更为简捷。可能是为了要配合学习毛泽东的著作，他用钞书加线法分析了《新民主主义论》、《实践论》和《矛盾论》。但是这一方法并未在社会上广泛流行，影响不大。

读书标记法。这是黎先生在《中国语法与词类》一书中，专为一般阅读书报而设计的一套方法。黎先生认为，图解法虽是最科学、最实用的方法，但要掌握这套方法并不容易，而正确使用更不简单，所以根据图解法的原理，又提出了读书标记法，实际上也是图解法的简化形式。

读书标记法是由一套符号组成的，其歌诀是[11]：

"主语"什么，"述语"怎样；

"主"双"述"单，短线加上。

"述"有主眼，向称"动词"：

排、推、承、转、非止一辞；

"动"所"连带",并表细丝。

"省"处补空,子句括之。

所用符号有:

▆▆ 代表主语。

▬▬ (粗)代表述语。平排、推进、承接、转折的述语都以主要动词论。

—— (细)代表主要动词所连带的成分。

∨ 代表主要成分的省略。

～～ 表连接的词。

( )代表包含的子句或很长的短语。

〔 〕代表括弧里仍须分主语述语。

黎先生曾用这种方法对毛泽东的《新民主主义论》等著作也作过分析,但是这种方法并未因此而得到广泛推广,影响也不大。但是,读书标记法对于后来通行于全国的加线法的发明和产生有着直接的影响,促成了加线法的产生。[22]

加线法。这是廖序东和张拱贵先生在《文章的语法分析》(1955年)一书中所提出来的方法。

作者申言:"加线法"也叫"读书标记法","是黎锦熙先生创拟的。详细内容,可看黎著《中国语法与词类》一书。……这里所用的'加线法'是经著者(指张、廖——引者注)略加更改的,和黎先生所说的(指读书标记法——引者)大同小异。"[14](p.25)因此,可以认为,加线法是图解法的简捷形式。毕生以弘扬黎先生语法学说为己任的廖、张两位先生,在长期语法教学中,也把句子的语法图解教学跟掌握句子的语法知识放在同等重要的地位。他们在实践中感到,图解法虽然很好,但是,"详细的图解太费时间,而且不容易掌握。因此,我们还得创造各种有利于教学的方法。这里介绍一种简便的'加线法',只消应用几种线条和符号,就同样可以把一个句子的结构表示得很清楚。这种加线法虽然不及图解的细微,可是简便易行,人人都可以掌握,而且可以直接就读物加线,不必另写原文,横行直行,都可以应用"[14](p.25)。

加线法的"歌诀"如下:

认清主谓,搭配动宾;

主谓动宾,各有中心(中心词),
主双谓单,加上横线;
动带宾表,曲线画好,
前附后补,另加括弧。

加线法的常用符号是:

═ 表示主语;

━ 表示谓语;

〜〜 表示宾语

( )〔 〕〈 〉表示定语、状语或补语。

加线法的补充符号有:

〜〜 表示兼语:曲线表示宾语;横线表示兼作主语,这里省了一道横线。比如:

指挥员带领我们(向前)冲。

[ ]表示句子形式或动宾短语作主语:表示主语或宾语的线,就分别加在方括号下面。比如:

〔时间长〕不要紧。

我心里真像〔开了花〕

|表示复合句中分句和分句之间的层次,根据层次的多少用一道、两道或三道线表示它们的关系。各分句并按次序编排数码,连接分句和分句关系的关联词语,另加圈点为记。比如:

① 毛泽东同志不是湘乡人,|② 也不参加这样的争闹,|| ③ 所以那些同学不拿他当自己人,|④ 跟人合不来。[14](pp.26—27)

该书第二部分,具体地逐词逐句地分析了《代国歌》、《东方红》、《世界和平理事会宣言》等14篇文章,其间不允许回避疑难杂病,而是要一个一个地加以解决。该书为文章的语法分析提供了一个成功的范例。加线法的作者申言:"具体进行语法的分析必须有一个完整体系",但是我们"着重在分析课文,目的不在于建立一种体系"。统观作者对14篇的文章的语法分析,可以看出该书的语法体系跟黎氏《新著》是一脉相承的,当属于句子成分分析法。加线法较之于黎氏的图解法等更为简明、便捷、易学、好用。它可以在原读物上作业,横直皆宜,无需另抄原文,方便易行。在效果上,同样能够形象而直观地表现句本位的理论,也能标示句子的成分和基本格局或者句型。加线法也大致满足了理想的图解法该具备的三个条件:"一是形象化;二是能保存原有的语序;三是有伸缩性,可繁可简。"[17](p.535)因此,1956年在全国普通学校汉语教学中一致推行的"暂拟汉语教学语法系统",在析句时基本上也接受了加线法。经教学行政系统的推行,各地师范院校以及中学的传播,特别是应试的效应,加线法及其赖以产生的句本位理论,几乎成了中国学人的常识,这无论是对普及一种语法知识,或是提高全民语言修养,无疑都起到了积极作用。也因为如此,1984年1月制订的《中学教学语法系统提要(试用)》中也接受了加线法。同样,被全国师范院校乐于采用的由黄伯荣、廖序东主编的《现代汉语》(1983)也采用了加线法,但是又增加了"从大到小,基本二分"的步骤,或许可以称之为"综合析句法"。黄伯荣归结为十六个字:"从大到小,基本二分;寻枝求干,最后多分。"他主张同时采用框式图解和加线标记两种图解方法。[20]之所以如此,似乎加线法不足以应付二分,而框式图解法只能专事二分。实情不是这样:加线法和框式图解法或树形图解法既可用于二分,也可用于多分;既可以把加线法转换成框式图解法,也可以把框式图解或树形图解改写为符号标记(加线法)。这不是问题的关键。我觉得,伯荣先生要做的是理论上的思考,比方说,可否放弃词与句子成分之间存有对当关系的看法,是否承认大于词的单位也可以充当句子成分,我以为在现代汉语句法层级上,最有资格充当句子成分的首先是短语(词组),其次才是词,词若充当句子成分是升层,小句充当句子成分则是降层,等等。[21]这样也许就能解决析句中的基本理论问题,至于析句方法,仍可采用加线法,必要时,符号可作一些调整。事实上,廖先生早先就有了考虑,比如在《文言语法分析》(1981)一书中就在《文章的语法分析》基础上又增添了几个符号:

⌊ ⌝用整个结构作句子成分的标记,作某种成分,再另加某种成分的标记,如⌊══⌝(主语),⌊∽∽⌝(宾语)。

∨省略成分的标记。所省略的是某种成分。再另加某种成分的标记,如∨(省略了主语),∨(省略了宾语)。

△独立语的标志(这是1981年新加的[17])。

·连词的标记。
∧介词的标记。

应当说,加线法所用的析句符号是迄今为止我所见到的最完备的了。廖先生进而补充:"用加线法,倘再在主语谓语之间用‖隔开,在谓语动词与宾语之间用∣隔开,则句子结构的层次也适当地表示了出来。"[17]他用加线法成功地分析了 14 篇白话文,22 篇文言文。这是继承了自《马氏文通》以来的传统。马建忠在《马氏文通》卷十论句读一章中,就用若干段古文作讲解语法的材料,最后还以《史记·货殖列传》、《汉书·司马相如传》、《汉书·刘向传》和韩愈《送高闲上人序》等分析全文句读的区别。黎锦熙在《新著国语文法》中也就白话文《低能儿》前两段和文言文班固《请还朝疏》分段作了图解。廖先生继承了马氏、黎氏的作法,用加线法对 36 篇文章作了逐词逐句的语法分析,"遇到难句,著者也都作了一种假定的分析",从而有助于读者深入理解文章的选词、组句、布局、谋篇的特点,以巩固所学的语法知识,提高学习语法的兴趣,提高白话文和文言文的修养和写作水平,这才是加线法的完整理念,学会析句只是目的之一,而不是全部。

廖先生对我国教学语法最大贡献当然不止析句方法方面,他在完善教学语法体系方面也作出了杰出的贡献。他曾主编过多部语法教材,比如,江苏四所师院协作教材《现代汉语》(1973 年)、《语法基础知识》(1979),与黄伯荣合编的《现代汉语》(1979)等,另外,他还撰写了一些重要论文,比如《论句子结构的分析》(1981)、《关于中学教学语法系统的修订》(1983)等。这些教材和论文,一方面吸收了国内外语法研究一些成果,把它们吸收到教材中去,使教材内容不落老套,具有时代感;另一方面,也根据自己长期的教学经验,在教材安排方面,更符合心理认知原则,以方便教学。比如:他在《语法基础知识》等书中,根据句子的基本成分的运用情况,把单句分成五种句型:Ⅰ主谓型;Ⅱ主谓宾型;Ⅲ双宾型;Ⅳ连谓型;Ⅴ兼语型。然后又根据基本成分前后带定语、状语、补语以及复指成分和独立成分等情况,再讨论上述基本句型的扩展和变化,充分体现了先易后难、由简到繁的教学原则。另外,在术语上也有较多的改变,比如:把黎先生称为补足语的好些都算作宾语,把附加语分别叫作定语、状语等等。总之,廖先生在弘扬黎锦熙学说思想的同时,又注意吸收结构主义以及其它语言学派的研究成果,使黎氏学说能够适应时代的发展,满足了教学的需要,并且把黎氏学说切实地向前推进了一步;同样,廖先生在教学实践中,不断完善析句理论和析句方法,增加加线法的符号,也是为了形象而直观推行黎氏语法学说,普及语法知识,提高语文修养,提升全民族的汉语使用能力。不过,也应该看到,廖先生虽然对黎氏学说有许多修正和发展,但是在基本方面仍是不渝地维护师说:"一般地说,以名词为中心的偏正词组不充当主语和宾语,以动词、形容词为中心的偏正词组和补充词组不当谓语。因为如果承认这些词组能够作句子的基本成分,那就同层次分析法一样了,不是什么基本成分分析了。"[17]。廖先生所坚持的上述两点,在1981年析句问题的讨论中,曾是争论的焦点,许多人提出不同的看法。正如前文所说,如果非要坚持基本成分分析法的理念,恐怕只能这样硬性规定了。教学语法本来就是规定性的。

在析句方法上,廖先生也相应地采用基本成分分析法,这有别于一般所说的句子成分分析法。其方法是:"拨开枝叶见主干",这又跟一般说的"先抓主干,后找枝叶"不同。为什么要先抓附加成分?因为附加成分好抓,它们是有标志的。这标志就是虚词。结构助词"的、地、得、所"就分别是定语、状语、补语的标志。介词结构经常作状语、补语,或带"的"字作定语。介词就是这些附加成分的标志。词序也是一个标志。除开附加成分,就是基本成分,基本成分好比树的主干,附加成分好比树的枝叶,"拨开枝叶见主干"——就是这种析句法的具体步骤。句子分析的结果如用语言叙述出来,那太繁,最好用图形或线条符号表示出来。图解法能把抽象的语法现象形象化、直观化,是语法教学和研究的科学的工具。黎锦熙先生是运用图解法的代表。最为简便的表示法莫过于由黎锦熙提出并经廖先生不断完善的加线法。加线法有几个优点:(一)一个成分用一种线条或符号表示,易于辨认。(二)线条或符号可随文添加,不需要另外抄原文,省时、省地方。(三)可运用于全篇文章的句子分析。(四)运用时可繁可简。繁则把所有作句子成分的词组内部结构全标志出来,简则只标志基本成分。[17]《论句子结构分析法》是一篇系统表述廖序东先生教学语法体系的重要论文,研究此文有助于解读廖先生的其它论著,也有助于了解廖先生的语言观和方法论。

廖先生对推广普通话也很关注,出版过《苏州语音》(1958)、《苏州人学习普通话手册》(1959)等论著。

《楚辞语法研究》是廖先生研究屈原作品语法现象的论文集。屈原作品篇目素有真伪之争,"本书以无争论或争论较少之《离骚》、《九章》、《九歌》、《天问》诸作为语法研究的对象。"从 1964 年至 1994 年,作者发表了系列论文:《论屈原中人称代词的用法》、《释"兮"及〈九歌〉句法结构的分析》、《〈离骚〉文例新探》、《〈离骚〉的句法》、《释〈离骚〉的"於"字句和"乎"字句》、《〈天问〉的疑问词和疑问句》、《论屈赋中的宾语前置句》,共 10 篇,辑成此书。从篇目可见,该专著并不是全面分析《楚辞》所有语法现象的专书,而是选择最能反映《楚辞》主要语法特征的现象入手,作深入的剖析。廖先生抓住了被刘熙载在《艺概·赋概》中称之为句腰的,即在一句子倒数第三个字用虚字这一现象,写成了释"之"字句、"莫"字句、"以"字句、"而"字句、"於"字句、"乎"字句专论。根据廖先生的定量分析,《离骚》计有 2468 个字,共有 372 句(诵读句"已矣哉"未作一个计入),其中"之"字句 98 例、"其"字句 41 例、"以"字句 77 例、"而"字句 71 例、"於"字句 10 例、"乎"字句 14 例。有趣的是,在《九歌》中,"兮"字在句中也可以出现在倒数第三个字的位置上,廖先生指出:"根据《离骚》使用虚字的通例,可以把《九歌》句中的'兮'换用'之'、'其'、'以'、'於'、'乎'、'夫'、'与'、'焉'等虚字,什么虚字,是由'兮'字前后部分的结构关系,也就是由句子结构关系决定的"[18](p.63)。虽然句中虚字位置是固定的,但虚字的作用是不同的,有代词,有助词,有介词,有连词,因而所构成的句子,其结构就呈现出其差异性来。即同一个虚字,因具有不同的作用,其所在之句也可形成多样的结构。[18](p.84)。之所以把虚字放在全句倒数第三个字这一标准位置上是为了形成某种节奏,其目的是使《离骚》散文化,从而增强表达效果,最明显地表现在虚字的运用上。离开虚字,即无法构成《离骚》的各种句子。除"于、乎"外,虚字均可分布于上下句。[18](p.14)

综观全书,我认为,由于廖先生具有深厚的国学基础和现代的语言学理念,因此,在研究中能把传统的朴学研究方法与现代的语言学的研究方法巧妙地结合起来。在论文中,既有校雠考据,又有训诂音韵;既有描写归纳,又有分布分析;既有对比研究,又有专项求证;既有规律性的探求,又有解释性的说明。我以为,廖先生的论文为我们如何从语言的角度研究解读文学作品提供了一个成功的范例。

廖序东先生还组织力量翻译了丹麦著名语言学家奥托·叶斯柏森

(Otto Jespersen)的《语法哲学》(The Philosophy of Grammar,1924),并亲自担任译文审订工作,工程浩大。先生为这部译著的问世倾注了大量的心血,为国人了解这位语言大师其人其事提供了方便,填补了"世界名著汉译丛书"因缺少《语言哲学》而呈现的缺憾,真是功德无量。

廖先生何独执意翻译此书呢？主要出于对理论语言学的兴趣。先生毕生服务于师范教育,最能显现其成就的是教学语法的建树,国之泰斗;可是先生对理论语言学的追求也是一贯的,这在他的《楚辞语法研究》等论著中也有充分的显示,学之楷模。

不久前,先生在给我的信中谈到译书的事,大意是,我年轻时从黎锦熙先生学语法,不时听到黎先生提到叶斯柏森其人其书,后读何容先生《中国文法论》,何先生对之推崇备至。林语堂《开明英文法》亦采用其说编写某些章节。解放后从拔白旗运动起,批判王力先生采用三品说甚猛。在此种情况下,就很想研究一下叶斯柏森。当时苦于既无英文本 The Philosophy of Grammar,又无中译本,心中甚以为憾。后来教育部给硕士点授予权的学科3000 元外汇,用以购买外文图书,于是购得英文本《语法哲学》多本,遂组织青年教师翻译。先铅印成册,向外征订,反映很好。于是送两本给吕叔湘先生,吕先生请国外语言学专家赵世开先生审阅,认为译文质量可以,即交语文出版社出版,先印 2000 册,后续印 2000 册。吕先生说:"此书在五十年代曾由语言所请人翻译,由于种种原因,未能完成,现在终于有了中文译本,实为好事。"吕先生又想推荐给商务,他说:"最近商务印书馆正在筹划续编《世界名著汉译丛书》100 种,我间接托人表示,此书可以入选,不知商务意思如何?"由此可见,该书的翻译与出版始终是得到吕叔湘先生的关心和帮助的。对此,我们将永志不忘!

翻译叶氏的《语法哲学》实在不易,单就书中引用 20 多种语言材料,有法语、德语、俄语、希腊语、拉丁语、丹麦语、瑞典语、意大利语、西班牙语、挪威语的例词或例句,有的还是古代语言,译者一个人不可能懂那么多语言,幸好有许多友人的帮助才得以成功。他们采用英文本先译,又用俄译本校读一遍,后又复用英译本再校一遍,以保证译文通畅可读。最后由廖先生审订,定稿。廖先生还写了题为《语法哲学和汉语语法学》的长篇序言,这是他研究《语法哲学》的心得,将给读者以有益的启示。

奥托·叶斯柏森(1860—1943),丹麦人。曾任哥本哈根大学英语教授,并担任过哥本哈根大学校长。他童年就对语言发生兴趣,学会冰岛语、意大利语和西班牙语,1887年获法语硕士学位,副科是英语、拉丁语。1891年获英语博士学位。关于语言,他有三点基本看法:一是语音和语法是外部形式,意义是内部形式,声音和意义有密切关系,语音变化往往有意义因素。二是印欧语系古代语言词法系统复杂,近代语言词形变短,语法系统简化,这是进化,不是讹误或退化(见 *Language*, *Its Nature*, *Development and Origin*, 1922)关于语法,他认为讲句法应从意义到形式,即 I→O (the inner meaning→the outward form);讲词法应从形式到意义,即 O→I, (the outward form→the inner meaning)。这两种研究对象相同,只是角度不同,两者相辅相成,有助于对某一语言的语法进行完整而明晰的描述。这一看法对吕叔湘写作《中国文法要略》(1924;1944)曾发生过影响。叶氏另一个重要语法范畴是品级(Rank)。他认为任何一个表示人或事物的词组中总有一个词最重要,而其它词则直接间接从属于它。因此,可以根据词与词之间限定与被限定的相互关系来确定词的品级。比如,"extremely hot weather"中显然 weather 是最重要的,是首位(primary);hot 限定 weather,hot 是次品(secondary),extremely 限定 hot,extremely 是三品(tertiary),这就是有名的三品说。吕叔湘的《中国文法要略》和王力《中国语法理论》(1944)都曾采用三品说分析汉语的词组,但是后来都取消或放弃了,代之以结构分析。叶氏的著作甚丰,主要代表作有:《现代英语语法》(*Modern English Grammar, on Historical Principles*, 1909 - 1949)共 7 卷,《语法哲学》(1924)就是以这一套书为基础而写成的。1933 年又撮取《语法哲学》的精华写成《英语语法精义》(*Essentials of English Grammar*)作为英语语法入门书,多次重版,影响广泛。叶斯柏森还是一位外语教学专家,积极推行英语教学改革,出版了《外语教学法》(*How to Teach a Foreign*, 1901)响亮地提出了:"怎么教?"和"教什么?"他对英语史也有精深的研究,写就了《英语的发展和结构》(*Growth and Structure of English Language*, 1905),此书曾获法国沃尔涅奖,另有一本《语言的本质、发展和起源》(*Language*, *Its Nature*, *Development and Origin*,1922),1928 年他还创造一种《新国际辅助语》(缩写为 Novial [Nov(New)＋i(nternational) ＋a(uxiliary＋1(anguage))[5] (pp.444-445) 叶氏还发挥了他的数学才能,直到晚年还对符号系统怀有浓厚的兴趣,1937 年他出版了《分析句法》,创造一套简明易学的符号,用以分析句法结构。他的《语音学》(*Fonetk*,1897—1899)是普通语言学主要著作之一。叶斯柏森把毕生的精力奉献于他所钟爱的语言学。他认为,语言研究能解放自己的个性,充分发表自己的意见。他一生孜孜以求,创作不断。他的全部著作目录均附录在《叶斯柏森 70 岁生日纪念论文集》(*A Grammatical Miscellany Offered to Otto Jespersen*)和《丹麦皇家科学协会工作记要》(Oversigt over det kgl. Danske Videnskabernes Selskabs Virksomhet,1944)里[4] (pp.384-387)[5] (pp.444-445)。他的著作在历史上产生过强烈的反响。N. Chomsky 曾被他倾倒,L. Bloomfield 于 1927 年评论《语法哲学》时指出:"英语语法将永远受益于此书。"[23](p.14)。历史已深深地留下了叶氏学术活动的足迹。

叶斯柏森对中国人并不陌生,早期留学欧洲的我国语言学的精英,只要他们对此感兴趣,可以很方便地找到叶氏著作,比如,王力、吕叔湘先生一定看过《语言哲学》,我的老师方光焘先生也研究过叶氏理论,他在讲课中经常提到叶氏其人其书。还有相当一部分人是从叶氏的《现代英语精义》中了解叶斯柏森,该书是一本早年流行的英语语法教材。与吕叔湘先生大学同班的吕天石教授就跟我说过,他就学过也用过这个教材。我国语言学界了解叶斯柏森主要通过吕叔湘的《中国文法要略》和王力的《中国语法理论》,因为他们使用过"三品说"理论。本来"三品说"也不会有那么多人知晓,倒是"拔白旗"把"三品说"拔"红"了。其实,批判者自己对"三品说"的认识也未必深刻。现在有了中译本《语法哲学》,我们可以通过原著解读《语法哲学》的真谛,可自行作出评论。廖序东先生写的《〈语法哲学〉和汉语语法学》序言,不仅提示了该书要点,而且也指出了它的学术价值及其不足;同时该序也是《语法哲学》绝佳的导读,它可以把您引进叶氏学术的领地,让您进入语言科学的殿堂,获益多多。

参考文献

[1] 岑麒祥 1958 《语言学史概要》,北京:科学出版社。

[2] 威廉·汤姆逊 1961 《十九世纪以前的语言学史》,北京:科学出版社。

[3] 赵世开 1989 《美国语言学简史》,上海:上海外语教育出版社。

[4] 赵世开 1990 《国外语言学概述》,北京:北京语言学院出版社。

[5] 季羡林 1988 《中国大百科全书·语言文字》,北京:中国大百科全书出版社。

[6] 费·莫塞 1990 《英语简史》,北京:外语教学与研究出版社。

[7] 吕必松 1999 《语言教育问题研究论文集》,北京:华语出版社。

[8] 马建忠 1983 《马氏文通》,北京:商务印书馆。

[9] 蒋文野 1988 《马建忠编年事籍》,石家庄:河北教育出版社。

[10] 黎锦熙 1992 《新著国语文法》,北京:商务印书馆。

[11] 黎锦熙 1950 《中国语法与词类》,北京:北京师范大学出版部。

[12] 陈望道等 1987 《中国文法革新论丛》,北京:商务印书馆。

[13] 吕叔湘 1984 《汉语语法论文集》,北京:商务印书馆。

[14] 廖序东等 1955 《文章的语法分析》,上海:东方书店。

[15] 廖序东等 1976 《汉语基础知识》,南京:江苏人民出版社。

[16] 廖序东等 1985 《现代汉语》(下),兰州:甘肃人民出版社。

[17] 廖序东 1981 《论句子结构的分析法》,《中国语文》第3期。

[18] 廖序东 1981 《文言文语法分析》,上海:上海教育出版社。

[19] 廖序东 1995 《楚辞语法研究》,北京:语文出版社。

[20] 黄伯荣 1981 《谈语法分析》,《中国语文》第5期。

[21] 卞觉非 1981 《汉语语法分析方法初议》,《中国语文》第3期。

[22] 卞觉非 1986 《语言学的发展与汉语语法分析方法的演进》,见《语言研究集刊》(第一辑),南京:江苏教育出版社。

[23] 张志公等 1956 《语法和语法教学》,北京:人民教育出版社。

[24] 奥托·叶斯柏森 1988 《语法哲学》,北京:语文出版社。

[25] 郑懿德 1989 《中国现代语言学家·廖序东》,石家庄:河北省教育出版社。

[26] 章兼中 1983 《国外外语教学法主要流派》,上海:华东师范大学出版社。

(本文原载于《人淡如菊——语言学家廖序东》,南京大学出版社,2002年)

《同义成语词典》(增订本)序

我没有专业地编过词典,但我天天都在使用词典,常以词典为师。每当我看到一部装帧精美、词目丰富、释义经典、印刷精良的词典时,我对编者总是怀有敬意。我敬佩他们的学识、智慧和敬业、精业精神。我想,非智者不能为也!

蒋荫楠编审正是这样的智者。他 50 年代毕业于华东师范大学,长期从事汉语教学与研究工作,一向关注语文教育,更兼夫人与之同道,切磋有便,珠联璧合,相得益彰。他学识渊博,兼及古今汉语,尤其精于汉语词汇研究。他的学术生涯就是从研究汉语的同义词、同义成语和反义词、反义成语开始的,现均已结出累累硕果。其中《同义成语词典》(1996 重印)已被联合国教科文组织列为扶助项目,也被纳入中小学核心图书目录。《反义成语词典》(1988)获华东高校版协首届优秀图书二等奖。出版十余年来多次重印再版,深受读者欢迎,显示了该书的社会价值。

眼下出版的汉语词典不下百种,各有千秋,其中不乏精品;但是从同义和反义两个角度来辨析和对比汉语成语,我以为,这是荫楠先生的首创,具有开拓之功。

以往的成语词典,一般的体例是,先按音序或笔划排列成语目录,再逐条解释该成语的意义和用法,只作静态描写,不跟相关成语作动态比较;荫楠君的成语词典特色是,既逐条地解释该成语的意义、结构、用法和特色,也跟相关成语作横向的动态比较。一般以两者意义相近的成语为一个对比组,例如,"奉为圭臬"与"奉若神明",都有"非常信奉"的意思,这是同;但在使用色彩上,"奉为圭臬"无所褒贬,而"奉若神明"则多含贬义,这是异。再如"奉为圭臬"与"奉为楷模",两者都有"信奉作为标准或榜样"的意思,这是同;但"奉为圭臬"语气重,书面语色彩明显,"奉为楷模",语气轻,口语色彩明显,这是异。也有用三则成语作一个对比组的,例如"分崩离析、四分五裂、土崩瓦解",都有"分开"、"散离"的意思,这是同;相异之处是"分崩离析"形容国家或团体分裂瓦解,不可收拾,"四分五裂"则形容国家不统一或者事物分散不完整,而"土崩瓦解"则比喻事物或者局面的分裂、破坏,如土崩塌、如瓦分解一般彻底溃败不可收拾,语意重。这些简明、准确的辨析对比,足以使人解惑释疑,经世致用。应该强调指出,经过编者如此一静一动的解释、一同一异的比较,就使得研究者的成果从书斋走向社会,把读者带进了活生生的语言使用世界,比较好地解决了理论与实践、研究与应用的问题。荫楠兄以他的实践把成语研究的理论和方法切实向前推进了一步,这与现代语言学的发展方向相合。

该词典的另一个特色是书证贴切而丰富。编者在每一成语条目后面均附有两至三条精当而确切的书证。作者虽然并不着意交代成语的来源和出处,但事实上在这方面是下了功夫的。"文章自得方可贵,衣钵相传岂是真",为了亲自寻得佳句,编者在浩如烟海的典籍中,上自先秦诸子,下到当代作品,犹如大海捞针,可谓呕心沥血,十分艰辛。这些都体现了荫楠君的求知、求实和求真的精神。

我相信编者和我都不会认为这部词典已经尽善尽美。正因如此,编者在该书出版后就着手收集资料,再作修订。经过十多年苦心孤诣的准备,编者借此重排的机会,新增了二百多条词目,重写、改写了六十多条词目,补充或更换了不少书证,修正了一些释义及分析。经核对证实,所有修正之处大多不属于纠误匡谬的性质,而是精益求精地把较好改成更好,以求最好。蒋兄是位谦逊谨慎的人,我相信如有机会,他还会再次修订下去,不会划上句号。

"作品高低由人品",我敬重荫楠君的道德文章,当他友情地嘱我作序时,我便欣然应承,乐以为之。

是为序。

[本文原载于《同义成语词典》(增订本),南京大学出版社,2001年]

解释性：当代方言学的目标

摘　要：现在国内的方言调查与研究工作业已取得可喜的阶段性的系列成果，今后理应在此基础上从理论上加强解释性。解释性是当代语言学的特征，也是当代方言学的目标。

关键词：解释性；方言学；目标

三年前，由鲍明炜教授领衔，承接了江苏省社科联的委托课题任务：撰写江苏方言研究专著。由于本人当时忝任江苏省语言学会会长，作为签约一方，也荣幸地参与此事。而今，《江苏方言研究论文集》业已结集成册。鲍先生嘱我作序，师命难违，惶恐从之。谨作如下献议。

现代方言是古代方言发展的结果，古代方言则积淀于现代方言之中。因此，人们研究方言，既可以从共时角度，描写现代方言的语音系统、词汇系统和语法系统；也可以从历时角度，研究现代方言的成因和演变及其发展规律。如果不持门户之见，这两种方法应该是相辅相成的，不应该把它们对立起来；不过，应该明确，这两种方法各有其学术背景，理论和方法也并不相同。

人们如果对某一语言或方言现状一无所知或不甚了解时，研究者一般选择描写的方法，对某一方言作详细的调查和描写。美国描写语言学及其田野作业方法，就是由人类学家兼语言学家 F. Boas，E. Sapir 在调查根本不熟悉的北美土著印地安人的语言作业中形成和发展起来的。这就是美国结构主义学派。最初多出于人类学的兴趣，其目的是保存音档，后来才扩大到语言研究的许多方面，并且取得了很大的成效。在语言观上，该派认为，语言是一系列的刺激与反应（S→r→s→R）行为；从经验的立场出发，该派认为,语言是一个习惯系统,它是按照一定层次组织起来的线性结构序列;在作业时,该派只分析能够观察到的语言形式——口语,不考虑语言以外的事实,如心理过程、社会和历史文化因素甚至语义;在作业方法上,该派用直接成分分析法,把共时的口语切分成音素、音位、语素、词、短语、句子等单位并加以归类,其主要依据是分布,凡是同属一个分类的单位都可以替换。1933年出版的 L.Bloomfield 的《语言论》是美国描写语言学集大成之作。他在方法论和分析手续方面为美国描写语言学作出了奠基性的贡献。此后以 Z. S. Harris 的《结构语言学方法》(1951)为标志,美国描写语言学达到成熟阶段。这时,他们已不再满足于成分分析,进一步提出转换分析和线性分析法。Z. S. Harris 的学生 N. A. Chomsky 在研究中发现,分布和替换原则有很大的局限性。他已认识到从分类发现程序的操作已不能解决问题,他决定放弃并寻找新的路子,逐步建立转换生成语法理论。他的《句法结构》(1957)标志着世界语言学史上的一场新的革命开始,开创了解释语言学的新纪元。他试图站在更高的层面上解释语言是如何生成的,揭示语言的共性,并用数学模型使之形式化。几乎同时,欧洲也出现了以 M. A. K. Halliday 为代表的系统功能语言学派。该派继承欧洲社会符号学的传统,认为人们的交际和会话均受到"场"(field)、意旨(tenor)和方式(mode)的制约。他研究人们在特定的环境中,如何选择系统中的单位来实现说话人的意图。试图解释整个语言中所有相关的语义选择规则并使之形式化。上述两派,誉者有之,毁者亦有之,其间理论虽有相悖,但解释性的方向却是共同的、不变的。这也表明,任何理论和方法都具有阶段性和时效性的特征。当阶段性的任务,比如方言调查任务基本完成之后,就应该考虑对所调查的语料作出理论上的解释。解释性是当代科学的共同特征,也是当代语言学发展的方向。

我国现行的方言调查方法最早也是由留美学者赵元任先生从美国带回来的。赵先生与美国描写语言学派鼻祖 L. Bloomfield 是耶鲁大学的同事。他是用该理论最成功地分析汉语的中国人,被誉为汉语语言学之父。他在前史语所工作时,率先采用美国描写语言学的方法,调查并出版了《现代吴语研究》(1928)和《钟祥方言记》(1939)等多部方言著作。也许他在田野作业中发现,汉语的音节比音素更为重要,于是便采用取自《广韵》的代表汉字。他在调查湖北方言时,设计了一份由 678 个汉字组成的调查用字表。选字从音系出发,而音系又跟《广韵》有关。他第一次把历史比较因素引入了描写语言学之中。选用字表调查方言,不仅可以快捷、简便地描写现代方言的声、韵、调系统,而且还可以跟《广韵》作历史比较,从中可以发现自《广韵》到现代方言的声、韵、调的语音变化规律。无疑这是创新。这是受高本汉的影响。这样就使描写语言学打上了中国特色的标记。真可谓"橘逾淮北而为枳"。我们现在使用的《方言调查字表》,是在赵先生的 678 个字的基础上增到 3700 多字,其中有些字是为照顾古音地位。后来又编写了《现代方言调查简表》(1956),共收常用字 2500 多个,相对而言,《字表》比较适合调查南方方言,而《简表》则比较适合调查北方方言。使用《字表》逐字调查语音,而不是调查成段的话语,在操作上,可能会失去一些鲜活的东西,比如音变等。为了补救,又设计一套连读音变调查表,还要朗读一篇《北风跟太阳的故事》,设计者试图弥补《字表》不足。我相信设计者的目标大抵是可以实现的,如果调查者功力很深厚的话。

另一位引进美国描写语言学的大师是李方桂先生,他比赵元任先生小 10 岁,李是 E. Sapir 的明星学生(star student),也是惟一的直接参加调查北美红印地安人语言的中国学者。他因成绩优异而三年连获学士、硕士、博士三个学位,并获得 PBK(Phi Beta Kappa)金钥匙。在田野作业中,他直接参与并完善美国描写语言学的理论和方法。回国后他热心于调查国内少数民族语言,后来又转向泰国语言,被誉为非汉语语言学之父。他调查并出版了《武鸣壮语》(1935)和《龙州土语》(1940)等著作。他采用的是经典的美国描写语言学的理论和方法。另外,董同龢也用记录成段话语为主的方法,调查并出版了《华阳凉水井客家话记音》(1948)等著作,同样也取得了很好的效果。真可谓殊途同归。

最近,黄行提出,少数民族语言和汉语方言关系密切:"从研究对象上看,这两个学科有很多共同点:都需要田野调查……但二者使用的方法差别很大,方言有韵书,用调查字表,从字入手;而少数民族语言要从口语入手。汉语方言也可以从口语开始调查,完全抛开文字、韵书,这样对跨学科研究很有促进作用。"[1]此外,刘丹青也认为:"现在的调查方法无法反映方言语法的多样性……今后方言调查手册要有音系,文字,以及重要的语法项目,比如关系化,小句里成分哪些可以关系化;名词化手段,比方"的"字结构;话题发达与否,被动式是否发达等,设计例句时要注意。"[2]我愿再补充两点:第一,调查者首先得有共性语法理念,以此作为参照系;第二,在作业上要从调查成段的口语入手,然后再进行纵横语法的比较,这样,方能凸现某一方言语法的多样性。否则,恐怕连调查例句也无法设计出来。

近年来,美国知名的汉语方言学家罗杰瑞(Jerry Norman)提出了一套新的标准,既照顾到历史的深度,也反映现在方言之间的关系。这套标准包括有音韵、词汇、语法三方面,直接用于各种方言并有一个明确的结果。这10条标准是:

(1) 第三人称是"他"或"他"的同源词。
(2) 领属助词是"的"或"的"的同源词。
(3) 常用否定词是"不"或"不"的同源词。
(4) 表示动物性别的词序在前,如"母鸡"。
(5) 只有平声才分阴阳。
(6) 古舌根音在 i 前腭化。
(7) 用"站"或"站"的同源词。
(8) 用"走"或"走"的同源词。
(9) 用"儿子"或"儿子"的同源词。
(10) 用"房子"或"房子"的同源词。

这10条标准应用于从北到南12个方言中的情况,见表1。"＋"表示肯定,"—"表示否定。

表1 汉语方言按10条标准的区分情况

	他	的	不	母鸡	阴阳平	腭化	站	走	儿子	房子
北京	＋	＋	＋	＋	＋	＋	＋	＋	＋	＋
西安	＋	＋	＋	＋	＋	＋	＋	＋	＋	＋
昆明	＋	＋	＋	＋	＋	＋	＋	＋	＋	＋
苏州	—	＋	＋	＋	＋	＋	＋	＋	＋	±
温州	—	—	＋	—	＋	＋	＋	＋	＋	＋
长沙	＋	—	＋	—	＋	＋	＋	＋	—	±

续表

	他	的	不	母鸡	阴阳平	腭化	站	走	儿子	房子
双峰	＋	－	＋	－	－	＋	?	＋	－	?
南昌	－	－	＋	－	－	＋	＋	＋	－	－
梅县	－	－	－	－	－	－	－	－	－	－
广州	－	－	－	－	－	－	－	－	－	－
福州	－	－	－	－	－	－	－	－	－	－
建瓯	－	－	－	－	－	－	－	－	－	－

从表1可以看到，根据这10条标准，可以把汉语方言区分作三大区。都是"＋"号的是北方话区，这和传统的北方话区的区分完全一致。都是"－"号的是南方方言区，包括客家话、粤语和闽语。剩下的是既有"＋"号，又有"－"号，是过渡地带，既有北方话的特点，又有南方话的特点，我们叫它为中部方言，除了浙江省的某些方言以外，所有扬子江南岸的吴语、赣语、湘语，都属于这中部方言。[2]

这是一种可能引发争议的尝试。运用综合标准作出来的汉语方言类型分析，也许可以跟单一的语音标准互为验证，这可以相互证明彼此作业的可信性；如果彼此作业结论相左，那就得考虑方法本身，或者作业有误。现代科学研究需要多辨思维，单维定式不利于开发心智。中国的学术背景尤须提倡学术民主，鼓励创造思维。

建国以来，我国政府积极推行宪法所规定的语言政策，在全国范围内进行方言普查，出版了一批方言志、方言词典，建立了方言音档，发表了大量的方言论著。至此，不妨认为，中国的方言基本情况大致已经清楚。在这种情况下，我以为，应该认真考虑如何使方言研究进一步深入下去的问题。

在科学昌明发达的今天，人们对所有学科，包括方言学的兴趣已不再满足于分类研究和演进史研究取得的成效，而应以此为出发点，在更高的层次上，多视角、多层面地从理论上对方言调查的成果作综合性的考察，更深刻地揭示其中规律，构建结构模式，作出共时和历时的解释。解释性应该成为当代方言学追求的目标。

何谓解释性？这是一个需要深入探讨的课题。仅就本人目前的见识，提出下列参考意见。限于篇幅，不能展开。所谓解释性，似应包括如下主要内容；当然，研究者可以根据不同的目的，而有所侧重：

——语言符号系统的解释性：解释该语言及方言的音韵系统、词汇系统和语法系统及其书写系统。这是解释性的基础工作。

——语言地理类型的解释性：解释该语言在世界语言谱系中的地理类型分类及该方言在所属语言中的地理类型地位、特征及具体表现；解释该语言及其方言的互相影响以及邻近语言对该语言及其方言的相互影响。

——语言演变要素功能的解释性：解释该语言及其方言系统的语音、词汇、语法、语用的结构、意义和功能及其模式以及变化规律并尽可能地使之形式化。

——语言变化动因的解释性：解释该语言及其方言系统的演变规律以及影响该系统演变的地理、历史文化因素。

——语言社会文化的解释性：解释该语言及其方言系统中所积淀的历史、文化信息和社会风情习俗。

——语言心理认知的解释性：解释该语言及其方言使用者在使用该语言或方言时所反映在该语言或方言系统中的心理机制和认知模式。

如此等等，不一而足。

当然，实现解释性的目标有很大的难度。为此，我以为要做好三件事。首先，要更新观念。21世纪的科学发展趋势已不应再满足于描写和分类作业了，而应在此基础上，从理论上对已知的事实作出科学的解释。解释多的是大创新，解释少的是小创新；但是不能没有解释，没有创新。这一趋势在有些刊物上的一些作者论文中已经日益显现出来。今后，上层次的刊物恐怕不会再为仅仅满足于罗列事实的文章提供发表园地了。其次，要培养人才。目前的研究队伍还不甚理想。这跟现今的体制和培养方法有关。一般地说，知识面过窄，即使对本学科的了解也欠全面深入。比如，研究现代汉语或汉语方言古代汉语的人却不熟悉理论语言学，不关心语言学的发展走向，更不用说邻近学科了。外语能力也普遍欠备。所以，要培养一批学识渊博、功底深厚的像赵元任、李方桂那样的文理渗透的复合型人才。这是关键。最后，要加强多学科合作。语言的特点是声过即逝。逝去的则成了历史。历史是难以再现的。古人虽然留下了扬雄的《方言》，陆法言的《切韵》，陈彭年、丘雍等重修的《广韵》和周德清的《中原音韵》等历史资料，但这跟我国漫长的历史相比,还不足以解释语言变化的全过程。这样,就必得跟其它学科通力合作,借以发展自己。倘若我们能够在做好本体研究的基础上,吸取人类学、考古学、生物学、哲学、历史学、文化学、文学、心理学、民族学、社会学、符号学和数学等学科的研究成果,或者开展合作研究,我相信,经过不懈努力,解释的目标基本上是可以实现的。

赵元任先生有一句名言:"会看书的喜欢看序,但是会做序的要做到叫看书的不喜欢看序,叫他越看越急着要看正文,叫他看序没看到家,就跳过去看底下,这才算做序做到家。"[3] 当然,在下不敢以"会作序"自诩;倘若本文让您感到乏味,阁下尽可以跳过去看正文:那些都是我的师友们的佳作。这正是本人希望收到的效果。抛砖引玉,是之谓也。

以是代序。

参考文献

[1] 方言编辑部.汉语方言和民族语言[J].方言,2001(3):193—197.

[2] 罗杰瑞.汉语概说[M].北京:语文出版社,1995:161—163.

[3] 赵新那,黄培云.赵元任年谱[M].北京:商务印书馆,1998:6.

[本文为《江苏方言研究论文集》之序,载于《扬州大学学报(人文社会科学版)》2007年第4期]

一部锐意创新的成功之作
——读张其昀《汉字学基础》

张其昀教授,寒窗十载,博览群书,钩玄索隐,取精用弘,成就了力作《汉字学基础》(中国社会科学出版社,2005年12月)。该书以新颖的视角,系统地解读先民们创造汉字的文化认知心理,并解释汉字构形的理据,令人耳目一新。本人有幸拜读,感想颇多。业师鲍明炜教授嘱我把这些感想书以成文,以明景慕与赞许之志。

一、视角新颖,锐意创新

人类文化经历了口传、读写和视觉文化等三种形态。以文字为载体的读写文化的出现,标志着人类野蛮时代的结束和文明社会的到来。汉字影响着人们生活的方方面面,悄悄地改变着华夏社会。因此,先民们对汉字无不怀有敬畏之情,对汉字的创制者和起源充满神话般的解释:或归于神力,或归于神化般的人物。

"昔者仓颉作书而天雨粟,鬼夜哭"(《淮南子·本经训》)。其仓颉者,不但生有"四目",而且四目"并明"(《春秋演孔图》)。这充分反映了先民们的原始拜物理念:汉字和汉字始作者都成了后人顶礼膜拜的图腾偶像。当然,这只是人类童年的神话而已。

本书作者力图把研究者的视线从神话回归到现代,他以现代文化学的理念为视角,与时俱进地运用现代语言学、文字学、文化学的理论和方法以及我国传统的严谨求证的考据手段,科学地解读先民们造字的文化认知心理,系统地分析汉字构形的理据。他从文化类型学的视角,把文化分为海洋·畜牧型和农耕型两种:前者在经商和畜牧中,长期面对的是险象环生的商机和变幻莫测的环境,在长期的商业和放牧生活中,逐渐形成了以冷静、缜思、理性和思辨为特征的文化精神,其文字具有抽象的符号性;后者在长期的农耕社会生产和生活中,造就了以自我体验和客观务实为特征的汉民族文化精神,而汉字的构形特征正是这种精神的体现。

"六书"中的"象形"就是由目验而至描摹,是"体验"在造字行为上最根本的实践。象形造字是画成其物,通过物象以示意,因此象形成了造字的根本,其它大都可以视为象形的延伸或变体。由于目验和体验角度不同,象形造字可分正视,如"山";侧视,如"人";俯视,如"田"。有些物象由于取象姿态不同而造出不同的汉字,比如"手张指立起,正面取象则为'手';手微屈指立起,侧面取象则为'又';手微屈指作俯探状,侧面取象则为'爪'"。取象可以取其全部,如"木";或取其部分,如"羊";可取其静态,如"鸟";也可取其动态,如"燕"。此等分析,贯穿全书,引人入胜。凡汉人皆能感同身受,予以体认。这就是汉字何以存在、发展乃至长兴不灭的社会文化理据。汉字作为一种基本上是一形对应于一音一义的表意符号体系,正与汉语的记录需要相适应。正因为如此,以作为世界三大著名古文字之一的古汉字,与另两种古文字苏美尔楔形文字、古埃及圣书字在共同经历过图画文字阶段之后,分道扬镳,走上了不同的发展方向。当然,从根本上说,正如周有光(2006)所云:"文化传播决定文字类型"。换言之,文字类型的选择取决于文化上的影响与认同。第一章是全书的纲要,相当精彩。

二、解释充分,立论可信

字圣经师许慎,剖析形体,始建部首,寻索溯义,规范字音,开启了"说文学"研究文字以形体为主兼及音义之风。后来因音韵学与训诂学兴起,彼此各有分工,研究有所侧重。文字学主要研究汉字的形体,即"六书"。对于"六书",历来均有不同的解读。作者对杨慎的"四经二纬说"、戴震的"四体二用说"、唐兰的"三书说"以及陈梦家、裘锡圭等人的观点均有所评点,分寸得宜。在此基础上,作者提出了经他界定的"象形、标记、会意、形声、变体五种造字法,前面四种是一般造字法,第五种是改变象形字、标记字、会意字、形声字的形体而形成新字的特殊造字法,是'再创造'的造字法"。其中象形是根本。象形可独立成字,如"羊、犬";也可为形声字的构件,如"群、独";"群、独"基于视觉体验:羊喜成群,犬喜独立。"安、寒"基于对房屋的体验,"红、绿"基于对染丝的体验,等等。

　　作者对每种造字法均有详细界定,并按结构和意义详加分类,然后用《说文》、甲骨文、金文、籀文、古文、篆文、韵书、笔记小说等资料,加以论证。再如会意造字法,作者分别从同体、异体、对体意合以及意义上的形合和义合等方面加以说明,同体二合的如"从:从二人,象一人从于一人,以示随从。"多合的如"众:从三人。示众多之义。"异体二合的如"名:'自命也。从口,从夕。夕者,冥也。冥不相见,故以口自名。'"(《说文》)对体二合的如"北:'乖也。从二相背'。是字形象二人背离,即乖违。唐兰《释四方之名》:'北由二人相背,引申而有二义':一为人体之背,一为北方。"(《说文》)如此这般,作者对《说文》所收录的9353个正字的构形理据逐个予以爬梳整理,分类详细,解释合理,为同类著作所不及。作者致力于解释说明,跟现代语言学所追求的解释性目标相合。对于某些汉字,如"于、万、无"等虽知其为象形但又不能言其所以的,作者也持诚实态度:存疑待考。第三章是本书的精华,颇为充实。

　　《汉字学基础》一书中,作者着墨最多的另一个问题是,评论聚讼纷纭的"假借"和"转注"以及各家看法,折衷至当。作者主张用"变体造字法"取而代之,这不失为一家之言。

　　其实,可能还有另一种做法,即如造诣精深的知名文字学家向光忠教授所为:"'转注'是按照一定原理,利用现成字而分化形体,以区别同义异音词的一种孳生新字的造字方法;'假借'是按照一定原理,利用现成字而赋予别义,以构成同形异义字的一种不增添新字的造字方法。由此看来'六书'便都是造字之法。"

　　作者特别指出周有光先生在《六书有普遍适用性》一文中"则对六书的作用给予高度评价,他通过分析圣书字、钉头字、马亚字、彝文、东巴文等五种有代表性的古今文字中的六书,并将它们跟汉字中的六书比较研究,认为六书的原理'不仅可以说明汉字的造字和用字的方法,还可以说明人类其它文字的造字和用字的方法'。'六书具有普遍的适用性'"。作者提出,许的"六书"犹如"汉代文物",君可以阐发、评点,但最好还是别去碰碎它。

三、内容丰富,求真切用

许慎的《说文解字》是一部百科全书,文字学则是一门综合性的科学。研究文字的人必须具有扎实的文字学功底以及相关知识,如语言学、音韵学、训诂学、历史学、文化学、文学、心理学等,但其核心仍是文字学。为了给有志于研究文字学的读者提供相关知识背景,本书作者在内容方面也作了精心安排。"汉字的产生及其文化精神内涵"一章是本书的纲要;"《说文解字》和《说文解字》研究"是本书的重点;"汉字之结构分析"是本书的精华;而"汉字书体之演变"则是本书新增内容,为本书特色。作者对甲骨文、金文、籀文、古文、篆文、隶书、楷书、花体及其繁化、简化讹变等均有准确的解说,并指出文字学的研究必须求助于汉字书体资料,从中找到佐证。文中对诸多说法均有评论。比如,王国维在《史籀篇疏证序》等文章中提出:"秦用籀文,东土(即六国)用古文。这西籀东古说,至今仍为某些学者所相信。"作者认为:"籀、古两种书体之间并不存在地域界限。"他引用祝敏申《许慎评传》中的统计说明:"于古文之运用概率,东土高于秦;于籀文之运用概率,东土虽低于秦但差距不大","事实上籀文和古文并不是战国时期的主要文字","真正得到广泛运用的只是篆文和隶书"。书中还附有"古文字研究方法"一章,基本方法归纳为四种:分析、比较、推勘、参证。全书内容丰富,全面而系统,可用做文字学的教材,或供文字学研究者参考之用。这是该书的宗旨,求真切用。

四、治学严谨,古学深湛

其昀君是中生代的文字学家。十余年来,笔耕不辍,锲而不舍,硕果累累,先后已出版文字学专著三部。《中国文字学史》一书,沿承"说文学"传统,主研字形,兼及音义,其论及内容大致与此相当。收录论著近800种,涉及学人500余人。对重要人物及其论著均有评点,轻重相宜。对一般书稿仅作存目,主次分明。"绵绵近两千年的文字学史,可藉之以睹其涯略,明其大概。"(鲍明炜序)此后,以此书为基础,又撰写了《〈说文学〉源流考略》,专论

"说文学"源流,舍去《尔雅》《方言》等内容。该书收录"说文学"发展各阶段的论著 400 余种,比丁福保《说文解字诂林》所收录的 180 余种(指正编)充实了许多。"研究'说文学'的人一卷在手,无劳避席,讵假担簦,对一千多年来的前人研究成果,皆能明其大概。"(徐复跋)"是迄今最为全面的最成系统的,概论性和资料性兼而有之的说文学专著。"(殷焕先序)"书中立论谨严,不失分寸。有些提法,则颇有振聋发聩的力量","友人许嘉璐曾称其书'实有裨于学子'。"(徐复跋)后经数年,其昀君钩深致远,爬梳剔抉,洗炼升华,又完成了新著《汉字学基础》,把上述两部著作的精华结晶于此书,十年磨一剑。新著视角更为新颖,解释更为充分,内容更为丰富,因而更为切用。这全然归功于作者严谨的治学态度,深湛的古学根底和苦心孤诣的钻研精神。

最后,该书尚有某些不足之处。内容上,汉语与汉字的关系论证不够,汉字对汉语的反作用也未论及。其实,从语言文字类型的角度考察,汉字对汉语的反作用超乎寻常地大于其它语言,其影响是全面的、深刻的,表现在语音、词汇和语法乃至文化的各个层面,也许这是汉字至今未灭的理据之一,因此不宜忽略。在形式上,全书均用繁体字编排,这对特定的读者可能有助于实现繁简两种字体的转换,收到"识繁写简"的效果。在表达上作者爱用文言词语和句式写作,这样会使行文简洁,有利于读者初识文言。

另外在行文中,作者或许担心表达粗疏而欠缜密,于是常用括号加以注解、补充,有的几个字,有的几十个字,有的多达 150 多字,这样难免有失简练。此乃讲义之痕迹也。

(本文原载于《汉语学习》2008 年第 3 期)

江苏省语言学会筹备经过

江苏省语言学会,经过了长时间的酝酿和准备,在省社联和多方面的关心和支持下,已于1981年6月21日宣告成立了。

现在,我受筹备组的委托,向大会汇报筹备经过。

成立语言工作者自己的组织——语言学会,是我省语言工作者久久盼望的事情,早在1963年就有过成立语言学会的动议。1978年4月14日至20日在苏州召开的全国语文工作者批判"两个估计",商讨语言科学发展规划座谈会,对积极酝酿成立我省语言学会起了推动作用。省政协委员们关于成立省语言学会的提案加速了成立语言学会的进程。在省社联的主持下,于1980年10月7日至8日在南京召开了由23人参加的江苏省语言学会筹备会议。会上,讨论了《江苏省语言学会章程(草案)》,发展了第一批会员18人,协商了江苏省语言学会筹备组的组成人选,布置了发展第二批会员和组织科学论文的任务,作出了在1981年6月正式成立省语言学会并举行省语言科学第一次学术报告会的决议。会后,各地代表为成立语言学会做了大量的工作。

在各地富有成效的工作基础上,筹备组1981年5月20日在南京召开了工作会议。会上,检查了各地落实任务情况,酝酿了语言学会理事会的组成及其候选人名单,商定了邀请参加成立大会的名单,确定了成立大会的日期为6月21日至24日。

在得知赵元任先生访问南京的消息后,筹备组的成员在1981年5月25日上午10时到南京饭店拜访了赵先生,宾主双方进行了极为亲切的交谈。赵元任先生欣然接受了担任江苏省语言学会名誉顾问的聘请,亲笔为大会作了"江苏省语言学会成立纪念"的题辞,并与筹备组的成员合影留念。

为了进一步落实准备工作，筹备组在 6 月 15 日又一次召开了工作会议，讨论了会议的议程及有关会议文件，具体落实了会议期间的各项会务工作。

　　大会开始的前一天晚上，筹备组又召开了扩大会议，汇报了会议的准备情况，广泛听取各方面的意见。与会者希望大家能群策群力、团结一致，为开好成立大会和胜利地开展今后的各项工作共同作出努力！

　　我们的筹备工作自始至终得到了省社联的关怀、指导和具体帮助，省出版局也给我们许多支持，南京大学和南京师院也给我们不少帮助，南师的招待所和食堂也为会议召开提供了许多方便。在这里，我谨代表筹备组向所有为成立大会作出贡献的单位和个人表示衷心的感谢！我们还要特别感谢各位代表的支持和帮助！

　　祝大会胜利，成功！

（本文原载于《江苏社联通讯》1981 年第 11 期）

卞觉非先生年表

1933 年	7 月 18 日	出生于江苏省扬州市邗江施桥镇。
1939 年	六岁	入扬州施桥小学学习。
1945 年	十二岁	入镇江省立中学学习。
1949 年	十六岁	上海许培记申庄练习生。
1950 年	十七岁	任扬州市施桥镇中心文化站干事。
1951 年	十八岁	入苏北行署工商处会计、统计训练队学习。
1951 年	十八岁	任苏北干校贸易系助教。
1952 年	十九岁	任苏北建筑工程公司人事科科员。
1953 年	二十岁	任南京建筑公司青年科科员。入南京干校学习,加入中国共产党。
1954 年	二十一岁	任南京建筑公司第三工程处人事科科员、人事组长。
1955 年	二十二岁	任中共南京市委组织部干事。
1956 年	二十三岁	入南京大学中文系学习。
1961 年	二十八岁	任中国科学院语言研究所实习研究员。
1963 年	三十岁	任南京大学中文系语言教研室助教。
1964 年	三十一岁	《论所谓"言语—思想统一体"》发表于《南京大学学报(人文科学)》第 1 期。
1979 年	四十六岁	《略说语素·词·词组的分辨及其区分方法——兼谈语法研究的一些方法问题》发表于《教与学》第 2 期。《咬嚼录》(与胡崇海合作)发表于《教与学》第 3 期。《漫谈汉语语法分析方法及其它(上)》发表于《南

		师函授通讯》第 3 期。
		《漫谈汉语语法分析方法及其它(下)》发表于《南师函授通讯》第 4 期。
1980 年	四十七岁	《论句子的本质与系词"是"》发表于《南京大学学报(哲学人文社会科学)》第 3 期,并被收入胡裕树编《动词论文集》。
		《谈谈汉语语法分析方法及其它》发表于《教与学》第 3 期。
1981 年	四十八岁	《汉语语法分析方法初议》发表于《中国语文》第 3 期,并被收入《汉语析句方法讨论集》。
		《试论现代汉语的结构及其它》(与黄自由合著)发表于《南京大学学报(哲学社会科学)》第 3 期。
		《江苏省语言学会筹备经过》发表于《江苏社联通讯》第 11 期。
1982 年	四十九岁	《需要认真研究解决道德继承问题》发表于《江苏社联通讯》第 3 期。
1983 年	五十岁	《略论语素、词、短语的分辨及其区分方法》发表于《语文研究》第 1 期。
		《我的希望》发表于《汉语学习》第 1 期。
		《谈直接成分分析法》发表于《教学与研究》第 3 期。
1984 年	五十一岁	《"干净"和"干干净净"及其它》发表于《汉语学习》第 4 期。
		《方光焘》,载于《中国现代语言学家》(第三分册),河北人民出版社,1984 年。后以《方光焘传略》为名发表于《文教资料》第 2 期,收入《方光焘语言学论文集》,江苏教育出版社,1986 年。
1985 年	五十二岁	任南京大学中文系副教授、留学生部对外汉语教研室主任。
		《实词和虚词教学琐谈》发表于《汉语学习》第 3 期。

		《略论 AABB 重迭式的语义、语法、修辞和语用功能》发表于《南京大学学报（哲学社会科学）》第 2 期。
		《AABB 重叠式的语义、语法、修辞和语用功能》收入《语言研究与探索》（三），北京大学出版社。
1986 年	五十三岁	《谈直接成分分析法》收入《中学教学语法系统阐要》，语文出版社。
		《语言学的发展与汉语语法分析方法的演进》收入《语言研究集刊》（一），江苏教育出版社。
		主编《方光焘语言学论文集》（与王希杰、方华合作），江苏教育出版社。
1987 年	五十四岁	任美国 The Ohio State University 访问教授。
		《论"自己"的性质以及与之相关成分之间的语义关系》发表于《南京大学学报（哲学·人文科学·社会科学）》第 3 期。
1988 年	五十五岁	任美国 Indiana University 访问教授和 Brigham Young University 访问教授。
		主编 *New Practical Systematic Chinese Teaching Materials* 教材，The Ohio State University 出版，该教材分口语篇、阅读篇、写作篇 12 本，共 100 万字。
		《AABB 重叠式数题》收入《语言研究集刊》（二），江苏教育出版社。
		《现代汉语的 UPM 模式及其组合和转换后类型的探讨》收入《语言研究论丛》（五），南开大学出版社。
1989 年	五十六岁	参与修订《汉语方言字汇》扬州方言部分，文字改革出版社。
1990 年	五十七岁	任世界汉语教学学会理事。
		《〈汉语交际语法〉的构思》收入《第三届国际汉语

		教学讨论会论文选》,北京语言学院出版社。
1991 年	五十八岁	《论"汉语·文化圈"跟对外汉语教学的基本策略》收入《"中国文化与世界"国际学术讨论会论文集》,上海外语教育出版社。
1992 年	五十九岁	任南京大学留学生部教授。 《基础汉语教学阶段文化导入内容初探》(与魏春木合著)发表于《世界汉语教学》第 1 期。 《论"汉语·文化圈"跟对外汉语教学的基本策略》发表于《语言文字应用》第 2 期。 《"汉语交际语法"的构想》发表于《汉语学习》第 2 期。
1993 年	六十岁	获得国务院政府特殊津贴,任江苏省语言学会会长。
1995 年	六十二岁	《句子的分析与理解及其相关问题》发表于《南京大学学报(哲学社会科学版)》第 1 期。
1997 年	六十四岁	《关于语言体系的几个问题——纪念方光焘师诞辰 100 周年》(合著者胡裕树、陆学海)发表于《南京大学学报》(哲学·人文科学·社会科学)第 4 期。 《中国语文现代化:目标、现状与对策》发表于《扬州大学学报(人文社会科学版)》第 6 期。
1999 年	六十六岁	《方光焘:理论语言学大师》发表于《汉语学习》第 3 期。 《汉字教学:教什么?怎么教?》发表于《语言文字应用》第 1 期。 《21 世纪:时代对对外汉语教师的素质提出更高的要求》收入《语言教育问题研究论文集》,华语教学出版社。
2000 年	六十七岁	《做好对外汉语教学这篇大文章》收入《回眸与思考》,外语教学与研究出版社。

2001年	六十八岁	《〈同义成语词典(增订本)〉序》收入《同义成语词典》(增订本),南京大学出版社。
2002年	六十九岁	《廖序东:著名的语言学家和语言教育家》收入《人淡如菊——语言学家廖序东》,南京大学出版社。
2003年	七十岁	《理论性和应用性:理论语法与教学语法的分野》收入《对外汉语教学与研究》第1辑,南京大学出版社。
2004年	七十一岁	《理论性和应用性:理论语法与教学语法的分野》发表于《扬州大学学报(人文社会科学版)》第1期。 《阅读教学:教什么?怎么教?——阅读教学的目标、速度及技巧》(手稿)。
2007年	七十四岁	《解释性:当代方言学的目标》发表于《扬州大学学报(人文社会科学版)》第4期。
2008年	七十五岁	《一部锐意创新的成功之作——读张其昀〈汉字学基础〉》发表于《汉语学习》第3期。
2010年	七十七岁	《著名心理学家、语言学家陆志韦教授》(与徐家福合著),收入《南雍骊珠:中央大学名师传略再续》,南京大学出版社。
2011年	七十八岁	因病于南京逝世。

其它论著和手稿:

《换一个视角看陆志韦和他的汉语研究》发表于《南大语言学》2012年第4编。

《吕叔湘:止于至善,一代宗师》发表于《南大语言学》2017年第5编。

《吕叔湘教授与汉语语法学》,"纪念吕叔湘先生诞辰100周年学术讨论会暨江苏省语言学会第十六届学术年会"上的发言,作者:鲍明炜、卞觉非。

编后记

卞觉非先生是我们敬爱的老师，明年是恩师诞辰90周年，收集整理老师的文稿，编辑一部先生的论著文集，以缅怀他的功绩，弘扬他的学术思想，是我们希望努力达到的心愿。在师友们的大力帮助下，书稿整理工作终于初步完成，兹将卞觉非先生的个人经历和学术研究略述于下。

卞觉非先生1933年7月生于江苏省扬州市。20世纪50年代初在机关从事文字工作时，适逢吕叔湘先生和朱德熙先生《语法修辞讲话》发表，卞觉非先生第一次学习了语法修辞知识，这在很大程度上影响了他此后的道路。1956年卞觉非先生考入南京大学中文系，师从方光焘教授等知名学者攻读语言专门化专业。1961年大学毕业后，分配到中国社会科学院语言所现代汉语研究室工作。在吕叔湘先生指导下，一边进修外语，一面进行科研训练，语言所浓厚的学术氛围和研究的学风对他影响很深。1963年卞觉非先生调回南京大学，在方光焘教授主持的语法理论研究所工作。在方先生的指导下，系统学习语法理论，从事翻译，撰写论文。"文革"中和"文革"后，卞觉非先生紧跟国内外语言学发展新动态，对转换生成语法、格变语法、语义学、语用学、话语语言学、社会语言学、应用语言学等产生了浓厚兴趣，并探索结合国外新兴的语言学理论来分析汉语现象。80年代以后，卞觉非先生先后在南京大学中文系和留学生部工作，担任对外汉语教研室主任。

卞觉非先生的研究工作主要分为两个系列：一是语言学理论和汉语语法研究；一是对外汉语教学理论和方法研究。

其中，语言学理论和汉语语法研究可分为三个部分。第一个部分是关于汉语语法分析理论和方法研究，发表了系列论文，如《语言学的发展与汉语语法分析方法的演进》和《谈直接成分分析法》等。这些论著运用现代语言学的理论,系统地评介和总结了汉语语法学史上曾经用过的种种分析方法及其理论基础,通过对这些分析方法在理论和实践上的比较,提出新的分析法——树形图解法。这些论文有的被收进高更生教授主编的《现代汉语语法研究资料》,有的被收进张拱贵教授主编的《中学教学语法系统阐述》,有的被作为开拓者的代表作而选作教材。

第二个部分是研究有关汉语的语素、词、短语、结构、句型及其理论和方法问题,发表了多篇论文,如《现代汉语的 UPM 模式及其组合和转换后类型的探讨》和《论"自己"的性质以及与之相关成分之间的语义关系》等。这些论著采用结构主义的扩展法和替换法,系统地提出了区分语素、词跟短语的作业方法 20 条;还用乔姆斯基转换生成语法理论中的某些思想和方法,描写汉语的深层结构向表层结构转换的基本规则;并从纷繁的句子中抽象出现代汉语的基本句型系统;另外,还用乔姆斯基的支配和约束理论来分析汉语"自己",并跟英语进行比较,指出汉语"自己"跟它前面的名词存在着照应与被照应关系,文章证明乔姆斯基的支配和约束理论可用于分析汉语,但必须修改或补充参数。

第三个部分是关于汉语形容词及其相关理论研究,发表了多篇论文,比如《AABB 重叠式数题》和《略论 AABB 重迭式的语义、语法、修辞和语用功能》等。这些论著运用分布理论和方法,系统地分析了汉语形容词的分布情况,证明在汉语形容词内部存在着二元性,可分为体词性形容词和谓词性形容词,并运用语用学理论全面分析了 AABB 重叠式的语义、语法、修辞和语用功能。

此外,卞觉非先生也非常关注中国语文现代化问题。针对上世纪八、九十年代的语文状况,《中国语文现代化:目标、现状与对策》一文指出语文现代化的长期目标是:口语共同化,文体口语化,文字简便化,表音字母化。并提出当时语文工作的任务是:推广普通话,实行白话文,推行简化汉字,为便于与国际接轨,在计算机上实行汉字、拼音双轨制。

另一个研究系列是对外汉语教学研究。20 世纪 90 年代后,卞觉非先生将主要精力转向对外汉语教学领域,在该领域建树良多,成为当时这一学科的知名学者之一。受到其恩师著名语言学家方光焘教授的影响,卞觉非先生非常重视从理论上思考对外汉语教学的重要问题。同时,长期从事一线教学工作，又养成了理论联系实践的好习惯，这种视野开阔又脚踏实地的风格，非常有助于解决对外汉语教学理论和实践问题，从而在许多重要问题上做出了贡献。卞觉非先生的对汉语教学研究主要包括四个部分。

　　第一个部分是对外汉语教学中的汉字教学研究。汉字是书写汉语的符号系统，体现了汉语的独特性，是对外汉语教学的重要内容。20世纪八九十年代，对外汉语教学中有不少关于汉字教学的讨论，有的强调讲解汉字形体演变，有的注重考究汉字结构的理据性，有的力主揭示汉字的文化，大都就事论事，缺少理论阐述。《汉字教学：教什么？怎么教？》一文，从汉字教学的定位、目标、内容、方法等方面进行了系统阐述。文章明确提出，对外汉语教学中的汉字教学是指："以外国人为对象的、以现代汉字为内容的、用外语教学方法进行的、旨在掌握汉字运用技能的教学活动。汉字教学的根本目的是讲清现代汉字的形、音、义，帮助学生读写汉字，学习汉语，掌握汉语的书面语。"在汉字教学中必然涉及汉字文化，但是汉字教学不是文化教学，汉字教学就是汉字教学。

　　第二个部分是对外汉语教学语法研究。在对外汉语教学理论和实践中，语法和语法教学一直是个非常重要的方面，同时也是一个争论纷纭的领域。其中一个重要原因，是对理论语法与教学语法之间的性质和差异缺乏清楚认识。《理论性和应用性：理论语法与教学语法的分野》一文，从宏观的视角对理论语法与教学语法的历史源头、流变及各自目标进行了梳理和辨析，指出理论语法与教学语法的学术背景不尽相同，发展历史也不太一样，追求目标和研究方法也各有特点，因此必须强调各自的特质及其异同，否则就会缠杂不清。为了探索解决对外汉语教学语法问题，《"汉语交际语法"的构想》一文提出应该从外国学生学习汉语的实际需要出发，按照母语非汉语的人学习汉语的要求，研究汉语的交际语法，编织汉语的交际语法系统。

　　第三个部分是对外汉语教学中语言与文化的关系研究。语言与文化的紧密关系，曾引起对外汉语教学界的高度重视，并成为热门话题之一。《论"汉语·文化圈"跟对外汉语教学的基本策略》一文，从汉语·文化社区所存在的语言文化变异的现实出发，提出普通话与方言、简繁两种字体、两种注音符号、种种文化变异等在汉语教学中应该采取的基本策略。《基础汉语教学阶段文化导入内容初探》一文，对基础汉语教学阶段所需导入的文化和文化项目进行了详细分析,廓清了文化项目划分的原则和范围,明确了文化项目的划分方法以及114项文化项目的名称。

第四个部分是对外汉语师资培养及其研究。卞觉非先生十分关心青年学术人才成长和对外汉语师资队伍建设,对青年人才的培养和提携不遗余力。《21世纪:时代对对外汉语教师的素质提出更高的要求》一文指出,21世纪的对外汉语教师应该具有以下素质:(1)具有良好的师德;(2)具有扎实的专业基础和广博的相关知识;(3)具有较高的外语水平;(4)具有较高的使用电脑的能力;(5)具有较高的教学艺术;(6)具有驾驶汽车的技能。并从提高学历层次、组织专业培训、举办学术沙龙、开展学术研讨、参加学术会议、争取重大项目、注意在职进修等方面指出了培养新时代高素质对外汉语教师的途径。20多年过去了,卞觉非先生提出的21世纪对外汉语教师所应具备的素质一一变成了现实,他的远见卓识令人十分感佩。

本书汇辑了卞觉非先生的文稿35篇,除《阅读教学:教什么?怎么教?——阅读教学的目标、速度及技巧》为手稿以外,其余34篇均为已发表的文章。为保留文章原貌,除个别印错的字词作了修改,文章内容以及摘要、关键词、符号、注释等均遵从原作,不作改动。

在文集整理和编辑出版过程中,我们得到了鲁国尧先生、李开先生和吴淮南先生的亲切指导,鲁先生还专门为文集作序。文集顺利出版也得到了胡豪老师和周同科老师的大力帮助,责任编辑荣卫红女士和装帧设计赵庆老师给予了鼎力支持,南京大学海外教育学院2020级汉语国际教育硕士研究生同学集体参加了文稿的整理工作。此外,本书出版还得到了教育部语合中心"国际中文教育质量评价和机构评价研究及学术平台建设"重点项目的部分资助,一并致以衷心感谢!

ISBN 978-7-305-24873-3

定价:128.00元

责任编辑　荣卫红
封面设计　清　早